# 晋国
## 600年

— 4 —
霸业秩序的消亡与重生

韩鹏杰 ◎ 著

图书在版编目（CIP）数据

晋国 600 年 . 4，霸业秩序的消亡与重生 / 韩鹏杰著 . -- 北京：新世界出版社，2024.6
　　ISBN 978-7-5104-7937-3

　　Ⅰ . ①晋… Ⅱ . ①韩… Ⅲ . ①中国历史—晋国（前 11 世纪 - 前 4 世纪中叶）—通俗读物 Ⅳ . ① K225.09

中国国家版本馆 CIP 数据核字（2024）第 075838 号

# 晋国 600 年 4：霸业秩序的消亡与重生

| 作　　　者：韩鹏杰
| 责任编辑：刘　颖
| 责任校对：宣　慧　张杰楠
| 责任印制：王宝根
| 出　　　版：新世界出版社
| 网　　　址：http://www.nwp.com.cn
| 社　　　址：北京西城区百万庄大街 24 号（100037）
| 发 行 部：(010)6899 5968　　(010)6899 8705（传真）
| 总 编 室：(010)6899 5424　　(010)6832 6679（传真）
| 版 权 部：+8610 6899 6306（电话）　nwpcd@sina.com（电邮）
| 印　　　刷：天津旭非印刷有限公司
| 经　　　销：新华书店
| 开　　　本：880mm×1230mm　1/16　尺寸：170mm×240mm
| 字　　　数：340 千字　　　　　　　　印张：20.25
| 版　　　次：2024 年 6 月第 1 版　2024 年 6 月第 1 次印刷
| 书　　　号：ISBN 978-7-5104-7937-3
| 定　　　价：62.00 元

版权所有，侵权必究

凡购本社图书，如有缺页、倒页、脱页等印装错误，可随时退换。

客服电话：（010）6899 8638

# 目　录

001　**第一章　晋国霸业的衰落**

003　　第一节　寻盟之会

003　　　韩起出使

006　　　郑人朝楚

008　　　祓殡而裓

011　　　东虢之会

013　　　当璧犹在

015　　　穆叔敬命

017　　　令尹为王

020　　第二节　晋政多门

020　　　韩起忧贫

023　　　贪婪正卿

025　　　晋齐联姻

027　　　归戚于卫

029　　　鲁莒纠纷

032　　第三节　诸侯皆贰

032　　　征朝不时

034　　　平公之丧

035　　　与君代兴

036　平丘会盟
038　叔鱼之谋
041　公室将卑

## 043　第二章　霸业秩序的合法性危机

### 045　第一节　楚国内乱
045　申地之会
048　韩起使楚
051　楚王宏志
053　伐灭陈蔡
055　蔡公之乱
057　楚不为患

### 059　第二节　无伯之害
059　鲁邾纠纷
062　不以货免
064　三桓出君
066　天之弃鲁
068　寄居乾侯
070　客死异乡

### 073　第三节　霸政危机
073　东西二王
075　黄父之会
077　讨晋檄文
079　晋为不道
081　召陵之会
084　吴军入郢
086　方城之战
088　盛极而衰

## 091 第三章　六卿瓜分公室与对外扩张的狂潮

- 093　第一节　荀吴伐狄
- 093　毁车为行
- 095　五伐鲜虞
- 098　鼓国归属
- 100　陆浑归晋
- 103　第二节　公族枝叶
- 103　祁氏之难
- 105　巫臣之女
- 107　颠倒黑白
- 109　枝叶凋零
- 111　举不失亲
- 114　第三节　新郑之行
- 114　韩起访郑
- 117　诗以言志
- 119　晋主大夏
- 121　明君贤相
- 123　第四节　反晋联盟
- 123　虚与委蛇
- 125　郑国叛晋
- 127　卫国叛晋
- 130　鲁国叛晋
- 131　宋国叛晋

## 135 第四章　霸业秩序的最终消亡

- 137　第一节　六卿关系图谱
- 137　邯郸叛赵
- 140　新旧对立

142　新老更替
144　泛新联盟
147　逼反邯郸
150　**第二节　季世药方**
150　子产刑书
153　邓析竹刑
154　晋作刑鼎
157　履亩而征
159　县郡体制
161　**第三节　东阳内乱**
161　肇乱之端
162　战略相持
164　战略转折
166　铁丘之战
169　物伤其类
171　战略反攻
172　战略收官
175　**第四节　霸业终章**
175　吴王争霸
178　黄池会盟
181　越王争霸

# 183　第五章　晋国历史的终结

185　**第一节　晋阳之战**
185　索地风波
188　明谋定策
191　晋阳围城
193　二主必叛
195　三分智氏

| | | |
|---|---|---|
| 198 | 第二节 | 历史迷雾 |
| 198 | | 心狠败国 |
| 200 | | 斩岸堙溪 |
| 201 | | 谋卫伐郑 |
| 203 | | 多陵人者 |
| 205 | | 常山宝符 |
| 209 | | 举贤纳谏 |
| 213 | | 才德之论 |
| 215 | | 智瑶其人 |
| 216 | | 侠士豫让 |
| 219 | | 豫让之死 |
| 221 | | 成王败寇 |
| 224 | 第三节 | 战争复盘 |
| 224 | | 待解之谜 |
| 226 | | 先发制人 |
| 230 | | 以小博大 |
| 233 | | 战略之选 |
| 237 | 第四节 | 桐叶凋零 |
| 237 | | 晋君传承 |
| 239 | | 魏国霸业 |
| 242 | | 郑国覆亡 |
| 245 | | 赵国内乱 |
| 248 | | 赵氏谜团 |
| 250 | | 三晋伐齐 |
| 252 | | 长城之战 |
| 254 | | 三晋封侯 |
| 256 | | 兄弟离心 |
| 259 | | 联盟瓦解 |
| 262 | | 晋宗覆灭 |

## 第六章　霸业秩序的兴与灭　265

### 第一节　先秦的天下观　267

267　霸业缘起

270　政治联盟

273　礼崩乐坏

276　文化危机

### 第二节　霸业形成机制　280

280　上下求索

283　秩序重建

286　尊王攘夷

289　分灾救患

292　定纷止争

### 第三节　晋国霸业的基石　295

295　定义霸主

298　地缘优势

300　人才优势

### 第四节　霸业衰亡路线图　303

303　诸侯懈怠

305　两相敷衍

305　众叛亲离

307　联盟解体

308　文化融合

311　霸政余韵

## 附录　315

第一章
# 晋国霸业的衰落

# 第一节　寻盟之会

**韩起出使**

晋平公十八年（前540年）春，刚刚接替赵武担任中军元帅的韩起，顾不得举行烦琐的就任仪式，就迅速打点行装奔赴东方，马不停蹄地对鲁、齐、卫三国进行了友好访问，并向列国通报自己执政的消息。

在拜访鲁国时，韩起饶有兴致地参观了大史氏负责管理的宫廷藏书。在翻阅了《易》《象》《春秋》等典籍之后，不由称赞道："周朝的礼仪都在鲁国了，看了这些我终于明白了周公的德行，理解了周朝之所以能够成就王业的缘故。"

在随后鲁昭公专设的享礼上，鲁国正卿、季孙氏宗主季孙宿赋《绵》之最后一章。这首出自《诗经·大雅》的诗讲述的是周朝先祖古公亶父带领族人迁徙到岐山后，在一片荒原中开辟土地、疏通道路，组建军队、营建城郭，历经千辛万苦终于使得周人族群发展壮大的故事。

至于诗的最后一章，则带出了周文王平虞、芮两国争讼的事情，预示着周人的德行日渐昌盛，已经逐步具备了翦灭殷商的能力。其中"予曰有疏附，予曰有先后，予曰有奔奏，予曰有御侮"四句，据说象征的是文王有四名贤臣，正是在他们的辅佐下，周人才得以星星之火绵绵不绝，终至于发展成燎原之势。季孙宿在这里赋《绵》之卒章，其意是将晋平公比作周文王，将韩起比作文王"四辅"，恭维的意味浓烈而厚实。

韩起听了之后，回之以《诗经·小雅·角弓》。这首诗据说是在讽刺周幽王近奸佞而远亲族，导致骨肉相怨、纲纪崩坏之事。韩起取诗中"兄弟婚姻，无胥远矣"之句，意指兄弟之国应当相互亲近和睦，这样才能团结民众，避免怨怼集聚以生出祸乱来。

季孙宿当即拜谢："有您的这番心意，寡君就看到希望了！"

紧接着，他又赋了《节》之最后一章。《节》即《诗经·小雅·节南山》一篇，其所指的时代历来众说纷纭，但就诗中所述的情景来看，显然是一个混乱的年代。当政的天子和官员不能持平，导致天灾人祸不断，百姓饥寒交迫、流离失所。诗的最后一章，是作者"家父"说明自己作诗的本意，是为了追究这场祸乱的元凶，希望他们能改变邪心。

单从诗歌描述的情景来看，其中包含着很大的怨气，与当下赋诗唱和的场景显然是不相称的。但季孙宿所取的仅是"式讹尔心，以畜万邦"一句，意在夸赞晋国君臣德行高尚，足以造福天下诸侯及黎民百姓。从这里我们也可以看出，先秦时期人们在社交场合上运用诗歌时并不完全遵循其本意，更多的是"赋诗断章，余取所求焉"，截取自己需要的片段来表达心志即可。

享礼结束后，鲁人又在季氏府中设下饮宴。韩起看到院子里栽植的一棵树长得十分挺拔，于是便情不自禁地赞叹了几句。季孙宿当场表示以后会悉心管护这棵树，以感谢韩起赋《角弓》对鲁人的勉励，并赋《甘棠》一诗。

《甘棠》是一篇怀念召公的诗作。相传当初召公巡行乡邑，所到之处不占用民房，只在一棵甘棠树下停车驻马、搭棚过夜，决断曲直、教化百姓。国人感念其德、服其教化，所以爱屋及乌，以甘棠树作为寄托而不忍翦伐。

季孙宿前以文王四辅来作比，后又以召公之德逢迎，马屁都快拍到天上去了，让韩起自己都感到无地自容，于是急忙推辞说："起愧不敢当，哪里敢跟召公相提并论？"

离开鲁国后，韩起旋即奔赴齐国，代表晋平公向齐景公送来了两国缔结姻亲的聘礼。逗留期间，他分别拜会了当时炙手可热的公族权臣子雅（公孙灶，栾氏）与子尾（公孙虿，公族高氏）。

不久前，齐国刚刚发生了几场内乱。先是在晋平公十二年（前546年）时，崔氏家族因继承人问题出现纠纷，一直觊觎崔杼地位的庆封从中浑水摸鱼，诱导崔氏二子发动内乱，随后又凭借崔杼的信任出兵平乱，致使崔氏家破人亡，崔杼也在绝望中自尽。

庆封掌握朝政大权之后，担心有人会兴风作浪，故而征召在外流亡之人举发崔杼余党，齐庄公的近臣卢蒲癸、王何由此得以返回齐国。这两人一面假意侍奉庆封之子庆舍，一面秘密联络了与庆氏有怨的公孙灶、公孙虿以及陈氏等宗族，于次年十一月发动政变，迫使庆封经由鲁国逃到了吴国。公孙灶和公孙虿本身就有公族身份，此番又借迁葬齐庄公、将崔杼尸体示众等举措迅速获得了国人的支持，同时还进一步打击了反对势力，逐渐取代了崔氏、庆氏在国中的地位，成为齐国真正的"话事人"。

两位公孙得以执政时均年事已高，都有心将权位传给自己的儿子。如今韩起来聘，他们就分别将自己的儿子栾施（子旗）、高强（子良）叫出来见礼，其意大概是想让韩起以后能关照着些。但韩起对他们的评价却出奇地一致："这不是能够保得住家族的人，实在不像个臣子。"

其时齐国大夫多嘲笑韩起，认为他身为大国执政，看人的眼光也不过尔尔。只有晏婴对这个判断深信不疑，他认为韩起是个君子，必然有他的独到之处，只不过是我们这些人暂时看不出其中的蹊跷罢了。

回程途中，韩起又拜访了卫国，卫襄公同样设下享礼款待。其间，卫国大夫北宫佗（北宫文子）赋《淇澳》。这是一首赞扬卫国先君卫武公的诗作，北宫佗以卫武公之德来夸耀韩起，其溢美之情不言而喻。韩起则赋《木瓜》一首，诗中有"投我以木瓜，报之以琼琚。匪报也，永以为好也"之句，所要表达的寓意亦是不言自明。

这是一次波澜不惊的外事活动，然而细想起来却很是耐人寻味。

以往的晋国执政，其上任之时虽不需要像国君登基一样让各国君臣前来朝贺拜会，但通常都会巧立名目举行一次诸侯会盟，以向天下人宣示自己的地位，在位期间也很少会专门到列国访问。韩起以霸主执政的地位却要屈尊纡贵，以拜会诸侯的方式来通报自己为政的消息，这在当时可以称得上是奇闻一桩。

对于这样一次重大的外交活动，《左传·昭公二年》的叙述可谓平淡无奇。除了那些看似可有可无的细节外，我们只知道韩起到齐国的目的，是为了给晋平公行"纳币"之礼。至于到鲁国和卫国的行程，就好像纯属顺道路过一般。但实情果真会这么简单吗？

## 郑人朝楚

想要搞清楚这其中的因由，我们不妨回过头来，看看这些年究竟发生了些什么。

晋平公十二年（前546年）七月，在宋国都城商丘西门外盛大的会盟仪式上，晋、楚这对春秋时代最强劲的对手终于握手言和，中原大地持续了百余年的争霸战争也戛然而止。第二次弭兵会盟的顺利举行，宣告了一个新时代的来临，更为中原大地带来了长达四十年的和平局面。

然而正所谓一山难容二虎，在同一个政治圈里出现了两强共霸的局面究竟意味着什么，似乎所有人心里都没有底。不过，在当下的时节里，人们似乎还来不及去想这些高深莫测的议题，因为摆在他们面前的还有一件要紧的事情，那就是促成盟约尽快落到实处。

这次会盟所签协议中有一项重要条款，是让原先隶属于晋楚两国阵营里的诸侯分别到对方的盟主那里朝见，也就是履行"交相见"的义务。

这样的条款对于楚国来说根本不是什么问题，他们在过去相当长的时期内都没有放弃过兼并的战略，但凡与楚国接壤的国家不是变成了楚王治下的一个县，就是沦为了彻头彻尾的附庸。因此，当中原各国举行弭兵会盟的时候，从属于楚国的诸侯实际上也就只有陈、蔡、许等区区几个小国了。

而作为中原诸侯的盟主，晋国则一直遵循齐桓公"尊王攘夷""兴灭继绝"的争霸策略，其所笼络的宋、郑、鲁、卫等诸侯都是响当当的中原大国。东方的强齐、西方的秦国虽不能真心归附，可在晋国的压制下也始终不能有所作为；在南方，与楚国毗邻的吴国也与晋国为善。

在双方实力对比如此悬殊的情况下，正居于绝对优势地位的晋国竟主动提出共享霸权的弭兵之约，将楚人为之争夺了上百年都没有得到的中原列国拱手送上，这份大礼着实已经大大超越了楚人奔放的想象力，让楚国上下都精神恍惚了好几个月。

好在这些楚人也都是经历过大阵仗的，很快就从惊喜中回过神来，并急不可耐地开始安排履约的事情。会盟当年冬天，楚康王就安排蒍罢到晋国去商定具体细节；紧接着到第二年（前 545 年）夏天，从属于楚国的陈、蔡、胡、沈四国国君就手拉着手到晋国去朝见了。

跟他们一起来的，还有齐、北燕、杞、"白狄"等国的君主。其中北燕国和"白狄"地处北方，在当时还算是中原秩序之外的国家，听闻中原各国弭兵休战，都纷纷前来向晋国示好。齐国自外于晋楚盟约，本来没有前来朝见的义务，但由于此前的两任国君多次冒犯晋国，如今两国刚刚交好，自然要来巩固一下关系。

八国国君呼啦啦地同时来朝，搞得晋平公也有些应付不过来。好在楚国的盟友也不多，晋平公端起架子支应几天也就算过去了，可楚康王就没那么好应付了。

多年以来，楚康王一直幻想着自己能跟晋国国君一样，做一回货真价实的诸侯盟主，如今梦想就要实现了，心里还真有些小激动。也正因为如此，刚刚转过年来，他就催促着陈、蔡、胡、沈四国国君率先朝晋，楚国方面也就履行了盟约的义务，接下来就该看晋国方面的表现了。

然而让楚康王大感意外的是，左等右盼到眼睛都快望穿了，却没有等到哪怕一个诸侯国的君主前来朝见。好不容易到了夏天，边境上传来郑国来朝的消息，仔细一询问却发现，对方派来的只是一个名叫游吉（子大叔）的大夫，这可叫怎么回事？

楚康王当时就脸色铁青，命人到汉水阻拦郑国使团。游吉风尘仆仆赶到楚国，未曾想遭到如此待遇，心中自是愤愤难平，故而义正词严地质问道："在宋国举行盟会时，贵国口口声声说要实行对小国有利的政策，以使得小国可以安定社稷、镇抚百姓，用礼仪来承受上天的福禄。这不仅仅是贵国的法令，同时也是与会各国共同的心愿。如今敝邑屡受天灾侵袭，国家疲弱、民生凋敝，寡君不敢在危难时刻丢弃国家职责，因此才派游吉前来奉上财礼。可执事却一意孤行，执意让寡君餐风饮露、跋山涉水前来朝见以满足您的欲望，这恐怕不合适吧？"

但楚人根本不理会这些："你们这些事情我们管不着，我们只知道在宋国举行会盟的时候，你们的国君是参加了的。如今你们的国君窝在家里不肯来朝见我王，这是瞧不起我们楚国呢，还是压根就没拿盟约当回事？寡君说了，您还是先回去吧，我们倒想问问晋国是否真的有履行盟约的诚意！倘若晋国真是这么要求的，您再回来也不迟。"

游吉还一心苦劝，说："如果楚国一定要寡君亲自朝见，郑国只能唯命是从，只是担心会因此败坏了楚王的德行，影响楚国在诸侯国中的地位。既然你们对此毫不在乎，我们又有什么可怕的？不就是多走几步路的事嘛！"

临到楚国却吃了个闭门羹，游吉的心里有股说不出的滋味。回国之后，他向同僚们大倒苦水，还愤愤然地诅咒道："这样一个不守信义只顾满足自己私欲的人，恐怕是活不了多久的。要我看，国君大可以到楚国走一遭，只不过，这一趟恐怕不是要朝见，而是给楚王送葬。楚人如此行事，显然不能号令诸侯了，这对我们来说未尝不是一件好事。"

没好气归没好气，楚国的事情还真不能不放在心上。郑国已经受够了晋楚拉锯的夹板气，这时候就算是再多受一些委屈，也应该将这来之不易的和平局面维持下去。不久，游吉就再次踏上旅途，风尘仆仆地赶到晋国，向晋人报告国君将要到楚国朝见的消息。与此同时，郑简公也在子产（公孙侨，国氏）的陪同下踏上了朝楚的道路，以期尽早完成履约的义务。

然而事与愿违，郑人的诚意显然没能打动楚康王的铁石之心。他渴望的是万国来朝的虚荣景象，仅仅一个郑国前来朝见是远远不够的。因此，当郑简公抵达楚国行完了朝聘的礼仪，楚人却迟迟不肯放行。郑简公虽懊恼，却也无可奈何，只得满心焦虑地望着北方，等待着那些难兄难弟们尽快赶到，好让自己早日重归自由。

### 被殡而楯

相比起内心急躁的郑国国君，其他诸侯就从容了许多。当决定要履行交相见义务的时候，他们并没有直奔楚国而去，反而是"南辕北辙"地先跑到晋国去了。就比如鲁国，早在游吉出使楚国之前，就已派出孟孙氏宗主仲孙羯（孟孝伯）到晋国去汇报工作。然而几个月过去了，游吉从楚国回来又去了晋国，郑简公也早已启程到了楚国，鲁襄公竟然还躲在自己的宫殿里没有出发。

诸侯之所以要大费周章，其用意无非是两点：首先是要消除晋国的猜忌，毕竟这种事情之前从未发生过，他们也不清楚晋国对此究竟持何种态度。倘若未经请示就去楚国朝见了，日后晋人责问起来，你就是有理也说不清楚。其次是想要让晋人为自己撑腰，一个过去屡屡欺辱盟国同时在诸侯会盟时带甲上阵的国家，很难让中原诸侯放下芥蒂、产生毫无保留的信任。万一楚人又像孟渚之会那样刁蛮起来，有晋人在背后伸张正义，结果也不至于太让人难堪。

完成了这一系列的手续后，这一年也就快过到头了。到了这年十一月，鲁襄公才不紧不慢地带着庞大的使团踏上了前往楚国的旅程。在此期间，他还"不辞辛苦"地特意绕道郑国，打算和郑简公一起携手同行。得知郑简公已经出发，就又掉头回来与宋平公搭了个伴儿，相扶相守共同上路。前往楚国的行程道阻且长，餐风饮露的滋味并不好受，可他们却故意放慢步伐，磨磨蹭蹭，能耗得一时是一时。

经他们这么一折腾，郑简公可就遭罪了。他在楚国盼星星盼月亮，苦苦等了将近三个月，却还是没等到自己的难友们前来相会。而楚康王或许也是焦躁过度，还没来得及等到那个让他走上人生巅峰的荣耀时刻就去世了。这样一来，游吉一语成谶，郑简公的朝聘之旅果真就变成了送葬之旅。

楚康王去世的消息传出的时候，一直游山玩水故意拖延的宋、鲁两君才刚走到汉水边上。望着奔腾而过的汉水，两国君臣都停了下来，就是否该继续前往楚国朝见展开了激烈的讨论。

宋国是一个君权相对集中的国家，一切行动以国君本人的意愿为准绳，因而很快就达成了一致。在他们看来，宋人此番前来只是为了满足楚康王的虚荣心，又不是因为跟楚国有多好的交情。当前宋国国内还在闹灾荒，百姓还处于饥寒交迫之中，哪里能顾得上楚人的感受？随即他们扯了行李就掉头回去了，留下鲁国人接着争论。

与宋国不同，鲁国公室的权力已经被三桓瓜分一空，大夫们做出决策时通常也都以私家利益为准绳。随行的叔孙豹（叔孙穆子，叔孙氏宗主）、叔仲带（叔孙昭伯）、荣驾鹅（荣成伯）都异口同声地认为，这次远行为的就是与楚国搞好关系，楚康王人在不在都不影响他们的目的。当时年纪尚轻的子服湫（一作子服椒，子服惠伯）有不同意见，谁料却遭到叔孙豹的嘲笑，说他是"始学者"，也就是刚刚开始接触政务，还不够资格发表意见。最后经过一番讨论，大家以少数服从多数的原则，议定继续前往楚国履行朝见义务。

丝毫不出意外的是，在抵达楚国之后，他们果然就和先行到达的郑简公、陈哀公、许悼公一起被楚人给扣下了。这个时候，鲁襄公大概才想起了宋国左师向戌这个"老油条",这个多年以来一直奔波于晋楚之间的卿大夫,对于楚人的认识是多么深刻,自己真该多听听他的意见啊!

事实容不得假设。既然选择了这条路,就该坦然接受选择所带来的后果。鲁襄公只好和他的难友们一起,在异国他乡度过了一个最难熬的新年。在朝的鲁国大夫等到新年的钟声敲响,终于确认自己的国君是无法回来过年了,只好取消了原定在祖庙举行的听政朝会。

然而这还不算是最坏的消息。等到正月里一切的事务都结束后,楚人大概是为了惩戒鲁国的迟到,竟然又提出了一项非礼的要求:让鲁襄公为楚康王"亲襚",也就是亲自将鲁国赠送的衣物放置在灵柩的东侧。

通常来说,"致襚"是使臣前往盟国吊丧时的礼仪,楚人让鲁襄公亲自"致襚",就等于是把他当成一个臣子,而不是地位平等的诸侯。这就让鲁襄公感到很是为难:不听他们的吧,楚人这么无礼,谁知道还会出什么幺蛾子?可听他们的吧,就等于是承认了楚国的预设,如此贬低身份又是断然不能接受的。

这种两难的处境如果是让旁人遇到或许注定无解,可鲁国毕竟是礼仪之邦,楚人给他们出的难题,很快就被熟稔礼仪制度的叔孙豹给化解了。只见他将鲁襄公拉到一边悄悄说了几句话,然后就派人把随行的一个巫师叫了过来。巫师听到吩咐,就用桃木棒和苕帚在灵柩上不住地挥舞着,口里还念念有词说着一些谁也听不明白的咒语。作法完毕,鲁襄公才缓步上前完成"亲襚"仪式。

初看到这个情形,楚人还真搞不懂这是在玩什么花招,就由着他们去了。事后才知道,原来巫师耍的那一套把戏,在中原被称作"祓殡",也就是扫除不祥,是国君莅临臣属丧事时所用的礼仪。这样一来,楚人聪明反被聪明误,到头来却让鲁襄公占了自己的便宜。

四国国君在楚人胁迫下一直待到了这年(前544年)的四月,他们亲自将楚康王的灵柩送出郢都西门外,其随臣则一直送到墓地。葬礼结束后,他们又参加了新君郏敖的即位典礼,这才被楚人释放而重获自由。

当诸侯纷纷到楚国朝见的时候,流亡归国的卫献公正因国内乱局而悲伤不已,不久就撒手人寰了。一直到两年后(前542年),新继位的卫襄公才在北宫佗陪同下到楚国朝见。直至此时,第二次弭兵会盟约定的"交相见"义务才算是完成了。

## 东虢之会

"交相见"的义务既已履行，晋楚双方也就初步完成了盟约所规定的条款，接下来就需要重新就盟好后的国际秩序进行确定。于是在卫君朝楚的次年，也即晋平公十七年（公元前541年）春季，与盟各方又在郑国的东虢故地（今河南郑州北）举行了新一轮的会盟，也就是所谓的"寻盟之会"。

临到了会盟时间，晋国正卿赵武在祁午、乐王鲋的陪同下赶到了虢地。楚国也为这次会盟派出一个庞大的代表团，其中团长为新任令尹王子围，随行人员包括贤臣伍举（椒举）及太宰伯州犁。

王子围是楚共王的次子，楚康王的弟弟，时任楚王郏敖的叔叔，素以骄横跋扈著称于世，且有着极大的野心。差不多就在楚康王去世前后，前任令尹子木（屈建）去世，王子围遂继任为令尹，四国国君在楚康王葬礼上所受到的羞辱，大概就是出自他的手笔。

正是因为有过这么一段过节，当时的诸侯都对其十分忌惮。在他们看来，举止任性的王子围俨然就像是孔子所说的那些无法分清真伪的鬼神，大家纷纷敬而远之。晋人自然也不能免俗，随同赵武出席盟会的祁午更是建议提前做好准备以防不测："当年的子木以信义称著于诸侯，却仍然采取欺诈手段威胁，导致晋国被压了一头。如今的令尹是个极端不守信义的人，天下诸侯莫不了然于胸。如果再不加以防备，恐怕还会落得和在宋国时一样，这将是晋国的耻辱！"

作为赵武的谋臣，祁午还设身处地地为赵武着想："您担任正卿已经七年了，七年之中两次会合诸侯，三次会盟各国大夫，外安齐、狄，西平秦乱，东抚诸夏，筑城淳于，军队不感到疲惫，国家未出现弊病，百姓没有诽谤，诸侯没有怨言，上天也从未降下过任何灾害。您建立了如此卓越的功勋，树立了极其良好的声誉，千万不要因为此事而背上了污点啊！"

赵武听罢颇有些不以为然，回答说："您说得句句在理，不过也不必为此担心。当初在宋国结盟时，子木有害人之心，而武有爱人之心，因此才让楚国凌驾在晋国之上。今天武本心未改，还会继续以信用为根本，即便楚国依旧不守信用，也不会对晋国造成伤害。这就好比农夫，只要勤于耕耘，哪怕是一时半会遇到了灾荒，最终也必定会遇到丰年。只要谨守信用，我们就不会长久居于人下！"

宋国会盟时屈建有言在先，说晋、楚两国要交互主持诸侯会盟。宋之盟楚国占了先，如今在虢地若要举行会盟，就必然要让晋人先歃血。但王子围为人跋扈，从来不愿落于人后，于是就想了个取巧的办法，说这次咱们就不歃血了，直接将过去约定的盟书内容重新宣读一下，然后放在牺牲上埋了就行了。

有会而无盟，自然也就不需要再争什么先后了。赵武本就是个求稳之人，只要楚国不在盟会上生出事端，他宁愿多一事不如少一事，所以就答应了楚人的要求。

会盟举行当日，是周历三月二十五日，各国来使齐聚一堂，共同就重申宋国盟约的事项进行了深入的探讨。然而正当大家为这次胜利的会议而举杯同庆的时候，一阵庄严的钟鼓乐声突然从远处飘来。所有人都停止了讨论，思绪也随着铿锵有力的钟鼓声飞扬而去，而当看到门外所发生的一切时，在场的所有人都被惊呆了。

只见不远处有两名手执长戈的卫士，正踏着雄壮威武的步伐朝着会盟的高台走来。跟随在武士身后的是两队衣着华美的侍婢，手捧楚王的衣冠，踩着曼妙的舞步，一颦一笑间尽显高贵。紧随其后的是手持楚王仪仗和华盖的内侍，步伐齐整、场面庄严肃穆。这让所有人都为之惶惑不已：没听说楚王要亲临盟会现场啊？这怎么突然间就冒出来了？

正当大家都为之错愕不已的时候，却看到在众人的簇拥之下信步走向高台的并不是什么楚王，正是这次楚国代表团的团长王子围。这个信号显然没有打消人们的疑虑，反而让他们感到更为费解，许多人甚至都怀疑自己是眼睛花了、脑子宕机了，赶紧擦了擦双眼、重启了大脑，才终于确认自己并没有看错。

原本人声鼎沸的大会现场陷入了死一般的沉寂，直到王子围的仪仗从人群间走过，才有鲁国大夫叔孙豹扶住自己几乎要惊掉的下巴，不由自主地赞叹道："太华美了！这简直就是国君的派头啊！"

紧接着又听到郑国的罕虎（子皮）像解说员一般，止不住兴奋的情绪高声赞道："快看！两个执戈的卫士走到前面来了！"

蔡国大夫公孙归生（子家）看着这些没见过世面的土包子，嘟哝道："公子住在蒲宫，那可是楚王的别宫，本来就有卫士，有什么可大惊小怪的？"

子家的解释显然是画蛇添足，将王子围本来就不怎么美好的形象瞬间又放大了许多倍。一个王子住在楚王的别宫里已是僭越，在进行外交事务的时候还要把王宫的卫士也带出来，显然更是失礼。楚国太宰伯州犁大概觉察到子家的话有些不合适，急忙补充道："这些都是为了参加盟会向寡君借的。"

所谓"越描越黑"，放在伯州犁这里怕是再合适不过了。听了他的辩解，郑国一位名叫公孙挥（行人子羽）的大夫轻蔑地说道："是啊，只是借了恐怕就不准备还回去了。"意思是说公子围恐怕就要造反当楚王了，这些东西已是他的囊中之物，还用得着还吗？

伯州犁反唇相讥："你这么闲，还是先操心一下贵国子晳要违命作乱的事情吧。楚国的事情与你何干？"

谁知公孙挥竟毫不示弱，又反唇相讥："当璧的那位公子还在，你们就敢如此放肆，难道就不该感到忧虑吗？"

## 当璧犹在

公孙挥的这句话牵扯到了楚国的一段旧事。

话说早年去世的楚共王没有嫡子，但却有五个宠爱的儿子，其中楚康王是其长子熊昭，如今的王子围即熊围排行第二，另外的三子分别是公子比（子干）、公子黑肱（子晳）和公子弃疾。

楚共王对这五子宠溺有加，不知该立谁为太子，只好听从天意。为此他特意准备了一块上好的玉璧，让人带着遍祭楚国的名山大川，并郑重其事地祷告说："请诸神在这五个孩子里面选出一个能够主持楚国社稷的人。谁能够正对着玉璧下拜，他就是上天为楚国选择的储君，我绝对不会违背今日的誓言！"

祭祀完毕后，楚共王带着宠妃巴姬秘密地将玉璧埋在祖庙的院子里，然后让五个孩子斋戒沐浴，依次进祖庙叩拜。试探的结果是：长子熊昭两脚正跨在玉璧上，是为"跨璧"；次子熊围的胳膊肘压到玉璧，是为"肘璧"；公子比和公子黑肱在离玉璧很远的地方就下拜了，显然是与王位无缘了；到最小的公子弃疾时，因为还不会走路，就专门有人抱着下拜，两拜都刚好是将头压在玉璧的纽上，这就是所谓的"当璧"。

如此一来，最符合楚共王誓言的就是最小的公子弃疾了。但楚共王自己就是幼年即位，在位时没少受到当时的令尹子重和司马子反的压制，深知幼年为君的不易。他不希望弃疾重蹈自己的覆辙，更不愿意看到这几个儿子将来为了争夺君位而手足相残，因此到最后还是违背了当初的誓言，让最为年长的公子昭当了国君，这也就是楚康王。

以这段旧事而论，楚康王虽是长子，但在当时的观念中也算是得位不正，这恐怕也对他在位期间有意疏远公族的政策产生了一定的推动作用。

楚康王排斥公室子弟的做法自然引起了诸弟的不满，这其中又以王子围为最甚。或许在王子围看来，如果不选择当璧的弃疾为王，那么剩下的诸位公子中，肘璧的也总要比跨璧好些，因此早有心要争夺王位。而当楚康王去世后，君位又落到了彼时年纪尚轻的郏敖手中，这就更激发了王子围取而代之的野心。

对于王子围的"司马昭之心"，中原诸侯早已心照不宣。最早在郏敖继位之初，随郑简公在楚国朝见的公孙挥就做出了预言："松柏之下，草是长不高的，将来王子围必定会取而代之。"

后来楚国大夫薳罢（子荡）到鲁国聘问，叔孙豹问起他对王子围的看法。薳罢闪烁其词，说："像我们这样的小人，做官不过是为了养家糊口，只要勉力完成自己的职责就已经很满足了，哪里还能通晓国家政务呢？"叔孙豹多次试探，都被他含糊其词掩盖了过去。事后叔孙豹就判断说："令尹很快就要篡位了，薳罢为他掩饰内情，恐怕就是帮凶。"

随卫襄公朝楚的北宫佗见到王子围的豪华气派，也直言道："令尹的言行已经和国君一样了，估计用不了多久就会发动政变。"北宫佗同时还看到了其中的危机，判断说："王子围的愿望是可以实现的，但由于他缺乏威望，百姓就不会效法。为百姓所鄙夷的人居于上位，就很难得以善终。"

因此，在很多楚人甚至是列国政要看来，楚国内政最大的悬念不是郏敖能不能坐得稳王位，也不是王子围能不能成功、能不能得以善终，而是"当璧"的公子弃疾将会何时上位，又会以什么样的方式上位，他的上位会给楚国乃至于中原局势造成什么样的影响。而在当下，尽管你王子围很猖狂，可我们根本不把你当回事啊！这也就是公孙挥敢于当面顶撞伯州犁的底气所在。

伯州犁并不是王子围的忠实拥趸，但却是一个很善于见风使舵的人。在如此盛大的会盟场合，有人出言讥讽王子围，他自然也不能坐视不理，总想着给令尹找补回点颜面，谁知却让子羽给揭破了。这时齐国的大夫国弱（国景子）实在看不下去了，就在一旁说道："我觉得你们两个人都应该担心。"

倒是陈国的公子招有些幸灾乐祸，在一旁打趣说："没有忧愁就办不成事情，他们恐怕还要为此高兴呢！"卫国的齐恶也说："如果事先知晓了危机，这倒也未必会是什么坏事。"

宋国的左师听着这些人吵得不可开交，在一旁轻描淡写地说道："大国发号施令，小国执行命令，其他的事情不是该我们操心的。"晋国的乐王鲋也深表赞同，说道："《小旻》的最后一章'战战兢兢，如临深渊，如履薄冰'说得很好，面对莫测的灾祸还是常怀谨慎为妙！"

### 穆叔敬命

众人在一旁议论纷纷，好生热闹，伯州犁在人群中吹胡子瞪眼、气急败坏，反而是居于舆论中心的王子围丝毫不以为意。相反，他之所以这样招摇过市，为的就是向中原诸侯宣示自己的志向，也并不忌惮国内的幼主听了之后会有什么反应。

王子围早已把自己当成了楚国的王，如今亲临会盟现场，自然就要摆一摆王者的威严。想要达到这个目的，就必然要在会盟上立威，也恰好就在这个时候，鲁国和莒国之间发生了一件不大不小的事情，这就为他借题发挥提供了极好的素材。

当叔孙豹在虢地参加盟会的时候，鲁国执政季孙宿突然发兵攻取了莒国郓地（山东沂水东北）。莒国马上就派出使者风尘仆仆地赶到会盟地点，向列国巨头痛陈鲁国欺凌弱小的无良行径。王子围接到控诉，当即派人传话给赵武说："我们在这里重温宋国的盟约，会议还没有结束鲁国就悍然入侵莒国，这是在公然挑衅大国、亵渎盟约，应该立刻处死他们的使者。"

按理来说，无论是鲁国还是莒国都是晋国势力范围内的国家，就算是现在两国共霸了，要处罚也应该是由晋国说了算。倘若真的任由楚国处置自己的盟友而不能有所作为，就等于是默许楚国是唯一的盟主。如此一来，晋国不仅会丧失盟主的地位，失去诸侯的信任和拥护，更会让天下人耻笑。

但彼时的赵武，早已是一个昏昏然不知朝夕的将死之人了，根本就没想过要跟楚国作对，也对调解诸侯之间的纷争缺乏兴趣。在众人期待的目光中，他竟然做出了一个匪夷所思的举动，就是去劝说叔孙豹逃离盟会："令尹为人刚愎自用且好自尊宠，一心想要在楚国称王。现在他认为诸侯懦弱，因此想通过这次的会盟立威，不达目的是不会罢手的。我劝你还是赶紧逃走吧，万一他要真的发作起来，一定会危及你的性命！"

赵武的决定让叔孙豹感到万分失望，他强压着内心的激愤，恭恭敬敬地回答说："被当众诛戮固然难堪，可若是因为他人的过错而牵连到自己，也就不会感到耻辱了。豹受命于君来参加会盟，是为了保卫国家不受侵害。如果鲁国的确有罪，可参加会盟的使者却逃跑了，就必然会遭受讨伐，这样反而是危害了国家；而如果我舍身就戮，那么就没有人向鲁国兴师问罪了。只要能够安定国君、利于国家，生死又有何妨呢？"

这件事的难办之处就在于，擅自讨伐莒国的确是错在鲁国，按照盟约来处置其使者并无不妥，王子围虽则蛮横却也并非全然无理。但众所周知的是，鲁国现在的政局与晋国类似，一切政令皆出自家门。季孙氏之所以在盟会期间公然背约，除了贪图莒国的土地之外，也有借刀杀人以去除政敌的盘算。倘若还按照过去的习惯惩治使者，无疑是在助长邪恶而惩治良善，这显然不符合赵武的行事作风。正因为如此，叔孙豹才言辞强硬，将自己的生死完全交给赵武。

赵武虽则人老昏聩，可一旦被逼上了梁山，还是能稍稍振作一下的。他见叔孙豹心志坚定，无法说动，只好向楚国摊牌以表明自己的态度："鲁国虽然有罪，但其执事从容不迫、不避祸难，正恭敬地等待大国的命令，如此君子是可以作为臣子楷模的。你若赦免他，就能够激励您的左右，让他们无论身处何地，都能在困境中迎难而上，还有什么好忧虑的？我听说，忧虑之所以会产生，是因为面对困难和灾祸时束手无策，不敢迎难而上。而能够礼遇贤人，你就能得到众人的拥戴；在诸侯会盟中赦免有罪、奖励贤能，人人都会不远千里地归附于你。能够做到这两点，忧患自然会离你而去。"

随后他又转回正题："边境上的城池土地，列国争来抢去没有定论，在任何时代、任何国家都是稀松平常的事情。即便是在三王五伯的时代，圣王先君为各国划定疆界、设置官员、树立界碑、制定法令尚且难以规避这种情况的出现，更何况是这个诸侯相争的时代呢？鲁国和莒国争夺郓地，已经不是一天两天的事儿了，只要对他们的国家没有妨害，大可不必烦劳诸侯，毕竟大家都已经对这些事情见惯了。

您如果能够顺应民心，为天下做一个表率，还怕人们不会服膺于你吗？"

王子围本以为赵武软弱不敢示强，却不料在这件事情上态度却如此强硬，也算是探知了对方的底线。再加上赵武言谈中时时透露出为其"大业"着想的姿态，让王子围很满意，因此也就做了个顺水人情，赦免了叔孙豹。

## 令尹为王

与宋之盟类似，在结束了寻盟的主要议程后，来自各国的代表再次坐在一起举杯同庆、畅谈古今。这次的宴会由王子围主办，席间赋《大明》之诗首章。

这首诗是歌颂周朝开国大业的系列史诗中的一篇，主要意旨是通过追述文王之德，来阐明小邦周能够取代大邑商的原因。王子围取其首章"文王明明照于下，故能赫赫盛于上"的意象，以表达自己终有一日会顺应天意，以君主的身份出现在世人面前。到那时，你赵武虽为晋国正卿，却也要以臣见君的姿态来朝见大国圣主。

赵武也不遑多让，轻赋《小宛》的第二章。这是一首追念亡父亡母，并劝告兄弟小心避祸的诗歌。赵武取"人之齐圣，饮酒温克"二句，是说像我这样聪明睿智的人，就算是酒过三巡也能够保持应有的风度。后二句"彼昏不知，壹醉日富"，又是在讽刺王子围，像你这样自以为是的狂妄之徒，稍微喝点酒就会说胡话，就算当了大王又如何？最后"各敬尔仪，天命不又"二句则是说，天命不会更改，你所期盼的那些荣耀，终究还是会归属于"当璧"的人，如果你能有自知之明，还是保持谨慎为好，免得到头来落下身败名裂的下场。

王子围听了这一章不知做何感想，但从后来事态的发展来看，他显然没有改变初衷。事后赵武曾询问叔向（晋国大夫羊舌肸，字叔向）："令尹把自己当成了楚王。你对这件事有什么看法？"

叔向回答说："楚王势弱，令尹强悍，估计会如他所愿。不过即便是成功了，也不会有好结果。"

赵武问其原因，叔向回答说："正所谓'赫赫宗周，褒姒灭之'。以强欺弱而心安理得，即便再强大也不符合道义，这样的人自取灭亡也只在瞬息之间。令尹一旦做了楚王，必然会自鸣得意，从而变本加厉地奴役百姓。又看到晋国势力衰弱，就一定会强令诸侯，如此一来更会滋长他的暴虐，从而将暴虐作为常道。这样的统治又如何能够持久呢？"

事情的发展也正如众人一再预言的那样，从虢地返回之后，王子围旋即加速了夺权的进程。他先是将有可能反对自己称王的宫厩尹王子黑肱、太宰伯州犁派到边境筑城，以进取的姿态压迫郑国，而他自己则以此为借口赶往郑国进行谈判。然而到当年十一月初四日，出行不久的王子围突然以探病为由折返回宫，在病榻前杀死了楚王郏敖及其两个王子，上演了一出春秋版的"陈桥兵变"，自立为王，是为楚灵王。

尽管中原各国对此都有预判，但当事情果真来临的时候，还是引起了一阵恐慌。如郑国大夫游吉在参加完郏敖的葬礼之后，就不无担忧地对子产说道："准备行装吧！楚王为人骄汰奢侈且自恋成狂，必定要屡屡会合诸侯，接下来我恐怕少不了要常去楚国了。"

游吉的这种心态正反映了当时中原诸侯普遍的焦虑情绪。过去几年里，他们面对楚人的骄横一再忍气吞声，为的就是尽快促成宋之盟约能够落到实处。但倘若这种忍辱偷生状态成为常态，躲过了争霸战争却还是躲不过楚人的欺压，那么弭兵会盟的成果也就毫无意义了。这个时候，他们难免就会回忆起过去的时光，怀念起那段在晋国的领导下窘迫但并不卑微的日子。

然而，反观晋国这些年来的表现，却着实是让人失望透顶。自打弭兵会盟举行之后，晋国就开始进入了一种完全"躺平"的状态，只享受盟主地位带来的利益，却不愿意承担任何应尽的责任。

以往晋国强盛的时候，诸侯但凡有一丁点投靠楚国的心思，晋人就会像乌眼鸡一样非要问个明白。如今诸侯要去履行交相见的义务，晋国完全不设任何门槛；盟友在楚国受到了欺压，跑回来想要让晋国做主撑腰，他们也装聋作哑不管不顾。

各国发生了灾荒、内乱甚至是弑君的事件，晋国充耳不闻，就好像完全跟自己没有关系；可是当需要诸侯缴纳贡赋、提供劳役的时候，晋国比谁都清醒。

比如晋平公十四年（前544年），郑、宋两国接连发生饥荒，晋国作为盟主不加体恤也就罢了，反而还要征召民力去替杞国修筑城池，让参与筑城的诸侯大夫皆怨声载道。不仅如此，晋国还派人到鲁国去，要求将过去侵占的土地归还给杞国，让鲁人着实哭笑不得。

到了第二年，宋国又发生了火灾，鲁国早年嫁到宋国的共公夫人伯姬死于大火之中。晋国召集齐、宋、郑、鲁、卫、小邾等国大夫在澶渊举行会盟，商量着要给宋国提供援助。可最后的结果却是一粒米都没有送去，反而让宋国左师向戌白白浪费了许多盘缠。

再次年，郑简公携为政子产到晋国聘问，晋国以鲁襄公去世不便举行享礼为由，将他们晾在馆驿足足四个月。一直到子产忍无可忍将馆驿的围墙都给拆了，他们才想起原来还有贵客，这才设下享礼接待了郑国君臣。

一面是日渐骄纵、咄咄逼人的楚国，一面是朝不虑夕、得过且过的盟主，这样的情景着实让人感到有些恍惚。仅仅是在宋国举行了一次盟会，原本强盛不可一世的晋国，怎么就突然变得如咸鱼一般了？

不少人开始将问题的症结归于晋国正卿、执掌国政的赵武的昏聩，并将希望寄托在了其继任者的身上。比如鲁国大夫叔孙豹，在参加完澶渊的会见之后，回去就向孟孝伯表明了自己的看法，认为年纪尚不到五十的赵武就已经进入了一种浑浑噩噩的状态之中，只关注眼前的琐事，对于时间稍久一些的事情就完全提不起兴趣了。内心懈怠至此，怕是离死不远了。

紧接着，他又对晋国的时局做出了判断，料定赵武去世之后接掌中军的一定是韩起。他同时表示："韩子是个君子，但却为人懦弱，而国内的大夫又大多贪婪，要求和欲望没有个止境。晋国的国君一旦被架空，大夫们一定会对鲁国予取予求。到那个时候，齐、楚又不足以依靠，鲁国恐怕将会陷入危难。"

叔孙豹希望孟孝伯能将自己的意见传达给季孙宿，好让他跟韩起搞好关系，提前为鲁国做些工作。然而不幸的是，叔孙豹所托非人，此时孟孝伯也已经是个将死之人了。听到他的肺腑之言，孟孝伯只是哼哈了几句，说："人生苦短，又有谁不是在得过且过呢？一大早起来就想着还不知道能不能熬到晚上，搞好了关系又如何？"

听了这些话，叔孙豹知道孟孝伯去日无多了，只好自己去跟季孙宿讲，可对方却全然没有把这些提醒放在心上。直到赵武去世，韩起亲自到鲁国聘问的时候，季孙宿这才感觉到有些着急了，于是就在宴会上拼命巴结韩起。那么，面对鲁人的刻意讨好，韩起又会是什么反应呢？

## 第二节 晋政多门

**韩起忧贫**

在与孟孝伯的对话中，叔孙豹既称韩起为韩子，认为其是一位君子，但同时又认为韩起懦弱，不能抑制"求欲无厌"的大夫。这种评价看似矛盾，但也的确是韩起处境的真实写照。

一方面，韩氏家族因受晋景公、晋悼公的倚重而位列六卿，如今更是成为卿列中仅存的一支公族，多少都对公室有所感念，因而有着修复公室形象的强烈意愿。而从私利的角度分析，韩起所在的家族与公室实际上是一个利益共同体，倘若没有公室在法理上提供的支持，那么韩起就无法通过正卿的职位获取利益。因此，当卿大夫纷纷为了私利而压迫公室的时候，唯有他能够为国君的利益奔走，在当时的语境下自然当得起"君子"的称号。

另一方面，韩起如今虽身居高位，但在列卿之中却最为"贫困"，而围绕在他身边的，不是累世为卿的豪强，就是世代功勋的大族。这种逼仄的局面又使得他在与其余诸卿打交道时总是缺乏底气，自然也就给人造成了为政"懦弱"的印象。

关于韩起所谓的"贫困"，《国语》中有这么一段记载，说是有一次叔向去拜见韩起，见他因"贫困"而愁容满面、忧虑不已，于是就上前表示祝贺。韩起对此大感不解，于是就问道："我只有正卿的虚名，却没有正卿的财产，跟大夫们交往时，常常会因为手头拮据而感到窘迫。我正因此而忧虑不已，你怎么反倒要来祝贺呢？"

叔向回答说："当初晋景公、晋厉公时的正卿栾书（栾武子）田产不足百顷，宫室之中连祭祀用的礼器都置备不全，可是由于他宣扬德行、遵循法制，使得自己威名远播，四方都来归附，晋国也正是在他的治下走向了繁荣昌盛。不仅他自己得以安享晚年，就连他的儿子也凭借其余德得以善终。可他的儿子栾黡（桓子）却骄横奢侈、贪得无厌、违法乱纪、肆意妄为，借贷牟利、囤积财物……简直是无恶不作，就算是栾盈（怀子）一改他的作风，发扬栾书的美德，最终也未能幸免于难。

"晋景公时的卿大夫、郤至（昭子）'其富半公室、其家半三军'，与其堂兄郤锜、小叔郤犨并称'三郤'，三人并列卿位，可谓荣宠备至。然而他依仗着财富和宠荣骄横跋扈、目空一切，结果自己被杀，郤氏宗族也被灭绝。这样一个家族一朝陨灭，却没有一个人同情，就是因为他们缺乏德行。"

叔向最后总结道："由此可见，真正决定一个人、一个家族能走多远的，不在于财富的多寡，只在于德行的优劣。如今您有栾书那样的清贫，我认为你也能具备他的美德，所以才向您道贺。如果您不去修养自己的德行，反而因为财用不足而忧虑，我恐怕就要早早地准备哀悼了，哪里还会来庆贺呢？"

韩起听了之后急忙下拜稽首，说道："在我韩起行将灭亡之际，您一语惊醒梦中人，让我的家族得以保全。这不仅仅是对我韩起一人的恩德，我先祖曲沃桓叔以下所有子孙都应该感激您的恩赐啊！"

以上叙述方式是先秦故事的一贯套路，就如同童话故事里的王子和公主，无论他们遇到了多少艰险，最后一定会幸福地生活在一起。在《国语》《战国策》这些堪比童话的史料当中，听到谏言的人一定会对劝谏者的话深信不疑，并身体力行地践行忠告，最终走向大团圆的结局。

然而现实总有着各种各样的冲突和矛盾，人们不会因为听了一句谏言就从此飞黄腾达，也不会因为不听忠言而走上穷途末路。作为在晋国政治丛林中搏杀出来的高段位选手，韩起显然不能因叔向这区区几句话，就改变自己对财富和权势的信仰。不过话说回来了，时人之所以拿韩起来做文章，至少说明在当时，韩起地位的窘迫是众所周知的。

在栾氏被灭后形成的六卿之中，范氏、中行氏都是在晋献公、晋文公时期就开始发迹的旧族；智氏作为中行氏的近亲，虽晚至晋景公时期才开始兴起，但其创业者荀首只短短几年就出任了中军佐。这些家族兴起于晋国最为强盛的时期，经过逾百年几代人的积累，早已是家大业大地位稳固了。

其余两家卿族魏氏和赵氏，其先祖都曾追随晋文公流亡有功，也有着庞大的财富积累。其中的魏氏长期在蒲津前线抵御强秦，早在进入卿列之前就已经拥有了魏、霍、吕、厨、令狐等至少五个封邑，其家族内三个分支都有跻身卿列的实力；而赵氏虽遭受过下宫之役的劫难，但仅凭赵盾时期积累的丰厚家底，就足以让他们傲视群雄了。

唯独韩氏，作为桓庄之族硕果仅存的一支，其在政治上的表现一直都很低调，因此尽管曾有韩厥在晋悼公时出任正卿为中军将，其旁支韩穿在晋景公时也曾为卿任新上军佐，可他们的财富积累到底无法与其他家族相提并论。也正是因为生活过于窘迫，在与大夫交往时连像样的财礼都拿不出手，这才使得韩起尽管年长，却又不得不依附于赵氏才能得以保全。

不过与之相抵牾的是，《左传》在晋平公二十一年（前537年）的记载中，曾借楚国大夫蘧启强之口提到"韩赋七邑，皆成县也"。单以这个规模而论，韩氏的属邑在晋国当时五十多个县中所占的比例并不低。但需要注意的是，蘧启强同时还提到了韩氏的族人箕襄、邢带，其所在的箕、邢两地在当时仍"名花有主"，并不归属于韩氏所有。

这也就意味着，所谓的"韩赋七邑"很可能是对韩起一生功劳的综述，被后人无意中安插到了蘧启强的话语之中[①]。而与之形成鲜明对比的是，到韩起去世之时，从未进入过卿列的祁氏，其封邑也足足被划分成了七个县，跟两世正卿的韩氏比起来都毫不逊色。韩起绞尽脑汁操劳一生的成果也不过如此，那么其刚刚开始执政时的地位有多尴尬也就可想而知了。

---

① 这样的情形在《左传》中并非特例，如上文提到的虢之会时，祁午为劝说赵武总结了其"再合诸侯，三合大夫"的功业，还说他"有令名矣，而终之以耻"。这些话很像是"盖棺之论"，当赵武还在世时突然提到这些，难免会让人产生一种莫名其妙的感觉。叔向与晏婴在晋平公十九年的讨论，也很有拼凑的痕迹，恐非当时谈话的实录。

## 贪婪正卿

叔向没有坐在韩起位置上，自然就不能理解韩起的忧虑。而后来羊舌氏的遭遇，实际上也证明了其观念早已无法适应当时的局势了。正所谓"打铁还需自身硬"，名利场上没有永远的朋友，若是自身实力不济，仅仅依靠他人的庇护终究是难以长久的，这是被晋国近百年的六卿权力斗争反复验证过的铁律。正是这种时不我待的紧迫感，让韩起不得不精心筹划，这也就形成了他另一个鲜明的个性特征：贪婪。

关于这一点，《左传》同样给我们提供了一个例证。

晋平公八年（前550年）爆发的固宫之役，使得在晋国政治舞台上活跃了近二百年的栾氏家族彻底消亡，不少出身公族的世家也因卷入了栾、范纷争而遭到清洗，给急需更多土地发展壮大的六卿带来了一场狂欢的盛宴。

在士匄的主持下，这些家族所留下的土地大都被瓜分一空，但也有少部分优质资产由于竞争太过激烈一直悬而未决，其中争夺最为激烈的当非州县莫属。

州县地处周襄王封赐给晋文公的南阳地区，原本隶属于大夫狐溱治下的温县，后被一分为二，才有了州县的设立，后几经周转，到晋平公时期成为栾豹的封邑。南阳之地土地丰腴、物产丰饶，栾氏败亡之后，此地自然也就成了六卿眼中的珍馐，范氏、赵氏和韩氏都想将其据为己有。

首先是赵武提出了对州县的主权要求，他声称，温县是赵氏的封地，而州县原本属于温县，自己收回州县不过是物归原主罢了。但士匄和韩起却不肯相让，他们认为，州县从温县分割出去已有七八十年，而赵氏获得温县却是在郤氏覆灭之后才有的事情，距今不过一二十年，因此不存在物归原主这么一说。更何况，晋国将一县分割开来的情况并非只此一例，若是都按照划分前的状况来处理，岂不是全乱了套了？

看到两家反对如此激烈，赵武也不敢再坚持，只好放弃了争夺。这下轮到韩起和士匄做出姿态了："我们不能只是口头上喊着要公平正义，背地里却给自己捞好处！"于是也放弃了争夺。州县的归属就这样被搁置了起来。

到赵武执政的时候，他的儿子赵获认为时机已到，希望能够借机夺取州县。但赵武一生谨慎，不肯因这一县的土地惹来忌恨，于是就训斥道："韩、范二子的话是合于道义的，违背道义必然会引来祸患。我连自己的封邑都无法治理，何必要拿来州县为自己招灾引祸呢？从今往后，有再敢提及州县的一定处死！"

赵武家底丰厚，得不到州县对他而言不过是损失了一个"小目标"，可对处于创业期的韩起而言，却等同于丧失了"第一桶金"，意义自然大不同。也正因如此，韩起从未放弃过对州县的觊觎，为了达成所愿，真可谓是绞尽了脑汁、算尽了机关，甚至于连执政的脸面都可以不要。

晋平公十九年（前539年），也就是他担任执政的第二年，郑国大夫公孙段（伯石）随郑简公到晋国聘问，朝聘期间因袭礼举止得体，受到了晋人的一致好评。晋平公于是授予公孙段策书，并赞扬说："当初你的父亲子丰（公子平，郑穆公之子，郑国七穆之一丰氏的始祖）对晋国有功，寡人至今都不敢忘记。今将州县赐给你，以报答你们过去的功劳。"

《左传》中的君子对这件事赞赏有加，说以公孙段平日里的骄汰，一旦开始讲求礼仪尚且能够承受福禄，更何况是那些始终都坚守礼仪的人呢？但紧接着笔锋一转，就又迫不及待地道出了事情的真相。

原来，丰氏与韩氏素来交好，每次来晋国朝聘都不在公室设立的馆驿居住，而是住在韩氏的私宅里。此番公孙段能够获得晋国赏赐的土地，也是韩起在背后运作的结果。但公孙段毕竟是郑国的大夫，不可能长期地保有晋国的土地，因此归根结底，州县最终还是要归属韩氏的。

韩起如此大费周章，其用意就是将州县从栾氏的土地转换成别国大夫的封地。有朝一日丰氏将土地归还给晋国，就相当于新获得了一块土地，他就可以名正言顺地将其据为己有，不再有任何心理负担。这就好比是如今的一些不法分子，利用"洗钱"的手段将非法资金变为合法收益，而韩起的手法我们可以称之为"洗地"。

丰氏对此自然是心知肚明，因此当公孙段去世后，其后继者丰施便很知趣地委托郑国执政子产将州县归还给韩起。子产的话说得很委婉："过去贵国国君认为公孙段能够承担大事，因而赐给他州地的土田，可惜他无福消受，不能永享有这份殊荣。他的儿子不敢占有大国的土地，也不敢就这样推托了贵国君主的赏赐，所以只能私下送给您。"

公孙段去世的时间是在晋平公二十三年（前535年），距离其获得州县的赏赐仅仅过去了四年。这么短的时间显然没办法把事情掩盖过去，这就让人感到十分尴尬。

韩起有心让丰氏晚几年再归还州县，但子产却隐晦地劝说道："这毕竟是大国的土地，以郑国丰氏的小国小家哪里敢长期专享？您如今身为执政，的确可以保护丰氏免于责难，可将来若有人拿关于边界的闲话问罪，敝邑因此受累倒是小事，可丰氏却也会因此遭受讨伐啊！因此，由您来接受州县的土地，这不仅能让敝邑免于罪过，同时也是进一步保全了丰氏，这还有什么好考虑的？"

子产说这些话的时候，韩起进入卿列已超过了三十年，年龄至少也有六十岁了。所谓"人生七十古来稀"，依照当时的医疗条件，六十多岁的韩起已经算是"高危人群"了。万一哪天他不幸过世了，州县的归属失去控制不说，还有可能会连累郑国和丰氏。倒不如趁他精神正好把这件事情办妥了，大家各求所安，也就不必日日提心吊胆了。

子产虽没有直截了当地把话挑明，但韩起显然理解了对方的忧虑，因此就硬着头皮把州县收了回来。后来他将此事禀明了晋平公，晋平公也顺水推舟履行了一个正式的手续。可韩起毕竟还是做贼心虚，既想得到州县，又担心有人会借题发挥，于是不久后又拿州县交换了宋国大夫乐大心的原县，这才算稍稍舒心了一些。

## 晋齐联姻

综合以上的事例可见，韩起简直是一个矛盾的综合体。他既是一名为人称道的"君子"，但由于自身的"贫困"，在大夫"求欲无厌"的大背景之下又难以独善其身，总要显现出一些"贪婪"的特征；他有心要维持晋国公室的利益，但面对"以乐慆忧"、耽于享乐的晋平公，以及各有所求的晋悼公夫人和诸卿大夫，又难免畏首畏尾很难坚持原则，故而就显得有些"懦弱"。这些互相矛盾的特征，也就构成了韩起执政时期的主要旋律，也就注定了他的努力只能是徒劳无功。

韩起执政的前半程，主要的施政方向还是维持晋国在中原的霸主地位。而在晋楚已然实现弭兵的大背景下，如何有分寸地压制齐国，打消其对中原霸权的觊觎显然是最紧要的问题。因此在接替赵武执政后，他第一时间就奔赴东方列国进行聘问，为的就是要进一步稳固晋国在东方的战略存在。

自晋平公继位以来，齐国便越来越不掩饰谋求中原霸权的野心了，但苦于国内连番内乱，一直都未能与晋国争雄。到弭兵会盟前后，掌握政权的崔杼和庆封先后被灭族，国内政权渐渐落到了公族栾氏和高氏手中，其政局走向也变得扑朔迷离。

韩起并不知晓齐国接下来会不会再起争霸之心，但为保险起见，还是决定到齐国去走一趟。晋平公十八年（前540年）春季的齐国之行，其首要的目的就是要达成与齐国之间的联姻。以晋国的霸主地位，又兼以韩起的执政身份，齐国自然无有不依的。回国后不久，他又派自己的儿子韩须到齐国迎接少姜，齐国则派上大夫陈无宇致送少姜入晋。

但让人意想不到的是，韩起费尽心机维护两国的关系，可身为国君的晋平公却不怎么买账。陈无宇抵达晋国之后，晋平公竟然以对方不是卿为由，派人在中都（今山西榆次或介休附近）将其抓了起来。

在此期间，嫁到晋国的少姜曾多次替陈无宇说情，指出当时各国奉行的一项规则"逆从送班"，也就是送亲的人要与迎亲的人地位相符。晋国派公族大夫韩须到齐国迎亲，齐国因为畏惧晋国，还特意提高规格让上大夫前来送亲，怎么您还不满意了呢？

从少姜的解释来看，她显然误解了晋平公的意思。晋国前去迎亲的是公族大夫不假，可前去下聘的可是正卿啊！你不按照下聘时的规格选派送亲的使者，反而拘泥于"送从逆班"的原则，这难道不是对晋国有所怠慢吗？因此，不论少姜如何撒娇哄劝，晋平公就是不肯释放陈无宇。一直到半年后，嫁到晋国的少姜都因病去世了，送亲的陈无宇竟然还没有获得自由。

后来叔向也来相劝，说："这件事齐国做得并没有错，是我们自己贪求得太过分了。我们自己不恭敬，反而把齐国使者抓起来，处事如此偏颇，还怎么做诸侯盟主呢？而且，当初少姜也希望您能放他回去的……"

少姜嫁到晋国的时间虽然不长，但却十分受宠，平公还特别亲昵地不称其姓而称其国，将其称为"少齐"。可两人新婚宴尔还没来得及长相厮守，少齐就离他而去了，也着实让平公痛悔不已。因此听到叔向如此劝说，他也只能依从少齐的心愿，将陈无宇释放回国。

上演了这样一出闹剧之后，韩起不得不出面收场，努力弥合因扣留陈无宇造成的外交危机。然而出人意料的是，陈无宇刚刚回国不久，齐景公就派来了大夫晏婴，以极其谦和的语气，请求为晋平公再续良缘。

对于齐国的请求，韩起自然是求之不得的，因此很爽快地就答应了。不仅如此，韩起还亲自到齐国去迎娶齐女，以示对两国关系的重视。

不过，在迎亲时还发生了一段插曲，齐国执政公孙虿（子尾）看到少姜在晋国受宠，便想借此巴结晋国，于是就来了一手"狸猫换太子"，让自己的女儿与晋国结亲，而本来要和亲的公女则被另嫁了他人。

有人将此事告知了韩起，不料韩起却无动于衷，只是轻描淡写地说道："我们此行就是为了搞好与齐国的关系，目的达到就可以了。若是刻意追究这些细枝末节而得罪了齐国的权臣，岂不是舍本逐末了吗？"

韩起本着务实主义的政治原则，对于齐国权臣以宗女换公女之事不予追究，是因为他明白，以臣欺君已经是当时的政治潮流。韩起不是如叔向、孔子那样的理想主义者，因此对于已经无法恢复的礼仪不会特别追究，也不会去做逆势而为的无用之功。枝节上发生的错漏，只要不影响主要目的的达成，就都是可以容忍的。

## 归咸于卫

在与齐国达成联姻的同时，韩起并没有放松战略上警惕。齐国地处泰山东北方向，其西部边境的开放性较高，无法像对秦国那样，仅仅依靠扼守几个战略关口就能实现围堵。因此，想要遏制其谋求霸业的决心，就必须利用好鲁、卫两国的锁链作用，这也是他首次出访就接连拜访鲁卫两国的原因所在。

在与卫国的关系问题上，韩起主要是处理了一桩延宕多年的积案。

这件事还是要从卫献公的流亡说起。早在晋悼公十五年（前559年）时，卫国上卿孙林父和亚卿宁殖合力将卫献公驱逐到了齐国，并立公孙剽为君，是为卫殇公。其间晋悼公本有心干预卫国内乱，但执政的正卿荀偃（中行献子）与孙林父素来亲善，不愿为卫献公主持公道，此事也就只能作罢了。

后来到晋平公即位初年，晋国爆发了栾范之争，执政的正卿士匄（范宣子）召集诸侯在商任举行会盟，要求各国禁锢栾氏。齐庄公有意借此扰乱晋国政局，故而在会盟时表现得很不恭敬。而卫殇公则是因担心齐国会拿卫献公做筹码，于是在会上刻意讨好齐庄公，这就让晋人感到十分不满。

到晋平公十年（前548年）时，晋国的内乱以栾氏的灭族宣告结束，而齐国也因发生了弑君事件而倒向了晋国，天下大势顿时变得明朗起来。晋国有心要处置卫殇公，就在夷仪会盟期间时，派魏舒、宛没将流亡多年的卫献公安置在会盟地，卫献公复国的愿望终于初露曙光。

晋平公十一年（前547年）二月，在卫献公的授意下，宁喜联合右宰谷对孙氏发动突然袭击。在拔除孙氏在卫都的大本营后，又从容地杀掉了卫殇公和他的太子角，并迎接卫献公复国。消息传到戚邑，孙林父自知大势已去，就带着封邑投靠了晋国。卫献公怒气未消，当即派兵攻打戚邑，孙林父则背靠晋国展开了反击。

到这年六月，晋国新任执政赵武召集诸侯在澶渊会盟，随后又组织诸侯联军攻取了卫国西部边境的懿氏六十邑给了孙氏。卫献公带着宁喜、北宫遗亲赴澶渊辩白，谁知却被晋人尽数拘留，并被带回晋国圈禁在士弱（士庄子、士庄伯）家中。

晋国的做法让诸侯都深感恐惧，齐景公和郑简公更是亲赴晋国为卫献公求情。齐国大夫晏婴在参加会见时，私下对叔向说：“晋国国君在诸侯中宣扬明德，一心一意为诸侯扫除患难、纠正过失，因此才能够称霸诸侯。可如今却为了臣子而拘捕一国之君，这恐怕不合适吧？”

叔向通过赵武把这些话传给了晋平公，然而平公似是受了莫大的委屈，反而历数了卫献公的几大罪状，坚决不肯放人，齐、郑两国只好继续出面协调。

在一次宴会上，齐国的国弱（国景子）赋了一首《辔之柔矣》。所谓"马之刚矣，辔之柔矣"，大国安定小国，就如同用柔软的缰绳来驾驭刚烈的骏马；而如果反过来，缰绳绷得太紧，就会使骏马变得疲弱不堪。郑国的子展则赋了一首《将仲子兮》，以"人之多言，亦可畏也"劝说晋国要顾忌到各国舆论的压力。

晋平公也知道自己过分了，可若是就此放人，又总感觉撂不下面子，事情就这么搁置了下来。直到当年冬天，卫国将一位美女送到晋国，让晋平公好生欢愉，这才顺着台阶将卫献公放了回去。

此后的几年间，由于晋国忙于弭兵事务，执掌政权的赵武又浑浑噩噩、不理政事，因孙林父叛逃造成的戚邑问题一直悬而未决。等到韩起执政，为了缓和与卫国的关系，这件事才被重新摆上了台面，这或许也是韩起到访卫国时双方磋商的重点事项。

然而，解铃还须系铃人。戚邑问题是士鞅（范鞅、范献子）的父亲士匄执政时留下的政治遗产，孙林父也是范氏一力要保护的人，若范氏不肯松口，韩起即便是跑断了腿也不会有实质的进展。而士鞅在诸多事务中一直以贪婪著称，让他把这块吃下去的肉吐出来并不是一件容易的事情。这是一场漫长的博弈过程，其中具体的经过已无从知晓，我们只知道，韩起访卫五年后事情终于出现了转机。

晋平公二十三年（前535年）秋八月，卫国国君卫襄公去世，其子元即位为卫灵公。这时有一个神秘人物突然出现在士鞅面前，对他说："卫国对晋国一直很恭敬，可晋国却不加礼遇，包庇其叛臣而占取其土地，因此诸侯才有了二心。兄弟不和睦，互相不亲善，远方的人们谁还敢来归附我们？现在卫国新君继位，若是不趁机跟他们搞好关系，这岂不就是在自绝于诸侯吗？"

士鞅似乎也感受到了诸侯的不满情绪，于是便找到韩起，把自己的想法说了出来。韩起听了大喜过望，表示自己完全赞同他的看法，当即命其为全权大使前往卫国吊丧，并主持戚邑交接的事宜。

通过对戚邑问题的处理，我们可以窥探到韩起为政的另一个特征，那就是圆滑。他一心想要修复晋卫关系，但又并不急于一时，而是通过各种手段旁敲侧击，让士鞅感受到压力后主动提出与卫国和解。这样一来，戚邑问题圆满解决，又给足了范氏面子，真可谓一举两得。

## 鲁莒纠纷

在处理齐国问题时，晋平公虽然不怎么配合，但只要美女的盖头一揭开，他也就没什么好反对的了。处理戚邑的问题时，尽管中间夹着一个范氏，但只要能够动之以情、晓之以理，让他们认识到其中的利害关系，范氏也不是什么不讲理的人。但在处理与鲁国的关系时，韩起所遇到的阻力就没那么简单了。

这种阻力一方面是出于晋悼公夫人的私心。前文我们曾不止一次提到，晋悼公夫人是杞国之女，弭兵会盟之后一心想要利用晋国的地位为自己的母国做一些事情。

晋平公十四年（前544年）时，悼公夫人一方面让晋平公组织诸侯到淳于为杞国筑城，一方面又指派女叔齐到鲁国去要求对方退还侵占的土地。大概是由于女叔齐在处置杞国土地问题时有所保留，到晋平公二十三年（前535年），悼公夫人又利用鲁昭公去楚国朝见的机会，强令鲁国将成邑交割给杞国。

这一系列做法引起了诸侯强烈的不满，更让鲁国感到痛心不已，但面对大国的逼迫，他们也只能打碎了牙和血吞，将这件事强忍了下来。

另一方面的阻力则来自鲁国内部。大约在晋厉公即位前后，鲁国三桓主政的格局就已经初步形成，面对三桓家族的强横，公室早已没有了还手之力。而在三桓内部，由争权夺利导致的纷争也从来都没有停止过。

早在鄢陵之战结束后，当时的叔孙氏宗主叔孙侨如（叔孙宣子）就曾利用他和鲁成公母亲穆姜、晋国大夫郤犨的关系，试图驱逐季孙、仲孙两家而独揽大权。但事情没有取得成功就被驱逐到了齐国，鲁人迎立其弟叔孙豹接掌叔孙氏。

叔孙豹回国后，有心弥合公室与三桓之间的关系，但季孙氏又开始图谋独掌政权。在任的季孙宿为侵夺公室权益，先是利用鲁襄公年幼即位的机会，将公室军队一分为三，全都交由私家掌管；将国民分为十二份，三家得其七，公室得其五。后来鲁襄公去世，他又强立贪玩而不知礼的公子裯为鲁昭公，并四分公室而取其二，彻底架空了鲁国公室。

在侵蚀公室权益的同时，季孙宿为了进一步取得对叔孙、仲孙两家的优势，又开始利用莒国的内乱接连收纳其叛臣、侵占其土地，这其中最鲜明的例证就是晋平公十七年（前541年）讨伐郓城一事。当时，晋楚两国正与诸侯在虢地举行"寻盟之会"，叔孙豹作为鲁国方面的代表参加会见，差点就因此事死在了楚国令尹王子围的刀下，可见其用心之险恶。

按照盟约的规定，晋国本应就此事讨问鲁国的，但赵武为了与楚国争锋而不得已保护了叔孙豹，这就使得鲁人认为晋人是支持自己的，从此以后就变本加厉，加大了对莒国的侵略力度。

季孙宿的这些作为让叔孙豹深恶痛绝，但为鲁国整体利益考量，他还是特意提醒过季孙宿，让他尽早跟韩起搞好关系，好提前为鲁国做些有益的工作。

然而，季孙宿对此却不以为然，直到后来韩起开始执政并到鲁国聘问时，他才突然意识到问题的严重性，急忙拼命地巴结韩起，但毕竟为时已晚。为了躲避随时可能到来的责问，季孙氏转而利用晋国内部的派系冲突来谋取利益，从而与晋国的范氏达成了同盟。

晋平公二十一年（前537年）秋季，莒国派人到晋国诉讼曲直，恰好当时鲁昭公正在晋国访问，晋平公就想要将其扣留以斥其罪。

范氏宗主士鞅得知后，径直找到韩起并厉声责问道："趁着他人前来朝见的机会将其扣留，这无异于是在引诱。作为盟主不能光明正大地以武力征讨，却用这种上不了台面的手段来自我满足，这不就是怠政吗？如果真想解决这件事，你现在就把他放回去，来日大大方方地用武力征讨，也好显示盟主的威严！"

士鞅的这一顿羞臊让韩起很没脾气，只好把鲁昭公放了回去，至于所谓的武力征讨，自然也是没影的事了。有了范氏的支持，季孙宿可谓是春风得意，第二年还亲自到晋国拜谢，等于是诱导晋国承认了季孙氏对莒国土地的占有。

到晋平公二十六年（前532年）七月，继任的季孙意如（季平子）不仅出兵伐莒攻取了郠（今山东沂水）邑，回国后还在亳社用战俘作为牺牲进行祭祀活动。鲁国一再冲击晋国的底线，而晋国却不能施加报复，韩起在处理诸侯事务时的无力感可见一斑。

## 第三节　诸侯皆贰

### 征朝不时

当晋国在鲁莒纠纷问题上遭遇挫折的同时，因其内部政出多门，对诸侯征朝不时、索求无度带来的矛盾也开始集中爆发。这其中最鲜明的例证，莫过于晋平公十九年（前539年）春季，诸侯针对为少齐送葬一事所引发的讨论。

按照春秋时期的礼法规则，诸侯国君或妻妾去世时，别国前来吊唁和送葬的规格都是有一定之规的。如遇诸侯国君去世，需安排大夫吊唁，卿参加送葬；夫人去世，士吊唁，大夫前来送葬。若非正妻去世，礼法中并没有明确的规定，别国可以不来参加吊唁和送葬，即便是参加，通常级别也不会高于夫人。

少齐并非晋平公的正妻。一般情况下，诸侯若想表达重视，安排士前来吊唁、大夫前来送葬，就已经算是超高待遇了。然而，惯例在强权面前是可以被随便打破的，正因为恩威难测，别国在安排吊送规格时都有些不知所措。

因此，尽管这只是宠妾的葬礼，郑国还是安排了六卿之一的印段（子石，其祖子印为郑国七穆之一）前来吊唁，到少齐出殡的时候，又有卿士游吉前来送葬。而此时的鲁国似乎要比郑国更为焦虑，少齐去世的消息刚刚传到鲁国，鲁昭公就亲自出马了。好在晋国虽有些不可理喻，但让一国之君为宠妾吊唁这种事情还是做不来的，到底把鲁昭公劝了回去。

如此做派不仅让诸侯感到难堪，就连国内大夫都不无愤慨。比如在会见各国使者时，晋国大夫梁丙、张趯就很为游吉打抱不平，说："您身为郑国的卿，却要为了一个宠妾的葬礼而屈尊，真是太过分了！"

游吉也愤愤不平地回应道："我也是不得已啊！想起以前文、襄称霸的时候，他们的事情从来不敢劳烦诸侯，诸侯的朝聘礼仪也都有规定的期限：要求三年一聘问，五年一朝觐，有事情就会见，有不和睦才结盟，不会无缘无故地要求诸侯频繁朝见。可如今呢？一个宠妾的丧事，列国不敢按照常规的礼仪安排合适的人前来送葬，即便如此还怕招来责问，又怎么敢怕麻烦呢？"

诉罢苦衷，游吉继续发他的牢骚："以后我少不了还要经常到此奔波呢！齐国看到少齐如此受宠，肯定还会送女子前来，到时我恐怕还得前来祝贺吧！"

张趯对此深以为然，于是便安慰说："所谓物极必反，晋国如此造作，以后必然衰退，失去诸侯拥护也是情理之中的事情。待到那时，即便诸侯想要自找麻烦，晋国也没那个号召力了，您也就不必再为此费心了。"

然而让人意想不到的是，齐国得知少齐在晋国受宠，也的确又送来了女子为晋平公续弦，只是这次送来的不再是宠妾，而是变成了夫人。游吉即便是想来走这一遭，他的身份都已经不够格了，只能劳驾位列六卿之首的当国子皮（罕虎）亲自前来道贺。

由于没能再次见到游吉，张趯心里万分失落，于是就派人传信给游吉说："自您回去之后，小人扫除先人的破屋子，随时准备着迎候您前来下榻。如今见到的却是子皮，心中别提有多失望了！"

游吉对此也只能苦笑："游吉身份低贱，由于畏惧大国、尊敬夫人，不敢前去露脸，所以让您失望了。而且当初您也说过，'恐怕以后都不必为此费心了'，照此情形来看也的确如此。只怕以后我们很难再相见了！"

不过，游吉的预测终究还是有些纰漏，因为他没有预料到，除了生老病死、婚丧嫁娶这些大事之外，有些临时性的庆典也是需要庆贺的。仅仅五年后，晋平公心血来潮，准备兴建虒祁之宫，于是就巧立名目征召诸侯来朝，游吉只好跟随郑简公再次踏上了朝聘的旅程。

## 平公之丧

寻常的朝聘都需要如此大动干戈，遇到了国君的葬礼，诸侯自然更是不敢怠慢。

公元前532年七月初三日，在位二十六年的晋平公突然去世，这就让郑简公深感不安。前次少齐去世时已经安排了卿级别的大夫前去吊唁和送葬，如今国君去世，自然就要再高一个规格，这该让谁去呢？数来数去，好像也只能亲自出马了。

如此高规格地劳顿诸侯，让身为执政的韩起感到很过意不去，于是急忙派人到边境上把郑简公劝了回去。郑简公见晋国态度如此平和，总算舒了一口气，返程的路上高兴得不得了。只是有人欢喜有人愁，他这一回来，可怜的游吉就知道自己是躲不过去了，只好又收拾了行李去参加吊唁。

吊唁仪式结束后，到这年九月，鲁国大夫叔孙婼、齐国大夫国弱、宋国大夫华定、卫国大夫北宫喜、郑国当国罕虎，以及许、曹、邾、莒、薛、杞、小邾的卿大夫们都纷纷赶到晋国，去参加平公的葬礼。因为不堪忍受来回奔波之苦，此次前来送葬的人都揣着一个小心思，那就是希望能直接朝见新君。郑国当国罕虎为此还做了充分的准备，提前将祝贺新君继位的财礼也都带上了。

不过郑国为政子产却不以为然，奉劝他还是趁早打消了这个盘算。在没有晋国明确同意的情况下，贸然带着财礼前去是很不明智的。

春秋时的交通工具只有马车，而要送的财礼大多是青铜器物、布帛粮秣之类的实物资产，需要大量的人力护送。子产为罕虎算了一笔账，说每次运送财礼需要一百辆车，为了护送这些财礼，又需要至少一千个人跟随。这一千个人去了吃穿用度都要花钱，如果晋国不同意你们朝见新君，估计你们还要耽搁更久，带去的财礼用不了多久就花光了，郑国可经不起这样的折腾。

鲁国大夫叔孙婼深谙礼仪，也认为此事断不可行。国君丧葬乃是大礼，就算是晋国再不顾及礼制，国君在国内再没有地位，这种面子上的礼节也是不能荒废的。

果然，正当诸侯大夫在朝堂上请求面见新君时，晋国大夫叔向却以新君昭公（名夷）的口气出来辞谢说："大夫们送葬的事情已经结束了，却又请命让孤与诸卿相见。如此盛情本不好推辞，然而孤在丧期之内，不知该用何等礼节与诸位相见。

若是身穿吉服，丧礼尚未结束，恐怕不妥；若是以丧服相见，就等于再接受一次吊唁。孤实在是进退两难，还请诸位谅解！"

这一席话说得合情合理，大家也没有理由坚持请见，这可就把罕虎给害苦了。这个时候，他才想起子产的话来，心中不无懊悔地说道："懂得道理并不难，难的是如何用来实践。《尚书》中说，'欲望败坏法度，放纵败坏礼仪'，这说的就是我啊！我的境界到底不如子产。"

## 与君代兴

弭兵会盟之后，面对楚人的骄横姿态，诸侯本指望晋国能念着过去的盟约为他们主持公道。然而经过多年的试探，人们逐渐发现，如今的晋国早已不同往日，除了对征收贡赋感兴趣之外，在谋求霸业方面早已无所用心。其至在有些方面，晋国对诸侯的苛待比之楚国有过之而无不及，这就使得诸侯对晋国的态度逐渐怠慢了起来。

尤其是在晋平公晚年时，齐国执政大夫公孙虿、公孙灶相继去世，其继承人栾施、高强嗜酒如命，结果被陈氏、鲍氏合力攻灭。在陈氏的有意放纵之下，大权渐渐旁落的齐景公便想从中原事务中寻找安慰，争霸之心也有所抬头。

晋昭公二年（前530年），齐景公、卫灵公、郑定公为恭贺晋君新立而到晋国朝见。晋昭公设享礼招待诸侯，宴会期间和齐景公玩投壶游戏。晋昭公先投，上军将荀吴（中行穆子）担任襄礼，赞道："有酒如河，有肉如山。寡君中此，为诸侯师。"晋昭公一投中了，心里很高兴："我还继续做诸侯盟主，多好！"

轮到齐景公投壶了，没有人给他襄礼，他就自己打气，说道："有酒如渑，有肉如陵。寡人中此，与君代兴。"然后顺手一投，也中了。齐景公心里更高兴，这下我要取代你做诸侯的盟主了，真好！

这个情节大概就是后世传说中刘备和孙权试剑砍石的灵感来源，刘备自以为许愿灵验，却盖不住孙权也毫不逊色。但不管孙刘二人如何剑拔弩张，好歹他们还都是心照不宣，不过是心里自得其乐罢了。而这次的投壶游戏却是在大庭广众之下宣示于人的，这就让晋人感到好生尴尬。

这时在一旁观礼的士文伯（士匄，与范宣子同族同名）便埋怨说："您的话不恰当。我们本来就已经是诸侯盟主了，把这投壶当作一般的游戏就行，何必还要借此来宣示什么？平白让齐侯认为我们国君软弱，这次回去以后恐怕就再也不会来了。"

荀吴也知道自己捅了娄子，可他是一个要强的人，又怎能轻易认错？听到士文伯的指责，他反倒充满不屑地说："我们的军队统帅强而有力，士兵争相勉励，气势一如当年，齐国就算有野心又能做些什么？"

话虽如此说，诸侯的反侧还是让晋人感受到了强烈的危机感。尤其是按照《左传》的说辞，虒祁宫的落成让诸侯大感寒心，于是对晋国都产生了二心。为了挽回局面，韩起决定召集诸侯举行一次高级别会议，以此来宣威于诸侯。用叔向的话来说："诸侯不可以不示威。"只要让他们认识到晋国仍是他们可知世界中最强盛的国家，霸业秩序便有继续维系下去的可能。

## 平丘会盟

晋昭公三年（前529年）七月初，晋昭公亲赴良地（今江苏邳州）约见吴王余眜（又作夷末、夷眛），但吴王以水路不通为由辞谢不来。晋昭公自讨没趣，只好又折返到邾国南部，就地举行了一次盛大的阅兵仪式。这次阅兵，参加检阅的战车总数达到了四千乘，比之晋文公时期的七百多乘的总战力已不可同日而语，可即便如此，对诸侯的威慑力也依然有限。

到八月初，晋昭公又移驾卫国，在平丘（今河南封丘与长垣之间）与周室大夫刘献公以及宋、鲁、卫、郑、曹、莒、邾、滕、薛、杞、小邾等国国君举行会见。

然而，自从有了投壶一事挑明了要跟晋国争雄之后，齐国便知道事情已没有了转圜的余地，于是明确表示不参加晋国召集的会盟活动。

韩起对此无计可施，只好让叔向去找王室大夫刘献公讨要计策。刘献公回答说："结盟是为了表示信用，如果您能够守信，诸侯又无二心，又何必担心呢？对待齐国要软硬兼施、文武并重，倘若他们还是不肯就范，那么就要让他们知道，天子的卿士会统领天子的军队，严阵以待，至于战事何时发起，那就只看齐人的态度了。"

叔向因此向齐人通报说："诸侯纷纷请求重温过去的盟约，寡君不敢轻慢，故而亲赴此地，可您却认为不结盟更加有利。寡君对此很是疑惑，所以特来求教！"

齐人回答说："重温过去的盟约是为了讨伐有异心的国家，如今天下太平、诸侯顺服，又何必多此一举呢？"

叔向反驳道："重温旧盟最主要的目的是维护礼制，讨伐叛逆还只是其次。我听说，国家的衰败往往始于礼制的衰败，一旦失去了礼制的约束，紧接着就会出现上下失序、威严不昭、祭祀不恭等问题，最终国家事务也就没有了结果。因此贤明的君主往往会规定朝聘的制度，通过演习礼仪来表现威严、展示信义，让诸侯记住自己的职责，这样才能没有缺失。晋国肩负维护礼制的责任，生怕自己不能尽职尽责，因此才准备好牺牲等待贵国前来，以求能够勤于事功、不敢懈怠。然而您却说，'我本来就打算废弃这些繁文缛节，又何必再结盟呢？'寡君愚钝，不知执事将欲何为？还请指点迷津。"

叔向打出了维护礼制的大旗，将齐国的做法视为废弃礼制，虽未直接挑明，却也透露出为维护礼制不惜向齐用兵的深意，不免让齐人感到恐惧，只好按着晋国的要求参与了盟会。

晋国对齐国的胁迫，主要是捏准了齐景公的软弱和齐国内乱不休的软肋，可一旦碰到较真的人，这些威胁恐吓的言辞就不再起作用了。比如在盟会开始时，之前曾三番五次数落晋国失职的子产，就在盟会上与晋人公开争执，从而为郑国争取了大量实惠。

子产首先指出了如今贡赋制度的不合理之处。他认为早年天子确定进贡物品的次序和轻重时，依据的都是诸侯的地位。地位尊贵者贡赋自然就重一些，地位低而贡赋重的通常都是甸服之内在王室任职的国家。

这里子产提到了周朝的一项制度。当时西周根据与王室的远近亲疏将天下诸侯分为九等，也就是所谓的"九服"，服制越低、距离越远，所需进贡的物品就越少、频次也越低。子产认为郑国属于第三等的"男服"，以区区小国之力却长期缴纳相当于头等"侯服"所对应的贡赋，这实在是有失公平，因此要求晋国降低郑国的贡赋数量。

晋国早已习惯了依靠诸侯的贡赋过日子，如今虽履行的义务减少了，却又极不情愿减轻诸侯的压力。更何况，子产所提出的这些都是西周时的旧制度，非要套用在当下的政治环境中，颇有些强词夺理的嫌疑，自然无法说服傲慢的霸主。

子产于是就继续争辩说："诸侯之间弭兵休战，为的就是创造一个和平的环境，以使得小国得以生存，这次的会盟无非也是为这个目的而来。可晋国却一直抱持原来的态度，催缴贡赋的使者没有一个月不来的，而贡赋的数额又没有个限制，这岂不就是在逼迫着小国走向灭亡吗？哪里还有什么友好可言？"

后世秦末掀起农民起义风暴的陈胜振臂一呼，喊出了"天下苦秦久矣"的宣言，号召人们推翻暴秦，如今子产也几乎就要说出"天下苦晋久矣"这句话了。不管晋人如何固执己见或者威逼利诱，子产都不为所动。双方的争执从中午一直持续到晚上，晋人实在熬不住了，只好让步，同意减轻郑国贡赋的数额。

## 叔鱼之谋

平丘会盟最重要的一项议题，是处理邾国和莒国对鲁国的诉讼。前文曾提到，韩起执政前后的一段时间里，鲁国执政季孙氏趁着莒国内乱的机会浑水摸鱼，侵占了对方不少土地。晋国接到莒国的投诉，本有心惩治鲁国，却因遭到范氏的强力阻挠而不得不搁置起来。

后来到晋平公去世前，季孙氏的新任宗主季孙意如又悍然发兵侵略莒国，在夺取了郠邑之后更是在亳社使用活人献祭，严重践踏了盟主的底线。也正因为如此，当鲁昭公准备前往晋国"朝嗣君"时，晋人以"有平公之丧"推拒了鲁侯的朝见，转过年来又以讨问鲁国为由举行了这次平丘会盟。

晋国煞有介事的态度让鲁国十分不安，但却让莒、邾两国备受鼓舞，在盟会上再次提出控诉，说："鲁国不分昼夜地出兵侵扰我国，我们几乎都要灭亡了。所以不能向大国进贡财礼，都是鲁国的过错！"

鲁昭公一心想要亲自面见晋昭公，可晋国却不给他辩解的机会。前来通传君命的叔向还毫不客气地告诉他："寡君知道已经没办法跟你好好相处了，因此初七日的结盟活动就不敢劳驾您了。"

鲁昭公一听，这哪儿成啊？急得又是跺脚又是叹气，倒是子服湫（子服惠伯）在一旁不慌不忙地回复道："你们的意思我们已经知道了。贵国偏听偏信蛮夷的控诉，却不听兄弟之国的解说，这是准备要丢弃周公的后代。想要怎么做，都随你们吧！"

叔向正色道："俗话说，干瘦的牛也能把小猪压死。此行寡君带了装载甲士的战车四千乘，就算是无道之君也足以震慑天下了，更何况我们还是符合道义的，又有谁能够阻挡？而你们内有南蒯、子仲的叛乱，外有邾、莒、杞、鄫怒目而视。若是晋国凭借自己的武力，同时征召诸侯的军队，利用四国的愤怒来讨伐鲁国，必定会无往而不利。你们还是考虑一下吧！"

叔向也承认晋国的衰弱，可即便是衰弱的晋国，也有足够的能力来对付鲁国，这是谁也无法否认的事实。面对如此威胁，鲁昭公也只好认怂，乖乖听从晋国处置。

会盟结束之后，晋国根据会盟所议，抓捕了鲁国执政季孙意如。鲁昭公有意跟随季孙意如到晋国去，但荀吴却警告韩起说："我们抓了他们的卿大夫，却允许他们的国君前来朝见，这样恐怕有碍观瞻。"韩起耳根子软，听到有人劝阻，就急忙派士弥牟（士景伯）到黄河岸边把鲁昭公拦了回去。

季孙意如在晋国逗留了几个月时间，其间子服湫（惠伯）为助其早日脱身，继续挑唆晋卿之间的关系。在一次非正式的会晤中，他对荀吴说道："鲁国在晋国的眼里，为什么还比不上夷狄小国呢？鲁国是兄弟之国，且土地广博，侍奉晋国勤勤恳恳，从来不敢有半点闪失。如果为了夷狄而抛弃兄弟，迫使他们投入到齐楚的怀抱，这对晋国能有什么好处？亲近亲者、扶助大国，奖赏能提供贡赋的、惩罚不尽义务的，这才是盟主应有的态度。有些话虽然不中听，但道理总是没错的。俗话说'臣一主二、狡兔三窟'，如果晋国果真不值得依靠，鲁国又不是找不到可以依靠的国家，还请您多考虑一下。"

荀吴受人之托，也乐于忠人之事，很不客气地指责韩起说："楚国伐灭陈、蔡我们不能救援，只知道在自己的窝里横，如今更是为了夷狄而抓捕亲戚，有你这样做事情的吗？"

此番鲁、莒之间的诉讼皆因季孙氏而起，晋人以讨问鲁国伐莒之罪为由举行会盟，并在会上抓捕了肇事元凶，无论是从情理上还是程序上都无可指摘。但也正因其内部利益诉求不同，各家族之间互相制衡掣肘，国家政策很难一以贯之地坚持下去。尤其是经过多年经营，季孙氏早就攀上了范氏这棵大树，而中行氏又是范氏的盟友，他们若要着意保护季孙，无论是晋昭公还是韩起都无法坚持，最后只得按照荀吴的意见将其释放。

可让人想不到的是，等韩起派人去传达命令的时候，背后搞动作的子服湫反而不依不饶起来："寡君不知道自己犯了什么错，真心诚意前来参加诸侯会盟，谁知道有人竟把他的卿给抓了起来，希望你们能给一个合理的解释！若是鲁国的确有罪，鲁人不忌惮死生，愿意以死抵罪。可如果没有罪，你们在盟会上大张旗鼓地抓人，却又故意避开诸侯悄悄地放人，这恐怕是在逃避责任吧？所以，我们请求晋国再次召开盟会，公开赦免季孙！"

韩起还真没想到会碰到这么一个难缠的主儿，本想大事化小，结果还给你脸了，顿时火气腾腾腾地就往上冒。但我们也知道，韩起是一个喜怒不形于色的人，鲁国人都以为他懦弱，他也从不辩解，只管闷声解决问题。遇到了什么繁难之事，他就找叔向寻求解决之道，而这次叔向则推荐了叔鱼，也就是他的弟弟羊舌鲋来解决此事。

早年士匄驱逐栾盈时，羊舌氏全族皆受到牵连，羊舌鲋脚底抹油跑得飞快，早早地就躲到鲁国寄住在季孙如意的祖父季孙宿门下。羊舌鲋既以贪婪而闻名，自然也就比其他人更懂得利用人性的弱点。

此番见到季孙意如，他就如见到多年未见的老朋友一般，深情地拉着他的手，一把鼻涕一把泪地演上了苦情戏："当年鲋得罪了国君，为了逃避惩罚逃到鲁国，多亏了您的祖父施以援手，否则我当时就会流落街头了。正是因为有您祖父四处奔走，我这把老骨头才能够安然归国，季孙氏可以说是给了我第二次生命啊！鲋虽然不才，但也是个知恩图报的人，必然会尽心竭力以报当年之恩。"

做完了预热铺垫，羊舌鲋自觉火候已到，便擦了一把眼泪，接着煽情道："听说因为您不愿回去，他们正准备在西河修造一所房子，将您安置在那里。若是您就此终老西河，我还如何报答您祖父当年的再造之恩呢？"

季孙意如被晋人扣押期间，其属臣南蒯正占据费邑作乱。倘若他长久滞留晋国，必使得国人离心，其后果将不堪设想。因此听了羊舌鲋那番鬼话，季孙意如马上就紧张起来，急忙打包行李回国去了。子服湫心里没有这样的负担，看到季孙意如临阵逃跑，心里虽有怨怒却还是不肯放下执念，非要等着晋人以礼相送。

## 公室将卑

晋昭公三年（前529年）的平丘会盟，是春秋历史的一个重要转折点。这一年距第二次弭兵会盟召开的晋平公十二年（前546年）刚刚到第十八个年头，离悼公复霸的公元前562年满打满算也不过三十四年。晋国在盟会上竭尽所能地试图挽回霸主的尊严，可诸侯就是不买账，这也标志着韩起上任以来执行的盟后外交政策全面破产，晋国的霸业也在衰退的道路上越走越远。

会盟结束后的晋昭公五年（前527年）冬季，鲁昭公再次赶赴晋国，不料却被晋人扣押了，一扣就是半年。

这里需要引起注意的是，晋昭公即位后的几年里，鲁昭公曾两度想要朝见晋君，但都吃了闭门羹。其中的第一次是在晋昭公二年（前530年），齐、鲁、郑、卫四国同时提出要到晋国去"朝嗣君"，其余三国国君都受到了接见，唯独鲁昭公被晋人以"有平公之丧"为由推辞了。第二次是在次年的平丘会盟上，鲁昭公多次提出要面见晋昭公，晋人不仅不同意，甚至连会盟活动都不让他参加。后来季孙意如被晋人拘捕，鲁昭公再次提出到晋国朝见，又被荀吴以"执其卿而朝其君，有不好焉"为由推拒。

从《左传》的叙事来看，晋人推拒鲁昭公的朝见，似乎是在发泄对鲁国擅自讨伐莒国行径的不满。然而如果结合前后发生的事件来分析，我们似乎可以透过这些表象窥知一些更为深刻的秘密。

比如晋昭公二年的那次朝见，《左传》在叙述南蒯的叛乱时曾明确指出，党于南蒯的公子憖（子仲）曾将叔仲小和南蒯的计谋告知了鲁昭公，并随行前往晋国朝见，可见鲁昭公前往晋国显然另有目的。当平丘会盟举行之时，南蒯已经叛乱，鲁昭公急欲面见晋昭公，恐怕其本意也是想趁机控告季孙氏。但季孙氏早就已经打通了晋国范氏的关系，鲁昭公每每想前往晋国，都会被人以各种理由推拒，使其很难得到晋国官方的支持。

而当南蒯的叛乱尘埃落定，鲁昭公终于得到了接见，却不意被晋人扣留下来。至于他为何会被扣留，之后又为何被突然释放，《左传》都语焉不详。而且吊诡的是，与晋鲁之间过去几年的历次交涉不同，鲁昭公在晋国滞留期间，曾极力为鲁国说项的士鞅和荀吴均未出面开脱；而韩起更是为了避嫌，特意到郑国开展了为期两个月的访问,等他回去的时候,鲁昭公也差不多在回国的路上了,其中的深意耐人寻味。

此次在晋国居留期间,鲁昭公的随臣子服回(子服昭伯,子服湫之子)目睹了诸卿的颠顶骄奢的现状,回国后就对季孙意如说道:"晋国公室恐怕要衰落了。国君年轻而力微,六卿强大而奢傲,人们会逐渐习惯这种不正常的局面。所谓习惯成自然,久而久之也就没有人再想着扶助公室了,公室能不卑微吗?"

季孙意如起初对此不以为然,总以为这是小孩子的妄念,于是就嗤笑道:"小小年纪,哪里懂得什么国家大事?"

可任谁都想不到的是,就在鲁昭公回国后不久,在位仅六年的晋昭公于当年八月二十日突然去世,时年大约十岁的公子去疾即位为晋顷公,这无异于让本已衰落的晋国公室雪上加霜,子服回的话很快就应验了。

季孙意如于当年十月到晋国参加昭公的葬礼,回国之后突然对子服回这个小孩子肃然起敬,并不由得赞叹道:"子服回的话还是可以相信的,子服氏后继有人了!"

子服回独具慧眼,能够见微知著,这的确是子服氏的幸事,然而以他小小的年纪都能窥知玄机,可见晋国公室的卑微确已是无可挽回了,韩起对公室权益的维护也就走到了尽头。

得益于《左传》先入为主造成的印象,人们大都把晋国霸业衰退和公室卑微的原因归结于晋平公的荒淫无道。比如在提到举行平丘会盟的原因时,就特意指出"晋成虒祁,诸侯朝而归者皆有二心"。就是将诸侯产生二心的原因归结于虒祁宫的建成。再加之以晋平公在位时期的种种荒唐行径,诸侯苦不堪言因之竞相背盟而去似乎也都在情理之中了。

然而若是仔细梳理平丘会盟前后列国发生的诸多事件,或许我们还能找到另外的答案。因为就在平丘会盟举行的三个月前,也即晋昭公三年(前529年)五月,南方的楚国发生了一场震惊中原的大事件,直接导致了楚国国力的长期衰弱。那么,这两件事之间会不会有什么关联呢?

# 第二章
## 霸业秩序的合法性危机

# 第一节　楚国内乱

**申地之会**

不同于弭兵会盟之前的外交形势，在晋楚共霸的时代里，晋国在维护传统盟友关系的同时，还必须想方设法处理好与他们的新盟友——也即南方霸主楚国——之间的关系。而让韩起颇感棘手的是，以令尹之职弑君篡位的楚灵王，却并不是一个好相与的盟友。

纵观三百年的春秋史，在楚国历代君主之中，楚灵王可以称得上是一个另类。坊中流传的那句脍炙人口的名句"楚王好细腰，宫中多饿死"，其典故就出自这位楚王。

只是与我们通常理解的女子为争宠而保持身材不同，在楚灵王宫中因节食减肥而饿死的，却大多是站在朝堂上的士大夫，由此可见当时楚国集权程度之深。但与楚国士大夫争先恐后讨好不同，中原诸侯对这位即位后就改名为"虔"的楚王大都没什么好感，常常避之唯恐不及。

楚灵王在位的最初几年里，为了巩固自身的地位无暇顾及中原，才让北方列国有了几年消停日子。可这几年的光景实在太短暂，到晋平公十九年（前539年），楚国就又开始重提让诸侯朝见的事情了。有了上次"交相见"的前车之鉴，以及虢之会的见闻，诸侯担心再受苦头，因而不敢轻易允诺。而楚国则不依不饶，不断派出使者到各国催促，又让诸侯感到十分害怕。

是年九月，不胜其烦的郑国当国罕虎，趁晋平公新婚致贺的机会，亲自赴晋解说事情的原委："楚国每天都派人来责问敝邑，为何不去朝贺他们新君继位。寡君如果前去，害怕执事会说我们有心向外；可要不去的话，又违背了宋国的盟约。寡君实在进退两难，因此特派虎前来请示。"

时任执政韩起派叔向致信罕虎："贵国大可不必如此忧虑。如果郑君心向寡君，去了楚国也无妨，毕竟这也是为了履行宋国的盟约。郑君愿意履约，寡君也就不会担心自己失信了。倘若是心里没有寡君，即便日日前来朝见，寡君也是会怀疑的。郑君还是放心地去吧，只要心意在此，去了彼处也不会影响晋郑两国关系的，又何必前来请示呢？"

在履行完这一整套的手续之后，郑简公于当年十月怀着忐忑的心情踏上了朝楚的道路。与之一同前往的还有老冤家许悼公。让人丝毫不感到意外的是，楚灵王再次将两国国君扣留下来，让他们陪着自己到江南的云梦大泽打猎。与此同时，他还派出太宰伍举到晋国去，要求对方以其影响力向诸侯发令，这无异于是将晋国视为自己统领诸侯的代理人了。

晋平公虽不是什么雄主，可毕竟也是有些情绪的，楚国的态度让他十分恼火。然而正当他想要拒绝对方的无理要求时，却被大夫女叔齐（曾任三军司马、又称女齐、司马侯、司马叔侯）给制止了。

女叔齐的说辞与晋国历次示弱时所表达的观念并无二致，无非是说："楚王正在胡作非为的时候，我们不可以与他们直接抗争。上天也许是想要满足他的欲望，以此来增加他的劣迹，最后才会降下惩罚。国君不如就允了他们的请求，然后再好好地修明德行，耐心地等待着他的结局就是了。"

晋平公并不相信这些说辞，反驳说："我们晋国有三不殆：山河之险、兵马众多、齐楚多难，为什么就不能对他们强硬一些，非要一忍再忍呢？"

女叔齐却说："您说的'三不殆'，在我看来恰恰是'三殆'，仅仅依靠这些外在的条件，是不能保证国家长治久安的。"

接着他举了很多例子来说明这些道理，比如："四岳、三涂山、阳城、太室山、荆山、终南山，都是九州之内险要的地方，却并没有一姓可以长期占有；冀州北部是出产马匹的地方，但却没有一个强大的国家兴起。可见仅仅依仗地势和马匹并不能巩固统治，所以先代的圣王才致力于修德以沟通神人。"

女叔齐同时还讲了一通"生于忧患，死于安乐"的道理："邻国的祸难，也不是我们幸灾乐祸的理由。相反，有很多国家正是在经历了祸难之后才得以巩固，并开拓了疆土，比如齐国发生了公孙无知之乱，而齐桓公因此成为霸主，齐人至今托庇其余荫；晋国发生了里克、丕郑的祸难，晋文公因此得以回国，并当上了诸侯盟主。而有些国家虽没有发生大的灾难，但却最终丧失了社稷、丢弃了疆土，过去遭到亡国之灾的卫国、邢国莫不如是。"

最后，女叔齐又安慰晋平公说："殷纣王淫乱暴虐而亡国，周文王仁慈和蔼所以能够兴起。争取诸侯的朝见不过是一时的荣耀，您又何必跟楚国计较呢？"

晋平公被这一席话搞得云山雾罩，颇有些招架不住，于是就吩咐叔向去通报伍举："寡君因有国家大事缠身，所以不能时常去觐见楚王。至于诸侯，他们本来就有朝见的义务，又何必劳驾您来我们这儿再跑一趟呢？"

尽管有晋国的许诺，东方的鲁、卫、曹、邾几国还是不愿往朝。按照子产的解释，是因为曹国害怕宋国，邾国害怕鲁国，而鲁国、卫国又害怕齐国，他们为了讨得晋国的欢心，自然就不敢去了。至于说其他的国家，本就受到楚国的威胁，如今又有了宋之盟，又哪里敢有所违逆呢？

晋平公二十年（前538年）夏季，楚灵王带领前来朝见的诸侯在申地（今河南南阳北）举行了一次会见。会见的情况也正如子产所料，前来朝见的除了郑简公、陈哀公、蔡灵侯、许悼公四国国君之外，就只有徐、滕、顿、胡、沈、小邾、淮夷这些不怎么知名的小国了。

这样的结果显然不符合楚灵王的预期，于是他就将怒火撒到了到场的诸侯身上。他先是故意冷落迟到的宋太子佐，又借口徐国国君是吴女所生将其拘捕。在送走郑简公和宋太子后，包括郑、宋大夫在内的诸侯及使臣仍被滞留在楚国，并被裹挟着出兵攻取了吴国的朱方、吞并了赖国。

这些无理要求让诸侯十分恼火，但迫于楚人的强横，又不敢有所违逆。当时参与会见的子产就愤愤不平地说道："我不会再为楚国的威胁而感到担忧了。骄纵又不听从劝谏，这样的人是活不过十年的！"宋国左师向戌也附和说："没有十年的骄纵，他的邪恶就不会深入人心，我们不如就等着吧！"

### 韩起使楚

楚灵王的骄横并不仅限于对小国用强，对待晋、齐这样的大国，他也总会想尽办法予以羞辱。《晏子春秋》中关于晏婴出使楚国期间所发生的许多典故，如"橘生淮南则为橘，生淮北则为枳""使狗国者，从狗门入""其贤者使使贤主，不肖者使使不肖主"等等，都是这种背景下的产物。

楚与齐并非宿敌，因此楚灵王对齐国的羞辱也只是占一些口舌上的便宜，而他对晋国的羞辱则险些让刚刚担任执政的韩起遭遇劫难。

申地会见的当年，楚灵王派伍举向晋国请求诸侯来朝时，还让他提出了通婚联姻的要求，晋平公也一并答应了。第二年，楚灵王派令尹子荡、莫敖屈生到晋国迎娶晋女。

晋平公对这次联姻活动十分重视，亲自将女儿送到邢丘（今河南温县东），并委派正卿韩起与上大夫叔向到楚国送亲。在途经郑国的时候，郑大夫罕虎和游吉在索氏（今河南荥阳）设宴款待韩起一行。游吉对他们此行颇感忧虑，席间不住地提醒道："楚王为人过于骄纵，您还是要警惕一些。"

叔向回答说："骄纵过分是他自身的灾难，应该警醒的不是我们。只要我们恪守礼仪、保持威仪、信守承诺、谨慎行事，做事时多想一想两国的利害得失，楚王哪怕再骄纵，又能拿我们怎么样？"

不过，叔向显然还是低估了楚灵王的套路。当送亲车队刚刚抵达楚国边境，就遭到了楚人的怠慢——根本没人前来迎接。身为晋国执政的韩起，只好在无人指引的条件下，硬着头皮赶往郢都。而更让此行充满危机的是，此刻的楚国宫廷里，玩世不恭的楚灵王正在酝酿着一个让人啼笑皆非的计划。

晋楚两国在长达百余年内基本上都处于敌对状态，因此两国之间互通使节的情形并不多见，以正卿为使节承担两国之间的外交活动更是亘古未有。令尹子荡出使晋国，同时晋国正卿出使楚国，这也是弭兵之盟带来的和平局面下才可能会出现的盛况，也是有史以来两国之间最高规格的外交活动。

然而楚灵王对此却很是兴味索然。他不仅没有将韩起的出使视作两国友好往来的象征，反而当成了羞辱晋国的最佳良机。为此他设想了许多版本的闹剧来折损晋国的颜面，但却没有一个令他足够满意。直到送亲的车队进入了楚国的国境，楚灵王才突然灵光乍现，想出了一个绝妙的点子，于是急忙召来众臣商议。

待到众人落座，楚灵王便迫不及待地问道："晋国是我们的仇敌，只要能够满足我们的愿望就不用顾虑其他。现在他们派来的是上卿、上大夫，如果我们将其全部扣留，将韩起的腿锯掉让他做守门人，对叔向施以宫刑让他做内宫的司宫，这样一定能羞辱到晋国，诸位认为此举可行否？"

楚国的贵族们在楚灵王集权控制之下，都养成了遇事不开口的习惯。如今他这般说辞，众人皆知不可，但却依旧都保持缄默，谁也不敢提意见。看到这默默然的场面，太宰薳启强有些坐不住了，于是愤而起身，朝着楚灵王作揖道："我看可行！"

在场的所有人都被他这句话给惊呆了。起初人们看到他起身时，还心想总算是有人出头了，于是都深深地舒了一口气，却未料到他竟然对楚灵王的妄念深表赞同，便都又震惊且充满疑惑地望着薳启强，等待着他的进一步解说。

楚灵王听到薳启强对自己的想法表示赞同，也露出了得意的神色。他似乎已经看到了在大雪纷飞的夜里，一个北方装扮的贵族正颓废地倚在宫门口，眼中饱含着沧桑和悔恨。与他迎面站着的，是一个寺人装扮的汉子，脸上也写满了绝望。晋国的朝堂上更是乱作一团，年轻的晋侯正紧紧地皱着眉头，焦急地看着满朝大夫争执吵闹却一筹莫展。中原的那帮乌合之众也都跑到晋国去询问，给本已纷乱的朝堂更添了几分喜剧色彩。

想到这里，楚灵王不由得嘴角上翘：想必也该是我独霸中原的时候了吧！

可就在这时，停顿了片刻的薳启强突然又说道："只要我们有防备，为什么不试试？羞辱一个普通人还不能不做防备，何况羞辱一个大国呢？"

紧接着他从礼仪的角度论述了自己的观点，列举了晋楚之间历次战争的胜败，并指出那些原本的胜者都是因为不设防备而取败的："城濮之战后，晋人不设防备，所以才在邲地一战败于我楚国。邲之战后，楚国对晋国的防备有所松懈，所以才在鄢陵之战中吃了败仗。鄢陵战后，晋国始终都没有松懈，且对楚国礼遇有加，使得我们无力报复，只能请求亲善。"

缥缈的思绪突然被打断了，楚灵王回过神来，转向薳启强的方向，只见他神情激昂，正朝向自己厉声训斥着："如今我们已经与晋国联姻，却又想着要羞辱他们，这无异于是在自寻敌人，又如何防备呢？若是因此而再败，谁来承担责任？如果没有人敢担责任,我建议还是不要轻挑衅端了。晋国对待楚国,在臣看来,已经算是仁至义尽了。我们要求诸侯来朝,晋国积极协调;我们向晋国求婚,他们的国君亲自相送,而且还派了上卿、上大夫送到我国。如果这样我们还不满足、还要妄图羞辱他们,我担心灾难离我们也就不远了。"

蘧启强担心这些还压制不住楚灵王的野心,于是又补充道:"退一步讲,即便是我们扣留了韩起和叔向,晋国人才济济,我们也未必能讨到什么便宜。韩起之下,还有赵成、荀吴、魏舒、范鞅、智盈执掌晋政;叔向之下还有祁午、张趯、籍谈、女叔齐、梁丙、张骼、辅跞、苗贲皇等能臣辅佐。韩氏家族中,韩襄(韩起长兄无忌之子)为公族大夫;韩须(韩起之子)虽然年少,但也已经开始出使四方。韩起的儿子叔禽、叔椒、子羽,以及他同族的箕襄、邢带所掌管的也都是大族,难道我们能一个一个都骗过来把他们扣留了吗?

"韩氏征收赋税的有七邑,都是大县;羊舌四族,都是强盛大族。两个家族加起来足足有十家九县、战车九百;再加上其他家族的四十个县,战车四千乘,如此军力我就问你怕不怕!晋人如果失去了韩起和叔向,五卿八大夫还可以辅助韩须、杨食我(叔向之子,羊舌食我,字伯石,封于杨氏邑),在羊舌赤(叔向长兄)的谋划和荀吴、魏舒的带领下,向楚国发泄他们的愤怒,洗刷他们的耻辱,就没有不成功的。国君想要把亲善换成怨恨,违背了礼仪招惹来了敌人却又不设防备,这是想让群臣做晋人的俘虏啊!如果这样可以满足您的心意的话,我看可行!"

楚灵王一个自以为是的念头,引来了蘧启强如此长篇驳斥,饶是他狂妄傲慢惯了,此时脸上也的确有些挂不住,于是便低声道歉说:"都是不谷的过错,大夫不要再说了!"

在蘧启强的强力反对下,这场悄然罩向韩起和叔向并差点改变了他们命运和历史走向的危机才算是安然消散了。但晋国正卿好不容易来一趟楚国,不羞辱一番就让他们走了,楚灵王心里的那点小欲望似乎无法得到满足,于是就故意在宴席上用各种刁钻的话题来为难叔向。然而正如他故意刁难晏婴却反遭羞辱一样,叔向也是一个"百科全书"式人物,博学多识,能言善辩,让楚灵王又碰了一鼻子灰,只好悻悻地看着他们的背影越走越远,心里的落寞无处向人诉说。

韩起和叔向此行虽说没有遭遇大难,可明面上受到的无理刁难还是显而易见的。晋平公得知后异常暴怒,后来恰逢楚灵王派五弟公子弃疾回访,他就打算用楚人的礼节来回敬楚国的使者。

然而亲身体会到楚人无礼的叔向却劝晋平公不要有样学样，他说："楚人本来就不遵从中原礼制，为什么我们放着好的不学偏要学坏的？我们的做法是要给百姓提供参考的，因此必须遵从礼仪，若是因一时的义愤照着不好的来做，还如何给百姓做表率？"晋平公听了这些话，只好打消了报复楚人的想法，并按照常礼派人到郊区迎接公子弃疾。

## 楚王宏志

楚灵王尽管个性张扬、声名暴虐，但若实事求是地讲，他也并非一个滴水不进的人，反而很重视人才，也乐于纳谏。活跃于春秋末期的贤人，如蒍启强、然丹（子革）、伍举、左史倚相等，都很受楚灵王器重。只是史书出于丰富人设的需要，很少刻画这些优良品质，以至于让我们对他形成了一个骄横暴虐的刻板印象。

之所以会产生如此强烈的反差，一切的根源都来自他所存有的一个巨大的野心，一个脱离了当时人们认知的宏大理想，一个来自楚人从蛮荒时代就产生的伟大愿望。

在楚国先代君主的心目中，他们原本生活在中原富饶的土地上，却被放逐到了荆棘丛生的"南蛮之地"，对居于政治中心的周王室一直心存怨念，因而进取中原、取代周王室也就成了他们生生不息、为之奋斗的理想。只是天不遂人愿，每当楚人意气风发地走向中原，准备实现理想抱负的时候，总是会被各种莫测的因素挡回来，以至于他们奋斗了几百年却依然在江汉流域苦苦徘徊。

尤其是当历史进入了春秋时期，周王室日益衰弱，取而代之的是霸主权力的此消彼长。在中原诸侯的合力抵制下，楚人的理想变得愈发遥不可及，也让他们的初心渐渐模糊起来，甚至有的时候连他们自己都搞不清楚自己追求的目标究竟是什么了。

楚灵王即位初期，看着中原诸侯在不断内耗中日益衰弱，看着往日的霸权渐渐退场，突然产生了一个新的理想，那就是和齐桓公一样，成为一个开创新时代、塑造新格局的新霸主。因此，在举行申地会盟时，当伍举列举了前代几次重要的盟会，如夏启的钧台之享、商汤的景亳之命、周武王的孟津之誓、周成王的岐阳之蒐、周康王的酆宫之朝、周穆王的涂山之会、齐桓公的召陵之师、晋文公的践土之盟，问他准备采用哪一种礼仪的时候，楚灵王毫不犹豫地回答说："吾用齐桓。"

与此同时，他还听从伍举的建议，特意向宋国左师向戌、郑国为政子产询问仪礼的细节；在举行会盟的时候，为了让自己的举动合乎礼仪，又特别安排伍举站在身后，好随时提醒自己纠正错误。他的这些举动，其实都是有意在向诸侯示好，好让他们产生宾至如归的亲切感。

可问题是，诸侯之所以选择弭兵，就是因为他们对争霸事业都倦怠了，不愿意再做这些毫无意义的事情。楚灵王在这样一个新的时代里，不合时宜地产生了一种违背历史潮流的愿望，怎能让诸侯不心生戒惧？

申地会盟和此后伐吴的过程中，诸侯对楚国的敷衍、戏谑和嘲讽，让这个有着光荣而伟大梦想的"巨婴"产生了强烈的挫败感，也让他对这些嘲笑自己的诸侯产生了强烈的仇恨。于是不久之后，他便修改了自己梦想中的蓝图，不再寄希望于祈求诸侯的拥护，而是萌发了一个远超时代的理想——一统天下。

有一次楚灵王在州来（今安徽凤台）打猎期间，跟然丹（子革）聊起这件事，曾愤愤不平地问道："以前我们的先王熊绎和齐、鲁、晋、卫等国的先君一起侍奉周康王，四国国君都分得了天子赐给的宝器，唯独我楚国没有。若是我现在派人到成周，请求一尊鼎作为赏赐，周天子会给我吗？"

然丹顺着他的意思回答说："当然会给了！以前我们地位不如人，四个国家都因为身份尊贵得到天王的赏赐。可如今形势不同了啊，周朝和那四个国家都顺服于你了，区区一个鼎有什么好爱惜的？"

后来楚灵王又提到一些同样异想天开的问题，然丹都一一作答，说中原诸侯畏惧楚国，无论你提什么要求，都会依从。楚国大夫析父在一旁听了这番对话，对然丹十分不满。等楚灵王去了别处，他就指责然丹说："您好歹也是有名望的人，可如今和国君说话却唯唯诺诺，就好像是王的回声一样。您这是准备要放弃楚国了吗？"

然丹显然不是楚灵王的应声虫，他只是想让楚灵王将自己的愿望都表达出来，自己才能有的放矢地劝谏。果然后来楚灵王回来，然丹就借着他夸耀左史倚相的由头，劝说楚灵王不要放纵自己的私心，如果执意去追求那些注定无法完成的事情，到头来只会引发灾难性的后果。

楚灵王听了这些话，心里很不是滋味。等然丹告退后，他就落寞地坐在营帐里，饭也吃不下，觉也睡不着，内心不断地挣扎。

后来他特意为这个理想进行了一次占卜，然而神祇却给出一个否定的答案，这让楚灵王十分懊恼：想要成就霸业，诸侯不愿支持；想要得到天下，上天又不允诺。难道自己终究要困死在这样一个位置上，碌碌无为地活下去吗？他愤恨地将龟甲摔在地上，指着苍天责骂道："连这一点点的好处都不给我，那我就自己去争取！"

## 伐灭陈蔡

人生最大的痛苦，莫过于"不甘心"这三个字。当理想和现实发生冲撞时，不愿意放弃理想，就只能与现实搏斗，最终的结果必然是头破血流。然而楚灵王终究还是越不过这道坎。自从决定了要与上天叫板，他就开始切实践行自己的理想，而其首先瞄准的目标，便是一直以来依附于楚国的陈国和蔡国。

晋平公二十四年（前534年），陈国国君陈哀公的弟弟公子过、公子招趁陈哀公病重，杀掉了太子偃师，而立其次子公子留为太子。陈哀公大怒，却被公子招发兵围困了一个月，陈哀公在绝望中自缢而死。二位公子遂扶植公子留即位，并派人到楚国通报君位继替的情况。陈哀公的第三个儿子公子胜不满于二位公子的暴虐之举，也同步跑到楚国去要求伸张正义。

楚灵王得知内情后，当即杀死了陈国使者，并派弟弟公子弃疾拥立故太子偃师之子公孙吴，联合宋国共同发兵讨伐陈国。这年十一月，楚庄王灭陈设县的故事再次上演，陈国遭遇了第二次灭国之难。

消息传到晋国的时候，晋平公只是淡淡地问了一句："陈国这就算是亡国了？"就再也没有了下文。

看到晋国毫无作为，楚灵王不免有些飘飘然，于是在晋平公去世后又故技重演，准备向蔡国动手。

晋昭公元年（前531年）春季，楚灵王进驻申地，并召请蔡灵侯前来朝见。有了陈国覆灭的前车之鉴，蔡国大夫心中忧虑，纷纷表示反对。蔡灵侯也着实为难，去了恐遭不测，可不去也是在给楚国以讨伐的借口，无论你怎么选择，其后果都难以预料。左右权衡之后，还是决定去碰碰运气，结果真就被楚人给杀掉了。

不久后，楚公子弃疾带兵包围蔡国的消息传到晋国，执政韩起拿不定主意，征询叔向的意见。叔向对蔡国的命运持悲观态度，但与此同时，他对楚灵王的结局也并不看好。在他看来："依靠违背信义来获取利益，这种事情有再一没有再二。当初楚王带着公孙吴讨伐陈国，美其名曰是来帮助他们安定国家的。陈国人服从了他们的命令，所以就没有抵抗，结果却被灭了国。如今他们又诱骗蔡国而杀了他们的国君，就算是侥幸取得胜利，又岂能长久呢？"

紧接着叔向又搬出了之前那套理论，说："当初夏桀灭掉了有缗氏而丢弃了国家，商纣王战胜了东夷而丢弃了生命。楚国疆域小、地位低，但却屡屡表现出远胜于桀、纣的暴虐，岂能没有灾祸呢？上天帮助这些不善之人，并不是要赐予福禄，而是为了增加他们的恶行，然后再施以惩罚。因此在我看来，楚人这是自取其祸，以后也不会再兴盛了。"

听了叔向这套说辞，韩起感觉很有道理，于是就不再救援蔡国。可荀吴听闻后却大为不满，劈头盖脸地训斥道："既不愿援救陈国，又不能救援蔡国，你是铁了心地要让诸侯看晋国的笑话吗？作为盟主不能救亡图存，还要我们这些卿干什么？"

韩起感到很是无辜，可他又不想因为这么一件事跟中行氏翻脸，只好顺着他的意思，召集宋、鲁、齐、卫、郑、曹、杞等国在卫国的厥慭（今河南新乡）举行会盟。

郑国大夫子产早就看透了晋楚两国的虚实，因此当当国罕虎（子皮）准备出发的时候，他就劝告说："你这次走不远的！蔡国势小而不顺服，楚国强大而无仁德，上天就是要抛弃蔡国并借此来积累楚国的邪恶，等他们恶贯满盈了再施以惩罚。因此蔡国一定会灭亡，而楚王也很快会遭遇劫难，这次的事情用不着那么操心。"

事态的发展也果如子产所预料，诸侯在卫国商议了许久，最后的决定竟然是派狐父到蔡国去请求楚国罢兵。楚国自然是不会答应的，到晋昭公元年十一月，经过大约七个月的围城，蔡国终于陷落并被设为楚国的一个县，而楚灵王也一步步地走向了灭亡的边缘。

## 蔡公之乱

担任令尹的时候想要篡夺王位，一旦篡权成功又想要独霸中原，一朝称霸梦碎，又开始试图夺取天下……楚灵王总是一步步地走在实现人生理想的路上。只是与寻常人的思路大相径庭，楚灵王一旦遭遇了挫折，不是回过头来反思自己的过失，反而会生出更大的野心来。

他以欺诈手段连灭陈、蔡，又以强制手段四处迁徙陈、蔡、许、城父、胡、沈、道、房、申等地的民众，让这些远离故土的百姓都怨声载道。而他取得权力的过程中，又使用了残酷的政治手段，不断诛杀、打压异己，在国内也树立了大量潜在的敌人。

而要论起他最大的失算来，莫过于重用那个"当璧"的弟弟公子弃疾了。克陈灭蔡的两场战争，公子弃疾都是领军的主帅；陈蔡被灭之后，楚灵王特意派人加固了陈国旧都宛丘（今河南周口淮阳区城关一带）、蔡（今河南上蔡）与东西二不羹（一在今河南舞阳东南，一在今河南襄城东南）的城墙，并在这四座大城中各安置了千乘的兵力，以表现出向中原进取的姿态，公子弃疾即被任命为蔡县的县公。

楚国大夫申无宇对此感到十分忧虑，曾明确提出反对意见："择子莫若父，择臣莫如君。我听说五大不能在边，五细不能在朝，亲近之人不能在外，寄居者不能在内。如今您把弃疾安置在外，郑丹却安置在内，恐怕会生出祸患。"

申无宇所谓的"五大"，指的是太子、母弟、贵宠公子、公孙、累世正卿等。这些人权高位重且私属众多，一旦外放就很容易"另立中央"，建立"独立王国"。晋国的恭太子申生、曲沃桓叔以及当代的六卿，郑国的共叔段，楚国公子弃疾，齐国的公孙无知，卫国的宁殖、孙林父都属于"五大"的范畴。

"五细"指的是贱妨贵、少陵长、远间亲、新间旧、小加大等违背了礼制亲疏关系的人，也就是人们常说的"小人"。这些人本身地位较低，但由于常伴君主身侧，往往能利用职权便利谗言惑主、扰乱朝政，甚至弑主杀君。齐桓公身旁的寺人貂、易牙、公子开方，晋厉公身旁的胥童、夷羊五，叔孙豹身旁的竖牛等皆属于"五细"之列。

申无宇这里强调的观点主要有八个字："末大必折，尾大不掉。"公子弃疾既是国君的母弟、贵宠公子，又有"当璧"传言在，本身就容易聚集权势。如今你将他外放蔡国，就等于是放虎归山，他若有什么不臣之举你无法监视掌控，有什么异动你也不能遥制扼杀，这就很容易诱发祸乱、危及国本。然而楚灵王或许是过于自负，并没有听申无宇的谏言，结果真的就惹出了一场大祸。

这场祸乱爆发于灭蔡设县的两年后，也即晋昭公三年（前529年）春季。蔡公弃疾的旧属斗成然（蔓成然）趁楚灵王经略吴国逾年未归的机会，邀合蓬居、许围、蔡洧等在国内不得志的人，与曾遭楚灵王侮辱的越国大夫常寿过一道发动叛乱，攻取了固城和息舟。

而在蔡国故地，楚国贵族、追随蔡国大夫朝吴（声子之子）的观从以蔡公弃疾的名义，将流亡晋、郑两国的公子黑肱（子皙）和公子比（子干）召回，胁迫他们参与盟誓。随后又与蔡国大夫朝吴一道，鼓动蔡人追随蔡公起事。不远处的陈国和许国，乃至于不羹和叶地被楚国压迫的人们，也都在串联中爆发了惊人的斗志，一场声势浩大的叛乱瞬间蔓延开来。

联军以迅雷不及掩耳之势直抵郢都城外，城内的军队根本没想到会有这样的变乱，因此丝毫未予抵抗就缴械了。混乱之中，楚灵王的太子禄和公子罢敌被近卫杀死，他的弟弟公子比自立为王，以老四黑肱为令尹，老五弃疾为司马。

郢都的变乱成功后，观从即刻赶往楚灵王驻军的乾溪（今安徽亳州东南），向军中散布郢都已被攻破的消息。军中将士担心家中老幼，更担心失去俸禄，顿时都失去了斗志、纷纷四散逃亡。眼见大势已去，又听闻两个儿子被人杀死，楚灵王突然眼前一黑，从车上摔了下来。等缓过神来，他悲痛欲绝地问道："人们爱自己的儿子，也都会像我一样吗？"

楚灵王似乎早就料到会有这一天，因此不管旁人怎么规劝，他都不愿意再起兵报复，而是沿着汉水漫无目的地过起了流浪的生活。

不久后，芋尹申无宇的儿子申亥四处跋涉，终于在棘邑（今河南永城西北）大门找到了狼狈不堪的楚灵王。楚灵王看到依旧有人忠于自己，不禁失声痛哭，便跟随申亥回了封地。然而亡国丧亲对他的打击实在太大，最终还是在申亥的家中悬梁自尽，草草地结束了这充满了痛苦的一生。

## 楚不为患

让我们将视线再拉回郢都。

此次叛乱是依靠蔡公弃疾的力量才取得胜利的，子干、子皙在国内毫无根基，却毫不谦让地当上了大王和令尹，这就让观从十分不安。他劝说子干杀掉弃疾以绝后患，但子干却不忍心再开杀戮，急得观从都快跳起来了："你对别人不忍心，可不见得别人也会对你心软啊！我是真不忍心看着你去送死。"于是就自请流亡去了。

观从走后，弃疾果然就开始不安分了。在无数个漆黑的夜里，人们常会听到有人在街市上惊叫："大王回来了！"每次听到哥哥回来的消息，子干、子皙都紧张得要死。连续折腾几次之后，他们也就成了惊弓之鸟，精神几近崩溃。

当气氛酝酿到一定程度，也就到了该下杀招的时候了。五月十七日夜间，弃疾再次派人到处喧嚣鼓噪说："大王到了！"这次呼叫的人数量众多，其中还掺杂着许多真假难辨的消息，斗成然更是跑到宫里告诉子干和子皙说："大王到了，都城里的人杀了您的弟弟司马弃疾，就要杀进宫里来了，您还是赶紧拿主意吧！"

两兄弟哪儿见过这样的阵仗啊？顿时就被吓得六神无主。正当他们不知所措的时候，又有人跑进来大喊说："他们已经进宫了！"子干和子皙更是惶恐，于是就在绝望之中引颈自刎。这两个在外流亡多年的难兄难弟，还没有来得及享受胜利的果实，就被一个子虚乌有的消息给杀死了。

子干和子皙死后，弃疾假装恍惚地从家里溜出来，一看局势成了这个样子，那得赶紧平乱啊！于是他跳上战车，当仁不让地做了一回英雄。几个时辰之后，汉水中出现了一具穿着君王冠冕的尸体，人们都以为是楚灵王溺死了，于是急忙报告给弃疾，而弃疾则假装痛心疾首，将其收尸安葬了。

大乱平定后，弃疾即位为楚平王，并改名为熊居。他将自己的三哥子干葬在訾地，称之为訾敖。那个向子干通报假消息的斗成然（子旗）则被任命为令尹。

这场爆发于晋昭公三年夏季的内乱，从新设县的陈、蔡以及东部的吴越边境引爆，在短短一个月内就席卷了楚国全境，使得楚国从经济到社会遭受重创。"当璧"的公子弃疾因此上位，但得到的却是一个满目疮痍、人心离散的烂摊子。

楚平王即位之后，旋即改变了楚灵王时积极扩张的政策，转而采取了保守甚至是收缩的策略。他首先复封了陈、蔡两国，将楚灵王时期被四处迁徙的民众迁回了原地，同时派然丹和屈罢分别到西部、东部地区安抚百姓、休养民力，以恢复边境地区的安定。不久后，他又分别将许国、阴戎内迁到位于方城之内的白羽（原析地，今河南西峡）和下阴（今湖北老河口）；方城之外则修筑了郏城（今河南平顶山西北）以防范中原各国的入侵，等于关闭了进取中原的北大门。

鲁国大夫叔孙婼（昭子）得知这一切，深深地舒了一口气，说道："楚国的意图已经不在诸侯了！他们这么做不过是为了保持自身的完整，同时维系其世代传承罢了。"这样一个外交政策转趋保守的国家，已经无法对诸侯构成直接威胁了。

但正如士燮在鄢陵之战前做出的预判，"不有外患，必有内忧"，当外部的敌人被清除干净了，内部的乱局必然会随之兴起。这个预判不仅对晋国有效，对于以共同假想敌为基础构建起来的中原列国来说也同样适用。当笼罩在中原大地上一百多年的乌云一夜消散，诸侯对霸主的需求感和依存度都显著降低，随之而来的结果就是纷纷对晋国产生了二心。

晋人很敏锐地觉察到了这股异样的气氛，于是就决定在平丘（今河南封丘东南）举行会盟，试图通过炫耀武力的方式来迫使诸侯继续维护其盟主地位。然而，这些努力不但没能挽回诸侯的信心，反而更让人看到了晋国的虚弱。

作为六卿中仅存的公族，韩起为挽回局面，在平丘会盟结束后又做了最后的努力。然而，个人在历史中所发挥的作用毕竟是有限的，无论你有多么傲人的才华、多么蓬勃的野心，都无法抵挡历史发展的滚滚潮流。当霸业模式失去了其赖以生存的土壤，晋国霸权也就走到了末日穷途，任凭他一个人再怎么折腾也终究于事无补。

更让他感到不安的是，到平丘会盟三年后（前526年），在位仅六年的晋昭公便溘然辞世，君位再次流转到了一个十岁上下的孩子公子去疾手中。也大概在这同一时期，一直全力辅佐他拱卫公室的叔向也离开了人世。看着幼弱的国君，回头再看看虎视眈眈的同僚，韩起感到心灰意冷，从此再也不愿过问这必将逝去的霸主伟业，晋国公室卑微的趋势也再无逆转的可能了。

## 第二节　无伯之害

### 鲁邾纠纷

晋昭公六年（前526年）春，当鲁昭公在晋国滞留，韩起为了避嫌而出访郑国的时候，齐景公带兵越过鲁国攻打位于洪泽湖西岸的徐国（今江苏泗洪县），迫使徐、郯、莒等国在蒲隧（今江苏睢宁西南）与之会盟。

当时鲁国大夫叔孙婼就感叹道："诸侯没有盟主，是小国之害啊！以齐侯之无道，发兵攻打远方之国缔结盟约而还，竟然没人能够抵抗，这都是没有霸主的缘故啊！"他同时引用了《诗经·小雅·雨无正》中的诗句"周宗既灭，靡所止戾。正大夫离居，莫知我勚"。指如今的局势正如同西周丰镐二京刚刚覆灭的时候，天下祸乱频生永无止息，执政大夫离居异心，没有人再为百姓的疾苦而忧劳，这是一个怎样混乱的世道呢？

任何一种新秩序的出现，都是有人欢喜有人愁。

霸业秩序兴盛的百年间，没有取得霸权的大国固然会倍感压抑，可对于小国来说却不啻于一种福音。尽管在霸主的威权之下，他们需要缴纳沉重的贡赋，并随时准备提供兵役劳务，日子过得不算安稳，但至少没有了亡国之虞。

同样，当霸业秩序难以维系，大国们自然是欢欣鼓舞，可那些身居大国之侧的小国却陷入了无尽的恐慌之中。他们似乎又回到了春秋早期那段暗无天日的时光里，看到了王室权威崩溃之后数百个诸侯国灰飞烟灭的惨烈场景。

过去的百余年间，他们习惯了依附于霸主的生存模式，因此最不希望看到的就是霸主不再争霸，诸侯不再听从盟主的号令。因为那也就意味着乱世即将再次降临，惨无人道的灭国战又将登场，不能不让他们感到莫名惶惑。

然而，"天下大势，浩浩汤汤，顺之者昌，逆之者亡"。历史的车轮滚滚向前，并不会因为某个人的意志就轻易地改变方向。无论是创造了百年霸业辉煌的晋国，还是期望霸业秩序能够永续流传的小国，在历史大势面前都宛如蝼蚁。

在暴风雨即将到来的前夜，与鲁国相邻且有长期积怨的邾国和莒国大概是最先居于青蘋之末的国家了。晋楚弭兵刚刚结束，鲁国就利用莒国的内乱不断蚕食侵吞其土地。莒国巴望着晋国能为他们主持公道，却不料晋国因为内部倾轧，竟然默许了鲁国对这些土地的占有。直到晋昭公三年，晋国在平丘接受莒、邾两国的投诉，在盟会上抓捕了鲁国执政季孙意如，鲁国对周边国家的侵伐才稍稍有所收敛。但树欲静而风不止，不久齐、宋等国也纷纷加入了"以大侵小"的战团，晋国对此无力约束，也只能选择视而不见。

到晋顷公即位的第七年（前519年），鲁国与邾国之间又发生了纠纷。原来在去年的时候，邾国派遣工程队到翼地（今山东费县西南）筑城。当时正值雨季，工程队返回国都时需经过沂蒙山区，有三名将领担心下雨会被困在山里，于是就决定走鲁国武城境内的大道。然而让他们想不到的是，武城人早就得知了他们的行踪，并在他们的必经之路上设下了埋伏。等到工程队一行出现，直接就被武城人给团灭了，为首的三员大将也成了鲁国的俘虏。

这件事要细细追究起来，邾国人不提前借道的确是有错在先，但鲁国人对一支工程队下黑手也的确是做得过火了。邾庄公咽不下这口气，就亲自跑到晋国去告状；晋国人一听不得了，就派人到鲁国去问罪；鲁国人一听说"我冤枉"，就派叔孙婼到晋国去解释；晋国人一看，"好你来了，今儿你就别走了"，就把叔孙婼给扣下了。

原告、被告同时就位，晋人就想要让两国大夫当面锣对面鼓地辩论。可偏偏叔孙婼是个倔脾气，不愿与邾大夫辩论，还说什么："列国的卿相当于小国的国君，这是咱们周朝的制度，更何况邾国还是夷人呢！更不能屈尊我这卿去跟小国的大夫辩论了。"他要求让副手子服回代表自己出庭抗辩，可晋人又不同意，场面顿时就尴尬了，怎么办呢？

为了逼迫叔孙婼出庭，韩起想出了一条自以为很妙的计策：他预先把邾国人安排在公宫里，让他们趁叔孙婼进宫的时候将其抓起来。与此同时，他又把消息散布了出去，叔孙婼得知晋人如此偏袒邾人，说不定心里就会犯嘀咕："这会不会又是季孙氏故意设的套，准备要借刀杀人呢？"然后就会将责任都推到季孙氏的身上，到时候我就来个"葫芦僧判断葫芦案"，这件事也就算了结了。

可让韩起怎么都想不到的是，叔孙氏门风清正，在国家大义面前从来都不计较个人生死得失。得知晋国的安排后，叔孙婼不仅没有想着脱身保平安，反而将部众都留在客馆，自己不携带任何武器，就准备只身进宫朝见，这就又给韩起出了一个巨大的难题。

正当大家为叔孙婼捏了一把汗的时候，士弥牟突然对韩起说道："您的这个计策实在有欠考虑。倘若真把叔孙婼交到邾人手中，他定然是有去无回。鲁国丧失了叔孙婼，又怎会善罢甘休？盛怒之下一定会拿邾国出气。我知道您本意是为邾君打抱不平，可如果因此而让他无家可归，这不就是弄巧成拙了嘛！事情真要闹到不可收拾，您就是想后悔都来不及了。晋国作为盟主，主要的职责是讨伐违背命令的国家，如果说互相抓人就能解决问题的话，那也就干脆用不着盟主了，您说呢？"

要说这韩起的耳根子也真够软的，不管什么人前来规劝，他从来都不说一个"不"字。如今既然士弥牟有更好的办法，那就将这件事交给他就好了。

有了韩起的充分授权，士弥牟当即将叔孙婼和他的副手子服回隔离审查。在分别听取了他们的辩解之后，这才知道邾人本身也是有过错的，于是就将结果告知了韩起。

韩起听了脑袋都大了：按说邾国人的确不冤枉，可鲁国处置的手段也太过激了些。本该各打五十大板的，可问题是我一个人又做不了主，想要为难叔孙氏的还另有其人，你让我能怎么办呢？

思来想去，韩起决定还是要尽快把邾人打发回去，免得让叔孙婼真的死在了晋国。于是他就命令将鲁国使者全部羁押，而在押送的过程中，又故意让士弥牟驾着囚车从邾国人住的客馆前经过。随后又派人传话给邾庄公，大意是说："鲁国人已经被我们采取了强制措施，这次的事情我们一定会秉公处理的！你们就放心地回去等消息吧！"

看到晋国都已经做到如此地步，邾庄公也不敢在大霸主面前太咄咄逼人，只好先行告辞。

## 不以货免

邾庄公离开之后，韩起把叔孙婼送到自家的封邑箕地（今山西蒲县东北）保护起来，而子服回则在别邑另行安置。到了这个时候，故事真正的幕后黑手，也就是季孙氏的盟友士鞅才算真正出场了。至于士鞅为何要执意为难叔孙婼，这还得从两年前的一件旧事说起。

话说在晋顷公五年（前521年）时，士鞅到鲁国聘问。季孙意如有心挑唆叔孙氏和范氏的关系，于是就让叔孙婼负责接待，同时命有司以"七牢"之礼来款待士鞅。

"七牢""七献"都属于侯伯之礼，通常是招待诸侯国君时才会使用的，鲁国用此大礼招待晋国的卿已经算是逾矩了，其规格不能说不高。可季孙意如却故意安排人向士鞅透露了一个消息，说："当年南蒯叛变失败，鲍国代表齐侯来归还费邑的时候，我们就是用七牢之礼来招待他的。"

士鞅是个很好面子的人，一听这个当场就炸了。他把叔孙婼叫过来，以一种极其夸张的语气朝他吼道："齐国国小，而鲍国身份低微，如今你让我接受与鲍国等同的礼节，难道是瞧不起我晋国吗？"

这话让叔孙婼很有些摸不着头脑，但转念一想，他很快就明白是怎么回事了。可眼下当着外客的面又不好发作，只好让人增加了四牢，也就是以远超公侯规格的十一牢之礼来接待士鞅。

亡羊补牢，为时已晚。就因为这件事，士鞅跟叔孙婼结下了梁子。如今叔孙婼落到了自己手中，不让他掉一层皮也太对不住季孙意如送来的这份大礼了。士鞅于是就派人去跟叔孙婼说："我听说您戴的帽子十分华美，能不能送给我一顶呀？"

这里所谓的"请冠"实际上是春秋时期贵族"文明索贿"的惯用套路。比如晋平公十七年（前541年）的虢之会上，晋国大夫乐王鲋向叔孙豹索贿时，就是以"请带"为托词隐晦地表达了自己的意思。当时叔孙豹就假装听不懂，愣是从自己的裳上扯下一片帛派人送去，同时还致歉说："身上的带子恐怕太窄了，您别见怪！"

如今叔孙婼遇到了跟父亲当年同样的难题，其处理问题的方式也完全一致。他找人按照自己帽子的样式，做了两顶一模一样的，派人给士鞅送去，同时致歉说："出来着急就只带了这些，您别见怪！"可见不以私相授受来处理外交问题，这在叔孙氏也是有家学渊源的。

士鞅可是倨傲惯了的人，遇到这种事不见怪才怪。

消息传到鲁国，鲁昭公是真着急了，赶紧派大夫申丰带着财礼到晋国去。叔孙婼得知申丰的来意，便派人传话说："送礼这事是有门路的，来来来，你来见我，我就告诉你该怎么送！"

申丰一听乐了：你叔孙婼终于开窍了，我原来还以为你不食人间烟火呢！他乐不可支地跑去见叔孙，却不料刚进门就被打了个闷棍，再也不让出门了。

叔孙婼就是这直脾气，甭管谁想要找自己索贿，也甭管谁要为了自己而去送礼，只要让他知道了，那是一概不许。就在箕地滞留期间，有看守想要跟随叔孙的看门狗，也被他拒绝了。倒不是说他连这一条狗都舍不得，而是在关乎国家利益的事情上，哪怕是一分一毫的私相授受在他看来都是不允许的。到后来离开晋国的时候，他就将那只狗杀了跟看守一起吃了肉。而且在走的时候，房内的一切设施都被他修缮得完好如新，就好像从来没有人在这里住过一样。

叔孙婼在晋国待了一年多，到这年冬天，鲁昭公准备亲自赶往晋国营救他。但大约是因为之前朝见晋国受过不少罪，等走到黄河岸边时，鲁昭公远远看到晋国的土地就突然病倒了，亲自营救的事情也不了了之。

这件事的后续是如何发展的，我们已经无从得知。我们只知晓，到第二年春季，士弥牟突然来到箕地。叔孙婼不知其来意，于是就盼咐手下说："如果我向左看并且咳嗽，你们就上来杀掉他；如果我向右看并且面带笑意，就不要动手。"

其意思大概是说，我叔孙婼并不惧怕死亡，但也要看究竟为何而死。如果是为国殉难，则死而无憾；但若因为季孙和范氏之合谋而死，那就死得毫无价值。因此，假如士弥牟是代表韩起而来，那么无论是去是留都无所谓；可若是代表士鞅来的，且果真不怀好意的话，那么我也就没什么好客气的了。

叔孙婼不做没把握的事情，士弥牟也没有徇私枉法之心。抵达鲁国使者的驻地之后，士弥牟当即致歉道："寡君因为担当盟主职责不敢懈怠徇私，因此才劳累您在敝邑多待了些时日。为此特地为您的随从送来微薄的礼物作为补偿，并特派弥牟前来迎接您。"

## 三桓出君

晋顷公八年（前518年）二月，在晋国滞留一年有余的叔孙婼返回鲁国。然而也差不多在同一时间，执掌鲁政的季孙氏内部却出现了内讧。与春秋时期诸多内乱爆发的原因一致，这次事件的起因也是源于一场家族丑闻。

话说季氏宗主季孙意如有一个名叫季公鸟的叔叔在这一年去世了，留下了一个寡妻季姒和一个幼子甲。季姒与家里的主厨私通，被管理家务的小叔子季公亥（公若）等人发现了。为了掩饰丑闻，她故意让婢女把自己打了一顿，然后鼻青脸肿地去见已嫁给大夫秦遄的小姑子秦姬，哭诉说季公亥想要非礼她，她不同意，季公亥就恼羞成怒把自己给打了。

小姑子一听这还了得！就去找宗主季孙意如的两个亲兄弟公甫和公之，让他们把这些事转告给宗主。季孙意如听了也很震惊，可总不能拿自己的亲叔叔开刀吧？于是就将公亥的两个"帮凶"公思展和申夜姑给拘了，还准备把其中的申夜姑杀掉。季公亥向侄子苦苦哀求，说你杀了他就等于杀了我，可任他哭破了嗓子，最终还是没能保住申夜姑的性命。

季公亥因此对侄子意如产生了强烈的怨念，一怒之下就联络了鲁昭公的太子公为，公为又联络了公果、公贲两位公子，准备造季孙氏的反。两公子想把消息传递给鲁昭公，但因为平时联络不方便，只好让近侍僚柤代为转告。

鲁昭公一生受制于季氏，如今得知季氏内部出现分裂，心中自是喜不自胜。但或许是忧心有人从旁窥探，他故意拿起寝戈追打僚柤，却不料僚柤胆子太小被打蒙了，跑回家去一窝就是好几个月不上朝。就这么来来回回折腾了好几回，僚柤终于壮起胆子把公果的想法告知了昭公，但昭公只是不冷不热地说道："这不是你这样的小人该操心的事。"

公果得到回复，只得亲自去向昭公解说。鲁昭公大约是认为公果的计策可行，于是就联系了臧孙赐（臧昭伯）、郈恶（郈昭伯）和子家羁（子家懿伯）等人，准备端掉季孙氏的势力。但让昭公犯难的是，这三人中只有郈恶已与季孙氏撕破了脸，全力支持自己，其余两人虽深表同情，内心里也都希望季孙氏倒台，但认为季孙氏掌握政权时间太久了，事情很难取得成功。

鲁昭公受尽了三桓的逼迫，不想就这样含恨终老，最终还是发动了政变。晋顷公九年（前517年）九月十一日，趁孟孙氏宗主仲孙貜（孟僖子）去世、叔孙氏宗主叔孙婼外出未归的机会，对季孙氏发起了攻击。

由于事发突然，季孙意如毫无防备，家门轻而易举地就被攻破了。仓皇之中他只好带兵登上高台，向国君请求愿意接受审判，却被拒绝了；于是又退而求其次，希望能够在费地终老，鲁昭公也不答应。

子家羁担心逼迫太紧会适得其反，因此建议对季孙意如网开一面。但昭公及其党羽都被仇恨冲昏了头脑，只知道一味用强，结果就在这个节骨眼上，战局突然出现了反转。

在围攻季氏的过程中，鲁昭公及其支持者都忽略了一个重要的问题，他们只知道季孙氏和另外两家关系紧张，却低估了他们同为三桓、维护既得利益的决心。因而正当他踌躇满志要消灭季孙氏的时候，那两个他以为会与自己同仇敌忾的家族，竟然在关键时刻选择了反戈一击，而最先倒戈的恰恰又是长期与季孙氏不睦的叔孙氏。

鲁昭公发难的时候，叔孙婼并不在都城，但他的家臣司马䰾戾却能在关键时刻做主。闻听季氏有难，他当即召集众人商议究竟该支持哪一方。众人不知所措，䰾戾便启发道："有季孙氏和没有季孙氏，哪种情况对我们更有利？"众人不假思索地喊出了他们的答案："没有季孙氏，就没有叔孙氏。"

䰾戾看到众人意见一致，就带了族兵直奔季氏。这个时候公室的亲兵以为大功已经告成，便都脱下了皮甲蹲在地上晒太阳，却不料叔孙氏突然从西北角杀了进来，把他们打了个猝不及防。听闻叔孙氏已经出兵，继任孟孙氏宗主的仲孙何忌也当机立断，带兵掩杀公室逃兵，并将前来迎接自己的郈恶给杀掉了。

眼看大势已去，子家羁便想使出金蝉脱壳之计，将所有的罪责都揽到自己的身上，以撇清昭公。但昭公早就受够了季孙氏的压迫，他宁愿选择流亡，也不肯再跟季氏呼吸同一片空气。到十二日，鲁昭公在公室墓地上举行了一个简单的祭拜仪式，遂携臧孙赐、子家羁等人一起走上了逃亡之路。

## 天之弃鲁

国内生变的消息传到阚地（今山东汶上一带），正在当地公干的叔孙婼急忙回到国都，季孙意如就向他询问消除影响的办法。叔孙婼十分恼火，没好气地说道："凡人皆有一死，您驱逐国君而为天下所共知，子子孙孙皆要蒙耻，难道不可悲吗？我还能把你怎么样？"

季孙意如心情尚未平复，一时间也有些不知所措，于是又请求道："如果你能想办法将国君请回来，如此情义恩同再造，意如定然没齿难忘！"

事到如今，叔孙婼也没有更好的办法，只好只身赴齐寻求解决之道。然而，他此行却同时受到了两方面的阻力，这也就注定了其努力不会取得成效。

首先是随从昭公出亡的那些人，他们既然已经参加了武装行动，就不可能再与季氏毫无芥蒂地共存下去，因此必须挟持着国君作为护身符。否则国君回国之时，就是他们四散流亡之日，以后再想找一个安适惬意的容身之所恐怕就很难了。

在鲁昭公的流亡队伍中，能够真心替国君着想的只有子家羁和左师展两个人。当叔孙婼赶到齐国与昭公密谈时，他们命令士兵严防死守，禁止任何人进入甚至靠近馆舍。可即便如此，事情还是遭到了泄露，于是很快就有人在叔孙婼回国的路途中设下了埋伏，准备将其杀掉。而另一方面，他们也派人对准备返国的昭公进行围堵，致使鲁昭公第一次回国的尝试宣告失败。

与此同时，当叔孙婼冒着生命危险为季孙奔走归君的时候，鲁国国内的局势又发生了变化。季孙意如从慌乱中平复过来，突然改变主意，又不愿意让鲁昭公回国了，这就让叔孙婼感到无比绝望。无奈之下，他也只能在家里斋戒，效仿晋国大夫士燮的故事让宗祝为自己求死，果然到十月十一日，郁郁寡欢的叔孙婼便去世了。

鲁昭公被逐出国门的事情传到宋国，宋元公打算亲自赶赴晋国去说情。可就在出发的前一夜，他突然梦到太子栾在宗庙中继位，自己和父亲宋平公穿着朝服站在下首。宋元公预料到自己行将就木，于是在朝会上预先安排了后事，果然出发后不久就死在了曲棘（今河南民权西北），为鲁昭公说情的事情也就没有了结果。

但若以前事而论，即便是宋元公到了晋国，以鲁昭公当时的心境恐怕也未必会接受其好意。

即位以来的二十五年间，鲁昭公至少有七次朝晋的记录，但却没有一次能顺顺当当完成。这其中晋平公十八年为少齐吊丧，晋昭公二年的朝嗣君、三年的平丘会盟，以及晋顷公五年、七年的两次朝见，都是刚刚抵达黄河岸边就被晋人挡了回来，故而未能成行。即便是得到接见的两次也并不如意，比如晋平公二十一年的朝见，因为季孙氏侵伐莒国，晋人接到投诉后差点将其扣留；而晋昭公五年的朝见，则是因平丘会盟之事被滞留了半年之久。能够受到晋国如此冷遇，在整个春秋历史上都是不多见的，而若没有季孙氏从中作梗，恐怕也很难说得过去。

也正是由于遭遇了太多不公，鲁昭公从一开始就没有对晋国抱有太多幻想，而是将希望寄托在齐景公身上。出亡之后，他首先来到了齐国的阳州（今山东东平县北），并特意赶赴野井（今山东齐河县东南）前去迎候齐景公。

齐景公本就有心恢复齐国的霸业，只是一直苦于没有机会。如今欣闻鲁昭公来投奔，自感机会已经来临，于是便准备亲往平阴表示慰问。后来听到鲁昭公已到野井等候，齐景公更受感动，于是就在野井就地慰劳，同时还当场允诺会将临近莒国的两万五千户民众作为赠礼，嗣后还要整顿大军为鲁昭公洗刷耻辱。

齐景公的豪言壮语让鲁昭公十分感动，但子家羁却奉劝说："失去了偌大的鲁国而领有这区区的两万五千户，谁还会助您复位呢？齐侯向来不讲信用，不如早点到晋国去。"然而鲁昭公不想再去碰壁，因而不肯听从。

这年十二月，齐景公出兵讨伐鲁国东部边境，首先攻取了原属于莒国的郓地，准备以此为基地将鲁昭公送回国内。季孙氏闻听大惊失色，急忙派人收买了齐景公的宠臣梁丘据。

梁丘据拿人钱财替人消灾，就到齐景公面前进谗言说："鲁侯复国的事情我们也不是没有尽力，可进展却很不顺利，据因此感到十分奇怪。后来回想了一下，宋元公为了鲁君到晋国去，结果死在了半路上；叔孙婼为国君复位四处奔走，竟然也无疾而终。不知道是上天要抛弃鲁国呢，还是鲁国国君得罪了鬼神所以才落到这步田地呢？不如您就待在原地，让臣下跟随鲁君作战，以战争的胜败决定我们下一步的行动如何？"

齐景公一听这话心里也有些发怵，于是就由着梁丘据去了。齐军压境之时，鲁国尚未做好准备，成地（今山东宁阳东北）大夫公孙朝只好使用诈降之计拖延齐军，等一切准备妥当他又转而推辞了齐人。后来双方在炊鼻（今山东宁阳一带）展开激战，齐国军士对送回鲁君一事不甚热心，而鲁人却大都愿为季氏效死，这就使得齐军很难占到什么便宜。

一战不利，齐景公仍不肯放弃，又于当年秋季邀合莒、邾、杞等国在鄟陵举行会盟，商议送鲁昭公回国的事宜。但还没等齐国有所动作，鲁国卿大夫仲孙何忌与阳虎就于第二年秋季攻打郓地，差点让鲁昭公失去了立身的根本。

攻打鲁国不能得志，齐景公的"三分钟热度"很快就消退了，再加之他对梁丘据所提到的那些天命观念深信不疑，在送还鲁昭公一事上的决心与态度也就发生了转变。

这段时间里，齐景公隔三岔五就设享礼招待鲁昭公。表面上看这是对鲁昭公的礼遇，可实际上不过是把他当成了陪酒的客人，这就让子家羁感到十分不快："每天不分早晚地就在他的朝廷上侍奉着，还设这些享礼干什么？想喝酒就明说啊！"

齐景公见鲁人看穿了自己的心思，干脆也就不再掩饰。宴席开始后，他故意让宰臣陪侍鲁昭公喝酒，同时还提出要让鲁昭公见一见齐国的夫人，也就是鲁昭公的孙女。这些做法引起了子家羁的不安，因为宰臣献酒是君主宴请臣属的礼仪；而在两君相见的外交场合，会见齐国夫人也不符合礼节。子家羁知道此事非同小可，急忙引着鲁昭公退避而出，这才避免了一场尴尬。

齐景公在宴礼上表现出的轻慢态度，意味着他早已不把鲁昭公当成一国之君来看待，更不可能再耗费精力助其复位了。事态进展到这个阶段，无论鲁昭公是否情愿，他唯一能够依靠的也就只有晋国了。那么晋国对此又是什么态度呢？

## 寄居乾侯

晋顷公十一年（前515年）秋季，仲孙何忌攻打郓地之前，晋国在扈（今河南原阳西，郑邑）地邀合宋、卫、曹、邾、滕等国召开会议，重点商讨成周防卫事务。大会举行间隙，宋国大夫乐祁（司城子梁）与卫国大夫北宫喜（贞子）代表周边的一些小国，请求晋国以盟主的名义将鲁昭公送回。

但不幸的是，主持这次盟会的士鞅恰恰是季氏的盟友，既然季孙氏不愿意让国君回去，士鞅自然也乐见其不成，于是就狡辩说："鲁国国君的流亡是季孙氏造成的吗？显然不是啊！当初季孙并不知道自己犯了什么罪，可国君非要向他发难，季孙因此请求囚禁和逃亡，但都没有得到允许。后来国君没有战胜他，所以自己跑出去了。受到攻击的时候，季孙氏完全没有准备，怎么能说是他赶走国君的呢？"

士鞅又分析了鲁国的局势，说："季孙氏能够恢复禄位，完全是受上天的庇佑，否则的话如何解释国君的亲兵在战场上脱下皮甲玩箭筒的事情？叔孙氏害怕受到牵连，自愿和季孙氏站在一边，这也是上天的意志。鲁君流亡后，请求齐国的协助，然而三年了都没能成功，这难道不也是天意吗？季孙氏内受百姓的拥戴，自己也有十年的战略储备；外有淮夷的亲附，还能获得齐楚的援助；手中的权势几乎等于诸侯，可他骄傲了吗？没有啊！他并没有为此骄横跋扈，反而对待国君犹如国君仍在国内一样。所以在鞅看来，这件事实在难办啊。"

列举了送还鲁昭公的诸多困难之后，士鞅露出十分为难的神色，说："想要将鲁国国君送还，这也是我士鞅的愿望。既然你们二位都是为国家考虑的人，那么士鞅不才，愿意跟随你们去包围鲁国。倘若事情不能成功，大不了就是一死，也没什么好担忧的！"

乐祁、北宫喜听了这些话，就知道晋国无心助鲁昭公复位，以宋、卫两国的力量，自然也没办法取得成功，只得纷纷告退。

后来鲁昭公受到齐景公的轻视，准备前往晋国求助。他首先住到了晋国边邑乾侯（今河北成安），并派使者到新田请求晋人前来迎接，但等来的却是责问的使者："上天降祸给鲁国，使您长期淹留在外，也不派人来告知寡君一声，反而安安稳稳地住在甥舅的国家里。难道还要让寡君派人到齐国去迎接您吗？"

面对晋人的责难，鲁昭公真是有口难言。要不是你们屡屡阻遏我于国门之外，我又何至于要低三下四地去看齐人的脸面？如今却反过来责问我为什么不第一时间向你们求助，其中的缘由难道你们不知道吗？

可眼下正是求人的时候，鲁昭公也不敢辩驳，只得听从晋人的吩咐，退回晋鲁边境去等待召见。

鲁昭公离开后不久，晋国就发生了祁氏、羊舌氏之难，六卿忙于瓜分土地无暇他顾，足足把他晾了大半年。鲁昭公没有等到前来迎接的使者，只好悻悻然地返回郓地。而这一次，齐景公因其抛弃齐国而向晋国求助，态度变得更加恶劣了。

晋顷公十三年（前513年）春季，齐国大夫高张受命慰问鲁昭公，言谈间将其称为"主君",等于是明确无误地将其当作卿大夫来看待。子家羁闻言心中愤恨不平:"齐侯如此轻慢国君,何必还要再次受辱!"说罢就带着鲁昭公再次来到乾侯。

这一去,鲁昭公停驻在乾侯就再也没有离开。在随后的两年里,齐国除了送些土地之外,再也没有为他做任何有意义的事情,而晋国则干脆把他晾在那里不管不问。

而季孙氏则虚情假意地每年给他送去马匹以及衣物等日常用品,鲁昭公气愤不过,就逮捕了送马的人,又将送来的马匹全都卖了换钱。季孙氏一看国君不领情,干脆连表面功夫都不做了,如此鲁昭公连这一点点的补给都没有了。

后来卫灵公把自用的名马送到乾侯,但后来这匹马一不小心掉进坑里摔死了。鲁昭公原打算将其收敛埋葬,但子家羁却劝说道:"随从之人都面黄肌瘦,不如就体谅他们一下吧?"鲁昭公虽则不忍,却也只能默许,可见其处境之艰难。

## 客死异乡

公元前 512 年六月,年幼继位的晋顷公在他即位的第十四个年头去世,时年仅二十岁左右,其子午即位为晋定公。

一元复始,万象更新,总要有一个不一样的开始。执政魏舒眼看着鲁昭公就要在晋国边境上扎下根了,如果还是毫无作为,恐怕会给自己招来非议,于是就准备武力护送鲁昭公回国。而毫无疑问,这次的行动又遭到了士鞅的阻挠。

士鞅依旧站在季孙的立场上辩解道:"鲁国人自己的事情,最好还是让他们内部消化,不见得非要动刀动枪的。我们不如先召请季孙前来迎回国君,如果他不敢奉诏,就证明他做贼心虚,确实是有失为臣之道,到那个时候我们再攻打他也不迟。"

对于这样的提议,魏舒没有理由反对,而在他心中也明确地知晓,这不过是范氏的缓兵之计。对于即将发生的一切,魏舒似乎也没有心情理会,他把事情全都交代给荀跞(智文子),随后便操心别的事去了。

故事的发展也一如所料,晋定公元年(前 511 年)春季,季孙意如接到士鞅的提示,急忙赶往晋国为自己开脱,同时表示自己一定会恭敬事君,绝对不敢有二心，随后又跟随荀跞抵达乾侯。在子家羁的劝说下，鲁昭公原本想跟随季孙回国，但他的随从们听说之后全都慌了，于是就怂恿鲁昭公一定要杀掉季孙意如。

在众人的胁迫下，鲁昭公只好勉为其难地向荀跞申诉，同时指着河神为誓说："贵国念及先君的友好，肯赐惠照顾逃亡之人让他回去洒扫宗庙，那就不要让我见到那个人！此誓绝不违背，请河神作证！"

可荀跞对此却毫不关心，他捂着耳朵边跑边说："寡君避罪尚且不及，又哪里敢与闻鲁国的祸难呢？下臣这就回去向寡君复命！"出去之后，他就对季孙意如说道："你们的国君怒气未消，我看你还是先回去主持祭祀吧！"

众人见鲁昭公终于把季孙赶走了，就心满意足地散去了。子家羁趁机劝说道："您现在只要驾着单车追上季孙，一切都还来得及！"

鲁昭公早有此意，于是急忙跑出门去准备离开，结果还是被人发现了。就这样，在流亡集团的挟持下，鲁昭公最终与季孙意如失之交臂，其回国的夙愿也化为泡影，从此以后便一蹶不振。

晋定公二年（前510年）冬，在外流亡了七年零三个月的鲁昭公，怀着对故国的思念和对季氏的怨念，黯然离开了人世。

第二年六月，叔孙婼之子叔孙不敢到乾侯迎接鲁昭公的灵柩，临行前季孙意如对其嘱咐道："我多次与子家羁谈话，他的话很符合我的心意，希望您能够劝他回国参与政事。"

抵达乾侯后，叔孙多次请求会见，但子家羁都对其避而不见，只是派人回绝说："当初您还没有担任卿职，我就跟随国君出国了，如今国君没有留下遗命，我不敢私自见您。"

叔孙不敢辩解，只是说："由于公衍、公为铸下大错，让臣不能侍奉国君，大家都希望先君的弟弟公子宋能够主持国家。另外，跟随国君出国的，谁能够回国全凭您来决定。子家氏没有继承人，季孙愿意让您参与政事，因此特来请求。"

当初攻打季孙一事是鲁昭公太子公为一力主导，公衍并没有参与。后来昭公见归国无望，就以公为掀起祸乱为由，废去了他的太子之位，转立公衍为嗣。其中用意大概也是希望以此换取季孙的谅解，以确保自己死后能让公衍继承君位。但季孙意如显然无意于此，因而就谎称公衍也参与了当年之事。

季氏公然违背昭公意愿，反过来又假惺惺地派叔孙不敢来听取意见，子家羁当然不能顺从，于是就轻蔑地驳斥道："扶立新君的事情，有卿士、大夫和守龟决定，羁不过一介亡人，何敢过问？至于跟随国君的人，如果只是因为侍奉国君而出奔，想要回去的都可随意；和季孙氏结了怨仇的，想要离开也都自便，这些也都不是我能左右的。至于我，国君只知道我出国，却无法知晓我回国，我不愿欺瞒国君，所以只能选择逃亡了。"

鲁昭公在位一共三十二年，早年曾多次想要驱逐季氏，但都未能如愿。在此期间，他曾多次想要求助于晋国，又因范氏与季氏的勾结，每每都只能"至河乃复"，始终无法得到盟主的支持。而当他因驱逐季氏失败而被迫流亡之后，晋国又消极应付，最终导致一国之君客死他乡，在整个事件中都扮演了一个极不光彩的角色。

而与之相对的是，齐景公尽管能力有限，但为了能够恢复霸业，至少在其流亡早期做过不少努力。当鲁昭公最终决定放弃齐国而迁就晋国的时候，齐景公虽心中不忿，却依然以阳谷之邑为其提供了一些保障。从这个角度来看，此时的齐国也的确比晋国更值得诸侯信赖。

与之类似的是，当鲁国发生驱逐国君的乱局之时，位于中原腹地的宋、卫等国也都发生了不同形式的内乱，齐国在其中都发挥了比晋国更为积极的作用。如晋顷公四年（前522年）爆发的宋国华、向之乱，晋国尽管也派出了军队辅助宋国公室平乱，但真正起主导作用的却是齐国。

晋国内部倾轧，导致政令不能统一，作为盟主的责任和义务无法得到贯彻，衰世景象可见一斑。当晋国不能履行其应有的职责，诸侯无法依靠其得到实质性的帮助，对待晋国的态度由不满转向对抗便也是在情理之中了。

## 第三节　霸政危机

### 东西二王

当中原各国乱象频生之际，一直寂寂无闻的周王室也不甘寂寞，以一场极其惨烈的内乱向世人宣示着他们的存在。而多少让人感觉有些俗套的是，这场爆发于晋顷公六年（前520年）的王室内乱，依然是一场因立储不当而酿成的政治风波。

周景王原本立了王子寿为储君，但就在几年前，穆后和王太子同年去世，使得王室没了嫡系继承人，只好改立了王子猛。但到了晚年，周景王宠爱庶出长子王子朝，就想改立储君，可世代身为王室卿士的单氏和刘氏却不同意。这其中反对声音最强烈的是单旗（单穆公）的家臣、刘挚（刘献公）的庶子刘狄（伯蚠），他因与王子朝及其师傅宾起积怨颇深，不仅不愿意让王子朝担任储君，还想要除掉二人以泄私愤。

根据王子朝后来的说辞，太子死后他王子朝就是最年长的王子，按照立嫡立长的原则，这太子的地位根本就轮不到王子猛。而从周景王的意愿来看，他显然对王子猛也并不怎么中意，但由于单、刘两家垄断朝政，周景王无法约束，更立太子的事情也就一直拖延不决。

后来有一次宾起到郊外去，看到一只公鸡自断其尾，感到十分好奇。他的侍者就随口说了一句："它大概是害怕自己被用作牺牲吧！"

宾起突然警醒，于是就将这件事告诉了周景王，同时评价说："人牺实难，己牺何害？"意思大概是在说，让你不喜欢的人受到荣宠，就会给你带来各种麻烦，但若是受到荣宠的是自己喜欢的人，就没那么多不顺心的事了。

周景王对单、刘两家仍有忌惮，不敢轻易决断，因此听了宾起的话一言未发。后来思虑良久，大约是还想要随心所欲活一回，于是便计划在北邙山行猎时动手除掉单、刘。可坏就坏在周景王身体实在太差了，还没等到要动手，就因为心脏病发驾鹤西去了，其试图摆脱公卿约束的梦想也完全落空。

周景王死后，王子猛被单、刘扶立为周悼王。恰好周景王死后第四天，刘氏宗主刘子挚（刘献公）去世，由于没有嫡子，单旗便将刘狄（伯蚠）确立为刘氏继承人。刘狄主政之后，旋即以周悼王之命攻杀了宾起，结果就引发了王子朝的叛乱。

六月中旬，王子朝依仗周灵王、周景王的族人，以及失去了官职的工匠和旧贵族首先在王城发难，将刘狄驱逐到了扬邑。单旗发现京中有乱，急忙将周悼王带回了自己的家里，但当天夜里周悼王就被支持王子朝的王子还又偷偷转运回了王城的庄宫。单旗一看局势已经失控，于是也逃出王城奔命去了。

为了骗回单旗，王子还与召庄公（姬奂）挟持着周悼王一路追赶。他把迎周悼王回宫的责任都推给另一位王室大夫挚荒，杀掉了挚荒向单旗解释，并假装与之结盟。但单旗很快就知晓了他的阴谋，并于十九日再次出逃。王子还及周灵王、周景王的另外七个王子带兵追击，结果被打了个全军覆没，八位王子全部死难。

王子朝看到情势对自己不利，便逃到洛阳西南部的京邑据守，与前来攻城的单旗、刘狄、巩简公、甘平公轮番拉锯。由于对方防守严密，攻击京邑的部队被接连打败，单旗只好带着周悼王辗转抵达皇地（今河南巩义）暂住，同时派人向晋国求援。而王子朝则乘胜出击，同时在王城和皇城与单、刘党人展开拉锯战，双方互有胜负，战事陷入了胶着之中。

接到天子方面求援的消息，晋国派出籍谈、荀跞率领焦、瑕、温、原等地的部队及"九州之戎"介入纷争，并于当年十月十三日将驻在皇地的周悼王送回王城。王子朝知道自己不是晋人对手，于是就避实就虚，先后在郊、社两地打败了王室军队和晋国带来的"陆浑之戎"。而更让单、刘感到忧心的是，到十一月十二日，周悼王竟突然去世，使得王师的士气受到了严重挫伤。周卿士们只好改立周悼王弟王子匄为周敬王，继续与王子朝周旋。

为帮助王室军队摆脱被动局面，晋国的籍谈、荀跞、贾辛、司马督坐镇后方，由箕遗、乐征、右行诡带领部队渡河占取前城，进取京邑、郊地，王子朝所部出现了溃散。经过两个多月的激战，至次年正月初六日，情势已经开始向有利于王师的方向发展了，周敬王于是就辞谢了晋军，准备单独与王子朝对抗。

然而晋军回国后，单旗和刘狄发现自己还是太过于乐观了。起初，他们趁着晋人取得的战果连续出击，又攻取了好几座城邑，并迫使王子朝退守尹地。但不久后，王室大军就开始接连遭遇溃败，而王子朝则顺势组织了大规模反攻，顺利进入王城。单、刘无法抵挡王子朝的攻势，只好带着周敬王退守刘狄的大本营刘地，不久后又避居狄泉。

晋顷公七年（前519年）秋季，尹氏辅佐王子朝在庄宫即位为王，周王室再次出现"二王并立"的局面。为示区分，当时的人们就将驻守王城的王子朝称为西王，而单、刘两家扶立的周敬王则称为东王。

## 黄父之会

王子朝的自立为王使得周王室的内部斗争的性质发生了决定性的转变。在他称王之前，王室的纷争还只是王族与卿族之间的斗争，这与诸侯国内公族与世卿大夫的冲突并无二致。而一旦他自上王号，这种内争的性质就变成了两个天王之间的合法性冲突，不可避免地给当时关心王室命运的诸侯带来极大困扰。

对于晋国来说尤其如此。之前他们派籍谈、荀跞介入王室纷争，是因为当时只有一个天王，单、刘两家掌控了天子，就可以名正言顺地向诸侯请求援助，而晋国也有为王室平定内乱的义务。可如今王子朝也当上了天王，也同时派出使者向晋国请求援助，那么这个时候晋国究竟该尊奉哪位天王的指令呢？

为了解决两王并立带来的合法性争议，晋国依循当时"小司寇职掌外朝之法"[①]的政治传统，向成周的百姓问询是非曲直。晋顷公八年（前518年）三月

---

[①]《周礼·秋官司寇》："小司寇之职，掌外朝之政，以致万民而询焉。一曰询国危，二曰询国迁，三曰询立君。"

十五日，士弥牟出现在成周城北的乾祭门外，对过往的百姓进行了一次随机的民意调查，并以此为依据做出了西王（王子朝）诉求不合理据的结论。

晋国的做法看似有理有据，但在当时的环境下是否能够做到公平公正还是一个巨大的悬念。因此，在做出最后的决定之前，他们还必须要试探一下诸侯的反应。

同年六月，郑定公携大夫游吉出访晋国，其间士鞅有意探查郑国方面的口风，便在会谈中特意提及此事。然而游吉并没有给出正面的答案，而是闪烁其词地回答说："俗话说，一个寡妇如果不关心自己的针线活儿，反而总是为宗周的陨落而操心，恐怕她自己也就要大祸临头了。如今郑国内部纷扰不断，老夫连自己国家和宗族的事情都操心不过来，哪里还敢分心关心王室的纠纷呢？"

过了片刻他又补充说："王室内部动荡不安，小国虽然会感到害怕但却无能为力，所以就只能有劳大国来操心了。"他同时引用了《诗经·小雅·蓼莪》中的两句诗说："瓶之罄矣，维罍之耻。"酒瓶子如果空了，那是因为罍中的酒没能注入，这是罍的耻辱。同样，"若是王室无法安定，恐怕也将是晋国的耻辱，您还是早作打算吧"！

游吉的话句句在理，但没有一句说到了正题上。倘若其与晋国的态度相同的话，恐怕没有必要如此隐瞒。与此同时，他最后对士鞅说的那段话，实际上也是一种警示：晋国介入王室纷争是迟早的事，可如果你是非不分帮错了人，最终受损的也必然是晋国的声誉，跟我们郑国又有何干呢？

然而士鞅对这些警示之言显然没有放在心上，不久之后他便找到韩起商议，准备于次年举行一次会盟，以统一诸侯的意志。

韩起与士鞅在政治立场上从来都是针尖对麦芒的关系，之前他打算会盟诸侯讨伐鲁国以重塑晋国的形象，可士鞅和荀吴偏偏要袒护季氏，让韩起始终不能如意。如今士鞅为了袒护与范氏世代姻亲关系的刘氏，又想要打出盟主的旗号来号令诸侯，韩起自然也是不情愿的。但出于其在六卿中相对弱势的处境，他又从来都不会把情绪写在脸上，因此并未否决士鞅的建议，由此也就形成了晋国内部的决议。

晋顷公九年（前517年）夏，担任下军佐的赵鞅（赵简子）受命在黄父（今山西沁水西北）与鲁、宋、卫、郑、曹、邾、滕、薛、小邾等国大夫举行会见。会上，晋国要求诸侯向周敬王提供物资和武力援助，同时商定于次年将天子送回成周。

对于晋国的决议，诸侯虽并不完全赞同，但在明面上大都曲意逢迎。可宋国的右师乐大心却是一个倔脾气，他并没有挑明反对晋国的政策，而是以宋国"于周为客"为由，拒绝给周敬王输送粮食。

当初举行平丘会盟的时候，郑国为政子产曾拿出西周的旧制度要求晋国减免郑国的贡赋，当时晋人与其争执了大半天，最终还是做出了让步。如今乐大心大概是想要效仿子产以减免宋国的义务，只可惜其学识和口才与子产相差太远，闹腾了半天招来的却是士弥牟的一顿训斥："自践土会盟以来，宋国有哪一次战役不参加，又有哪一次会盟不参与的？历次会盟皆言明要'同恤王室'，宋国从来都没说过什么'客人不应该给主人送粮食'这样的浑话，如今却为何要逃避责任呢？您奉了君命前来参加会见，却使得宋国违背盟约，这恐怕不是一个使者该有的态度吧？"乐大心说不过士弥牟，只好拿了竹简回去，至于后来有没有履行盟约便不得而知了。

黄父之会前后，拥护周敬王的刘、单联军接连遭遇打击，情势急转直下。单旗拥护周敬王在西王大军的压迫之下连番辗转，惶惶不可终日，眼看着就无处可躲了，只好又到晋国告急。晋国经过大约三个月的准备，于晋顷公十年（前516年）七月底派荀跞、赵鞅领兵再次介入王室纷争。

十月十六日，在晋国军队的直接干预下，周敬王从滑地起兵，在不到一个月内就先后攻克了多处要塞，并进一步逼迫王城。眼看着大势已去，原本忠于西王的召简公（盈）急忙调转矛头，将西王驱逐出京师，并派人到尸地（尸氏，在今河南偃师西）迎接周敬王。

十一月二十三日，周敬王进入成周，在周襄王庙中与公卿大夫盟誓，并于十二月初四日进驻庄宫。持续了五年之久的"王子朝之乱"宣告结束。

## 讨晋檄文

晋顷公十年（前516年）十一月二十三日，斗争失败的王子朝裹挟着周朝图书馆里的典籍文物，带着毛氏、尹氏、南宫氏等一干重臣以及召氏之族逃奔楚国，向诸侯发布了一道措辞严厉的长篇通告。

在这篇长达六百字的通告中，王子朝回顾了周朝数百年的兴衰，说："当初武王克商，成王安定四方，康王休养民力并封建母弟作为藩屏来保护周朝，其用意一方面是要让诸侯共享文王、武王所建立的功业，同时也是希望，当子孙后代因为荒淫败坏而陷入危难时，能够有人拨乱反正、匡扶王室。"

王子朝列举了周朝的一些旧事，以此来感念诸姬在王室危难之际匡扶正义、屏护王纲的功德。他说："后来夷王恶疾缠身，诸侯遍祭其境内的名山大川，为其身体复健而祈福祷告。厉王内心乖张、为政暴虐，百姓不堪忍受就将他驱逐到了彘地，诸侯都离开自己的国都来到王室辅助政务，一直到宣王长成之后就将政权交还给他。后来到幽王时期，上天不保佑周朝，使天子昏乱不顺以致失去了王位。携王想趁机谋夺天命，是诸侯废弃了他，并拥立平王东迁郏鄏，王室因此得以安定。——这些都是兄弟共同辅助王室所开创的局面。"

王子朝随后又提到了春秋初年发生的两场内乱："到周惠王即位的时候，上天不能安定王室，于是让王子颓生出了祸乱之心，同时也启发了后来的叔带，使得惠王、襄王连续两代天子都不得不离开王都外出避难。这时就有晋、郑两国站出来，驱逐了那些不端之人，让王室恢复了安定。——这些都是兄弟们能够遵从先王命令的例证。"

追述完前事之后，王子朝话锋一转，提到了一件带有神秘色彩的往事："周定王六年时，有秦国的奸人降下妖孽，说：'周朝会出现一个口上有胡子的天子，他也能够完成自己的职分，使诸侯顺服而享有国家，两代人都能谨守本分。但随后就会有人觊觎王位，诸侯不能为王室图谋，也会因此而受到乱灾的影响。'"

王子朝所提到的周定王八年，是晋成公在位的第六年（前601年）。当时《左传》曾记述了一个诡异的事件，说是晋国与白狄联合伐秦，抓获了一名秦国的间谍，于是将其斩杀于闹市。但神奇的是，六天之后，这名秦国间谍竟然死而复生了。

至于这名"秦谍"与王子朝提到的"妖孽"是不是一回事，我们便不得而知了。但总之，"妖孽"所说的话终于得到了应验："后来周灵王出生时口上果然就长有胡须，继位之后也十分贤明，与诸侯关系密切，故而周灵王、周景王都能得以善终。"

话至此处，王子朝就开始痛斥如今的单旗、刘狄是如何倒行逆施、扰乱天下的："他们带着一群不知礼法的人，专门在王室中制造混乱，以满足他们无止境的贪欲。在制造了一系列暴行之后,竟然还恬不知耻地叫嚣:'先王登位时就没有什么常规可言,我们想立谁就立谁,你们又能把我怎么样?'他们惯于亵渎神灵、污蔑先王,违背盟约、蔑视礼制,不行政令、轻慢刑法……可谓无所不用其极。"

对于这次内乱的根源,王子朝也有自己的看法:"先王曾发布立储的规则:王后没有嫡子就选立年长的,年纪相仿则以德为先,德行相匹则以占卜听从天命。天子不偏爱,公卿无私心,这是古代的制度。穆后和太子寿早逝,那么就理应选择年长的立为太子,可单氏、刘氏偏偏要违背先王的命令立年幼的,其中的是非曲直想必大家都心中有数。"

同时他还将枪口对准了晋国:"晋国作为诸侯盟主,明知先王的命令,却依然要帮助单、刘这些无德之人,放纵他们肆意行恶。如今不谷颠沛流离,寄居荆蛮还没有归宿,只希望能有一两位志同道合的兄弟舅甥顺从天意,服从先王的指令,助我除去奸邪之徒,以维护纲常伦理。谨以此书明吾志向,希望诸侯能够认真考虑!"

## 晋为不道

《左传》虽全文照录了王子朝的檄文,但在感情上却将其视作强辩之词。书中摘引了鲁国大夫闵马父的一段评述说:"文辞是用来施行礼仪的。王子朝既违背了父亲的命令,又疏远了晋国这个大国,只一心想要做天子,文辞再好又有什么用呢?"

但正如我们之前提到的,对待《左传》中涉及主观评价的部分,一定要持以审慎怀疑的态度,否则就很容易掩盖问题的实质。

在这场持续多年的冲突中,双方争议的核心焦点就是立嗣的合法性问题。《左传》为了证明王子朝不是天命所选,只是举出了一些怪力乱神的例子,而这些所谓的例证以当代的经验来看又显然是不足信的,很难推导出王子朝的行动不具备合法性的结论。恰恰相反,经过春秋初年近百年的混乱,中原诸侯为了避免因君位争夺酿成冲突,早已形成了一些约定俗成的观念。而王子朝所提出的"王后无适,则择立长;年钧以德,德钧以卜"正是这一观念经过长期沉淀所形成的结论。

比如鲁襄公去世之后,季孙宿坚持要立鲁昭公即位,叔孙豹当时就提出过反对意见:"大子死,有母弟则立之,无则长立。年钧择贤,义钧则卜,古之道也。"楚平王去世后,楚国令尹子常也同样提出:"立长则顺,建善则治。"可见这些观念无论是在中原地区还是在当时仍被称为"蛮夷"的楚国,都已经形成了一定的共识。

即便是不考虑这些观念上的因素,即以私心而论,周景王的本意也更倾向于将王子朝立为太子。但王室之有刘、单,正如鲁国之有三桓。鲁国的三桓有驱逐国君、擅行废立的权势,公室公族皆不能反制;同样在王室,对于单、刘二氏独大的局面,周景王以及王室王族也没有制衡的手段。这就使得周景王即便贵为天子,也无法决定太子地位的归属,想要行废立之举,还要处心积虑地先除掉刘、单才敢于有所举动。可见在这场蔓延到整个中原的封建制危机当中,就连王室也无法幸免。

另外从战争进程来看,王子朝之所以能够一再压制刘、单联军,并不是说他指挥作战能力就有多高明,其主要优势还是在于其能够取得王室多数人的支持。支持悼、敬二王的只有刘、单两大强卿,而王子朝的支持者却包括了周灵王、周景王的诸多王子及其族人,尹氏、毛氏、召氏、甘氏等世卿家族,以及受单、刘两家排挤而失势的旧官和百工,几乎涵盖了当时成周各个阶层的民众,可见刘、单的专权在当时的王室是不得人心的。

从这里我们实际上也可以看出,士弥牟在成周执行的所谓"小司寇之礼"不过是走个过场,其最终执行的还是士鞅保护姻亲的决策。而当他们最终决定要帮助东王的时候,郑、宋两个具有一定影响力的大国也都通过各种方式表达了不赞许的态度。这就意味着,在这场因王位归属引发的战争中,取得胜利的周敬王其地位并不具有天然的合法性,王子朝的这篇檄文所列述的也并非全是妄语。

晋国凭借强大的武力帮助单、刘两家取得了战争的胜利,而国内的各卿家也都得到了他们想要的利益,这看似是一个皆大欢喜的结局。可从战争造成的长期后果来看,他们赢得了一场战争,却输掉了"整个世界",世上再也没有比这更惨的结局了。

这封看似不起眼的讨晋檄文,虽说只是王子朝用以表达激愤之情的"战败感言",但也实实在在地道出了诸侯内心的真实感受。在六卿宰执晋政的这些年里,晋国对诸侯横征暴敛、予取予求,对于他们所面临的苦难却视而不见。人们对这个昔日霸主的厌恶之情早已溢于言表,只是在晋国武力的威压之下,他们还缺乏一个彻底释放怨气的窗口。

如今他们压抑已久的心声终于经王子朝之口喷涌而出，这就像是洪水撞破了堤坝，从此便可放肆奔流，再也无法阻挡了。因为，跟随王子朝一起离开的，不只是他带走的臣工百官和王室数百年珍藏的典籍，更有维持整个霸业秩序正常运转最核心也是最底层的基础，那就是天子地位的合法性。

"尊王"和"攘夷"是霸业秩序得以维系的两个最主要的支柱，可如果当天子地位合法性的基础都受到了动摇，那么经由"尊王"获得天子授权的前提便不复存在。此时的晋国霸业就像是建在沙堆上的楼阁，经过洪水的冲刷，流沙随波而去，剩下的就只是几根残破的廊柱苦苦支撑了。然而即便是这几根可怜的廊柱，经过日积月累的虫蚀风化，早已无法支撑这沉重的楼阁，霸业秩序的彻底消亡也就进入了倒计时。

行文至此，更觉世事多诡。

二百五十多年前，周王室第一次出现了二王并立的局面。在这场长达二十多年的纷争中，晋国的第十一代君主晋文侯以大义之名出师，却最终选择了得位不正的周平王，从而开启了礼崩乐坏的春秋时代。如今这一幕再次重演，晋国列卿以"同恤王室"之名出师，却选择与单、刘等世卿合流，驱逐了更具合法性的王子朝。而这一次，晋人也必将自食其果，这真是一个莫大的讽刺。

## 召陵之会

晋定公六年（前506年），王室内乱的硝烟刚刚散去了约十年，鲁昭公流亡故事的谢幕也过去了三年。这一年三月，中原诸侯在楚国境内的召陵（今河南漯河市郾城区东）汇聚一堂，举行了一场空前绝后的盛会。

此次集会由王室卿士刘文公即刘狄（伯蚠）发起，参与的国家数量达到了十八个，几乎囊括了中原秩序以内的所有国家；参会人员的规格也足够高，晋定公、宋景公、鲁定公、卫灵公、郑献公、曹隐公、蔡昭侯、陈怀公、杞悼公、许男斯、莒郊公和邾、顿、胡、滕、薛、小邾等共计十七国国君亲自到会；齐景公虽未直接到会，但也派出了世卿国夏前来助阵。会盟的地点选择在楚国方城之外的召陵，是齐桓公当年大会诸侯的地方，其议题同样直指楚国。而且会盟的起因，按照一般的说法，也同样与蔡国有很大干系。

早些年，蔡昭侯带着两套制作精美的玉佩和华丽的皮衣去往楚国，将其中的一套献给了楚昭王。楚昭王设享礼宴请蔡昭侯，在享礼上，两人同时穿上了皮衣、戴上了玉佩，这让时任令尹的囊瓦（字子常）很是眼红，便去向蔡昭侯索取。蔡侯爱惜羽毛坚决不给，结果就惹怒了囊瓦，被对方羁押了起来。

无独有偶，不久之后唐成公也到了楚国，还带了两匹威武雄壮的肃爽马。囊瓦看到这两匹马"色如霜纨、其羽如练，高首而脩颈"，十分喜爱，便向唐成公索要，结果对方舍不得，就也被扣留下来。

到了三年后，也就是晋定公五年（前507年），唐国有人到楚国去，说唐成公本人乐不思蜀不想回家了，可跟他来的人免不了会想家，因此就想跟之前的侍从换个班、轮个岗。这个人见到唐成公后，把之前的几个随从灌醉了，然后偷了马献给囊瓦。囊瓦一看，心满意足，就把唐侯放了回去。

这件事情被蔡国人知道后，也学着唐国人的样子，把蔡侯戴的那块玉佩献给了囊瓦。至于那件精美的皮衣，在蔡侯身上穿了三年，估计已经失去了原来雍容华贵的味道，因此也就不好贡献了。

囊瓦拿到宝贝，装模作样地训斥一旁的官员说："蔡侯之所以长期滞留我国，都是因为你们偷奸耍滑，没有准备好饯别的礼物。如果到明天还没有准备好，我就把你们全部处死！"

蔡昭侯并不是爱惜财物，而是看不惯囊瓦骄纵的样子。如今被滞留在楚三年，受尽了屈辱，心里更是十万个不痛快。在渡过汉水时，他将随身的玉璧丢入江中，发誓说："此生此世，若是我再次渡过汉水往南，天打雷劈！"誓言许完，他就日夜不停地赶往晋国，以自己的儿子公子元及大夫们的儿子为人质，要求晋国为自己洗刷耻辱，这才有了这次盛大的会盟活动。

在过去的一百多年间，作为诸侯盟主的晋国，为了给小国出气而讨伐楚国的事例并不少见。可在弭兵会盟已经达成四十年后，冒着承担撕毁和平协议恶名的风险，为了一个平日里并不臣服于自己的蔡国，组织如此大规模的盟会，也未免有些小题大做了。

事出蹊跷，必有妖孽。所谓"醉翁之意不在酒"，晋国召集此次盟会，表面上看是为蔡昭侯鸣不平，可真实的目的，恐怕还是想以重新高举"攘夷"旗帜的方式来重拾诸侯的信心，挽回晋国江河日下的声誉。

然而，晋国内部政出多门的局面已经形成，对诸侯予取予求的强横心态也早已深入人心，人们对其避之唯恐不及，哪里还会再为这个落寞的大国摇旗呐喊呢？更何况，在楚国衰落已成定局的情况下大举讨伐，并不能激起人们对于这个昔日的"蛮夷之邦"的恐惧，他们所有的努力只怕注定会是一场空忙。

因此，对于这样一场盛会，各诸侯国并不看好。比如卫灵公在出发前，其大夫子行敬子便曾说过："各国之间存在严重分歧，必然会争论不休，这次的会见很难达到预期的目的。"

果然到这年五月，当诸侯移师皋鼬（今河南临颍，郑地）准备举行结盟仪式时，便开始为一些鸡毛蒜皮的事情争执不休，而这次的争论还就是因卫国而起的。

由于这次的会盟因蔡国而发起，且蔡国又是新归晋国，为了对此表示重视，晋国原本打算让蔡国在卫国之前歃血。卫灵公听到消息后感到十分疑惑，于是便派大夫史鱼（名佗，字子鱼，任祝史，又称祝佗）去向王室代表苌弘打听。苌弘如实回答说："的确有这件事。"不过他又劝说卫国不要为这件事动干戈，毕竟蔡卫两国的始祖蔡叔和卫康叔本是兄弟，蔡叔的年纪要比康叔稍长，这样的排序也未尝不可。

在苌弘看来不是问题的问题，对于卫国人来说却是大问题。史鱼当即反驳说："先王向来是尊重德行的，从来没有听说过还有按照年龄序齿排位的情况。"

他引经据典追叙了当年各国受封时的往事，特别是晋、卫、鲁受封的渊源，说："这三国的始祖都是因为有美好的德行，才获得天子的赏赐。否则的话，文、武、成、康四代天王年长的兄弟子嗣还有很多，为什么他们就没有得到这些呢？周武王有同母兄弟八人，只有周公、康叔、聃季三人在王室任职，这可不是按着年龄来安排的吧？我们再举个例子，曹国是周文王的后代，晋国是周武王的后代，若是按照年龄来论资排辈，那可得把曹国排在晋国前面了，可您觉得这样合适吗？"

史鱼同时还指出："蔡国始君蔡叔曾连同管叔一起引诱商人侵犯王室，天子因此杀掉了管叔而流放了蔡叔。如果不是其子仲胡弃恶从善而受到周公的举荐，蔡国恐怕早就在诸侯之中除名了，这样有前科的国家怎么能排在卫国之前？晋文公践土会盟时，卫成公因与晋国有龃龉未能亲临现场，可即便如此，他的同母兄弟夷叔也是排在蔡国之前的。这些可都是在王室秘府中珍藏的，您要不相信可以回去查查看。怎么到今天反而要摒弃了德行，开始论资排辈了呢？"

苌弘也是有学识的人，可终究还是拗不过史鱼，只好让自己的长官刘文公去跟执掌晋政的士鞅商量，这才改变了歃血的次序。

诸侯只考虑自身利益得失，不能为晋国的理想切身考量，这些都在情理之中。可只要晋人自己能够做到精诚团结，为了共同的目标精心组织，最后的结果即便不会太理想，至少也不会太过难看。可偏偏就在这关键的节点上，在如此重要的会盟场合，晋人却再次因为自身的贪婪铸下了大错。

正当诸侯在召陵为伐楚计划进行谋划的时候，身为六卿之一的荀寅（中行文子，荀吴之子，中行氏最后一代宗主）却不合时宜地向蔡昭侯索取贿赂。蔡昭侯本来就因受到囊瓦的敲诈而愤恨不已，这才投靠晋国要求其主持公道，可如今就连晋国也不放过自己，心中未免更为恼火，于是便一口回绝了荀寅的无理要求。

荀寅虽不会像囊瓦那样毫无顾忌，可要给蔡昭侯下眼药也不是什么难事。遭到回绝后，他跑去跟主政的士鞅说道："如今晋国外有中山国的侵扰，内有疟疾的流行，国家正处于危难之中，而天下诸侯也怀有二心，在这种情况下攻击敌人，恐怕很难有胜算。更何况方城之战以来楚国从未得志过，平白无故地抛弃弭兵的盟约招来怨恨，对楚国来说并无大碍，可对晋国来说损失可就大了。我们不但要承担失去中山国的后果，还要徒留一个劳民伤财的骂名，倒不如辞谢蔡侯为妙！"

按照士鞅和荀寅的人设，两个人都是贪婪无礼之徒，在自身的利益面前，一切国家大事都无足轻重，因此士鞅很痛快地答应了他的请求，而蔡昭侯则再次因为财物问题而在诸侯面前受辱。这么一来，替蔡昭侯报仇的事情没人管了，这次会盟自然也就虎头蛇尾，诸侯对晋国的不满更是愈发显现了出来。

## 吴军入郢

这边厢，晋国热热闹闹地办了一场气派的会盟活动，却什么事都没干成；那边厢，南方的吴国却悄无声息地办了一件惊天动地的大事，让天下诸侯皆为之震动。

事情还要从召陵之会说起。由于沈国人拒绝应召参会，晋国在会盟期间指使蔡国灭掉了沈国（位于今河南平舆）。楚国眼巴巴地看着蔡国叛变投敌，还悍然灭掉了自己的兄弟，心里充满了委屈，但苦于对方人多势众，一时也不敢作声。等到他们开完会了、人也都散伙了，楚国这才整备了大军前去征讨叛逆。

蔡昭侯是铁了心要跟楚国对着干，如今既然晋国帮不了自己，那就另寻他途，转而请求吴国帮助其抵御楚军——而这也就引发了春秋历史上一场著名战役——柏举（亦作伯莒，在今湖北麻城一带）之战。

当时在吴国政坛活跃着两个重要人物：一个就是伍举的儿子伍员，也就是伍子胥；另外一个叫伯嚭，楚臣郤宛之子，伯州犁之孙，晋国大夫伯宗之后。两个人都因受楚国佞臣费无极的迫害而出逃，其整个家族都被楚人屠灭，因此对楚国恨之入骨。

这里特别值得一提的是伍子胥，伍子胥在父亲被杀后，曾发誓一定要荡平楚国，因而投奔吴国。刚到吴国时，因戾气太重而不受重用，为了展示自己的才华，他设计帮助太子光也就是后来的吴王阖闾夺取了君位，这才渐渐被看重。

而在楚国方面，楚平王吸取楚灵王过度进取的教训，在国内实行休养生息的政策，对外则在边境上到处修筑防御设施，却不主动出击，让吴国很难占到便宜。后来楚昭王即位，伍子胥借用晋悼公疲楚服郑的计策，建议阖闾将吴军一分为三，对楚国展开车轮式的骚扰，终于使得楚国不堪其扰，以至于后来对吴国的军事入侵都渐渐麻木了。

这次晋、吴两国联合诸侯伐楚，闹出了很大的动静，也的确让楚国紧张了好一阵子。好在他们雷声大雨点小，在长城外骚扰一通之后也就没有下文了。等到晋军退了，楚国渐渐缓过神来，急忙出兵去敲打蔡国，奈何蔡国根本不惧，他们仗着背后有诸侯联军撑腰，反而早早地就与吴国通了气。

接到蔡国的求救信号，吴王阖闾亲率兵马乘舟北上，经淮水折转西进，与蔡、唐两国联合发兵进攻楚国本土。令尹囊瓦、司马沈尹戌闻警，亲自发兵抵御，双方在汉水两岸摆开阵势。

起先沈尹戌建议由令尹囊瓦正面吸引敌军火力，而他自己则带着方城山外的人马绕到吴军背后，烧掉停留在淮河岸边的船只，堵截吴军退路。等到事情妥当了，再由两军前后夹击，定能一举击溃敌军。

这个计策如果得到贯彻的话，楚军就算是赢不了，至少也不会败得很惨。可问题就在于囊瓦这个人贪心有余、智能不足，他不仅贪财，更贪图名利，但却没有建功之能。沈尹戌走后,他就在谋士武城黑和史皇的建议下,抢先对吴军发动攻击,妄图独占功劳。但渡河之后,他与吴军在小别山和大别山沿线接连数战,这才发现自己根本无法克制吴军,心里一慌就想着要临阵脱逃。后来在史皇的责难下才勉强留了下来,可从后来的结果来看,还不如让他跑了的好。

十一月十八日,吴楚两军在柏举摆开阵势。吴王阖闾的弟弟夫槩王带了五千兵士擅自出战,楚军早无战心,刚与吴军接触不久就四散溃逃了。吴军追着败兵一路掩杀,又在清发(今湖北安陆)将半渡的楚军击溃。

这一战彻底击溃了楚军的心理防线,囊瓦更是顾不得旁人的劝说,一路狂奔跑到了郑国。楚军兵士因为群龙无首,无法组织有效的阻击,只好都没命地逃亡。

在奔逃与追击的路上,经常是楚军安顿下来做好了饭,吴军就追上来了,刚刚做好的饭菜就成了慰劳吴军将士的战利品。就这样,一群饥肠辘辘、多日水米未进的楚军,被一群靠吃霸王餐混吃混喝的吴军一路追赶,一直追到了郢都城下。

楚军一路奔逃根本没有歇脚,郢都的人们自然也就无法提前获知消息了。因此当败军溃退到城下的时候,吴军也已接踵而至,郢都的防卫还没有来得及部署,就被吴军攻陷了。可怜的楚昭王当时就蒙了,一直沉迷在歌舞鼓乐中的他,还没明白发生了什么事,就被人连拉带扯地救出郢都逃命去了。后来看到吴军穷追不舍,针尹固用火象阵冲击敌阵,楚昭王这才逃得一条性命。

## 方城之战

吴军战败楚国、直取郢都的壮举震动天下,让中原诸侯对这个新近崛起的东夷国家刮目相看。而反观晋国在召陵之会时的表现,却总让人感到啼笑皆非,从而未免会产生一种沧海桑田的惶惑之感。

可问题是,既然故事注定没有结局,晋国为什么又要操办这么一场声势浩大的会盟呢?如果仅仅是因为荀寅索贿不得就放弃了整场计划,让晋国在天下诸侯面前颜面丧尽,这岂不是太儿戏了?士鞅和荀寅就算是再蛮横、再愚蠢,在如此隆重的场合下,也不会不知轻重,非要自绝于天下吧?那么,又是什么原因让士鞅做出了这么鲁莽的决定呢?

有鉴于《左传》叙述重伦理、轻逻辑的一贯套路,我们可以想见其如此编排的理由，不过是站在德行因果论的角度上，对会盟组织者士鞅和荀寅进行贬抑，以为其后来的失败做铺垫。为了突出论证效果，《左传》对于召陵之会的前因后果，以及会盟期间的事迹记录便十分粗糙，有大量的细节都被遮盖了。如果单凭这些简单的事实陈述来管窥全局，我们很难看透其中的玄机，好在近年来整理出炉的清华楚简《系年》为我们提供了另外一个视角。

结合《系年》等文献的记述我们得知，此次会盟最主要的目的并不仅仅是为了给蔡昭侯报这三年拘禁之恨，而是一系列复杂因素综合促成的结果。

楚平王去世后，其子楚昭王年幼继位，政权落入令尹囊瓦之手，而囊瓦在历史上又以贪婪著称，使得原本附庸于楚国的陈、蔡、胡、许等国皆叛楚而去。尤其是在临近会盟之时，许国发生了内乱，许公佗投奔晋国。晋人为协助这些南方诸侯抵御楚国，因此便在汝阳（今属河南）筑城，同时还与楚国一道联结诸侯举兵，一直打到了楚国的方城山一带，随后才在召陵举行了这次会见。

晋国之所以要在弭兵盟约达成四十年后再起兵戈，与六卿家族的扩张思路和在中原的布局也是分不开的。

弭兵会盟之后，晋国凭借盟约护身，取得了相对宽松的外部发展环境，于是便积极地向北扩张，先后扫荡了位于晋中、冀中地区的无终、肥、鼓等国。而在遇到相对强势的鲜虞（中山国）时，其北伐的势头便遭遇了瓶颈，于是便又逐渐将战略重心南移到了中原地区。

到晋顷公元年（前525年），在韩起的授意之下，荀吴出兵伐灭了盘踞在河南西部的陆浑之戎，将其触角延伸到了秦岭地区。陆浑之戎被灭，使得原来居于晋楚之间的屏障不复存在，晋楚也就从遥遥相望的远邦变成了山水相依的邻国。两大强国一旦相邻，直接的利益冲突也会由此升级，这也就意味着第二次弭兵会盟的成果总有一天会走向破产。

晋国攫取楚国利益的第一步，自然是从拉拢、分离其固有的盟友开始，这也是他们对许、蔡等国施加保护的原因所在。这些做法尽管与之前争霸时采取的方式一致，但其目的却截然不同。为了巩固其在新占领土地上的利益，晋国这才以帮助蔡国复仇的名义，邀集诸侯发起了一场声势浩大的对楚战争。

另外，从《系年》的表述来看，参与这次军事行动的国家显然不止十八国，至少作为伐楚主力的吴国，以及背叛楚国的唐、胡等众多江淮诸侯也都在其中。由于召陵之会做出了不再继续侵伐楚国的决议，这让吴国感到十分不满，因此并未参与后来的会见，《春秋》也因此没有予以记载。

面对如此众多的诸侯，楚国自然是不敢以硬碰硬，只能且战且退消极防守。而当大军推进至楚国方城一带时，就触及了楚国的核心利益，因此才遭到激烈的抵抗。当此之时，在中原诸侯尤其是晋国内部也出现了不同的声音，于是联军便退回召陵，就接下来的行动进行讨论，这也是召陵之会举行的一个大背景所在。

## 盛极而衰

召陵之会上诸侯最大的分歧在于，南方的吴国以及与楚有怨的陈、蔡、唐、胡等国都要求继续巩固成果，侵入方城以进一步打压楚国；王室大夫刘文公想要深入楚境消灭王子朝，自然也乐见其成；而中原诸侯则大多持一种事不关己、高高挂起的态度。

而站在晋国自身的立场来看，楚国离晋远而距吴近，这次配合吴国的行动已然取得大捷，便应该及时收手。方城以内的土地本身不易攻取，即便是攻取了晋国也讨不到什么好处，其结果要么是让吴国取代楚国成为新的威胁，要么就是当诸侯联军退去的时候被楚国再次收复。无论哪种情况，对晋国来说都是徒耗人力、多费钱粮，因此更倾向于笼络诸侯北上，去攻打位于河北中部的中山国。

也正因为如此，荀寅才在盟会上提出："吾自方城以来，楚未可以得志，只取勤焉。"

这里提到的方城之战，过去一直都认为是发生在晋平公元年（前557年）的湛阪（今河南平顶山西北，楚邑）之战，当时距召陵之会已过去了五十年。在这五十年间，楚国一直都没有对中原进行过实质性的侵扰，因此说"楚未可以得志"也未尝不可。但若结合《系年》的叙述，所谓的"方城以来"，很可能指的就是从去年冬季开始的"门方城"之战，这也就意味着，此番诸侯联军对楚国的侵扰到召陵会盟的时候早已接近了尾声，而晋国此次出征的战略意图也已然达到了。

当此之时，荀寅还提出晋国所面临的三大难题：一是"水潦方降"，不利出师；二是"疾疟方起"，军心不稳；三是"中山不服"，后方难安。

荀寅提到的这些理由，在史料中都能找到佐证，足以证明以贪婪成名的荀寅并非一无是处。比如在《左传》中，召陵之会举行前后，先后有陈惠公以及参与盟会的刘文公、杞悼公和郑国的游吉相继离世，似乎预示着这场疟疾就是在军中蔓延开的。而《系年》中也提到，召陵之会后不久，晋国出兵讨伐中山，结果同时遭遇了瘟疫和饥荒的侵袭，甚至还出现了人吃人的现象。这些记录都为荀寅"疾疟方起""中山不服"等理由提供了佐证。

另外，在《左传》有关悼公时期伐灭偪阳一战的记载中，荀偃、士匄眼见久攻不克，遂生出退缩之心，提出的理由便是"水潦将降，惧不能归"。偪阳之战爆发于当年的周历四月，与召陵之会举行的时令相近，可见荀寅所谓的"水潦方降"并非无中生有。

可即便如此，召陵之会也并不是毫无成果。依据《春秋》经书记载，会后诸侯大军仍有"侵楚"的动作，蔡国大夫公孙姓也曾带兵伐灭沈国。皋鼬会盟之后，晋国又将许国迁徙到距离方城不远的容城（今河南鲁山东南）。与此同时，方城战役将楚国主力全都吸引到了中原战线，这就使得楚国核心区域的防御出现了巨大的漏洞，这也就给吴军深入楚境并取得柏举之战和攻入郢都的重大胜利提供了基础。

但吊诡的是，对方城之战和召陵之会所取得的成果，在政治立场上一直倾向于晋国的《左传》却只字不提，反而将笔触放在了一些看似无关紧要的细节上，这究竟是为什么呢？

召陵之会给当时的人们带来的最大困惑就在于，过去的四十年间，晋国在诸侯事务上的表现尽管不如人意，但诸侯大都与其保持着一种虚与委蛇的状态，凡有重大盟会，诸侯也都会派人参加。但在这次盛大的盟会之后，中原大地突然掀起了一股背叛晋国的浪潮，原先依附于晋国的中原诸侯纷纷投入齐国的阵营，在短短几年内就形成了一个声势浩大的"反晋联盟"。这样的变化发生得太过于突兀，以至于当人们回顾起这段历史的时候，都会产生一个极大的疑问：这中间究竟发生了什么？

《左传》的作者无法给出一个合理的解释，就只能从会盟的枝节问题下手。比如谈到郑国背叛的原因时，《左传》就提到："晋人假羽旄于郑，郑人与之。明日，或旆以会。晋于是乎失诸侯。"

晋人向郑国借用了装饰旌旗的羽毛，第二天他们将这些羽毛装饰在旗杆上去参加会议，因此就失去了诸侯——这个解释与五十年前齐灵公背叛晋国的理由毫无二致。但正如我们之前的分析[①]，假借羽毛只是导致矛盾爆发的一个触发点或导火索，若是将其当成了带来问题的根本原因，显然是倒置了因果。

有关荀寅"求货于蔡侯"的论断亦是如此。《左传》既然无法解释诸侯叛晋的深层次原因，就只能将责任推诿到荀寅身上，用一场劳而无功的会盟来衬托士鞅和荀寅的无德无才。这样既解释了诸侯背叛的原因，又能为后来范氏、中行氏的覆灭提供佐证。如此的处理方式又恰好与其"因果报应"的主题相呼应，也算是深得"春秋笔法"的精妙所在了，但这就给我们理解这段历史的真实过程制造了不少困难。

正如我们前文所述，"尊王"和"攘夷"是霸业秩序得以维系的两个最主要的支柱。十年前的王子朝之乱以再次动摇天王地位合法性的方式摧毁了"尊王"的根基，如今吴军入郢又以彻底剪除楚国对中原威胁的方式撼动了"攘夷"存在的基础。当维系霸主权位的两个基础都不复存在，持续了一个半世纪的霸业秩序也就走到了尽头，这正是诸侯纷纷背叛晋国的根本原因。

召陵之会后的第二年，楚人在秦、越等国的协助下赶走了吴国，迅速恢复了往日的疆土，但再也无力对中原诸侯构成威胁。而与之相对的是，原先以霸主姿态保护中原诸侯不受外敌侵犯的晋国，却在短短的四十年间实现了快速扩张，一跃而成为中原各国普遍的威胁。为了防范晋国对诸侯土地财富的侵蚀，中原各国迅速调转矛头，将外交事务的重心转移到了对晋国的围堵和防范上来，历史也由此进入了一个全新的纪元。

而巧合的是，一百五十年前的晋献公二十一年（前 656 年），齐桓公以召陵会盟确立了霸业秩序在中原的主导地位；而到如今的晋定公六年（前 506 年），晋定公则又以召陵之会宣告了霸业秩序的最终破产，这不能说历史又给我们开了一个巨大的玩笑。

---

[①] 见《晋国 600 年 2》第六章第三节有关"溴梁之会"的分析。

第三章
# 六卿瓜分公室与对外扩张的狂潮

## 第一节　荀吴伐狄

**毁车为行**

弭兵会盟结束之后，晋国公室逐渐走向衰落，取而代之的是一个六卿各自为政的局面。在为家族利益互相争斗的过程中，六卿集团逐渐放弃了霸主的职责，转而走上了一条扩张主义的道路。而在这其中，与晋国毗邻的"白狄"自然首当其冲，成了六卿最先讨伐的对象。

晋国自建国以来就一直处于"戎狄"的包裹之中，因此其发展壮大也离不开对"戎狄"的驱逐与兼并。

过去的一百多年间，曾有过两次大规模扫荡"戎狄"的高潮：一次是在晋献公时期，为了向外扩张疆土，晋献公灭国夺邑，通过武力手段统一晋南盆地，并将杂居在晋国腹地的"戎狄"驱逐到边远地区。第二次是在晋景公时期，因世卿世禄制引发的矛盾集中爆发，导致晋国在邲之战中失利。战后在荀林父、士会的主持下，晋国扫荡了东部山区的"赤狄"部落，将晋东南的长治、晋城盆地收入囊中。

"戎狄"在晋国发展的历程中，长期扮演着一个内部矛盾缓冲剂的角色。比如晋景公讨伐"赤狄"的行动，其主要目的就是为了转移日益激化的内部冲突。与之类似的是，晋国在弭兵会盟之后开始的"伐狄"行动，也是在六卿矛盾集聚、内部压力不得缓释的情况下，主动寻求外部突破所必然要经历的过程。

与先前的"赤狄"类似，所谓的"白狄"也并非一个整体，而是包含了若干个聚落的庞大族群。这些聚落横跨陕西、山西、河北北部，常年受到秦晋两国的侵扰，也因此经常会在秦晋之间摇摆不定。他们时而会跟随晋国参加中原的会盟和征讨，时而也会在秦国的怂恿下侵扰、牵制晋国的注意力。

晋国自晋成公时期开始，由于同时受到秦、楚、齐以及"赤狄"的压力，对待"白狄"的态度相对宽容，一直都是以结盟甚至联姻的手段来绥靖"诸戎"。在晋悼公争霸的高峰期，有北戎的无终国派人与晋国结好，晋悼公采纳了魏绛的建议与诸戎议和，为晋国向南争霸提供良好的后方环境。

"赤狄"覆灭之后，"白狄"国家与中原诸侯的交往日益频密，使得不少部落开始由游牧采集转向定居，逐渐建立了类同于华夏的城邦国家及政治制度。而随着戎狄城邦国家的发展，那些原本荆棘丛生的北方原始森林逐渐被开发出来，变成了富饶的良田，这对于急于扩充实力的诸卿来说，无疑有着很大的诱惑力。

在这一次的扩张大潮中，六卿之中贡献最为突出的是中行氏的首领荀吴。他在征讨过程中采取了许多新的兵阵战法，同时也为后人提供了不少经典战例。

荀吴征伐的对象主要是分布在如今太原到石家庄一线的"戎狄"国家，目前可知的有无终、鲜虞（中山）、鼓、肥等。其中的第一战，就是攻打盘踞在大卤（今山西太原西南部）、曾主动与晋国结好的无终国。

这场战事爆发于晋平公十七年（前541年）夏季，当赵武在郑国享受着最后的欢愉时，担任上军将、佐的荀吴、魏舒却正顶着骄阳，面对"戎人"的挑衅而束手无策。此战荀吴遇到的最大困难，是北方落后的交通条件使得他们惯用的兵车战阵完全施展不开。

晋军的战车在中原大地纵马驰骋、所向披靡，可一旦遇到坑洼遍地、荆棘丛生的特殊地形，那些笨拙的战车便会经常抛锚，有时甚至还会成为将士们最后的葬身地。而无终人却能够利用其步兵的灵活性优势，随意侵扰入侵的敌军。倘若战事不利，他们还可以退守险地，这就让晋人感到十分气恼。

战车行动会受到限制，可人的思维却不受限，越是逆境越能激发人的主观能动性。担任上军佐的魏舒分析了敌我之间的形势，认为在当前的地形环境下，若还是坚持使用战车，就无异于是把困守战车的士兵变成了活靶子。对方只要把兵力分割为十人的小队，对被困战车采取各个击破的办法，晋军就完全招架不住了。因此，想要战胜"狄人"，就要以彼之道还施彼身，把军队全都改编为步兵，然后再以兵力优势发动突袭，岂有不胜之理？

荀吴对魏舒的计策深表赞同，但习惯了在战车上耀武扬威的将士们却接受不了这个改变，一时间群情激愤，场面一片混乱。为坚决地贯彻魏舒"改车为行"的策略，荀吴当即斩杀了自己的亲信示众，以弹压甲士的抵触情绪。与此同时，为了避免"人在车下、心在车上"的情况出现，荀吴干脆下令将所有的战车都毁掉，彻底斩断了将士们的侥幸心理。

在作战部署上，荀吴将上、下两军两万余人重新整编为五个方阵："两于前，伍于后，专为左角，参为左角，偏为前拒。"其中的"两、伍、专、参、偏"均为战车的编组单位，通常以25乘为一偏，50乘为一两，29乘为一参，81乘为一专，120乘为一伍。

按照春秋后期每乘75名的兵力配备来计算，作为诱敌前拒的一偏约为1875人，左右两翼分别为2175人和6075人，中军一两为3750人，后军则为9000人。这种阵形分布极不均衡，让无终人看了都有些摸不着头脑，于是纷纷嘲笑晋人不懂得步兵作战。

具体的作战过程史料中并未详载，我们只知道正当"狄人"纷纷嘲笑晋军的时候，荀吴发动全军进行突击，顺利灭掉了无终国，将太原周边地区收入囊中。

## 五伐鲜虞

大卤之战结束后，在战国七雄中占据一席之地的北燕国才开始屡屡出现在史料中，而且一出场就爆发了严重内乱。

晋平公十九年（前539年）冬季，北燕伯款因与大夫争权不利而出奔齐国，齐景公为平定燕国的乱局，派人到晋国请求出兵。但由于齐人大都不肯用心，因此来来回回折腾了好几年，也没能把燕国国君送回去。

晋昭公即位二年（前530年），因唐地（又名阳，在河北文安、大城两县之间）百姓愿意接纳国君，齐景公于是再派高偃将燕君送回。荀吴则以与齐国大军会合为由，对位于东阳地区（晋国太行山以东、黄河以北地区）的"白狄"鲜虞发动了突然袭击。

一般认为，鲜虞就是战国时期中山国的前身，其地理位置大致在今石家庄以北地区，国都原在正定国际机场附近，后逐步迁移到顾（今河北定州）、灵寿（今河北平山）等地。

鲜虞南部有两个附庸，分别是肥国和鼓国。鼓国国都昔阳，地在今河北晋州西部；肥国位于今河北石家庄藁城区西南部，在鼓国西部。据杨伯峻传注，在今昔阳县境内有肥子故国城，大约是肥国早先的定居地。另在河北东北部的卢龙县有肥如城，山东亦有肥城市，据推测应是肥国灭亡后其流民散居之地。

当荀吴意欲讨伐鲜虞之时，肥、鼓和鲜虞互成掎角之势，一定程度上限制了晋国军力的发挥。为了啃下这块硬骨头，荀吴灵活借用了荀息的"假道伐虢"之计，但却反其道而行，来了个战略大迂回。

他先是以与齐军会合为借口北上燕国，然后在回军途中特意向鲜虞人借道。大军穿越鲜虞又进入鼓国地界，始终都高举和平的大旗，让三国军民都松懈了下来。但在向西折返经过肥国的时候，晋军却突然露出了狰狞的面目，于八月初十日出其不意地灭掉了肥国，其国君绵皋也被晋军俘获。

灭掉肥国之后，荀吴大概是担心鲜虞会尾随追击，于是又派人对其进行了一番袭扰。等鲜虞人做好部署严阵以待时，却发现晋军早已远遁。

晋军的这次突袭让鲜虞人大感惶惑，因此一直紧盯着晋国动向。到了第二年，晋国为了向诸侯示威，尽起全国四千乘兵车远赴"东夷"之地与吴人相会。后因会盟不成，又先后在邾国南部和卫国的平丘举行了盛大会盟。

鲜虞人见晋国国内空虚，大约以为晋人不会再来侵犯，因而放松了警惕。谁知荀吴却不按套路出牌，在探知鲜虞不设警备之后，即刻在河北河南交界的著雍整顿上军，轻车简从一路向北绕过白狄属地到达燕国边境的中人（今河北唐县西北），然后从其背后使用战车冲击，鲜虞人大败。

尽管鲜虞国力强大，并未因此一战而溃，但到底还是留下了心理阴影。晋昭公五年（前527年），荀吴再次出兵讨伐，吓得鲜虞急忙调集所有兵力进行防守。可谁知荀吴却是一个玩弄虚实的好手，正当鲜虞人为了防范对手而严阵以待的时候，荀吴却大张旗鼓地带着部队围攻鼓国都城昔阳去了。这场战争一打就是几个月，可鲜虞人不知虚实，愣是眼睁睁地看着自己的小兄弟被围攻，始终都不敢出兵救援。

围城开始后不久，鼓国内部发生变乱，有人出城找到荀吴，请求带着城里人哗变，与晋军里应外合攻下昔阳，但这个提议却遭到了荀吴的断然拒绝。很多人表示不理解，纷纷质问他说："我们明明可以不费一兵一卒拿下鼓国，为什么就不能答应他们的请求呢？"

荀吴回答说："我曾听叔向说过，喜好和厌恶都不过分，百姓就知道了行动的方向，事情就没有不成功的。假如有晋人带着城邑叛变，我们内心会痛恨不已；可为什么当别人带着城邑前来投靠的时候，我们却偏偏会感到开心呢？"

也就是说，出征作战不仅仅要考虑眼前的利益，更要注重对国内的影响。有人带着城邑前来，他的举动是恶的，但却对晋国有功。如果不加以奖赏，这就是失信于人；可如果真的奖赏了他，就等于是在惩善扬恶，又该如何教导百姓呢？得到了一座城邑却让国家陷入伦理困境，这非但不是福祉反而是败坏了德行，长远来看会得不偿失。

因此，在荀吴看来，出兵作战就要量力而行："如果能力足够，我们就凭借自身的实力攻取；如果实力不济，就撤军回国，这没什么好考虑的。"

众人听了这些话都心悦诚服，于是就把叛徒遣送回去，让鼓国人杀掉叛徒，修缮守备，继续作战。

晋军围城三月，鼓国人难以支撑，便主动提出要投降晋国，但不料荀吴见了使者之后，竟然说道："我看你脸色还好，说明仍有抵抗的能力，回去修缮你们的武备，咱们接着打！"

如果说之前不接受叛臣，是为了宣扬德行，还说得过去，荀吴现在的举动就实在让人费解了，有军吏因此就埋怨道："得到城邑却不占取，反而要一直劳顿百姓、损毁武器，有你这么效忠国君的吗？"

但荀吴自有他的一套逻辑："如果狄人还未力竭我们就接受了他们的投降，那么百姓也会如此效仿，从而变得懈怠起来。得到一座城池却教导百姓懈怠，恐怕国家会陷入危难。反之，如果我们不接受他们的投降，让百姓看到我们尊重敌人的忠心，就能让百姓懂得道义所在，从而竭尽全力为国尽忠，这样难道不好吗？"

荀吴说得头头是道，听的人也是一脸"你官大你有理"的表情，只好按住不提了。不久，鼓国终于支撑不住，便再次决定投降。这次他们吸取了之前的教训，派了一个面黄肌瘦的人作为使者，向荀吴哭诉他们已经没有粮食了。这让荀吴实在无法推辞，终于接受了对方的投降。

荀吴带着鼓国国君鸢鞮（苑支）回到国都，在宗庙里进献了战利品后就把他放了回去。但没想到，鸢鞮投降晋国时心悦诚服，背叛起来也义无反顾，回去后不久就又和鲜虞纠缠不清。

事实总是这么喜欢捉弄人，荀吴的一番宣扬德行并没有取得预期效果，鼓国即便再感念于晋国的恩德，在鲜虞强大的武力之下也不可能为了晋国拼命。我们似乎看到了很多人围坐在荀吴的身边看着他打脸的场面，荀吴于是痛定思痛，也不再想什么宣扬教化了，又开始使出了诡诈之术。

晋顷公六年（前520年）六月，荀吴亲自巡视东阳。他让军队伪装成用皮甲买米的商人，三五成群地在昔阳城门外休息，然后伺机逐渐渗透到昔阳城内，将鼓人完全蒙在了鼓里。

不久，荀吴兵临城下，与那些预先潜伏的士兵里应外合，再次灭掉了鼓国，鼓君鸢鞮也再次被带到晋国成为阶下囚。这次晋国没有再恢复鼓国的地位，而是将其划为一个县，派大夫涉佗前往镇守。

荀吴通过五次战争先后灭掉了肥、鼓两国，剪除了鲜虞的两翼，使其完全暴露在晋国攻击范围之内。但由于其实力较为强盛，晋国也无法将其完全吞并，只能通过蚕食的方式逐步侵蚀其领地。在此后的百余年间，两国之间摩擦不断，这些在后文中还会提及。

### 鼓国归属

在与"白狄"的战争中，荀吴与他的副手魏舒屡出奇谋妙计，伐无终灭"群狄"，伐鲜虞灭肥、鼓，建立了赫赫战功，大大扩展了晋国的疆域。从战争中的诸多表现来看，他并不是一个墨守成规之人，但唯独在攻取鼓国的过程中拖延不决，这就让人感到十分困惑。

比如第一次灭鼓的时候，有人要求里应外合助其攻破昔阳，他不肯接受；有人出城请降，他又以对方未到弹尽粮绝为由再次拒绝。当时他提出的理由是不希望国人效仿以生出懈怠之心，可转过头来到第二次灭鼓的时候，他就又设下了诈谋之术，似乎将之前所说的那些话全都抛之脑后了。这究竟是为什么呢？

想要解开这些谜题，我们不妨从荀吴的职业历程中来看个究竟。

荀吴谥为中行穆子，是中行献子荀偃与一名郑国女子所生，因此也曾被称为"郑甥"。晋平公四年（前554年）春，荀偃在讨伐齐国的平阴之战回师途中去世，临终前士匄主动请命扶植荀吴为中行氏继承人，并举拔其为上军佐。士匄死后荀吴又顺位晋升为上军将，在六卿之中排名第三。

但随着士匄的去世，朝政被隶属于"新贵联盟"的赵、韩两家牢牢把持，荀吴在六卿中的地位从此止步不前。与之类似的是，与中行氏同属旧卿阵营的范氏宗主士鞅，在其父去世后也只是获得了六卿最末的下军佐职位，后来因程郑的去世才升任下军将。

尽管从晋平公时期开始，晋国早已"戎马不驾，卿无军行，公乘无人，卒列无长"，国君被卿大夫们撇在一边只能"以乐慆忧"，显现出了一幅混乱不堪的末世景象；可军政一体的政治机器依然在正常运行，作为军政首脑的中军将，也依然能够发挥极大的影响力。

当荀吴在北方大举攻城略地的时候，担任晋国执政的正是以"懦弱"而闻名的韩起。在执政的最初几年里，韩起为了挽回晋国的霸主地位，在列国之间来回奔走，但最终都因受到范氏、中行氏的压制而不能得志。但当回归到国内的利益分配问题时，他却总能以各种让人无法捉摸的老辣手段占得先机，这就让范氏、中行氏十分头疼。

比如晋平公十八年（前540年）春季，担任中军将的赵武去世，韩起顺利递补上位成为新任执政。在他的操控下，其余诸卿的地位并没有得到循序提拔，反而是赵武的儿子赵成后来居上，成了仅次于韩起的中军佐。可以说，在赵武、韩起乃至于魏舒执政的将近四十年的时间里，"旧卿联盟"一直都是被排挤的对象，这就使得他们在国内利益分配上很难占据主动地位。为了摆脱不利局面，他们就只能积极地推动外部扩张，这也是荀吴主动担纲伐狄统帅的根本动因所在。

但也正如我们之前所提到的，韩起除了为政懦弱之外，还有一个鲜明的性格特征，那就是"贪婪"。栾氏灭族之后，范氏、韩氏、赵氏因州县归属问题而剑拔弩张，以至于强横如士匄、谨慎如赵武都不敢轻易触碰。可韩起执政之后，不仅敢于对州县动手，还能通过各种偷梁换柱的手法让所有人都心服口服。

也正因为其秉性如此，当荀吴、魏舒带领大军讨灭无终、征伐鲜虞，取得大量城池土地的时候，韩起自然也不能袖手旁观，任由中行氏将这些新获得的土地消化下去。而为了宣示自己对鼓国土地的志在必得，荀吴就故意拖慢战争的进程，以战争中所付出的艰辛来争取获得韩起的妥协。

但或许也正是因为二人之间矛盾未能调和，才有了后来鼓君鸢鞮被释放回国后公然叛晋之事。鼓人复国后又坚持了六七年的时间，直到双方就昔阳归属问题达成一致，荀吴才再次出兵将其纳入晋国版图，并将其交给一名叫作涉佗的大夫来镇守。

这里需要一提的是，涉佗本人隶属赵氏侧室的邯郸氏，而邯郸氏与赵氏大宗的关系并不和睦，反而是与中行氏关系更为亲密。双方将昔阳划归邯郸氏，并交由涉佗管理，既能让荀吴感到安心，也能让从属于韩氏阵营的赵氏略感心宽，这也算是一个折中的办法。

### 陆浑归晋

当然了，韩起的套路还不止于此。

韩氏家族在六卿之中发育最为迟缓，至韩起成为执政的时候还依然在为自己的"贫困"而忧虑。在位期间，韩起积极作为，奋勇赶超，从而塑造了一个"贪婪正卿"的形象，可这依然无法打消其对家族未来命运的忧虑。

既然数量不能与其他家族相提并论，那就要从质量上实现"后发优势"。为了尽可能地扩充财富和武装，韩起将目光投向了土地富饶、人口密集的河南平原。在执政主导土地瓜分的这些年里，韩起一直都很注重在晋国南阳地区的布局。除了前文提到的州县之外，申公巫臣受封的邢地也是在韩起执政时被收入囊中的，这也就基本确定了韩氏家族向南发展的基调。而在这一波扩张浪潮中，韩起则将目光主要投向了南方的陆浑地区。

陆浑地区是位于秦、晋、楚三国之间的一块无主之地，早年晋惠公在位时曾迁徙"瓜州之戎"至此，并将其作为制约秦、楚两国的重要棋子。"陆浑之戎"在晋国争霸过程中发挥过重要的作用，特别是秦晋崤之战中，晋国能够全歼秦国远征军，"陆浑戎"可以说是功不可没。

然而当晋国逐渐退出争霸舞台，六卿家族开始各自为政时，陆浑对晋国的作用就显得无足轻重了，反而成了列卿眼中的肥肉。早在晋悼公十五年（前559年）的向之盟时，士匄就曾借口"姜姓戎"与楚国有来往，欲拘捕其首领驹支。但或许是由于时机尚不成熟，士匄最终又与其和解，没有对陆浑下手。

但到了晋昭公在位时期，楚平王为了确保其北部边境的安定，派然丹诱杀"戎蛮子嘉"并尽占其地，使得其他的部落大为惊惧，纷纷向楚国示好，这也让晋国感到了深重的危机。事已至此，陆浑一定要灭，但灭掉之后土地归谁，这就是一个值得讨论的问题了。

韩起对于陆浑的土地可以说是志在必得，为了能够如愿以偿，真可谓是煞费苦心，所用到的手段更是让人啼笑皆非。

话说有一天，韩起突然找到荀吴，含情脉脉地对他说道："昨夜我梦到你了，你知道吗？"

荀吴一听这话便浑身起鸡皮疙瘩。正当他无所适从的时候，只听得韩起又说道："我梦到先君文公拉着你的手，郑重其事地将陆浑托付给我。我韩起不是一个不知轻重的人，但既是先君所托，我实在不敢辜负……"

荀吴简直要气疯了：明明是贪求陆浑的土地，却又不想弄脏了自己的手，反而指使我来代取。这种事情真不是一般人能干得出来的，你韩起怎么就能有这么厚的脸皮呢？

荀吴虽然称得上是个军事天才，可在政治上却总也不是韩起的对手，他久久地凝望着韩起那张无耻的老脸，明知自己远征疲惫完全是为人作嫁，却想不出一个拒绝的理由，只好怀着满腔的愤懑带兵出征去了。

为了避免打草惊蛇，韩起事先派屠蒯找到周王室，请求祭祀洛水和三涂山，这倒是让王室大夫们都感到有些意外。要说晋国对于王室早就没有那么多热忱了，前些年王室的穆后去世，晋国派荀跞前往会葬，其间，周景王明里暗里想让晋国给王室送些礼物，却不料晋人根本不予理会。随同荀跞前往的籍谈还强词夺理，因此落下了一个"数典忘祖"的骂名。如今晋国突然想起来要祭祀洛水和三涂山，这葫芦里究竟卖的什么药？

王室虽衰，却也有高人。大夫苌弘就看出了其中的端倪，他对上司刘献公说："客人的脸色凶猛，不像是为了祭祀而来。我估计他们不久就会进攻戎人，咱们还是提前做好准备吧！"

一直以来，天子对于晋国内迁"戎狄"的政策都颇有怨言，认为"陆浑戎"的内迁是在逼迫王室。如今晋国想要灭掉陆浑，江河日下的王室自然是喜出望外，便也摩拳擦掌准备着要趁乱捞一票。

一切准备妥当之后，晋顷公元年（前525年）的九月二十四日，荀吴领兵从棘津（黄河渡口，在今河南滑县西南）徒步涉河，让祭史像模像样地用牲口祭祀洛水。陆浑不知道晋人的真实目的，因此也没设防备，结果被晋国打了个措手不及。仅仅三天之后，盘踞陆浑百年的"戎狄"就被尽灭。陆浑国君跑到楚国避难，余众四散逃亡，结果又被王室趁火打劫俘虏了不少。而韩起则顺理成章地接收了陆浑，并装模作样地在晋文公庙中奉献俘虏，从而获得了这片广袤的土地。

荀吴披风沐雨用兵千里之外，北伐白狄、南征陆浑，极大扩展了晋国疆域，可以说这也是继献、景之后的第三次大规模向外扩张。但他千辛万苦换来的成果，真正落袋为安的并不多，反而是让韩起坐享其成，得到了最大的利益。

## 第二节　公族枝叶

### 祁氏之难

对于行将走向末路的晋国公室来说，在这个被称作"季世"的特殊时期里，能够有出自公族的韩起来担任执政，这既是一种幸运，同时也是一种不幸。

幸运的是，韩起执政时总要顾念自己的公族身份，因而对公室多少还留有余地，有的时候还会为了恢复公室的权威而奔走呼告。不幸的是，韩氏家族作为六卿之中的后起之秀，其家底实在太薄弱了，这也就使得韩起虽为公族，却要比其他人更加贪婪。执政期间他凭借手中的权力大肆牟利，称得上是春秋时代以权谋私的最高"典范"，这对公室权益的损害也是不言而喻的。

不过我们也不必苛责古人，韩起的所作所为不过是迫于恶劣的生存环境的应激反应。所谓"逆水行舟，不进则退"，在六卿互相争斗、尔虞我诈的生存环境中，如果他果真听从了叔向之言，一心只去提高自己的德行修为，那么韩氏能不能熬过这个艰难的时节都是个未知数，更遑论要尽到保护公室的责任了。

不过，如花美眷敌不过似水流年，青松遒劲终也逃不过岁月变迁。凡人皆有一死，韩起也不例外。

晋顷公十二年（前514年），政坛不倒翁韩起到了他入阁为卿以来的第五十三个年头，一直以来充当公族保护伞的他，也终于走到了人生的尽头。这一年，一场针对公族的大规模清洗活动再次展开，已到弥留之际的韩起，只能眼睁睁地看着这一切发生而无力阻挠。

事情的起因是大夫祁盈家里发生的一桩丑事。据说祁氏的家臣祁胜和邬臧有个特殊的癖好，就是喜欢玩"换妻游戏"。丑闻传得沸沸扬扬，让祁氏的宗主祁盈很是没面子，于是就想把他们抓起来问罪。

但当时的局势我们也知道，可以说早已是风声鹤唳、草木皆兵，晋国上至列卿、下至大夫每日里都战战兢兢，生怕给别人露出了什么把柄。偏偏这两个家臣还都是很有权势的地方实力派，事情搞不好就会生变，由此造成的后果更是难以预料。

为求万全，祁盈特意问计于晋平公时三军司马女叔齐之子司马叔游。叔游得知其来意后警告说："世间嫉恨正直君子的无道之人很多，尤其是当他们居于上位的时候，就越是眼里容不得沙子，而你自己也就越不能为人所容。"

叔游还引用了《诗经》中"民之多辟，无自立辟"的词句来进行劝导。这句诗出自《大雅·板》，据说是"凡伯刺厉王"之作。早年陈灵公与孔宁、仪行父宣淫于夏姬之家，有陈国大夫泄冶曾犯颜直谏，结果却招来杀身之祸。据说孔子在聊到这件事的时候，对陈灵公等人的行径未置一词，反而批评泄冶说："民之多辟，无自立辟，其泄冶之谓乎？"就是说泄冶不过是陈国的一介普通大夫，与国君没有血肉之亲，却妄图以一己之力纠正国家的法度，也未免太自不量力了。

如今叔游同样引用了这句诗，其意也是在告诫祁盈，臣民行为多有邪僻乃主君的过失，就算是用法严苛也无补于事。如今普天之下礼崩乐坏，上至天子诸侯，下至黎民百姓，皆已道德沦丧、无可救药。你既不能力挽狂澜，恢复天下的礼乐秩序，又何必拘泥于这样的小事？想一想栾盈当初是怎么获罪的，你的力量难道会比栾氏更强大吗？以栾盈的力量都不能纠正邪恶，你祁氏连卿都不是，又何必非要自立法度、引火烧身呢？

叔游的劝告可谓语重心长，然而祁盈早被愤怒冲昏了头脑，他总认为这件事不过是我祁氏的家事，又不是什么国家大事，就算是说破了天，那些居于上位的人又能把我怎么样？

以己之心度人，所看到的世界往往就会失真。祁盈终究还是太天真了，也显然低估了六卿的无耻程度。就在他抓捕祁胜、邬臧后不久，早已蠢蠢欲动的六卿，果然就开始对他下黑手了。

原来，祁胜的家人看到主子被抓，因护主心切就携重金找到已晋升为上军佐的荀跞，希望他能说说情，好让祁胜免于处罚。但荀跞却辜负了他们的心意，反而借机操控晋顷公，派人把祁盈给抓了起来。更为荒唐的是，后世岳飞被抓的时候好歹还有个"莫须有"的罪名，而这次的抓捕行动，荀跞竟然连个像样的罪名都懒得想。

祁盈不明不白地遭遇牢狱之灾，这可把他的家人给急坏了，于是也赶忙四处打点，看看还有没有转圜的余地。可任凭他们如何努力，荀跞就是不肯放人，祁盈的死已经是板上钉钉的事了。无奈之下，家臣们只好替他们的主子许下最后一个愿望："既然我们的主君注定要死，那能不能请您垂怜，让他在临死前看到祁胜和邬臧伏法，也好让他能稍稍快意一些？"

这点要求倒是一点也不过分。对于荀跞来说，祁胜和邬臧的死活根本无关紧要，只要能把祁盈拉下马，其他的都无所谓，就答应了他们的请求。

## 巫臣之女

但事情到这里还没有完。正如当初栾氏灭族时有一大波公族受到牵连，如今荀跞的目标是"剪除公族枝叶"，自然也少不了要抽丝剥茧，牵出一大波的利益相关者，这其中就有叔向之子杨食我（字伯石）。在祁盈下狱后不久，荀跞又以杨食我协助祁盈为乱为由，将其逮捕系狱，并于当年六月将两人处死，二人所在的祁氏、羊舌氏家族也从此告别了他们赖以生存的故土。

《左传》虽然号称是为孔子的《春秋》作注解，但在价值取向上显然与儒家观念相左，对于荀跞枉杀祁氏、羊舌氏这件事也毫不例外。荀跞伙同其他家族合力剪除公族枝叶，其中的是非曲直在其叙述中已经是一目了然，可《左传》并未就此批评六卿借题发挥、栽赃陷害，反而是从"红颜祸水"的角度，将导致两氏灭族的罪状扣在了那个早已故去的夏姬身上。

也怪夏姬的美貌太过惊艳，以至于连她的女儿也有着倾国倾城的姿色，让以贤能著称的叔向都按捺不住心中的小鹿，一心想要娶她为妻。按照当时的称谓习惯，这里把她称作邢芈。

但叔向的母亲羊舌叔姬却坚决不同意这门婚事，为了让叔向好好读书、天天向上，不要沉迷于美色而耽误了前程，她坚决要求叔向娶他的表妹，也就是他舅舅家的女儿。

年轻的叔向就是不乐意，他咕哝着对羊舌叔姬说："我有那么多的庶母，可兄弟却很少，所以要引以为鉴啊！"

对于叔向的这番辩解，人们大多都理解为"舅舅家的女儿不容易生儿子"。但从前后文来看，叔向在这里所表达的，显然是在说舅舅家的女儿大多强势，所以才会出现庶母多但庶兄弟少的情况。

这番话让羊舌叔姬感到十分尴尬，别人骂人的时候还知道个指桑骂槐，你这倒好，说起自己的老娘来那可是指着鼻子直接开骂啊！她怒气冲冲地说道："我娘家女儿强势又怎么了，总比巫臣氏家里那个克星强吧？她夏姬的美貌杀死了三夫、一子而亡一国、两卿，难道不更值得引以为鉴吗？"

不过羊舌叔姬好歹是个有修养的女人，话一出口就知道自己说得太重了。稍稍缓和了一下情绪后，她又苦口婆心地劝说道："外表美丽的女子必定有她丑恶的一面。夏姬是郑穆公的少妃姚子的女儿，郑灵公子貉的同母妹妹。正是因为上天将所有的美丽都集中到了她的身上，所以她的哥哥子貉早早地就死掉了，连个孩子也没有留下。再以前，有仍氏生了一个美丽的女儿名叫玄妻，乐正后夔将其娶回家里，生下一个儿子叫伯封。这个孩子的心地就跟猪一样，为人贪婪不知满足，脾气乖戾没有节制，人们都叫他'封猪'。后来有穷氏的后羿将其灭掉，夔国也因此断了香火。"

这还不算，羊舌叔姬接着又列举了夏商周三代因美色亡国、恭太子申生因骊姬而死的故事，以劝诫叔向不要被美色迷昏了头脑。美色固然赏心悦目，但它也是一个可怕的东西，会在无形中改变你，若德行高尚还能扛得住，可你不行啊！

羊舌叔姬最后又做出了"结案陈词"："我婆家的姑娘再差，顶多就是把你管得严一点，这不是什么缺点。可你要娶了夏姬的女儿，就算是生出儿子也得把你的家业败掉！你好好想想吧！"

如果你还记得韩非子为"平公好新声"而编的那个故事的话，就会发现这其中有不少相似之处。在当世人们的观念里，似乎"德"是一个极其神秘的力量，不仅"德不匹位"会造成不可估量的后果，就连"德不匹乐""德不匹色"的后果都极其严重，"修德"对于普通人来说，简直比"修仙"还要困难。而叔向作为一个普通的大夫，既然德行不够，就应该认命，不要学着别人去追求那些你高攀不起的美色。

叔向自晋悼公时期就因博学而担任太子傅，因此与后来继位的晋平公有着很好的私交。大概是平日里的谈话中曾经表达过对邢芈的倾慕之情，又或许是因为母亲的阻挠使得他只好向晋平公求助，总之在叔向打消了念头之后不久，晋平公突然下令，让叔向必须娶邢芈为妻——用书中的原文来说，就是"平公强使取之"。

邢芈进门后，很快就如叔向所愿，生下了一个大胖小子，也即后来的杨食我，但羊舌叔姬却依然不买账。而且据说在孩子出生的时候，羊舌叔姬本有心去探望一下，可刚走到门口就听到一阵好似豺狼吼叫一般的哭声。在《左传》的记载中，曾弑父篡位的楚穆王商臣，以及导致若敖氏被团灭的斗越椒，都有着像豺狼一样的嗓音，做的事情也都不让人乐见，可见豺狼一样的声音在那个时代大概是狼子野心的标配。

至于为什么一个刚刚出生的孩子能够发出豺狼一般的叫声，至今都还是"世界未解之谜"。但不管怎么说，当羊舌叔姬听到这个声音的时候，心里咯噔了一下，说道："声似豺狼的男子，必然有着超出一般的野心。让羊舌氏走向灭亡的，必然就是这个孩子了。"

这番预言可以说是把"红颜祸水"的论调又推向了一个高潮。以往人们对于红颜祸水的论述，还仅限于美色本身容易致人昏乱，可到了羊舌叔姬的口中，则不仅仅是美色本身会害君误国，就连她们的女儿以至于外孙都贻害无穷了。这样的论调又如何让人取信呢？

## 颠倒黑白

说起来羊舌叔姬也算是一个大预言家，史料中不止一次记述了她成功预测未来的事迹。不过，与单襄公等人喜欢通过一些细节来预测他人的命运不同，羊舌叔姬的预言则主要是针对自己的家族。

比如叔向的两个弟弟叔虎（羊舌虎）和叔鱼（羊舌鲋），一个是因为受栾氏牵连而死，一个则是因为贪财受贿而被杀，羊舌叔姬对她们的死也都曾做出过惊人的预测。

早年羊舌叔姬与羊舌职的诸多妻妾争宠，其中她最记恨的就是羊舌虎的母亲，因此坚决不让她陪侍丈夫羊舌职。儿子们有些看不惯母亲的做法，于是就纷纷解劝，不料她却辩解说："我真的不是嫉妒她比我长得漂亮！只是我听闻，深山大泽有龙蛇生。羊舌氏本来就是一个衰败的家族，国内受到宠幸的大族很多，又有坏人从中挑拨，处境都已经如此艰难了，你们怎么还不警醒一些？我实在担心这样美貌的女子，会生下龙蛇来祸害你们，到时候后悔都来不及了！"

她是如此深明大义，可到底还是架不住流言蜚语，最后也只能同意了儿子们的请求。后来这个女子就生下了羊舌虎，一个外表英俊且武力超群的美男子，后来因为与栾盈交好，在栾氏之乱中被士匄杀死，还差点连累整个家族为其陪葬。

至于叔鱼（羊舌鲋），也算是羊舌叔姬的亲生儿子，可就是不得欢心。跟武姜讨厌郑庄公的原因不太一样的是，羊舌叔姬属于纯粹的"外貌协会"。别人家的女儿长得漂亮她不喜欢，自己的儿子长得太丑了也会心生厌恶。用她自己的话说，这个孩子简直是一个虎目猪嘴、鹰肩牛腹的怪物。

她看着自己的亲儿子，心中同时还感叹："山间的沟壑尚可填满，而这个孩子的欲望却永远都无法得到满足，将来必定会因为贪财受贿而死。"其结果我们也知道，羊舌鲋贪财索贿，最后终究因为笑纳了雍子的女儿而判决不公，被申公巫臣之子邢侯杀死。

若是这些预测都属实，那么羊舌叔姬显然是无愧于"预言家"这个称号的。按照以上的这些套路，羊舌氏的灭亡，早在杨食我出生的时候就已经注定了，还真怨不得别人。毕竟上天早已给出了很多警示，一个充斥着龙蛇、怪物、豺狼的家族，又焉有不衰败的道理？

但凭如今的常识论，这些预测显然是后人的臆测，无论是栾盈还是如今的祁盈，他们的受难本就是遭人诬陷，羊舌家族的人随同谋反更是子虚乌有。祁氏和羊舌氏之所以会遭遇灭顶之灾，不过是六卿为了瓜分他们的土地而制造的一桩冤案，这跟他们本人的品行又有什么关系呢？

《左传》为了撇清六卿的恶行，故意拔高了羊舌叔姬这个醋坛子的地位，如此颠倒黑白的功夫也算是清新脱俗，令人大开眼界。但正如我们之前所提到的，以成败论德行，以结果导例证，这是先秦百家学说的通病。为了证明一个国家、一个家族乃至于一个人的灭亡具有某种合理性，人们往往会穷尽所能获知的资料来为其提供佐证。而当固有的资料无法满足这样的条件时，那就要用神秘主义的学说来编造例证，从而使得那些在政治斗争中走向没落的团体和失败的个人，不仅要遭受政治上和肉体上的毁灭，更要在道德上被再毁灭一次。否则的话，若是这种因果链条无法构建起来，又如何让身居高位者采用自己的学说呢？

羊舌叔姬的这些预言故事，反映的实际上也是同一个道理。这些故事之所以会得以流传，也是在为羊舌氏的灭亡提供合理性的依据。以栾书做出了弑君的恶行，人们在灭亡栾氏时还要考虑他的德行，从而不忍伤害他的儿子，更何况是大有贤名的叔向呢？倘若连叔向这样的贤大夫都不能保全自己的家族，那么又该如何以德行之论来劝人向善呢？因此，《左传》以这些怪力乱神的预言来为祁氏、羊舌氏的灭亡提供佐证，恰恰证明了祁盈和杨食我并没有什么大不了的罪行。

## 枝叶凋零

祁氏的发展源流较短，若是往前追溯的话，在晋惠公、晋文公时期有祁举、山祁、祁瞒等人，名字里都有一个"祁"字，但我们很难说他们就跟如今的祁氏家族有什么关联。这个家族可以确信的来源大概是在晋景公时期，彼时有晋献侯后代高梁伯之子祁奚（字黄羊）担任祁（今山西祁县）大夫，建立了如今我们所看到的祁氏。

祁奚作为公族大夫，在晋景公时期曾受到一定的重视，晋景公还曾一度将赵氏的土地转封给他。但在栾郤争斗的晋厉公时期，晋国内部体制僵化，普通公族很难有上升空间，祁奚也难有作为，直到晋悼公即位后，才被推举为中军尉。彼时祁奚已经年老，在中军尉任上只干了三年就宣布退休了，由他的儿子祁午接任，其间还留下"外举不弃仇，内举不失亲"的佳话。

史料中有关祁午的事迹并不多，但在楚国太宰薳启强的口中，他也被列为叔向之下八大贤臣之首，其家族产业颇为可观，可见究竟不是什么等闲之辈。到了祁盈这一代，其存留的事迹就更为简略了，因此我们很难评述祁氏家族在政治上的作为。

祁氏的祸乱之所以牵扯到了羊舌氏，概与两家素来密切的世交有一定关系。祁奚担任中军尉时，羊舌职就充当他的副手，祁奚退休后，又是祁午和羊舌赤分别担任中军尉和中军尉佐。两家人同在中军担任正副尉的职务，长期的相处使得他们之间建立了深厚情谊。特别是叔向下狱之后，年迈的祁奚不辞辛劳前往营救，虽说事后祁奚不受功，叔向不谢恩，但这种默契似乎更加表明两家人之间的感情是何等的牢不可破。

两家被灭族的时候，都留下了庞大的家族产业。羊舌氏族下的产业有三个县，分别是铜鞮（今山西沁县）、杨氏县（今山西洪洞）和平阳（今山西临汾）。而祁氏的产业足足有七个县，分别是祁县、邬县（今山西介休）、平陵（今山西文水）、梗阳（今山西清徐）、涂水（今山西榆次）、马首（今山西平定）、盂县。这些封地开发程度或许不高，但从数量上却足以与韩起所拥有的七个成县相比拟，光凭这一点，祁盈就有资格跟韩起平起平坐。这也无怪乎韩起身居正卿却还要哭穷，认为自己这个正卿，实在是做得有名无实了。

历史上有很多功臣贵勋为帝王所屈杀的案例，若按照古代的"忠奸二分"理论，其中不少的家族还是货真价实的忠勇之家。他们虽然没有弑君谋反的真实罪状，但却有足以弑君谋反的能力，因此他们的罪状就是"功高震主"，抑或是"族大逼君"。

与这些案例不同的是，祁氏和羊舌氏作为公室的臂膀，显然不会危及国君的权益，反而会对六卿瓜分公室的企图造成阻碍。《左传》在晋悼公十六年的记录中，曾记载过一个有关于"匹夫无罪，怀璧其罪"的故事，这个故事显然是与晋悼公以后整个中原社会的环境相呼应的。

坐拥如此丰厚的家产，又有着与六卿相悖的理想而没有能与之比拟的地位，这在当时的政治环境中是极其危险的。祁氏、羊舌氏之所以会走向覆亡，最重要的一点就在于他们充当了公室最后的屏障，关于这一点，时人实际上早有预测。

比如晋平公十四年（前544年），吴国贤公子延陵季子周游列国，在晋国居留期间与叔向相谈甚欢。看到晋国的政治局面，想到叔向在这样的政治格局中求存之艰难，不免有些惺惺相惜，临行前还特意嘱咐说："您多努力吧！国君奢侈而良臣众多，大夫皆富可敌国，政权终将落入大夫之家。您为人耿直，喜欢有话直说，一定要多为自己考虑，想一想如何才能免于祸难才是啊！"

叔向对此也很了然，他深知晋国的权力必将落入私家手中，只要公室还有剩余的土地，只要还有独立的大夫游离于六卿之外，各种形式的土地瓜分就不会终止。在与晏婴谈话时，他更是清楚地认识到，作为公族的羊舌氏，终究难以逃脱"公室将卑，其宗族枝叶先落"的宿命，其身后的家族产业必然会被饿狼般的强家所吞噬。任凭他付出再多努力，在强横的六卿面前也不过是螳臂当车，换来的必将是"幸而得死，岂其获祀？"的结果。

可那又怎样呢？人生在世，总要有自己的信仰，有自己的梦想，哪怕这个梦想不切实际，他也要凭借着内心中一股理想主义的情怀，凭借着"道之所在，虽千万人吾往矣"的豪迈气概，默默地充当拱卫公室的最后屏障。

卿族的欲望是无止境的。在叔向去世十几年后，那些已经瓜分了栾氏的封地，巩固了周边新占领土地的六卿家族，又掀起了新一轮的瓜分狂潮。而羊舌氏这样一心维护公室、始终不肯依附权贵的孤胆英雄，以及和他们生死相依、患难与共的祁氏家族，最终不能容于六卿也就是情理之中的事了。

## 举不失亲

两家灭族后不久，政坛常青树韩起也终于撒手人寰。这个时候，赵武的儿子赵成（赵景子）早已在四十岁左右先行离去，继任者是其第六代领导人赵鞅（赵简子）；而韩起的儿子韩须（韩贞子）似乎也先于其父去世了，继任的是韩须的儿子韩不信（韩简子，字伯音）。两人彼时都资历尚浅，无法统御如魏舒、士鞅那些老资格的政客，韩赵联盟面临着后继乏力的尴尬局面，正卿之位只能按照排位顺延，落到了魏舒（魏献子）手中。

魏舒担任执政后，毫不犹豫地将祁氏、羊舌氏的土地划分为十个县，并主持了对这些土地的瓜分：任命贾辛为祁大夫，司马乌为平陵大夫，魏戊为梗阳大夫，赵朝为平阳大夫，知徐吾为涂水大夫，韩固为马首大夫，孟丙为盂大夫，乐霄为铜鞮大夫，司马弥牟为邬大夫，僚安为杨氏大夫。

这个序列中有四个人比较特殊，分别是赵朝、魏戊、韩固、知徐吾，他们分别是赵氏、魏氏、韩氏、智氏的余子。这四家都从中获得了一个直属县，唯独范氏和中行氏被晾在了一边，未能染指其中的利益。魏舒对此颇有些疑虑，担心会激怒另外两家，因此很是心虚地向身边人询问："我给了魏戊一个县，别人会不会认为我有私心呢？"

大夫成鱄很会揣摩上意，对魏舒极尽粉饰之能事，盛赞魏戊是一个"远不忘君，近不逼同，居利思义，在约思纯，有守心而无淫行"的君子，受封一县也是理所当然。

他同时认为，魏舒此次授官简直可以与周武王封国相提并论。周武王分封兄弟十五人，同姓诸侯四十个，这些都是至亲至近的人，也没有人说他的不好。因此举拔官员没有别的条件，只要是善之所在，无论亲疏远近都是一样的。相反，如果因为亲近而不推荐，导致国家错失一个难得的人才，这才是最大的失职。他甚至还大拍马屁，说魏舒的德行已经与周文王相近了，达到了严守度、莫、明、类、长、君、顺、比、文九种德行而不出过错，行为没有悔恨，所以能承袭上天的福禄，并利及子子孙孙的程度。

后来贾辛要到祁县任职，临行前魏舒特意将他叫到跟前，给他讲了一个故事，说："当初叔向到郑国去，郑国大夫然明想要见见叔向，但因为长得丑，因此就跟着收拾器皿的仆人进去。后来他在堂下说了一句话，叔向正要喝酒，听到后马上就说道：'这一定是然明。'于是放下酒杯走下堂来，拉着然明的手说道：'当初贾国大夫貌丑，但却娶了一个漂亮的妻子。他的妻子很不开心，因此三年都不说不笑。贾大夫于是就带着她去射猎，一箭就射中了一只野鸡，他的妻子才开始笑着说话。贾大夫因此问道：'才能不能废弃，我若是不能射箭，你是不是一辈子都不说不笑了呢？'如今您其貌不扬，若是再不肯说话，我几乎都要错过和您见面的机会了。"

魏舒借此勉励贾辛，说："您现在为王室出了力，我因此举拔你为祁县大夫。到了祁县，一定要敬守职责，不要损毁了你的功劳！"

据说魏舒举拔官员的事情传到鲁国，就连孔子对他的做法都赞赏有加，说他举拔官员"近不失亲，远不失举"，可以说是符合道义的了。后来又听到了魏舒勉励贾辛的那番话，孔子同时引用了《大雅·文王》中的一句诗"永言配命，自求多福"，长久地顺从天命，才能求得更多的福禄，认为这体现了忠诚。将这两件事结合起来，孔子认为魏舒举拔人才合于道义，下达命令又体现了忠诚，恐怕他的后代会在晋国长期享有禄位吧！

不过，从孔子对待鲁国三桓的态度来看，他对于这些侵夺公室权益的世卿家族显然是深恶痛绝的。以魏舒为代表的四卿家族踢开公室，公然瓜分了公族的土地，这些举动若是放在鲁国，一定会被孔子指着鼻子痛骂的，何以同样的事情到了晋国，他反而要赞许了呢？

《左传》在为晋国的世卿辩护时，常会有断章取义甚至歪曲引用孔子言论的问题，这在有关赵盾弑君一事上就已经有所体现。因此孔子是否真的说过这些话，又或者这些话是不是用来评述当前这件事的，应该要打一个很大的问号。

无论如何，伴随着祁氏、羊舌氏的覆灭，公室的地位再次出现了断崖式的下跌，君卿冲突已经退居末席，六卿之间的直接对决将成为下一阶段晋国内部的主要矛盾。尤其是在这次利益分配中，范氏、中行氏被排斥在外，更加剧了他们的仇恨情绪，使得往日里表面一团和气的局面一去不复返，两个团体之间的明争暗斗开始升级，一场剧烈的冲突也就在所难免了。

## 第三节　新郑之行

### 韩起访郑

召陵之会举行的二十年前，也即晋昭公六年（前526年）三月，正当鲁昭公因平丘会盟之事而被晋国扣留之时，身为晋国执政的韩起却特意避开国内事务，对郑国进行了一次超高规格的访问。《左传》耗费了大量的笔墨对这次外事活动进行了长篇报道。

韩起一行抵达郑国后，郑定公第一时间举办了盛大的享礼为其接风。对这次的享礼，郑国上下都给予了高度重视，就连向来以敢于直言冒犯大国而著称的执政子产也一改常态，特意叮嘱有资格参与享礼的人一定要谨言慎行，切莫因鲁莽冲撞了尊贵的客人。

然而即便是他三令五申，到享礼开始的时候还是发生了意外。一个名叫孔张（公孙申）的大夫因为迟到了，慌慌张张地在客人中间穿梭找自己的座位。负责仪礼的官员急忙制止他，他就又跑到了客人身后，又被司礼官给挡住了。孔张在典礼中到处穿梭，不免将在场客人的目光都吸引了过来，让他更是手足无措，悻悻然不知如何应对，只好又退到放置乐器的地方。

他的这般慌张样貌，再次引得众人哄堂大笑，也让在场的郑国大夫感到脸上无光。其中有一个叫富子的大夫私下里对子产说:"郑国本来就受大国的欺凌,若不是因为坚守礼仪,恐怕早就无法在列国中求存了。如今孔张的举动简直是丢尽了郑国的脸面,您难道就不感到羞耻吗?"

子产很是不屑地反驳说:"我作为国家执政,倘若发布命令不恰当,命令发出后又没有信用,刑罚偏颇不公平,诉讼放任混乱,朝会时不恭敬,命令没有人听从,从而招致大国的欺辱,劳动民众却没有效果,罪行到了身上还不能自知,这是我的耻辱。可他孔张是谁啊?他是国君的堂侄,是子孔的后人、孔氏的掌门人。孔氏家族已经有几代人在朝中做官了,他们世代值守自身的职责,受命出使诸侯而不辱使命,为国人所敬重,为诸侯所周知。如果忘掉了自己该处的地位,那也是他自己的耻辱,跟我这个做执政的又有什么关系?若是把所有的罪责都归于我这个执政的身上,等于是说先王没有法度,这不是我一人可以承担的。您还是用其他的事情来规劝我吧!"

这段插曲究竟说明了什么问题,我们先按下不表,接着跟随《左传》的视角了解韩起下一步的行程。

据说韩起早先得到了一副特别精美的玉环,但美中不足的是,这玉环大约是由三块玉玦组成,韩起手中只有其中的两块。后来经过多方打听,得知另一块在一名郑国商人手里,于是就想趁这个机会把那块玉玦要过来。

这本来是小事一桩,可子产却非要坚持原则,派人回禀韩起说:"郑国的府库中并没有您所要的玉玦,因此寡君对您的要求实在无能为力。"

子产的回应特别强硬,让他的同僚游吉、子羽都感到担忧,因而苦口婆心地劝说道:"韩子也没有提过分的要求,您给他就算了!毕竟晋国和韩起都不是可以轻视的,我们紧邻晋国本来就生计艰难,若是再有人从中挑唆,让他们觉得我们有了二心;鬼神又在其中兴风作浪,以兴起他们的凶心怒气,到时候一切都晚了。何必为了爱惜一块玉惹他们生气呢?"

子产正色道:"正是因为对晋国没有二心,所以才不给他,因为这恰恰体现了我们郑国的忠实守信。我听说,治理国家最担心的不是怕不能侍奉大国、镇抚小国,而是担心不能用礼仪来使得两国彼此相安。若是对大国提出的所有的要求都要满足,只怕是会增加他们的贪欲,以至于变本加厉、予取予求没有了限度,最后很可能把我们的国本都挖空了。到那个时候,若是他们又来索取,我们已经无法满足，后果岂不是更严重？因此我们必须奉行礼仪，合乎礼的要求就满足他们，不合礼制的就不能放纵他们，这样国家才成其为国家。否则的话，我们跟他们的一个边境城市还有什么区别？"

紧接着，他又从韩起的角度分析说："再说了，韩子到底也是位君子，他担心的不是怕没有财物，而是担心没有好的名声。他奉命出使若是冲着索取玉环来的，那也就太贪婪、太邪恶了。若是不问对错满足了他的欲望，就等于是因为我们的纵容让他成为一个贪婪的人，这难道不是一种罪过吗？因为一块玉而招来两种罪过，让我们失去了国家的地位，让韩子变成了贪婪之人，这也太不值得了吧？"

既然从国君这里要不到，韩起也不强求，他亲自找到了那个商人，提出要收购他的玉玦。作为当时中原地区最有权势的人，韩起也算是见惯了奇珍异宝，因此他所看重的东西也不会是什么凡俗之物，商人自然也不愿意出让。可如今晋国上卿前来索求，商人害怕给自己招来麻烦，就只好忍痛割爱了。但在成交之后，商人又增加了一个补充条款，要求韩起一定要把这件事跟郑国的君大夫们说一声。

这桩生意你情我愿，韩起自认为没有强买的成分，因此就将情况如实告知了子产："前段时间我向执政请求得到那块玉玦，执政认为不合于道义，因此不敢再次请求。如今我已从商人手中购得，但商人要求一定要将这件事告知君大夫，所以起谨以此作为请求。"

不料子产却说："我们郑国以商立国，早年先君桓公和商人们从周朝迁居而来，共同合作开辟了这片领土，并在此世代繁衍。商人有功于国，因此桓公曾与他们盟誓说：'商人不得背叛国家，而国家也不能强买商人的东西，双方地位平等，不得强求或者掠夺；不管商人们得到什么宝贵的货物，国家都不能过问。'正是因为有这样的盟约在，我们才能互相支持，走到今天。如今您身负和平使命前来造访，却告诉我您要强夺商人的东西，破坏我们立国之初就定下的誓约，恐怕不合适吧？为了一块玉玦而失去诸侯，恐怕是您不能接受的；但反过来，若是因为大国的要求，我们变得毫无原则，就好像成了你们治下的边境都邑，我们也同样无法接受。侨实在不知道，献上这块玉玦能有什么好处，因此私下里开诚布公，希望您能够谅解！"

韩起听了这些才明白，那个商人为什么非要他跟君大夫们说一声。但此时后悔也来不及了，他太熟悉子产的脾气秉性了，知道拗不过他，只好派人把玉玦送了回去，并道歉说："我韩起虽然愚钝，但绝对不敢以此为两国招来祸患，因此特把玉玦退还。"临走的时候，韩起还特地私下里额外赠给子产马匹和宝玉，以拜谢他让自己"悬崖勒马"的恩情。

## 诗以言志

韩起在郑国逗留了大约两个月，到他启程回国时，郑国六卿又特地在郊外设宴为其饯行，席间韩起请郑国六卿赋诗以观其志。

这大概也是晋国正卿到郑国聘问时的标准动作。早在弭兵会盟当年，郑简公在垂陇（今河南荥阳东北）设宴款待赵武，赵武就提出让七穆的族长分别赋诗"以观七子之志"。

当时郑国的执政子展（罕氏公孙舍之）赋《草虫》。这是一首抒发女子见到丈夫远行归来喜悦之情的诗歌，有"未见君子，忧心忡忡。亦既见止，亦既觏止，我心则降"的诗句。赵武听后惭愧道："好啊！这是百姓的主人，但武却愧不敢当！"

伯有（良霄）赋《鹑之贲贲》。这首诗据说是用来讽刺卫宣公与宣姜的诗歌，其中有"人之无良，我以为兄""人之无良，我以为君"的诗句，良霄以此来宣泄对郑国国君和执政卿士的不满。赵武听后便取诗之本意来回应说："床笫之言不出门槛，更何况是在野外呢？这不是使者该听到的。"

子西（驷氏公孙夏）赋《黍苗》之四章。这是一首民夫赞美召穆公营建谢邑之功的诗歌，其第四章有"肃肃谢功，召伯营之；烈烈征师，召伯成之"之句，以赞扬赵武促成晋楚弭兵，其功劳可比召公。赵武推辞说："有寡君在，武又何敢贪功？"

子产（国氏公孙侨）赋《隰桑》。诗中有"既见君子，云何不乐"之类的句子，很明显是一首爱情诗，子产正是以此来表达对赵武的盼望之情。但赵武却推辞说："武请求接受最后一章。"也就是"心乎爱矣，遐不谓矣？中心藏之，何日忘之"，意在表明我不敢以君子自居，但会将你的教导时刻藏在心间。

子大叔（游吉）赋《野有蔓草》。这是一首抒发浪漫爱情的诗歌，诗中有"邂逅相遇，适我愿兮""邂逅相遇，与子偕臧"这种唯美的爱情誓言。游吉赋这首诗，总结起来就是千言万语汇成一句话："见到你很高兴！"赵武当即回应说："这都是受你的恩惠！"

子石（印段）赋《蟋蟀》。这是一首劝人勤勉的诗歌，其中有"好乐无荒，良士瞿瞿"的诗句，赵武听到后不由得赞叹说："这是能保住家族的大夫，我看到希望了！"

伯石（丰氏公孙段）赋《桑扈》，是一首描写天子与诸侯宴饮之诗。诗中有"彼交匪敖，万福来求"一句，赵武听后念道："匪交匪敖，福将焉往？"同时赞许说："如果能保持如此作风，即便想要推辞福禄怕是也推不掉啊！"

七子赋诗完毕，赵武便私下里与叔向讨论道："诗歌是用来表达志向的，伯有公开污蔑并怨恨自己的国君，还在宴会上引以为荣，恐怕用不了多久他就会死于非命了！就算侥幸不死，也一定会逃亡。"

他同时还赞许了其余的几位大夫，说："这些都是可以传递几世的家族。其中罕氏一定会最后灭亡，因为子展处于上位而不忘记降抑自己。印氏会在最后第二个灭亡，因为子石欢乐而有节制。"

如今韩起到了郑国，也要"观六卿之志"，郑人自然不敢怠慢。在宴会上，子齹（罕婴齐）同样赋《野有蔓草》一诗，韩起颔首一笑，回道："孺子善哉！从你的身上我看到了希望。"

子产（公孙侨）赋《羔裘》一诗，这是一首赞美古代君子的诗歌。诗中有"彼其之子，舍命不渝""彼其之子，邦之司直"之类的赞语，韩起听了连忙摆手："起愧不敢当。"

子大叔（游吉）赋《褰裳》，这是一首女子戏谑情人的诗歌，但也有人认为其表达的是小国怀念大国协助安邦的愿望。诗中有"子不我思，岂无他人"的诗句，韩起听了不禁捧腹，于是就回答说："有起在这里，怎么敢让你再去找别人呢？"游吉忙拜谢，韩起这才正色道："您说得太对了，正是因为有旁人总惦记着，我们才能一直友好相处下去啊！"

紧接着，子游（驷偃）赋《风雨》，这是一首歌咏夫妻重逢的诗歌，子游取"既见君子，云胡不喜"之句，表达对韩起的盼望之情。子旗（丰施）赋《有女同车》，这也是一首青年男女之间的恋歌，诗中有"彼美孟姜，洵美且都"的句子，是在形容韩起德行之美好。子柳（印癸）赋《萚兮》，则是一首男女互相唱和的诗，诗中"叔兮伯兮，倡予要女"，很有一种"年轻的朋友们，今天来相会，荡起小船儿，暖风轻轻吹……"的味道。韩起都一一答谢。

与弭兵会盟时的情形不同，此番郑国六卿赋诗，所选用的诗歌都出自《郑风》，也就是郑国本国的民歌。韩起于是赞叹说："这几位大臣都是传了几代的大夫，他们赋《郑风》中表示友好的诗歌，以国君的名义赏赐于我，可见郑国在他们的治下终究会强盛起来的。我还有什么好忧虑的呢？"

说罢韩起向六卿分别赠送了马匹，而且赋了一首《我将》，这首诗是"《大武》六成"中的第一篇，用以表现武王孟津观兵的壮丽场景。诗中有"日靖四方""我其夙夜，畏天之威"之句，表达了他顺从天意以靖乱的志向。众人在子产的带领下，纷纷拜谢韩起，说："您能够平定四方，便是对我们的恩德，怎敢不拜谢呢？"

## 晋主大夏

随着车队的启程，《左传》对韩起此次出行的"专访"也宣告结束，其中并未提到他对郑国六卿的行为有过任何评价。如果非要说有什么言外之意的话，无非也就是赞扬韩起从善如流，仅此而已。

但日本学者平势隆郎却从中看出了弦外之音，从而得出了一个让人颇感意外的结论。他认为，《左传》的真实作者极有可能是战国时期的韩国人，其著述的目的是想反击由齐国田氏主导编写《春秋》所树立的话语权，并对田氏色彩浓厚的《公羊传》和《穀梁传》进行反驳，以证明韩国统治晋、郑之地的正当性[1]。

平势隆郎首先引用的一个章节是《左传·昭公元年》，这一年是晋平公十七年（前541年），也是赵武担任执政的最后一年。当年晋平公得了一场重病，人们为此进行占卜，据占卜结果说是因为实沈、台骀两位大神作祟所致。众人皆不得其要领，于是就趁子产访晋的机会向他询问。

子产是个见多识广的人，向晋人道出了其中的原委。说这个实沈是早年高辛氏（也即五帝中的帝喾）的幼子，素与兄长阏伯不和，经常互相攻击。帝尧看这兄弟两人老这样下去也不是办法，就做主把老大迁到了商丘，也就是商人居住的地方。那里的主星是"心"宿，也即大火（天蝎座三星），所以大火星也被称为商星。

---

[1] 详见〔日〕平势隆郎：《讲谈社·中国的历史》第二册《从城市国家到中华：殷周春秋战国》第三章"华夏的源流与夏商周三代"（广西师范大学出版社2014年版）。

而实沈则迁到了大夏，也就是后来唐国人居住的地方。大夏区域的主星为"参"宿（猎户座七星），实沈于是便成了参宿的主神。后来周公东征灭唐，将唐叔虞封到此地，因此实沈实际上也是晋国的保护神。

子产继续讲述了台骀的来历：话说早年金天氏（五帝中的少昊）有个做过水官（玄冥师）的后代叫昧，有两子，其中少子名叫台骀。台骀继承水官的职务，曾疏通汾水、洮水，修筑堤防堵住大泽，将百姓迁居到高地，后因治水有功被封到汾水流域，因此台骀也就被尊为汾水之神。原先在汾水流域有沈、姒、蓐、黄四个国家，世代祭祀台骀，后来晋人灭掉了这四个国家，也就顺带着把台骀请到自己家里来了。

话说到这里的时候，估计晋人脸上早就挂不住了。实沈是晋国的主神，而台骀又是汾水之神，他们竟然毫无所知，更别提还要祭祀这些神灵了。主神因为长年得不到祭祀，因此降灾给晋侯，也算是情理之中的事了吧？但是，子产却说了，山川日月之神，只会给国家降下诸如雨雪风霜、水旱瘟疫这样的天灾，而不会对某个人进行"定向打击"，因此祭祀禳灾并不能让国君的病有所好转。

子产言之凿凿，神灵不会给个人降下灾患，可到六年后，也即晋平公二十三年（前535年）时，他很快就推翻了自己的结论。这一年晋平公再次生病，而子产又恰如其分地赶来为晋人解惑。已接替赵武担任执政的韩起向其询问，说："寡君卧病已有三月有余，应该祭祀的山川之神都祭祀过了，可还是不见好转。如今又梦到黄熊进入寝门，这究竟是什么恶鬼？"

子产回答说："国家有圣明的君主，又有您这样的君子担任执政，怎么会有恶鬼作祟危害国君呢？"紧接着他又介绍了黄熊的来历，说是以前大禹的父亲鲧治水不力，被帝尧杀死在羽山，他的精灵化成了黄熊进入羽渊，成为夏朝郊祭的神灵。自此以后，夏、商、周三代对其都有祭祀，如今晋国统领天下——联想到你们之前连自己的主神都不知道——恐怕也是多年没有祭祀所导致的吧？

听了子产的这番解释，韩起便亲自到夏郊进行了祭祀，然后晋平公的病果然就好了！

六年前子产本着怀疑论的精神，认为神灵不会降灾给个人，可如今却又说晋平公的病的确是神灵所致，前后反差如此之大，又是什么缘故呢？

平势隆郎认为，《左传》通过这件事是想向受众传达一个观点，韩起在夏郊祭祀之所以能够取得奇效，是因为他从晋国公室手中承接了夏、商、周以来对夏郊神灵的祭祀。晋国继承三代余烈统领天下，而韩起则是继承了晋国的衣钵，继续保持对夏朝故地的统治，其合法性自然也是一脉相承的。这就在神话系统的框架下，为后来的韩国统治晋国汾水流域的正当性提供了充足的依据。

## 明君贤相

战国时期的韩国，其领土除了涵盖了晋国故地的一部分之外，还有很大一部分是来自对郑国也即原先殷商部分区域的占领。因此，《左传》不仅要对所谓大夏地区统治合法性做出诠释，对郑国主权的宣示也是必不可少的。只是与之前的方式略有不同，既然韩氏已经具备了继承三代余烈的合法性，对郑国主权的申诉便不必再过分依赖鬼神了，因此他们便创造了一个由"明君贤相"组成的特殊组合。

平势隆郎认为，《左传》对韩起其人有着很特别的关照，这一点在称谓上表现尤为明显。先秦时期，用作尊称的"子"通常有两种含义，最常见的一种是指代爵位。一些子爵的诸侯国君会以"国名+子"的方式称谓，如莒子、邾子、滕子等；地位较高国家的大夫也都是子爵，但并不会直接以"氏+子"如赵子、范子的形式称呼，而是要冠以谥号称为赵文子、范献子、韩宣子、魏武子等。第二种含义通常都是称谓那些德行高尚、有学识有涵养的智者，他们会被冠以"氏+子"称谓，比如孔子、晏子、老子。

晋国执政既非国君也非圣哲，能够安然享受"氏+子"这种特殊称谓的可谓寥寥。《左传》以如此方式称谓韩起，显然不是要将其塑造成一个圣人的形象，个中含义可想而知。既然韩起已经具备了一个明君的特征，自然需要有贤相来诚心辅佐，而担任"贤相"这个角色的，还能有谁是比郑国贤臣子产更合适的呢？

在《左传》的叙事之中，子产通常都是一个不畏强权、敢于为国家利益以命相争的人物，无论面对的人有多位高权重，他从来都不会退避忍让或者曲意逢迎。他曾在朝见晋君、会盟诸侯等重大场合与晋人据理力争，对于当世权臣的评价也极其犀利，可唯有在面对韩起的时候，这种"刺头"的个性却怎么都显现不出来了。

就比如晋昭公六年（前526年）韩起对郑国的这次访问，在举行享礼之前，子产特别下令到场的人要恪守礼仪，不得冲撞来访的客人。随后的六卿赋诗环节，包括子产在内的所有人都对韩起满是溢美之词。而后来六卿拜谢韩起的场景，犹如众臣拜见国君，这样盛大的场面在整个《左传》的叙事中是独有的——倘若这样的场景是真实发生过的，郑定公看到了不知该做何感想。

除此之外，关于此行《左传》还重点介绍了一个韩起买玉玦的故事。在平势隆郎看来，子产劝阻韩起收购玉玦的举动，其内在含义并非是说他不想顺从韩起，而是以一种隐晦的方式表明，在当下这个时节里，将郑国并入韩国还为时尚早。

与此同时，子产还细细梳理了郑国的立国之本，以向其传达治理郑国的方式。这些谆谆教诲，就好像是一个臣子在教导国君治国理念，由此就形成了一个极具象征意味的场景。

平势隆郎的推断或许不能够成立，但从韩起访问郑国前后的诸多表现来看，我们也的确很难排除他已经对郑国产生野心的可能。

韩起为人贪婪，对土地财富有着近乎偏执的追求。在其主政的最初几年里，韩起就以一种很不光彩的方式将州县控制在自己手中；后来申公巫臣的族人邢侯因专杀而受刑，其原先的封邑邢地也被韩起收入囊中。州县和邢地都位于如今的温县附近，与郑国的北部边境隔河相望。到访问郑国后的第二年，也即晋顷公元年（前525年），韩起又指使荀吴出兵伐灭"陆浑之戎"，将伊洛流域的大片土地收入囊中，而这些土地又刚好位于郑国的西南方向。

韩起的这些做法就如同是围棋布子，其家族产业大都分布在郑国的北部和西部，想要连缀成片，就必然要打郑国的主意。因此他此行的目的，从短期来看，是在为明年讨伐陆浑的战争做准备，需要先来试探一下郑国的反应；从长远来看，则是要探查郑国内情，以为日后侵伐郑国的行动进行"可行性评估"。

从最后探查的结果来看，郑国六卿在子产的带领下团结一致，在饯行的宴会上也都赋"郑风"以表明心志，从中可见郑人对其也早有防范之心。韩起看到郑国上下一心，很难钻到空子，就只能暂时放下侵略郑国的打算，并拜谢子产赐予金玉良言的恩情，这恐怕才是韩起买玉事件的真实内涵所在吧！

## 第四节　反晋联盟

**虚与委蛇**

平丘会盟前后这段时间，既是春秋历史的一个重要转折点，也是晋国对外政策转向的关键节点。一方面，楚国爆发了蔡公弃疾之乱，国势急速衰落，使其再难对中原诸侯构成威胁。诸侯对霸主的依赖感降低，晋国屡征盟会而不得志，其对待诸侯的态度也就由原来的索取变成了敌视。另一方面，经过弭兵会盟后将近二十年的扩张，与晋国相邻的"戎狄"部族只剩下了鲜虞这块最难啃的骨头，使得晋国向"戎狄"要土地的政策遭遇了巨大的阻力。但在六卿相互竞争的环境下，大夫"求欲无厌"的现状无法在短期内得到遏制，就只能将扩张目标锁定在与之相邻的诸侯身上。可以想见的是，其中又以郑国感受到的压力最为紧迫。

陆浑被灭后的第二年，也即晋顷公二年（前524年），那是一个多事之秋。在新年即将到来之际，大火星和彗星同时出现在天际，这个不同寻常的天象，让各国的预言家们都感到颇为紧张。

按照当时人们的理解，彗星的出现意味着除旧布新，而当彗尾扫过大火星的时候，则象征着这次的除旧布新将会以火灾的形式呈现。鲁国大夫梓慎更是根据天文观测的结果，推断此次火灾出现的时间应当在大火星再次出现时，也即这一年的周历五月；爆发火灾的国家，也会是那些大火、祝融、大水等分野所在的宋、卫、陈、郑四国。

果然到了这年五月，中原四国相继出现了不同程度的火灾，郑国为了救灾投入了大量的人力物力。为防止火灾殃及他国使者，子产还专门派人看守馆舍，禁止各国行人随意出入，又将新近前来行聘的使节劝返回国，其中也包括自晋国投奔而来的公子公孙。与此同时，子产还打开武器库，将兵器分发给士兵，让他们登上城楼戍守，以防别有用心者趁机偷袭。

子产在灾患时刻实行的应急措施本来合乎情理，但却引发了晋人的不满。在他们看来，郑国强行驱赶晋国公子公孙，又分发武器加强守御，这显然是对晋国的挑衅，因此特地派人前来责难。子产毫不客气地回应道："正如你们所言，敝邑的火灾，是贵国国君的忧虑。如今敝邑政事不顺而引来灾祸，又担心有邪恶的人趁火打劫，以引诱贪婪之人不利于敝邑，这岂不是在加重贵国国君的忧虑吗？如今上天垂怜没有灭亡郑国，一切都还好说；倘若敝邑真的因此灭亡，届时贵国即便是想要忧虑，恐怕也来不及了。郑国外有忧患，一切都只能依从晋国，故而从来都是一心一意侍奉，又哪敢有二心呢？"

子产的回答义正词严，其指向也十分明确。在郑国遭受火灾的这个节点上，你不派人前来表示慰问，我们也没意见，可你反过来责备我不该分发武器，这是不是也管得太多了？更何况，我们分发武器只是说要防备别有用心的人，并没有说对大国不信任，您不由分说就来责备我们，莫不是做贼心虚？

郑国发生火灾后两年，楚国太子建（子木）因受费无极陷害而出奔宋国。然而不巧的是，在宋国他屁股都还没有坐热，就遇到了华、向之乱，无奈之下只好又逃到了郑国。在郑国居留期间，太子建受到盛情款待，可他对此却并不满足，不久后又投靠了晋国，并提出要与晋人里应外合灭掉郑国以换取一块更大的封邑。

可惜的是，太子建虽遭遇了太多的不幸，却终究不是一个成大事的人。回到郑国之后，他丝毫都不知收敛性情，反而横征暴敛、恣意行乐，结果就在晋国派间谍与他秘密联络的时候被人给告发了。郑国是一个法治国家，既然有人告发，那就要派官吏到实地查问证据，结果一不小心就发现了晋国间谍，太子建与晋人合谋的事情也就败露了。

从以上事例可以看出，晋国意欲侵略甚至兼并郑国的野心，在晋郑两国内部早已是路人皆知了。只是在形势尚未明晰的情况下，所有人都心照不宣，还要虚与委蛇，假装与对方和睦相处。

## 郑国叛晋

到晋顷公四年（前522年），在郑国执政二十余年的子产去世，接替其担任执政的游吉（子大叔）是一个宽厚之人，不像子产那般锋芒毕露。在与晋人打交道的时候，为了避免激化两国矛盾而为郑国引来灾难，也往往不敢表露自己的真实想法。比如王子朝之乱爆发的时候，游吉本身是不支持周敬王的，但在被问到对王室内乱的态度时，他却支支吾吾，刻意遮掩。

后来晋顷公去世，六卿忙于互相倾轧，对国君的葬礼都不怎么上心，诸侯自然也不会自讨没趣。与当年少齐和晋平公葬礼的隆重气氛比起来，如此情景总不免让人产生一丝凄凉之感。而在这哀婉的气氛当中，仍然有人坚持到晋国去参加吊唁和送葬的仪式，这个人便是郑国执政游吉。

当时担任晋国执政的魏舒本来没想到会有人来，可见了游吉之后难免也要显示一下威严，于是便责问他说："当年悼公办丧的时候，贵国派了资历低的大夫子西前来吊丧，资历高的大夫子蟜亲自送葬，可如今为什么只有你一个人？"

魏舒的这一发问让游吉也感到莫名尴尬。由于封建制危机的不断演化，郑国内部纷争比起晋国来毫不逊色，这就使得游吉这样一个性情温和的人，虽贵为执政却也使唤不动其他家族的人，其在国内的地位比起韩起在晋国的地位也好不在哪儿去。尤其是他在处理晋郑关系时所坚持的绥靖态度，让国内不少人都大感不满，更使得其执政地位显得无足轻重了。

可即便如此，他还是顶着国内的压力，以执政之尊完整地参加了吊丧和送葬的仪式，其规格和重视程度不可谓不高。然而就是这样的良苦用心，非但得不到晋人的体谅，反而还要遭人诘难，游吉内心可谓五味杂陈，满腹的苦楚不知该向何人诉说。

晋定公六年（前506年）的召陵之会后，为郑国利益四处奔忙的游吉，也终于走完了他孤独苦闷的一生，接替他执政的是一个叫驷歂的人。与游吉温温吞吞的个性不同，驷歂是一个铁腕的政治家，在对待晋国的态度方面，更是一个不折不扣的强硬派，甫一上任就马上以实际行动宣布与晋国彻底决裂。

这次的事件与过去的王子朝内乱还有一定的关联。王子朝之乱平定后，成周的局势并未就此安定下来，国中王子朝党羽作乱问题依旧困扰着周敬王。比如晋顷公十三年（前513年），曾追随过西王的大夫召伯盈、尹氏固和原伯鲁之子相继被杀，引发王子朝旧党的震恐，王子赵车因此据守鄩地叛乱。

晋定公七年（前505年）春，吴军入郢的消息让周敬王大喜过望，于是便趁楚人自顾不暇的机会，派人潜入楚国将王子朝秘密暗杀。这个做法又引起了王子朝党众的不满，不久之后他们就跟随王子朝的堂叔儋翩在成周发动了叛乱。而郑国人则充当了儋翩的外援，发动大军先后攻取了冯、滑、胥靡、负黍、狐人、阙外等地，同时还将受晋国保护的许国给灭掉了，这就等于是直接向晋国叫板了。

对于郑人如此行事的原因，《左传》给出了一个让人啼笑皆非的理由，说是在召陵举行会见时，晋人向郑国借用了装饰旌旗的羽毛，然后装在自己的旗杆顶上参会，这就让郑人大为不满，于是便背叛了晋国。

借口终归只是借口。《左传》惯于以偶然事件来为重要的国际事件定性，以一些礼仪、德行的标准来评定人物是非，却总会忽略偶然事件背后的必然性。

从个人情感角度来讲，驷歂本人与晋国也曾有过一段恩怨。事情发生在晋顷公三年（前523年），当时驷氏的族长，也就是他的堂兄驷偃（子游）去世，留下了一个幼子驷丝。为家族传承计，族内长老打算共同推举驷歂的父亲驷乞为宗主，可当晋人得知此事之后，却突然发起飙来。

驷氏确定宗主地位属于宗族内部事务，本来是跟晋国沾不到边的，但由于驷丝的母亲是晋人，他的舅家担心驷丝会吃亏，于是便派人前来责难。驷乞一听有晋人前来干预，心里就有些招架不住，吓得又是想跑路又是想跳楼，闹得家族内外鸡飞狗跳。要不是当时的执政子产有足够的定力能够吓退晋人，驷乞说不定就真出事了，驷歂也就不可能坐到如今执政的位置。

正是因为有这么一段过节，驷歂对晋国向来没有好感。恰好他接任执政的时候，又赶上了吴军入郢这么一桩大事。这场震惊中原的大事变，不仅宣示了楚国的衰落，更意味着军事力量已经从北、西、南三个方向实现了对郑国包围的晋国，将取代楚国成为郑国国家安全最大的威胁。

正是在这些内外因素的综合作用下，驷歂执政后所做的第一件事，就是放弃游吉对晋国的绥靖政策，公然打响了反抗晋国扩张主义的第一枪。而他的这一举动，也瞬间开启了诸侯纷纷独立的潘多拉魔盒。在郑国的鼓舞下，那些过去饱受威胁却一直不敢有所主张的国家，也纷纷举起了反抗晋国霸业的大旗，延续了一百五十余年的晋国霸业秩序也就此走到了尽头。

## 卫国叛晋

过去的百余年间，齐国每每想要挑战霸权时，都因诸侯对晋国的效忠而无法如愿。如今诸侯纷纷表现出与晋国离心离德的苗头，这就让蛰伏了四十多年的齐景公感到格外兴奋。

晋定公九年（前503年）秋，齐景公首先邀请郑定公在咸地（今河南濮阳东南）举行会盟，共商伐晋大计。与此同时，他还特别邀卫灵公、鲁定公入伙，共同组成反抗晋国的军事同盟。

与郑国的忧虑类似，作为与晋国山水相依的邻邦，卫国也是一个受晋国扩张主义危害甚深的国家。甚至从某种程度上讲，晋国对卫国土地的觊觎较之对郑国还要早上许多年。

早在晋平公即位初年，晋国六卿便不顾舆论反对，公然袒护卫国叛臣孙林父，在接纳其封地戚邑的同时攻取了卫国西部六十邑赠与孙氏。后来有齐国大夫乌余叛逃到晋，随之而来的还有一批丰厚的"嫁妆"，其中就包含齐、鲁、宋、卫等国的城池土地，晋国对此也都照单全收。这些土地尽管在赵武、韩起的斡旋下物归原主，但却已在诸侯尤其是卫国人心里埋下了无法消除的心结。

如今看到郑人因担心晋国的威胁而选择了背叛，卫灵公也不免心有戚戚焉，故而有心参与到这场会盟活动中来。恰好此时，鲁国季孙氏权臣阳虎为了帮晋人出气而带兵讨伐郑国，在路过卫国的时候不仅不借道，还大摇大摆地从卫都帝丘（今河南濮阳西南）穿城而过，让卫国人倍感屈辱。

卫灵公打算以此为由背叛晋国，怎奈国人自知武力值太低，根本经不起晋国的报复，因而坚决反对与齐国结盟。无奈之下，卫灵公只好假装派卿大夫北宫结到齐国辞谢，但私下里却安排人事先通报，让齐国抓捕北宫结并讨伐卫国，以此换来被迫与齐国结盟的假象。

眼看着卫国与齐国眉来眼去，最感到紧张的还是与卫国相邻的赵氏。晋定公十年（前502年）夏，赵氏领袖赵鞅派邯郸氏属臣涉佗、成何前往鄟泽与卫灵公举行会盟。

在这次盟会上，卫灵公特别提出要亲自操刀割牛耳。按照唐代孔颖达《左传正义》春秋时会盟的规矩为"盟用牛耳，卑者执之，尊者涖之"，通常需要次盟者端着盘子盛放牛耳，是为"执牛耳"；而尊者则负责操刀，是为"涖牛耳"。卫灵公位尊而晋大夫位卑，这样的安排也并无不可，但这也就意味着卫国成了主盟国，晋国反而退居其次，又不符合以往举行会盟的惯例。

涉佗、成何只是性情粗野的武人，不知晓对方是有意挑衅，更不懂得什么外交技巧。他们当时就被激怒了，扬言说："卫国不过就是一个和晋国温、原差不多的地方，哪里有资格跟诸侯相提并论？"说罢还很粗暴地推开卫灵公的手，牛血就淌到了卫灵公的手腕上。

堂堂一国之君受到外臣的羞辱，要是这都能不发飙那也太不正常了。卫国大夫王孙贾站出来怒喝道："结盟是用以伸张礼仪的，我们国君亲临盟会，你们却如此行事，这个盟约还如何让人接受？"说罢就气势汹汹地领着卫灵公扬长而去。

好戏要演全套。卫灵公本来就想激发国人仇视晋国的情绪，正愁找不到借口呢，晋国的臣子就给送来了这么一份大礼，怎么可能不好好利用一下？因此离开盟会之后，他并没有立刻回国，而是驻在郊外等着国人前来慰问。每当有大夫前来，他都会声泪俱下，把涉佗、成何如何羞辱自己的经过添油加醋地诉说一番，然后再放低身段哀求道："寡人有辱家国社稷，实在是没脸回去见列祖列宗了，你们赶紧占卜改立新君吧！不管最后选了谁，寡人都愿意服从！"

这一番苦情戏演得真叫个精彩，大夫们进退不得，只好上前解劝，说："这不是您的错，您千万别太自责了！"

卫灵公从指头缝里看着大家伙儿急得团团转的样子，感觉火候尤显不足，于是便火上浇油："还有更过分的呢！他们对寡人说，一定要让你的儿子和大夫们的儿子作为人质，此事才能罢休！"

卫灵公本以为用言语相激，大夫们一定会群情激愤，纷纷闹着要跟晋人掰腕子，可没想到他们依然不为所动："如果真的有利于家国社稷，公子去就是了，臣下的儿子们哪有敢不鞍前马后效劳的？这您也别急呀！"然后就都回国准备去了。

卫灵公简直要气炸了，心说你们这群死脑筋也太不开窍了吧？我话都说到这份儿上了，你们竟然还要服从晋国？

他赶紧找来王孙贾商议对策，王孙贾回答说："若是卫国有难，工商业者必定也会利益受损，不如把他们都拖下水，然后再做计议。"

工商业者自然不愿意长途跋涉，因此到了出行之日，便都唉声叹气、怨声不断。卫灵公认为时机成熟，就让王孙贾振臂一呼："如果卫国背叛晋国，晋国攻打我们五次，会危险到什么程度？"

众人都说："五次讨伐还不足以打垮我们！"

王孙贾又问："那我们就先背叛晋国，等到危险的时候再送人质，也不算晚吧？"

王孙贾这么一发动群众，让反对的大夫们也无话可说，大家只能遵从民意，背叛晋国。

卫国的反叛，让晋人十分窝火，于是就要求再次与卫国结盟，但被严词拒绝。这大概是百余年来最让晋人感到跌份的事情了，因此这年秋，执政士鞅便在讨伐郑国的间隙，联合鲁国对卫国进行夹击。但郑卫两国都铁了心要背叛，也都做好了相应的准备，战争没有取得预想的成果，反而促成了郑、卫两国在曲濮的会盟。

卫国叛晋的第二年（前501年）秋季，齐景公发兵攻打晋国的夷仪（今河北邢台西），卫灵公也带五百乘战车，准备攻打五氏（今河北邯郸西）以策应齐军。

然而让人犯难的是，卫军此行需经过中牟，而中牟（一说在邯郸与邢台之间，另一说在河南汤阴西）又有晋国一千乘的驻军，这让领军将领颇感担忧，于是就想占卜一下，看看穿越中牟是否吉利。不过，大概是由于龟甲没有处理好，到最后都烤焦了也没有出现裂痕，也就是说上天没有给出提示。怎么办呢？卫灵公说："我军的战车相当于他们的一半，而寡人一人也能抵他们的一半，兵力相等，怕他们作甚？"然后真就大摇大摆地从中牟过境了。

卫军行经中牟之时，驻守城内的晋国将领本打算半路拦截，但被一个叫褚师圃的人给拦住了。褚师圃原本是卫国人，早年因发动叛乱杀掉了卫灵公长兄公孟絷而流亡晋国，此时也正在中牟服役。他之所以反对袭击卫军，并不是有心袒护，而是认为："卫国虽然弱小，可因为有国君亲临，将士们斗志昂扬，我们胜之不易。倒不如袭击齐军，齐军战胜而骄，领军元帅又地位较低，战胜他们要容易得多。"

中牟守军听从褚师圃之计放过卫军，直接对齐军展开攻势，果然就把齐军打败了，一战而缴获战车五百乘。这一仗，齐军本来是为卫国报仇而来，结果先胜后败，等于是无功。倒是卫军在卫灵公的带领下，攻破了五氏（寒氏）西北角并派兵驻守，导致邯郸大夫赵午的军队在夜间溃散，从而取得大捷。为了对卫军的胜举表达谢意，同时也笼络卫国为己所用，齐景公只好把齐国西部边境的襟、媚、杏等地送给卫灵公。

齐、卫联军侵袭晋地，攻打的都是赵氏的地盘，赵氏自然不肯善罢甘休，因此赵氏宗主赵鞅于晋定公十二年（前 500 年）夏亲自带兵包围了卫国。但由于卫军闭门不战，赵军在帝丘城外盘桓良久也无法取胜，只好罢兵回国，并派人责问卫国人背叛的原因。

卫国人以涉佗、成何欺辱国君为由回报，赵鞅于是将涉佗抓了起来向卫国求和；但卫国人不答应，赵鞅又杀掉了涉佗，说这总可以了吧？卫国人看到赵鞅决心如此之大，若再不给面子也的确有些说不过去，于是就勉强与赵氏讲和，并向赵鞅进贡了五百家民户。赵鞅将这五百家暂时安置在邯郸，而也正是这卫贡的五百户，为晋国后来的内乱埋下了导火索。

## 鲁国叛晋

当郑、卫两国纷纷叛离晋国而投靠齐国时，与齐国毗邻的鲁国却始终不肯动摇。为了拉拢对方入伙，齐景公可没少下功夫。比如在咸地会盟前，他就将早先占领的阳关、郓地归还给鲁国，试图用温情感动对方。

然而鲁国接纳了这几座城池后，却并不给齐国脸面，惹得齐景公大怒，派国夏屡次三番出兵讨伐。鲁国人也不甘示弱，仗着背后有晋人撑腰，也三番五次入侵齐国，让齐人大伤脑筋。但正所谓功夫不负有心人，在齐景公持续不懈的努力之下，机会还真让他给等到了。

齐景公向鲁国频繁施压的这段时间里，鲁国政局正处于一段不稳定时期。晋定公七年夏秋之交，季氏、叔氏两家宗主季孙意如、叔孙不敢相继去世，继立的季孙斯（季桓子）、叔孙州仇（叔孙武叔）以及孟孙氏宗主仲孙何忌（懿子）皆势弱，朝政大权落入了季氏家臣阳虎手中。

阳虎是春秋末期鲁国"陪臣执国命"的代表人物，虽出身低微，却能凭借个人能力平步青云，并将鲁定公和三桓领袖全都攥在自己手中。不过，尽管手中大权在握，阳虎还是不免要为自己的未来担忧，因为他权力的取得有赖于一个得天独厚的外部条件，那就是三桓宗主的弱势。与此同时，阳虎获取权力的道路也充满了血腥，这就在无形中树立了不少敌人。种种的隐忧让阳虎寝食难安，生怕有一天会遭人清算，因此便想在主君幼弱之时先发制人。

晋定公十年（前502年）十月，阳虎联合了季寤（季孙斯之弟）、公鉏极（季孙宿长子的曾孙）、公山不狃（季孙斯的家臣）、叔孙辄（叔孙州仇之子）、叔仲志（叔仲带之孙）这批不得志的人，准备去除三桓势力并取而代之。按照其原计划，他们打算利用在蒲圃设享礼的机会，把季孙斯骗出并杀死在城外，然后再调集部队消灭另外两家。但由于动作太过明显，计划还没有实施就被人发现了异常。

初三日，在前往蒲圃的路上，季孙斯发现情形不妙，就悄悄策反了给自己驾车的林楚，中途逃脱进入了全副武装的孟孙氏家中。阳虎的弟弟阳越急忙追赶季孙斯，结果被孟孙氏的人射杀。眼见对方防守严密，阳虎干脆一不做二不休，劫持了鲁定公与叔孙州仇，然后带领甲兵攻打孟孙氏，结果被其提前调集的成邑甲兵打败，不得不退守阳关和讙邑。

第二年六月，鲁人尽起大军围攻阳关，阳虎无法据守，只得逃奔齐国以寻求支援。但齐景公在鲍文子的劝说下，不但没有接受阳虎的请求，反而还将其抓了起来以向鲁国示好。看到齐国无心帮助自己，阳虎只好逃到宋国，后又几经辗转投奔晋国，归顺了赵氏。

齐景公的这一举动让鲁国人大为感动，于是便向齐国伸出了橄榄枝。双方于晋定公十二年（前500年）夏季在夹谷（祝其山，在今山东淄博博山区）举行会盟，齐景公应允归还侵占鲁国的土地，而鲁国也同意奉齐国为盟主。第二年冬天，鲁国又与郑国结盟，标志着鲁国正式背叛晋国，开始为齐景公的复霸企图服务。

### 宋国叛晋

诸侯纷纷表现出叛离的迹象，让晋人一时有些傻眼，他们四处踅摸了半天，发现如今能够跟自己说得上话的，似乎也就剩宋国一家了。都已经这种时候了，那也别矫情了，赶紧拉拢一下吧！可坏就坏在晋国内部倾轧不断、斗争毫无底线，以至于殃及池鱼，让宋国人也被伤透了心。

事情还要回到晋定公八年（前504年），当时郑、卫两国叛晋迹象显现，齐国意欲整合诸侯力量孤立晋国的意图也路人皆知。宋国司城乐祁为此感到忧心，便对宋景公说："诸侯之中还愿意事奉晋国的也就只有宋国了，倘若不能及时派出使者与之联络，恐怕他们会怨恨我们。"

宋景公当时没说什么，可过了几天，却突然召见乐祁说："我思来想去实在找不到别人了，要不就劳烦您去晋国走一趟？"

乐祁一听惊了："呵，我都这么大岁数了，您还敢让我去？"可国君执意如此，他也无法推脱，只好安排好家事之后，动身赶往晋国。

赵氏领袖赵鞅听闻有宋国使者来访，亲自出面迎接，并把他请到绵上（今山西介休东南，介山之下）饮酒叙旧。乐祁受到盛情款待，也颇敬佩赵鞅为人，于是便奉献六十面杨木盾牌作为见面礼。

这件事看似稀松平常，可要放在当时的背景下就有些不简单了。按照乐祁家臣陈寅的说法，乐祁之前一直都依托范氏，可如今向赵氏献上礼品，就表明要改换门庭了。陈寅为此感到十分不安，认为范氏必定不会善罢甘休。

果然，消息传到士鞅的耳朵里，他马上就向晋定公诋毁道："乐祁奉君命出使，还没有正式通报使命就与人私自饮酒，这是对两国国君的不敬，不能不做出惩戒！"晋定公本来就是个傀儡，你怎么说就怎么办呗，然后就把乐祁给抓了起来。

赵鞅后来为乐祁积极奔走，但都受到士鞅的阻挠，这件事就一直拖到了两年后。到晋定公十年（前502年），赵鞅实在是被逼急了，便在朝堂上怒斥："如今诸侯纷纷背离晋国，愿意支持我们的也就剩宋国一家了。那些诸侯你好言好语相迎都不一定乐意来，这倒好，愿意来的还让你给抓起来了，这不是要让晋国自绝于天下诸侯吗？"

赵鞅话刚说完就准备放乐祁回国，可士鞅却又跑来捣乱："我们都已经关了他三年了，无缘无故又放回去，宋国还是得背叛。"

考虑到乐祁此时已经年迈且重疾缠身，士鞅想了个变通的法子，他亲自去向乐祁道歉，并说了一段让人哭笑不得的话："寡君担心晋宋两国关系恶化，以后不能再事奉宋君左右，因此就没让您回去。"言外之意是：您是维系晋宋两国友好的人质，身上责任重大，所以就只能受些委屈了。"如果您实在受不了这委屈，不如就让您儿子过来替代一下如何？"

听到这般蠢话，乐祁简直要气疯了，他的家臣陈寅更是怒不可遏："万万不可！经过这么一桩事，宋国背叛晋国已经是板上钉钉的事情了。您要真让儿子来了，就等于是把他往火坑里推啊！您还是再等等看吧！"

眼看着乐祁身体一天不如一天，士鞅终究还是怕闹出人命，最后不得不将其释放。然而，乐祁终究还是没能离开晋国，在行经太行道时突然因病去世了。

消息传来，士鞅又出了一个昏招。他让人将乐祁的尸体扣留在州县，说："有乐祁的尸体在，可以作为与宋国议和的资本。"而正是由于士鞅的这个举动，间接地引发了宋国的一场内乱，并由此将宋国彻底推向了齐国的阵营。

这场内乱的萌芽始于晋定公十一年（前501年）春季。为迎回乐祁的尸体，宋景公原本想派乐氏旁支桐门氏的族长乐大心亲自去与晋国结盟，然而乐大心却称病不去，宋景公无奈只好改派左师向巢前往。

在向巢使晋的这段时间里，乐大心每日里歌舞升平，完全没有为同宗之死感到哀伤的意思，这就让乐祁的儿子子明感到十分不满。待到向巢完成使命，子明又打算让他去郊外迎接一下，并指责说："我还穿着丧服，您却每日钟鼓齐鸣、饮酒作乐，这是为什么？"

乐大心的回答很让人恼火，他说："因为丧事不在我这里啊！"听了这些子明真是气不打一处来，而更让他感到怒不可遏的是，乐大心转头又跟旁人说道："自己穿着丧服却生了孩子，我为什么不能敲钟？"

忍无可忍就无须再忍。子明难掩心中怒火，便直接去向宋景公告状，说："右师将要不利于国！他之所以不肯去晋国，是为了准备发动叛乱，否则的话干吗没病装病？"

宋景公早被这连年不断的诸侯内乱吓破了胆，一听说有人要造自己的反，便秉持着宁可错杀不可放过的信条，将乐大心驱逐到了曹国。

就因为几句不恭敬的话就被驱逐，乐大心感到万分冤屈，因此出逃之后一直观察着国内的局势，随时准备着要杀个回马枪。事实上，他也并没有为此等待太久。

晋定公十二年（前500年）冬，宋景公的同母弟公子辰与庶弟公子地因与向巢的弟弟司马向魋发生冲突而出奔陈国,并于次年春据守萧地(今安徽萧县)叛变。闻听消息,乐大心大喜过望,便于同年秋季从曹国返回,参与到叛乱的队伍当中来。

这场内乱持续了四年的时间,晋国由于内乱纷扰,无暇顾及宋国的乱局,倒是让齐国看到了机会,不失时机地向宋人伸出了援手。最后的结果是,公子辰兵败流亡鲁国,宋景公与齐景公则在洮地结盟,宣告了晋国称霸中原的联盟完全解体。

自此以后,一个以齐国为首,包含鲁、郑、宋、卫等中原主要国家在内的联盟基本成型,即将向晋国发起一场史无前例的挑战。

第四章

# 霸业秩序的最终消亡

## 第一节 六卿关系图谱

**邯郸叛赵**

前文已述，晋定公十二年（前 500 年）时，为报复卫国侵袭五氏的战争，赵鞅亲率大军讨伐帝丘，后因战事不利，遂杀涉佗以求成于卫。卫人不敢得罪赵氏，只好勉强与其结盟，并进贡了五百家民户以表诚意，赵鞅将这五百家暂时安置在邯郸。

三年后，赵氏家臣董安于主持修建的晋阳城落成，赵鞅决定将卫贡五百家内迁，以充实晋阳的人口。邯郸大夫赵午接到命令后也未多想，就一口答应了。但等他回到封地，族内的长老们却不愿意将卫贡送往晋阳。在他们看来："卫国之所以进贡这五百家的人口，是为了补偿邯郸、弥合与邯郸氏之间的裂痕。如果贸然将这些人口迁到晋阳，会恶化邯郸与卫国之间的关系。"

如此一来赵午不免感到为难。他已经答应了赵鞅，若是突然反悔，怕是会惹得宗主不高兴；可如果不反悔，就会得罪卫国，邯郸氏同样不讨好。怎么办呢？思来想去，邯郸的长老们琢磨出了一个自以为万全的主意，他们派人告诉赵鞅："这事得慢慢来，您可以先让邯郸午侵袭齐国，齐国受到侵略必然会报复啊！然后我们再以防止齐国报复为由，将卫贡转移到晋阳。这样一来，您的目的达到了，又不至于让卫国人猜疑，两全其美啊！"

这个方案或许可以消除卫国人的猜疑，却无法消除赵鞅对邯郸氏的猜忌之心。于是不久后，赵午便被赵鞅召至晋阳囚禁。其随从发现情形不妙想要进去探查情况，却被要求必须解除佩剑，其中有一个名叫涉宾的始终不肯解剑，双方一直僵持不下。

耗到最后，赵鞅干脆撕破了脸皮对他们说道："我已经将赵午杀掉了。此事是我们二人的私人恩怨，与邯郸氏无涉。你们可以按照自己的意愿确立新的继承人。"

涉宾回到邯郸，立刻就拥立了赵午的儿子赵稷，举旗脱离赵氏。当年六月，赵鞅指使上军司马籍秦出兵包围邯郸。赵氏内部发生了冲突，一直与赵氏有隙的范氏和中行氏便从中看到了机会。因此当籍秦奉命讨伐邯郸时，身为上军将的荀寅不仅不愿出兵助战，还反过头来与范氏密谋，准备要找赵鞅的麻烦。

得知消息后，赵氏家臣董安于十分忧心，建议赵鞅要提前做好准备。不过赵鞅却不以为然，他引用晋国的法律说："最先引发祸乱的人应当处死。等到他们率先发难，我们后发制人也不算晚。"

董安于对战争的前景感到担忧，因此还是固执己见，并向赵鞅保证说："倘若真要有人追究，大不了就用我的人头来做解释，这样还可以让百姓免受战乱之祸。"

赵鞅之所以反对提前准备，是因为他知道，这场冲突积怨已久，并不是杀掉董安于就可以消弭的。正如十几年前叔游在劝说祁午时所引用的那句诗"民之多辟，无自立辟"，在当下的政治环境中，所有人都在盯着别人的错处，这就使得任何微小的冲突都不可能在家族内部得到化解。

除此之外，他还时刻铭记着郑国先任执政卿游吉在黄父会盟时提出的九条建议："无始乱，无怙富，无恃宠，无违同，无敖礼，无骄能，无复怨，无谋非德，无犯非义。"也就是不要率先发动祸乱，不要依仗富贵，不要仗恃宠幸，不违背共同的意愿，不要傲视有礼之人，不要自负才能，不要反复迁怒于同一件事，不要谋划不符合道德的事情，也不要冒犯不合道义的事情。所谓"得道多助，失道寡助"，因为有所倚仗而骄矜傲慢，只能让别人疏远于你，是为取祸之道。持守为人的道义，不做违背大众意愿的事，才能取得更多的支持。

而今晋阳坚城已建成，也让赵鞅有了足够的底气抵御来自其他家族的袭击。因此当年七月，当范氏、中行氏合兵包围赵氏宫室时，赵鞅几乎未做抵抗，直接就按照预先的规划逃到晋阳固守。范、中行两家也穷追不舍，迅速调集兵力，以国君的名义包围了晋阳。

"螳螂捕蝉，黄雀在后。"当范氏、中行氏穷凶极恶地围捕赵氏时，身处局外的智、韩、魏三卿也都时刻绷着神经，紧张地观察着战争的走向。四个月后，看到赵氏在两家的围攻下显出颓势，时任执政的荀跞才不紧不慢地找到被晾在一边的晋定公说："国君曾诏命众臣说：'始祸者死。'如今三卿发动祸乱，却唯独驱逐赵鞅，处罚太不公正，臣建议将他们全部驱逐。"

此时的晋定公早已是个傀儡，并无决策的权力，荀跞这么猛一恭敬起来，倒让他有些不知所措。不过，荀跞也没打算让他说什么，如此说辞不过为了取得行动的正当性，并获得仍臣属于公室的大夫的支持。在走完正式程序之后，他便伙同韩氏宗主韩不信（韩简子）、魏氏宗主魏曼多（魏襄子）裹挟着手足无措的晋定公，以讨伐叛逆的名义攻打范氏和中行氏。这样一来，一场原本发生在赵氏内部的冲突，很快就脱离了赵氏内争的范畴，蔓延成了一场全国性的战争。

战争爆发初期，范氏、中行氏抵挡住了公室一轮又一轮的攻击，展示出了强大的武力。但就在这个关键节点上，他们却犯下了一个致命的错误，那就是为了消除敌方势力，竟然冒冒失失地派兵攻打晋定公，这可就惹下大麻烦了。

对于以上举措，投奔在两家门下的齐国叛臣高强曾深表忧虑，也曾痛心疾首地劝说道："俗话说'久病成良医'，当初我就是因为攻打国君失败才逃亡的，你们怎么能重蹈我的覆辙呢？"

齐国有世卿国、高二氏，但这里的高强并非世卿之后，而是如假包换的齐国公族。高强的祖父是齐惠公之子公子祁（字子高），父亲为齐景公初年时的权臣子尾（公孙虿），到高强一代时便以其祖字为氏，称为高氏。早年韩起访齐时，子尾让高强拜见韩起，韩起评价说高强不是一个能够保守家业的人。由于此番评价与他对另一个权臣子雅（公孙灶）的儿子栾施的评价相同，因而受到不少人的嘲笑，但后来的事实却验证了韩起的判断。

栾施、高强主政期间，因为有之前崔杼、庆封的前车之鉴，二人对陈氏有很强的防范之心，导致陈无宇多次离间栾、高两家都没有得逞。但野心家陈无宇并未就此罢手，到晋平公二十六年（前532年），他趁栾施、高强酒醉之际发动了突袭。二人病急乱投医，仓皇中直奔公宫，欲挟制齐景公以抵抗陈氏，结果遭到公室反击，只得仓皇出逃。

这段往事已经过去了三十多年，但对高强来说却似犹在昨日。他以自己为镜鉴来劝谏范氏、中行氏，认为攻打国君可以说是最愚蠢的决策，因为这会让他们失去国人的支持。与此同时，他还向两家主君提出建议，说："韩、魏、智三家内部并不和睦，大可以将其各个击破，为什么要攻打国君呢？如此一来，反倒促使他们三家团结起来，局势恐怕就对我们不利了！"

但范氏和中行氏或许是过于自负了，并未听取高强的意见，执意要与国君作对。如此一来，就激起了国内民众和中小贵族的斗志，他们紧密团结在智、韩、魏三家的周围，合力讨伐范氏和中行氏的叛逆行径。经过几天的激战，到十一月十八日，范氏、中行氏终于寡不敌众，逃亡到了朝歌。

经过四个月的坚守，赵氏利用自己的弱势地位取得了另外三家的支持，从而扭转了对战初期的被动局面。与此同时，在韩、魏两家的主导下，晋定公赦免了赵鞅的罪行，并恢复其中军佐的职务。十二月十二日，赵鞅从晋阳返国进入新田，与国内主要势力在公宫举行盟誓，局势开始朝着有利于赵氏的方向发展了。

## 新旧对立

这场持续半年的混战还只是内战的第一个阶段，但却将国内不同族群之间的利益冲突显现无遗。

按照《左传》中的叙述，晋国六卿之所以会出现泾渭分明的两个集团，源于各个家族相亲相恶的关系。其中，邯郸氏赵午为荀寅（中行文子）的外甥，中行氏和范氏又互为姻亲，故而结为一党。赵氏与邯郸氏有龃龉，韩不信（韩简子）与荀寅交恶，魏曼多（魏襄子）与士吉射（范昭子）相恶，因而韩魏两家党于赵氏；至于智氏，则是因为荀跞（智文子）有心要扶植自己的宠臣梁婴父为卿，让他取代荀寅的位置，故而站在其对立面。除此之外，范氏阵营中也有心怀不满者如士皋夷（范皋夷），他因在范氏内部不得志，于是想借此生乱并取而代之，故而与赵氏党羽亲近。

这些说法并不缺乏理据，但却有倒置因果的嫌疑。比如范氏、中行氏、邯郸氏互结姻亲，究竟是导致三家关系亲密的原因，还是因利益一致促成的结果，这本身就是值得商榷的问题，因而不能作为六卿失和进而引发战争的决定因素。要想真正搞明白这场战争爆发的内在逻辑，我们还需要回到更久远的年代，从"旧卿"与"新贵"两个联盟的范式中寻找答案。

在之前的有关章节中我们提到，在晋悼公十四年（前560年）的绵上大蒐时，晋国六卿依照各自的利益取向形成了三个互相独立的联盟，分别是以范氏、中行氏为首的"旧卿联盟"，以韩氏、赵氏为主的"新贵联盟"，以及由栾氏、魏氏组合而成的"互助联盟"，智氏则由于其宗主年幼只能依附于中行氏。

从晋悼公中后期到晋平公在位初年大约二十年的时间里，"旧卿联盟"一直牢牢掌控着中军，在当时的政治环境中居于优势地位。他们团结一致共同对外，顺利铲除了晋国最大的公族栾氏，并借机清洗了一大批忠于公室的大夫。这一举动奠定了六卿分治的局面，不免让士匄（范宣子）感到飘飘然，于是就有"死而不朽"的骄狂情绪，但也隐隐然为旧卿家族地位的长期不振埋下了隐患。

到晋平公十年（前548年）夏秋之交，伴随着赵武（赵文子）升任为中军将，"旧卿联盟"进入了长达四十年的沉寂期。这一年，在晋国断断续续运行了半个世纪的"上军佐壁垒"被正式扫入了尘埃。接替士匄进入卿列的士鞅（范献子）在这次人事调整中只获得了一个下军佐的职位，后来还是因程郑的意外去世才得以升任下军将。而赵武去世后，在韩起的操控下，赵武时年仅三十岁左右的继承人赵成（赵景子）被推到了中军佐的职位，这就等于是阻断了荀吴（中行穆子）和士鞅上升的通道。

当然了，韩起对旧卿集团的伤害还不止于此。弭兵会盟后，但凡有对外征战事务，大都由荀吴担纲上阵，可在政治博弈的舞台上，他却总不是韩起的对手。当荀吴在前线浴血奋战的时候，韩起却高立朝堂、坐地分赃，使得他辛辛苦苦打来的江山大都拱手送入了他人的腰包。

韩赵联盟以其在六卿中的优势地位不断侵蚀旧卿的利益，范氏、中行氏自然不能坐以待毙。他们不遗余力地破坏国家对外政策，让韩起在处理鲁国问题时总是左支右绌，其妄图恢复晋国霸业的企图自然也就难以奏效了。

但不同的是，荀吴以其讨伐"戎狄"的功业在死后仍留有美名，而士鞅给人留下的却只有贪婪蛮横的恶名。比如晋顷公五年（前521年）出使鲁国时，士鞅不顾规制让鲁国为其准备十一牢的超高规格亨礼。两年后的鲁郯纠纷，他不仅从中作梗，还落井下石，向鲁国使者叔孙婼索贿，被对方好一顿羞臊。后来鲁昭公流亡国外，又是他收受了季孙氏的贿赂，使得晋国两次护送鲁昭公回国的提议都没有成行。

### 新老更替

史料中对士鞅的诸多指控或许未必可信，即便是照实直录，其背后的动因也未必有那么简单。但从其中透露出的讯息则是，自栾氏灭族之后，公室地位一落千丈，互助联盟分崩离析，旧卿与新贵两个联盟之间的利益冲突开始上升为这一时期晋国内部的主要矛盾。

在旧卿与新贵对峙的这几十年里，晋国内部矛盾之所以没有演变为武力冲突，主要是受两方面因素的影响。

一方面是由于在晋平公至晋顷公时期，晋国内外尚有大量剩余利益未瓜分完毕，这就在两个利益集团之间设置了一道缓冲层。再加上韩起为人懦弱且圆滑，在他执政期间，但凡有利可图的地方他绝不放过，知道无力争取的他也懂得放手让利，这就很难让对方抓住他的把柄。

另一方面则是由于当时晋国正处于一段"老人政治"统治时期，除赵氏、智氏之外，其余四家的掌舵人都是悼公后期、平公早期进入卿列的"不老松"。

比如韩氏家族的宗主韩起，从悼公八年（前566年）开始进入卿列，平公十八年（前540年）担任执政，顷公十二年（前514年）才去世，其主政晋国长达二十七年，在六卿之中活跃了五十二年有余。而其刚刚掌政之时，年龄要比赵武还要大几岁，这就意味着到他去世的时候至少有八十岁了。范氏家族的士鞅，其进入卿列的时间虽要晚到平公十年，但其在军中任职的时间却可以往前追溯到悼公十五年（前559年）的迁延之役，而他去世的时间则要晚到晋定公十一年（前501年）以后，在政坛活跃的时间将近六十年。其余中行氏、魏氏的族长荀吴、魏舒皆年岁不可考，但在政坛活跃的时间也至少有四十年，去世的时候恐怕也都七十岁上下了。

政坛老人在处理内外事务时相对保守持重，他们既不会轻易引发激烈的冲突，也很难让旁人抓到把柄，这就使得晋国内政度过了一段相对平稳的时期。但到顷公末期到定公初期（前512年前后），六卿家族开始进入了一个密集换代的阶段。

首先是在晋顷公八年（前518年）前后，中军佐赵成、上军将荀吴相继去世，其后继者赵鞅（志父，赵简子）、荀寅（中行文子）先后进入卿列[①]。晋国的六卿序列在时隔二十多年后终于又迎来了一次调整，从而形成了新一届六卿序列：

韩起、魏舒、士鞅、荀跞、赵鞅、荀寅。

四年之后，到晋顷公十二年（前514年），在目睹了祁氏和羊舌氏的覆亡之后，主掌晋政二十多年的韩起（韩宣子）终于谢幕。据《史记》记载，接替其主掌韩氏的是他的儿子韩须（韩贞子），在任期间将韩氏的都邑迁居到了平阳（今山西临汾）。韩须去世后，其子韩不信（韩简子）继立，但具体更立的时间已无从考证。而晋国正卿的位置则落到了魏氏宗主魏舒（魏献子）手中，六卿再次循序递进：

魏舒、士鞅、荀跞、赵鞅、荀寅、韩不信。

到晋定公三年（前509年）春季，魏舒在大陆泽（巨鹿泽、广阿泽，在今河南获嘉一带）田猎期间去世，其孙魏曼多（魏襄子）继承其位，六卿次序又变动为：

士鞅、荀跞、赵鞅、荀寅、韩不信、魏曼多。

晋定公十年（前502年），士鞅在扣留了宋国大夫乐祁的尸体之后，又亲自带兵救援鲁国，并联合周、鲁讨伐郑国，此后便不见于史料。其子士吉射（范昭子）进入卿列：

荀跞、赵鞅、荀寅、韩不信、魏曼多、士吉射。

至此，之前的"老人集团"全部被子代甚至是孙辈的人替换，晋国六卿政治

---

[①] 据《史记·赵世家》，赵简子继立时间在晋顷公九年，荀寅在六卿中地位低于赵鞅，故荀吴去世时间应稍晚。

再次进入了一个朝气蓬勃但又风险剧增的时代。而与此同时，晋国对内完全瓜分了公族枝叶剩余的土地，对外扩张又达到了极限，再加上楚国的衰落导致国际政治云谲波诡，以齐国为首的反晋同盟开始聚集，这种种变数都让晋国内政隐现出深刻危机，这也是范氏、中行氏之乱爆发的大背景所在。

### 泛新联盟

晋国内部的权力划分是一个复杂的结构，除了常年针锋相对的范、中行、赵、韩四家之外，魏氏和智氏也是两支不容小觑的力量。如今既然内战已经爆发，他们定然不会坐视不理，而他们的参与又对战局的变化起到了至关重要的作用。所幸的是，由于范、中行氏近年来的骄横作风，使得魏氏和智氏跟"旧卿联盟"产生了不少矛盾。

先说魏氏。

魏氏与中行、范氏的矛盾也算是陈年旧账了。在晋悼公后期形成的三个利益集团中，魏氏因受排挤一直无法晋升，故而对另外的五卿多多少少都有些怨恨。在后来范氏驱逐栾氏的战争中，魏氏原本与栾氏相互扶携，可就在战争爆发前，士鞅突然来了个单刀直入，挟持了魏舒，逼迫其放弃了栾氏。尽管魏舒以此换得了曲沃这座大邑，但校场被劫事件终究成了他背负一生的耻辱，这也就为魏氏与范氏关系的持续恶化埋下了伏笔。

晋顷公十二年（前514年），魏舒接替韩起成为晋国执政。上任伊始，他就与荀跞一起主导了"剪除公族枝叶"的行动。在祁氏、羊舌氏灭族后所划分的十个县中，魏舒将其中四个县封给了韩、赵、魏、智四家的余子，独独没有对范、中行两家的余子进行封赏。书中虽未记载两家人的态度，但由此产生的怨念可想而知。

另外，魏舒执政时期还发生了一起"铸刑鼎"事件，按照《左传》的分析，这件事是中军佐士鞅指使荀寅"干上命"所为，而参与铸刑鼎的赵鞅则是被迫裹挟其中。当此之时，范氏、中行氏恶意违逆上命，违背的实际上就是魏舒的命令，从中也流露出范氏、中行氏对时任执政魏舒的轻蔑态度，其关系自然不会太融洽。

更能反映魏氏与范氏矛盾的，还有魏舒死后士鞅"去其柏椁"的事件。

王子朝之乱平定后，周王室担心其余党继续为乱，于是就委托晋国主持扈之会，召集诸侯抽调士卒戍守成周。但或许是诸侯戍守成周时不肯用心，到晋定公二年秋季（前510年），周王室再派大夫富辛、石张到晋国去，请求修筑成周的城墙。

范氏与刘氏世代婚好，因此也乐于为其说项。当年十一月，在士鞅的劝说下，魏舒带着韩不信、士弥牟等人亲赴成周，在狄泉会盟诸侯。一切布置妥当之后，他将具体任务都交给了韩不信处理，而自己则跑到大陆泽去放火打猎。结果到第二年春季，魏舒在打猎完毕回程途中竟突然去世了[①]。

魏舒死后，士鞅继任为执政。在主理丧事时，士鞅认为魏舒未能完成使命就跑去田猎属于失职，于是就撤去了其棺木外的柏木椁以示惩戒。继任执政惩戒已经去世的前任，这在晋国历史上可以说是绝无仅有的一例，表明两家之间的矛盾早已不可调和。

我们再来看智氏。

智氏与中行氏的交恶，在史料中并没有太多的说明。我们只知道他们原本是同宗，两家人之间的血缘关系比之赵氏和邯郸氏还要亲近不少。晋景公时期，中行氏的创始人荀林父（中行桓子）执政时，着意提携他的弟弟荀首（智庄子）进入卿行，从而开创了与中行氏并驾齐驱的智氏家族。

在此后长达一个世纪的历史长河中，智氏家族的发展可谓充满艰险。而尤其让人感到揪心的是，是第二代宗主荀䓨（智武子）去世后，智氏先后有两代宗主荀盈、荀跞都是年幼而立。这其中荀盈出生于晋悼公八年（前566年）左右，出生后不久其父荀朔就英年早逝了。到晋悼公十四年祖父荀䓨去世时，荀盈（智悼子）不过六七岁的样子，因此不得不依附于当时中行氏首领荀偃（中行献子）。荀偃去世后，又是在荀吴（中行穆子）的扶持下，荀盈才勉强保住了在六卿中的地位。

待到荀盈长大，智氏总算迎来了复兴的曙光。然而不幸的是，晋平公二十五年（前533年），年仅三十三岁的荀盈在赴齐迎亲途中去世，又把偌大的家业留给了尚年幼的荀跞（智文子）。彼时晋平公又动了置换智氏的念头，在这样一个危难关头，又是荀吴扛起了保护智氏的重任，直到荀跞长大成人。

从以上的这些经历来看，智氏和中行氏本就同出一脉，且智氏家族因中行氏而兴起，又因中行氏而得以发展存续。若不是中行氏的保驾护航，智氏家族能否安

---

[①]《国语·周语下》记载："魏献子合诸侯之大夫于狄泉，遂田于大陆，焚而死。"此说认为魏舒是死于火中，与《左传》有异。

然走过这近百年的历程恐怕都是个未知数,当其有朝一日发展壮大,也该对中行氏有所感念才是。可令人费解的是,到荀跞执掌家业的时候,两家的关系竟然急转直下。

这种矛盾最晚到晋顷公十二年(前514年)就已经有所显现。当时荀跞一手导演了祁氏、羊舌氏的冤案,而后执政的魏舒则主导了后来瓜分土地的进程。在当时瓜分的十个县中,魏舒没有给范氏和中行氏余子分封,却偏偏给了智氏,可见彼时荀跞就已经开始向赵、韩、魏靠拢,而与同为本宗的荀寅日渐疏远。

这种嫌隙随着时间的推移逐渐加剧,以至于到十几年后范氏、中行氏之乱爆发时,两家人竟至于发展到了水火不容的地步。其间究竟发生了什么呢?

对于这个问题的答案,《左传》只是含糊其词地提到,荀跞宠信梁婴父,想借此机会将其推入卿列,这样的解释显然不能令人信服。在有限的资料中,我们无法找到确切的答案,因而也只能凭借对人之常情的理解,去做一个简单的推断。

在君主制下,君主寿命的长短对于家国兴衰往往起着至关重要的作用。从近处看,晋国君权的速衰便与君主寿命过短密不可分;从后世看,东汉王朝的疲靡不振也与居帝位者长期年幼有着莫大的关联。智氏先后有两代宗主年幼而立,对其宗族的长远发展显然是不利的。好在彼时的智氏还有一门显赫的亲戚,在中行氏精心呵护下,智氏才在两代幼主的领导下不至于被边缘化,也避免了在后来的卿族瓜分土地的狂潮中被其他家族所灭的命运,顽强地延续了下来。

与此同时,历史的实践也往往证明,年幼即位的君主与辅政大臣之间的关系素来都不会太融洽。尤其是当保傅过于强势的时候,更容易激发君主的逆反心理,其对于幼主管教得越是严苛,等到帝王成人后自己的命运也就会越悲惨。荀吴与荀跞之间的关系虽与之不同,却也有着很强的可比性。

在晋国内部激烈的竞争环境中,稍一不慎就会导致满盘皆输,因此卿族的家长必须要有过人的智慧和勇力。荀吴在战场上是智谋过人的常胜将军,在其家中也是说一不二的政治强人,在对荀盈、荀跞父子言传身教的过程中,难免会对其望之深而责之切,从而激起智氏少主的逆反心理,这也是智氏与中行氏反目的心理基础。

除此之外,我们还可以做一个设想。春秋末期各国卿家之间互相兼并蔚然成风,在当时的人们看来,各国内部斗争的结果必然是走向"田氏代齐"那样的结局,"三家分晋"对于他们来说是不可想象的。

既然斗争的结果是万宗归一,中行氏和智氏就算是都活到了最后,也总要合二为一,那么就不如趁着中行氏强、智氏弱的机会,提前实现两家和平归一。如此一来,就可以让荀氏家族保持更加旺盛的竞争力,显然要比各自为政、被人各个击破要好得多。

但对于智氏来说,他们显然不希望失去自身的独立性。在这样一个博弈过程中,中行氏越是强横,智氏的反抗情绪也就越激烈。尤其是到荀吴去世后,继任的荀寅为人贪婪而蛮横,使得荀跞对其更是厌恶,两家的关系也就越走越远了。

不论是以上哪个因素在起作用,其最后的结果都是如今我们所看到的景象:原本属于旧贵族集团且正把持晋国执政位置的智氏,在关键时刻反而倒向了赵氏所属的阵营。如此一来,赵氏、韩氏以及魏氏、智氏四卿就组成了一个新的联盟,在本书中姑且称之为"泛新贵联盟"。这对于范氏和中行氏来说,的确不是什么好消息。

## 逼反邯郸

在厘清了六卿之间的关系后,仍有一个问题至今依然无解:邯郸氏和赵氏之间究竟发生了什么冲突,以至于赵鞅在明知其他卿族会干涉的情况下,还非要以如此激烈的方式来挑起冲突呢?这难道仅仅是由于赵鞅和赵午之间的个人矛盾引发的意外事件吗?

答案显然是否定的。我们虽然无法从史料中确切地找出二者冲突的真实原因,但从中行氏与智氏交恶的分析中,也能粗浅地窥见一些隐含的逻辑。

按照本书所采用的观点,赵氏家族在晋献公时期出现了赵夙、赵衰两个兄弟,其中赵夙为长,赵衰为幼。赵夙早年随晋献公出征灭国被授予耿大夫之职,但后来因赵衰随公子重耳流亡成为国之重臣,赵氏大宗的地位便落到了赵衰一系,而赵夙一系则沦为侧室,后来又因受封邯郸而别为邯郸氏。

赵衰去世后,其子赵盾以跋扈手段集中权势,并有心栽培赵穿为卿;而赵穿也投桃报李,处处维护赵盾的地位,甚至不惜犯下弑君的罪行,这段时期是赵氏大宗与邯郸氏最为和睦的时期。

晋景公即位后，继承赵盾地位的赵朔早逝，其子赵武又年幼不能主政，导致大宗内部爆发了激烈冲突。赵庄姬通过发动下宫之役消灭了争夺大宗地位的赵同、赵括，但由此也导致大宗势力衰弱。邯郸氏第四代领导人赵旃本已出任卿职，但大约也是受此影响，在晋厉公时期被排挤出卿的行列。而与之相比，与中行氏同出荀氏的智氏家族却飞黄腾达，渐渐地稳固了在六卿中坚不可摧的席位。

每念及此，邯郸氏的后人恐怕多少都会有些怨念，其强烈的分离主义倾向在这个时候就已经萌发了。尤其是结合《左传》提供的线索来看，邯郸赵午是中行氏荀寅的外甥；而在通常的世系记载中，赵旃生赵胜，赵胜生赵午，从中可见邯郸氏与中行氏的联姻很可能就发生在下宫之役后大宗最为弱势的时候。

晋悼公在位时期，赵武再次被选入卿列，之后又在韩厥、韩起父子的扶持下渐渐复兴起来。但特殊的发展路径也带来了特殊的挑战，摆在赵武面前的是一条前人从未走过的险峻道路。一方面，他需要积极扩充力量以应对其他家族的挑战；另一方面，又必须要下大力气整合原有的力量，将沉重的历史包袱转化为真正能促使赵氏前进的动力。而在这诸多难题中，如何将本就具有一定独立性且又产生了分离倾向的邯郸氏收拢回来，就成了摆在他案前的一道重要且棘手的难题。

然而遗憾的是，赵武在政坛活跃的时间虽说长达三十年，但除去他在位初期的幼弱和晚年的昏聩，真正能够着手处理家族事务的时间并不多。至其去世之后，其子赵成又严重缺乏存在感，在任上只待了二十年就将家业丢给了赵鞅。而也正是在这段时间里，发生了荀吴故意放纵鼓国叛乱随后又将其授予邯郸氏大夫涉佗镇守的事情。从这些细节中可以窥见，中行氏与邯郸氏之间的亲密关系似乎并未中断，而赵武对邯郸氏的拉拢也显然没有产生持久的成效。

赵鞅即位初年，国内政局走向不明，自身地位也不够稳固，因此尽管知道邯郸氏与中行氏过从甚密，却也只能将这种不满压在心里。但经过二十多年的苦心经营，无论是在晋国朝堂上还是在赵氏家族内部，赵鞅的地位都已不可撼动。尤其是当士鞅去世后，赵鞅在六卿中也已升任为中军佐，这就使得他有了足够的底气来一举解决悬置多年的邯郸氏问题了。

也正因为如此，当卫国显现出叛晋的苗头时，赵鞅"意欲摧辱"卫灵公，才故意派从属于邯郸氏的涉佗、成何去与卫国举行会盟，其中显然也包含着离间邯郸氏与卫国关系的用意。而当卫国坚决叛晋不肯回头时，赵鞅又二话不说杀掉了涉佗以求成，似乎也是有意削弱甚至激怒邯郸氏。

　　由是观之，赵鞅恐怕一早就打定了要清理邯郸氏的决心，营建晋阳城、索要卫贡五百家都是计划中的一环。既然此事蓄谋已久，无论到最后赵午是否如期交付了卫贡，赵鞅都能找到新的借口。这是导致邯郸氏与赵氏交恶的一个重要原因。

## 第二节　季世药方

### 子产刑书

与此同时，我们还需要注意的是，春秋末期是一个社会、政治、经济全方位变革的时代，探讨有关赵氏与邯郸氏之间的冲突，还应该结合这样一个大的背景来综合考量。

伴随着诸侯国君地位的衰落，整个中原的政治经济版图被骤然撕裂，各国都相继进入了一个大夫裂土分治的时代。为了在激烈的竞争中存活下来，同时也为了避免以下克上、以臣逼君的悲剧在家族内部重演，这些掌握了国家大权的世卿家族纷纷掀起了一轮又一轮的变革。其中最鲜明的变革，是国家的治理逻辑从"礼治"向"法治"的转变。

中原大地有记载的成文法典最早诞生于郑国。晋平公二十二年（前536年）三月，执政子产（国氏公孙侨）甘冒天下之大不韪，将刑书铸刻在刑鼎之上。这在中原大地上掀起了轩然大波，一些习惯了礼法制度的旧贵族无法接受刑书的颁布，便以各种形式表达了反对意见。

比如晋国大夫士文伯就以天象做出预测，说："大火星出现的时候，郑国恐怕会发生大火灾了吧？如今大火星还没出现，他们就使用火来铸造刑器，将容易引起争论的法律铸刻其上。大火星如果象征这些，那不引起火灾还能表示什么呢？"

更早的时候，子产仿照晋国"作州兵"、鲁国"作丘甲"的先例，在郑国"作丘赋"，当时就有国人诽谤说："他的父亲死在大路上，他自己又做了蝎子的尾巴，还在国内发布命令，这是要将国家引向何方？"

浑罕（子宽）将这些话告诉了子产，子产十分坚决地回应说："只要有利于国家社稷，我个人的生死又何足挂齿？而且我听说，做好事的不改变其法度，所以能够取得成功。百姓不能放纵，法制不能更改，我既然已经做出这样的决定，就不会再退缩了。"

意外的是，听到子产的豪言壮语，浑罕竟然丝毫都没被感动到，反而叹息了一声："国氏恐怕会先灭亡吧！君子以凉薄之心来制定法令，尚且还会引发贪婪；而如今以贪婪之心制定法令，后果又会如何呢？"他同时还预测说："郑国一定会在卫国之前先灭亡，因为靠近大国而没有法度。政策不遵循法度，反而任由个人的意志来决定，百姓的诉求各不相同，又怎么可能尊敬上位之人呢？"

在这众说纷纭的反对声浪中，晋国大夫叔向（羊舌肸）的意见最富有理性，同时也更符合儒家的传统观念。在寄给子产的一封信中，叔向开门见山就表达了他对子产的失望情绪："起初我曾对您寄予厚望，可如今看来还是太乐观了。"

接着他陈述了自己反对成文法的理由："先王之所以要以事之轻重而不是刑律来裁定罪行，是因为担心百姓有争斗之心。可即便如此，还是不能制止犯罪，因此就以道义来预防，以政令来约束，以礼仪来引导，以信用来维持，用仁爱来奉养，然后制定爵禄官位来勉励顺服之人，严厉地判断刑罚以威慑放纵之人。"

而为了引导人们向善，先王又采取了一些教化的工具："用忠诚来教诲百姓，以奖惩来引导他们，教会他们专业技艺，然后和悦地使用他们，严肃地俯察他们，威严地管理他们，用坚决的态度判断他们的罪行。同时还要访求聪明贤能的卿相和明白事理的官员、忠诚守信的乡长、慈祥和蔼的老师，由此才可以驱使民众而不至于引发祸乱。"

上下有别，尊卑有序，一切按照等级秩序有序运行，这才是一个正常社会应该有的样子。在这样的一个社会里，上位者掌握着民众的生杀大权，判断一个人是非对错的法度规则是贵族的私器，必须像珍宝一样绝不外露。民众因为不知道法度的宽严界限和上位者的偏好，就会产生一种"天威难测"的恐惧感，从而在做出任何行动之前都必须"自我审查"。上位者政策宽松，便是对民众的恩赐；上位者政策收紧，民众也不敢抱怨。如此一来，天下百姓便只能每日战战兢兢，丝毫不敢逾矩，社会才能得以安定。

有鉴于此，叔向指出了公布刑法的危害：如果百姓知道有了明文法律，官员手中的自由裁量权就会丧失，那些犯了罪的百姓就会摘取法律条文中的规定，一字一句地挖掘其中的漏洞，好让自己免于惩罚，由此也就产生了争斗之心。如此一来，百姓就会只注重法律，而对上级的官吏缺乏尊敬。官员失去了体面，触犯法律的案件会日益增多，贪污贿赂的行为也会日渐盛行，国家还将如何治理？

他还向子产列举了三代失德的往事，说"夏有乱政而作《禹刑》，商有乱政而作《汤刑》，周有乱政而作《九刑》"，这三部刑法产生的背景都是王朝的"叔世"，是不足以效仿的。

叔向因此痛心发问："我听说，国家将要败亡的时候，必然会制定繁复的法律。这些道理您不是不懂，可为什么偏偏要设置毁谤政事的条例，制定多种法律条文，还要把这些律则铸刻到鼎上呢？我实在不理解，您难道就准备用这样的办法来安定百姓吗？我所担心的是，如果像您这样搞下去，郑国恐怕迟早有一天会在您的手中走向衰败。"

最后，他还是再次对子产寄予了厚望，故而引用《诗经》中的话说道："只要肯效仿文王的德行，就可以安抚四方，获得万邦的信赖。我希望你尽早回头，废除这祸国殃民的法律，也好让您的子孙后代能够在郑国长享禄位。"

正如叔向信中所言，三代制定刑法的背景都是因为国家的衰败，但叔向在这里却倒置了其中的因果。他所列举的这些要素或许是事实，但在成文法典颁布之前，那些乱象就已经频繁发生了。刑法是为了应对衰至的世道人心而出现的，而并非是因为制定了刑法所以才导致了秩序的混乱。

春秋末期政治失序，国内贪虐横行，这是叔向自己也不得不承认的事实。他也曾倡行礼制，可最后努力的结果是什么呢？是他祁氏、羊舌氏无故受冤。即便不颁布刑法，这样的悲剧就能够避免了吗？既然原本的礼仪规则无法约束人心，如果还不改弦更张创制新的规则，难道还能有更好的办法吗？

所谓"乱世用重典，重病下猛药"。子产作为郑国的执政，不可能像叔向一样只是躲在六卿的背后袖手旁观，抑或在书斋里做理论上的推演。他必须在现实世界里直面当下的乱局，采取切实可行的办法去改变混乱的世道，以一种大无畏的牺牲精神去承担历史赋予他的使命。他要为这个乱世开出一个药方，不管这个药方最终能不能产生疗效，能不能挽救日益衰败的郑国，总要有一个人勇敢地站出来承担责任。

因此，在回复叔向的信中，子产说道："您说的道理我都懂，但侨身居要职又才德有限，无法做到事事周全，所以不能惠及子孙。如今世道纷乱，侨实在想不出救世的办法，只能尽力而为。尽管我的做法会让您感到失望，但还是希望您能够给予支持，侨定当不忘您的大恩！"

## 邓析竹刑

刑书颁布之后，郑国内部接连不断的乱象的确有所收敛，但叔向信中所提到的弊端也开始显现。这主要是因为，早先的刑法属于贵族的私器，只要百姓不知道其判断的依据，即便刑法不够完善也不会引起争执。可刑法一旦公布，就必须经受实践的检验，其中的漏洞自然就会显现出来。这时就有一名普通大夫勇敢地站在时代的前端，以实际行动来为漏洞百出的刑法"打补丁"，他就是中国历史上第一个"职业律师"——邓析。

子产公布刑法之初，邓析就从中看到了机会，从此以后专门研究刑法的漏洞，并借用这些漏洞帮人"打官司"。邓析思维敏捷，善于巧辩，针对同一个案件，引用相同的法律条文，竟然可以得出截然不同的结论。这种极富诡辩色彩的逻辑思辨开启了刑名学说的先河，战国时期的法家代表人物如商鞅、申不害、韩非等人，都是刑名学说的集大成者。

刑名之学的核心是探究形体与概念之间的严格对应关系，其方法论又可以概括为"循名责实"四字。古人认为万事万物必有其名，人们可以根据事物的外形来确定名称，反过来也可以根据其名称来验证其外形，以考察其是否"名实相符"。

儒家学说也倡导"正名"，比如孔子就主张"君君、臣臣、父父、子子"，强调"名不正则言不顺，言不顺则事不成"，一个正常的社会就应该名实相符，国君有国君的样子，臣子有臣子的样子。但到了春秋末期，礼崩乐坏又上升到了一个新的高度，国君被驱逐了没有人纠正，大夫僭越了国君甚至天子的礼节也无人敢于约束。对于这样一个"君不君、臣不臣、父不父、子不子"的混乱世道，孔子一直高声疾呼要"克己复礼",但却一直找不到合适的解决办法,这个重任自然就落到了"刑名学家"肩上了。

在当时的法律专家看来,想要让社会生活回归正常轨道,就需要辨析名与实之间的关系,然后以国家的强制力来督促君臣上下履行其原本应该遵守的权利义务关系。不管你是"四世三公"的权贵家族也好,是"藿食衣褐"的平头百姓也罢,都要按照法律规定的名和实来行事,这样就可以最大限度地避免因礼法约束力不够而引发的种种乱象。早年晋文公时期出现的"执秩之官",从其职能上看,就是为达成这一目标而设立的。

郑国"成文法"颁布以后,邓析凭借着他敏捷的思辨能力,将"循名责实"的方法论运用到具体的法律实践中,一时间声名大噪,郑国但凡有打官司的,第一个想到的就是请他前来充当"辩护人"。因为要打官司的人太多,邓析一个人忙不过来,干脆就开坛讲学,搞了一个"律师培训班",培养了一大批优秀的"律师"。这些"律师"集合在一起,利用他们的专业技能纵横捭阖,搞得郑国有司几乎都运转不下去了,这就给子产的法治改革带来了空前的危机。

当然了,邓析是一个有理想有情操的贵族,他的理想是要构建一个比子产刑书更加具体且宏大的法律体系。通过多年的司法实践,他凭借着手中掌握的丰富的诉讼案例,起草了一部新的法典。这部法典所涉及的条文比子产的刑书更加详尽,其法律思想也更加激进,其逻辑也更经得起推敲,因为它最初是刻在竹简上的,因此被人称为"竹刑"。

事情搞到这一步就有些不好收场了。要知道,子产虽然公布了刑法,并且让渡了"司法解释权",允许人们请"律师",可好歹"立法权"还掌握在国家手中。邓析私造竹刑,公然挑战国家"立法部门"的司法权威,侵削国家的"司法主权",这就是严重的"政治问题"了。因此到晋定公十一年(前501年),也就是成文法公布三十年后,在郑国法律界有着崇高威望的邓析就被新任执政驷歂杀掉了,但他所编制的"竹刑"却被保留下来,被当作新的刑法典继续使用。

### 晋作刑鼎

在晋国,以叔向为代表的旧贵族是反对成文法的中坚力量。而伴随着叔向的谢幕，守旧势力因受到六卿的打压而渐至凋零，晋国成文法典的公布也就是顺理成章的事了。

晋顷公十三年（前513年）冬，也就是六卿"剪除公族枝叶"后的第二年，晋卿赵鞅与荀寅在汝滨筑城，其间他们向当地百姓征收了一鼓（约四百八十斤）铁，用来铸造了一个巨大的铁鼎，并将士匄（范宣子）创制的刑法刻在上面，公之于众。

就如同当年叔向反对子产一样，晋国公布成文法的举动也引发了各国的广泛关注。据说孔子就由此哀叹说："晋国估计就要灭亡了吧！他们本应该遵守唐叔虞传下来的法度作为百姓的行为准则，卿大夫依照各自的位次来维持法度，保证贵贱尊卑不致混乱，百姓才能尊敬上位者，贵族们才能保守他们的家业。贵贱的差别没有错乱，这就是所谓的法度，晋文公也正是以此设置了'执秩之官'、创制了'被庐之法'，从而成为诸侯盟主。如今他们却抛弃了唐叔虞和晋文公的法度，将刑法铸刻在铁鼎之上公之于众。百姓知道了法律的规则，还如何去敬重这些上位者？贵人们还如何保守家业？贵贱没了次序，还怎么治理国家？"

孔子的这番感叹与叔向的说辞大体相同，表达的意思无非是"民可使由之，不可使知之"，只有当百姓敬畏上位者，国家才能保持安定团结。而刑法的公布则打破了原先的等级秩序，让高高在上的大夫与普通民众居于近乎平等的地位，贵族便失去了对民众生杀予夺的特权，国家必然大乱。

针对刑鼎上所刻的"范宣子之法"，孔子也同样提出了批评，说这部刑书是脱胎于"夷之蒐"时所创制的刑法，而"夷之蒐，晋国之乱制也"，是破坏礼乐秩序的乱法，是晋国一切问题的根源，怎么可以把这样的刑法当作常法呢？

这里提到的"夷之蒐"，指的是发生在晋襄公七年的那次人事调整，以赵盾、狐射姑为首的贵族联合抵制晋襄公的人事调整计划，使得晋国大权落入卿大夫之手，开启了赵盾执掌晋政的时代。这一年，赵盾主导编制了新的刑法，就是所谓"赵宣子之法"，这部法令并不遵从唐叔虞早年的法律精神，也与不久前晋文公时制定的"被庐之法"有显著的差异，其主旨大体上是在为私家利益保驾护航。晋国世卿家族的坐大以及公室地位的衰落，都与这部法典有脱不开的干系，显然不符合孔子所倡导的周礼精神。

赵盾死后，晋国内部矛盾开始隐现，晋景公派遣出自法律世家的士会（随武子、范武子，范氏得姓始祖）访问成周，让他依据周礼精神重新修订法律，编制了更加符合公室利益的"范武子之法"。但这部法律并未能解决公室与私家的矛盾，反而使得晋国内部冲突更加激化，甚至还导致晋厉公死于非命。晋悼公回国后，又让士渥浊（士贞子）担任太傅，再次修订法律，调和了原先两部法律中公室与私家的关系，国内矛盾才出现了相对缓和的短暂局面。

但我们知道，晋悼公复霸成功后，大夫的经济实力已经超越公室，公室地位下降已成定局。特别是在栾氏灭族之后，六卿各自为政，晋平公以乐慆忧，甚至连晋平公的母亲也自成一系。国内派系林立，民众无所适从，一时间整个晋国进入了一种"无政府状态"，社会治安陷入瘫痪。大约就是在这个时候，为了应对国内的乱局，士匄（范宣子）又以"赵宣子之法"为底本，创制了所谓的"范宣子之法"。

子产与范宣子所制定的法令虽然名为"刑书"，但其中规定的并不仅仅包含"刑法"的相关内容，也有不少关于民事以及产权界定的条文。比如叔向在给子产的信中，就提到了子产为政的诸多举措，其中就有一项"作封洫"，便是对划定田土边界做出规定。这项政策是在其进行农业、税制综合改革，也即"作丘赋"时开始施行的，到"立谤政，制参辟，铸刑书"时又成为正式的法律条文被确定了下来。"范宣子之法"作为一部脱胎于"赵宣子之法"的法典，其中自然包含了不少保护私家利益的法律条文，对私有产权的确认有着积极的意义。

对于信奉"普天之下，莫非王土"的旧贵族来说，天下土地莫不归于天子所有，无论是子产的刑书还是范宣子之法，其中涉及私有产权的内容都是应该予以坚决反对的。在他们看来，各地的诸侯和封臣不论以何种手段获得土地，都必须得到上级领主的认可，即只有经过了封土授民的仪式，才算是正式获得了土地的使用权。获得封地的诸侯和大夫，都必须要保持对上级的忠诚，听从领主的征召，定时向领主缴纳贡赋和提供人力资源。如果封君表现出了对领主不忠诚的行为，或者因其他原因而遭到处罚，领主甚至可以将封地收回，转封他人。

这种在礼制上约定俗成的规则，随着权力的下移越来越流于表面。比如西周末年天子失势，天子名义上仍可以支配天下所有的土地，但已经失去了执法的能力，只能任由诸侯肆意兼并，土地的所有权实际上已经转移到诸侯手中。而到春秋末年诸侯失势，这种所有权自然也就顺势转移到大夫手中，诸侯再也无力对这些私家土地行使所有权。因此到这个时期，不通过国君而私下处置土地的事件便屡见不鲜了。

土地私有化的进程已然开启，那些原本礼法框架下的土地最终所有者，上至天子、下至诸侯，都无法对大夫争夺土地和私相授受的行为进行干预。但问题是，大夫对土地所有权的占有只停留在事实层面，是缺少法律依据支持的。若要想巩固他们对土地的合法占有，并在将来的土地纠纷中有所凭依，就必须有与之配套的法律来进行确认，这也是范宣子之法乃至子产刑书产生的一个基础。

## 履亩而征

当土地私有制成为现实，与之配套的土地分配制度和税赋体制的改革也就成了题中之义。1972 年出土的银雀山竹简《吴问》，就对晋国六卿土地改革的具体形式进行过概括。

在这篇问答式的材料中，吴王阖闾对晋国的政治走向很感兴趣，于是就向孙武询问："晋国的六卿谁会最先走向灭亡，谁又能活到最后呢？"

孙武给出的答案很明确："范氏、中行氏会最先灭亡，智氏为次，韩、魏再次，而赵氏则会笑到最后，成为晋国的主人。"

孙武的主要依据是当时六卿各异的经济制度[①]。依照西周时的旧制，一亩大约等于一百平方步，也就是宽一步、长一百步的土地为一亩。范氏、中行氏在传统的百步一亩的基础上稍作改良，以一百六十步为一亩；智氏改革的步子更大一些，以一百八十步为一亩；韩、魏两家则更进一步，以二百步为一亩；而赵氏最为大胆，是以二百四十步为一亩。

与此同时，孙武还指出了六卿家族税赋制度的差异。这其中，赵氏不向农户征税，故而无法从这些分授的土地中获取收入；而其余五家则都采取了五税一的固定税率。

按照当时的授田制度，一个成年男子可以获得一百亩的土地。在授田数量一定的情况下，亩制越大就意味着百姓获得的土地越多，公家所掌握的土地也就越少。在税率相同的情况下，百姓获得的土地越多就意味着越富有，这样很容易就能吸引附属于其他家族土地上的百姓前来投奔。

---

① 参见李修松：《春秋战国时期亩积的扩大——兼论田的形制的变化》，《中国农史》1987 年第 1 期。

这样的政策看似不可想象，但若联想到齐国陈氏的"小斗进、大斗出"的做法，也就不难理解了。赵氏之所以敢于如此行事，其目的与陈氏是一致的，都是试图通过让利于民的手段，最大限度地争取民心民力、获取竞争优势。

以公家的富裕程度而论，范氏、中行氏显然更加富有，智氏次之，韩、魏再次，而赵氏则最为"贫困"。这种做法看似是降低了赵氏的竞争力，但若从长远考量，却有着天大的好处。

在孙武看来，公家富有会带来一系列严重后果，使得主君志得意满更加骄横，难免就要多养门客追求排场；大臣们也会放纵奢侈，为了获取军功屡屡鼓动主君发动不必要的战争。这些做法都会进一步加重百姓负担，是自取败亡之道。因此，赵氏虽然贫困，但若是能够一直执行当前的制度，就一定会成为最后的胜利者。

从以上分析来看，晋国六卿尽管为政风格差异巨大，但都在推行以大亩制和"履亩而征"为主要形式的综合改革。这既是晋国内部高度紧张的竞争环境倒逼出来的必然结果，也是生产力和生产关系发展的必然产物。

从生产力角度来分析，西周以前的历史时期，由于农业生产大量依赖骨、蚌、石、木等原始农具，农业开发效率低下，生产时必须投入大量人力共同劳作，由此也就形成了以"井田"为主要形式的早期集体农庄。而随着生产力水平不断提高，尤其是铁制农具和牛耕的推广使用，使得以家庭为单位的农业生产成为可能，低效率的井田制也就逐渐退出了历史舞台。

从生产关系角度来分析，自晋惠公"作爰田"以来，晋国的私有经济就已经逐步开始推行。但由于受到封建等级制度的影响，官员的薪酬仍有赖于食封，这就使得在实际发展进程中，小农经济真正取代集体经济尚缺乏技术条件和制度基础。

而到了春秋末期，由于不少世家大族如叔向提到的栾、郤、胥、原、狐、续、庆、伯等氏在政治斗争中落败，原先依附于这些大家族的旁支侧室失去了荫蔽而"降在皂隶"。这些拥有一定知识和技能的士群体的出现，为职业官僚和技术官吏的发展提供了充足的人力资源，同时也为废止井田制下的助法、改行按亩征收实物税的新制度创造了条件。

## 县郡体制

职业官僚队伍的发展壮大，还带来了另外的收获，那就是使得县郡制度的发展步入了快车道。

早在春秋初期，各诸侯国在不断发展与斗争中都充分认识到封建制的危害，因此也探索出了不少制度设计来规避其中的缺陷，县郡体制就是在这一历史背景下萌芽的。

县制最早发源于楚国，最初设置的目的是巩固新占领的土地和民众。这些位于边境上的土地，常常由于民众不服或者他国侵扰等原因在列国之间来回易主，因此很难将其作为世袭采邑分封给有功勋的大夫。为了解决这一难题，当时的人们就将这些新获得的土地设置为县，由国君直接任命、管理、调遣县尹或县大夫。

县大夫在辖地内可以调遣兵将，也可以收取食封，但并不享有县邑的所有权，可以有效避免土地在大夫手中过度集中，因此受到广泛青睐，成为一种为君主集权保驾护航的新型政治制度。正是由于县制得到了严格实施，楚国才能在春秋公室俱卑的潮流中独树一帜，避免了君主权力为卿大夫侵夺的命运。

楚国设县后不久，晋国也于晋献公时期开始实行县制。比如晋献公十六年时，晋国伐灭霍、魏、耿三国，任命赵夙、毕万为大夫，耿、魏据说是最早一批县级行政单位。

晋献公设县的初衷或许与楚国是一致的，都是为化解封建制危机、加强君主集权而采取的应对措施。然而遗憾的是，由于晋献公死后晋国出现了"五世昏乱"的政治局面，嗣后即位的晋惠公又因韩原兵败而施行了"作爰田、作州兵"的政策，县与采邑之间的界限逐渐模糊。到晋文公回国后，又因为在国内缺乏根基，不得不确立了"公食贡，大夫食邑，士食田"的新经济制度以获取大夫阶层的支持，等于是在制度层面上追认了县作为大夫封邑的法律地位。

这也就意味着，晋国的县制仅仅设立了二十几年便完全偏离了轨道，成为采邑的代名词。国君不断将原本应该直属于公室的县分封给大夫，此消彼长之中自然也就使得公室与卿大夫之间出现权力倒挂，从而为后来公室的衰微埋下了伏笔。

此外，晋国起初设县的方式也与楚国一致，都是设立在边境或者新征服土地上。但到了春秋后期，伴随着卿大夫之间兼并风潮的兴起，县制也逐步向内地扩展。比如到晋平公时期，连晋国的旧都故绛都已成为赵氏的属县了。县制由边境向内地扩展的过程也伴随着血腥杀戮，如祁氏、羊舌氏灭族之后，两家原有的封地被划分为十个县，为六卿所瓜分。

县制不断扩张的过程，与卿大夫实现宗族内部集权的努力是相辅相成的。在过去的二百多年间，封建制危机一再展现出其恐怖的獠牙，诸侯架空了天子，大夫又架空了诸侯；而在一些宗族内部，"陪臣执国命"，家臣侵夺甚至架空大夫权益的事情也屡有发生。

这种种乱象让聚拢了大量财富的世卿家族产生了强烈的危机感，为了避免重蹈过去天子和诸侯的覆辙，在宗族内部开展集权化的变革也就在所难免了。而在诸多的变革手段中，重新恢复县制的初始功能，也就是以临时性的县大夫取代世袭封君，就是最直接有效的措施。

只是对于新旧两类卿族来说，由于其历史条件不尽相同，在宗族内部改革的难度也迥然不同。赵氏虽是晋悼公时期重新发展起来的新兴势力，但由于其特殊的发展历程而兼具了旧贵族的特征，在其家族内部存有数量庞大且传承久远的世袭封君。想要在这些固有的封邑内推行县郡官僚制，就必须触动地方封君根深蒂固的既得利益，由此所面临的阻力可想而知，这也是其与小宗邯郸氏爆发冲突的一个重要原因。

一方面，邯郸氏的先祖赵夙是赵衰的兄长，其获得封邑最早可以追溯到晋献公时期，因而虽是侧室却比大宗的历史更为绵长。在长达一百多年的历史发展进程中，邯郸氏与赵氏并行传承，到内战爆发前已延续了五代，其血缘亲情早已淡化，天然就缺乏对赵氏大宗的向心力。

另一方面，邯郸氏在政治上有很强的独立性，首先要效忠的对象是国君，其次才效忠赵氏的大宗。而经过一百多年的发展，邯郸氏内部也出现了小宗和从属于邯郸的县大夫。

邯郸氏除了没有卿的地位外，在其他方面几乎可以与智氏比肩，这就使得当赵氏想要加强内部集权时，邯郸氏无论如何都不可能轻易放弃其独立自主的地位，冲突的爆发也就成了必然。也就是说，这场爆发于赵氏大小宗之间的冲突实质上是新旧两种制度碰撞带来的必然结果。这种冲突早已有之且不可调和，最后以战争的形式爆发也就在所难免了。

## 第三节　东阳内乱

### 肇乱之端

公元前497年初，赵氏家臣董安于主持营建多年的晋阳城宣告完工，因而人们都将这一年记作太原建城的起点。赵鞅修建晋阳城的初衷，原本是希望将其作为赵氏宗保之地，可出人意料的是，这座被寄予了厚望的城池非但没能给赵氏带来安泰平和，反而在其建成之日便引发了一场内乱。

这场内乱迁延日久，前后持续时间长达七年，在整个春秋历史上仅次于"曲沃代翼"的七十年内战，但其强度、烈度显然不是"曲沃代翼"战争所能比拟的。战火波及甚广，不仅晋国的六卿尽数被卷入其中，周王室以及东方诸侯如齐、鲁、郑、宋、卫，北方"夷狄"鲜虞莫不深陷其中，从而对天下政治格局的塑造带来了深刻的影响。

这场如同世界大战一般的晋国内乱，在历史上一般被称为"范氏、中行氏之乱"，又因其主要爆发的区域在晋国的东阳地区，因此在本书中简称为"东阳内乱"。

## 战略相持

晋定公十五年（前497年）十二月十二日，在韩、魏两家的主持下，赵鞅从晋阳返国进入绛都。大概就是在这段时间里，赵鞅整合了赵氏分散在各地的力量，在绛都附近先后进行了多次大规模的盟誓。参与盟誓的除了智、韩、魏以及赵氏自己分散各地的力量，还有从邯郸叛逃出来，乃至于范氏和中行氏未跟随叛乱的宗人和家臣[1]。

然而就在这个时候，中军将荀跞却突然派人前来责问赵鞅："范氏和中行氏发动了叛乱不假，但据我所知，祸乱的始作俑者实际上是您的家臣董安于。根据晋国的法令，'始祸者死'。如今范氏和中行氏已经受到了惩罚，所以特来向您报告！"

荀跞的话说得很客气，但言语之间却将矛头指向了董安于，意在逼迫赵鞅将其处死。之所以会提出这样的要求，按照《左传》的说法是由于受到其助手梁婴父的怂恿，但更重要的恐怕还是出于他对待赵氏一以贯之的态度。

早在十一月初，荀跞决定要介入这场纷争的时候，就已经给赵氏定了罪，认为赵鞅与范氏、中行氏一样都属于"始祸者"。后来在韩、魏两家的支持下，赵鞅被迎回了国内，但荀跞的态度并未发生转变，仍然视赵鞅为戴罪之身，必须要做出惩戒。

听了荀跞的这些话，赵鞅真是气不打一处来。此时赵氏的危机还没有完全解除，邯郸氏与范氏、中行氏仍旧占据邯郸、朝歌，盘踞在东阳地区。眉头之难未解，智氏就已经开始趁火打劫，如此行径怎能不让人愠怒！

为了免于让赵鞅陷入伦理困境，董安于挺身而出。他说："我都已经这么老了，死是迟早的事。如果我的死能够换来晋国的安宁和赵氏的安定，那也算死而无憾。"说罢就在夜深人静的时候悬梁自尽了。

等到赵鞅得知消息时，他最为倚重的智囊早已变成了一具冰冷的尸体。赵鞅欲哭无泪，只能按照董安于的遗愿，将其暴尸街市，并派人告诉智氏说："主前日里派人责问的罪人董安于已经服罪了，谨此向您答复。"

智氏除掉了赵氏心腹，便也没有了继续刁难的借口，因此同意与赵氏

---

[1] 参见王鹏、杨秋梅《侯马盟书与晋国赵氏的发展》，《山西档案》2015年第4期。

结盟。

从这个事例中可以看出，高强对晋国内政的判断还是很准确的。智、韩、魏三家表面上看似与赵氏站在了同一战线上，可暗地里却各怀鬼胎。尤其是对于荀跞而言，他只是痛恨中行氏甚于赵氏，故而愿意助赵氏扳回一局，但并不代表两家关系有多和睦。战争持续时间越久，对赵氏的损耗越严重，战后的局势也就对智氏越有利。因此，只要赵鞅没有出现全局性的溃败，智氏就会选择以超然事外的态度袖手旁观；甚至说假如战事突然出现了好转，他还有可能会利用执政地位为其制造障碍。

在智氏、赵氏面和心不和的情况下，处于弱势地位的韩、魏两家也只能尽可能地保存实力，因而无法做到全力以赴。其余如梁婴父、士皋夷，虽说在一定程度上造成了范氏、中行氏宗族内部的分裂，可毕竟实力弱小，这也就使得整场战争实际上仍然只是赵氏自己在战斗。

反观范氏和中行氏，尽管他们在国内斗争中落了下风，可在列国却取得了广泛同情，以齐国为首的势力很快就介入了晋国内乱。

晋定公十六年（前496年）夏，也就是范氏、中行氏退守东阳的半年后，齐景公邀合鲁定公、卫灵公在牵地（今河南浚县北）会面；秋季，与宋景公在曹国的洮地（今山东鄄城）会见；次年夏天，又与卫灵公在渠蒢会面。这几次会议的主要议题都是要谋救范氏和中行氏。

除此之外，常年受到晋国兵锋威胁的郑国、鲜虞（中山），也都积极配合范氏、中行氏的行动。尤其是郑国，不仅直接派兵参与内乱，还同时承担了为叛军输送粮草的重任。周王室在刘文公的主持下，也不遗余力地帮助范氏，在经济上、政治上都给予了很大的支持。战争刚刚进行到第二年，中原大地上就形成了以范氏、中行氏、邯郸氏为核心，齐、鲁、宋、卫、郑、周、鲜虞（中山）等国为助力的反晋同盟，声势不可谓不浩大。

有了诸侯的强力支持，范氏、中行氏胆气陡增。晋定公十六年夏，正当赵鞅带领晋军主力奔赴朝歌之时，东阳残余势力却在士鲋（析成鲋）、小王桃甲的带领下，引动狄人反攻绛都；是年十二月，上军司马籍秦、齐国亡臣高强又在郑国军队的直接支持下，于潞氏起兵反叛。好在晋国内部防守严密，没有给对方留下可乘之机，这两场战事才没有闹出大乱子来。不久后，战败的析成鲋奔周，小王桃甲退至朝歌，籍秦、高强兵败被俘，增援的郑国军队也在百泉（今河南辉县）被击溃。

内线的反叛很快就得以平定，但外线的战争就没那么顺利了。到战争的第四年（晋定公十八年，前494年），围困朝歌的战斗仍然不见起色。

为了救援朝歌，当年四月，齐景公和卫灵公又联合出兵包围了五鹿（今河北大名东）。秋季，两国又在乾侯会合，联合鲁国和鲜虞的军队入侵晋国，占取了棘蒲（今河北赵县）。晋国方面，赵鞅于当年十一月增兵朝歌，与诸侯联军互不相让，战场局势大抵处于均势状态。

而恰恰在这个时间点上，卫国发生了一场不大不小的内乱，为赵鞅打破战略均势提供了契机。

### 战略转折

话说卫灵公的夫人名叫南子，是宋国公族女子，早年曾与同族的公子朝有些私情。后来她被迫嫁到卫国，又得知卫灵公对如花美眷提不起兴趣，反而更偏爱一些男宠，心中便更是失落。卫灵公为了抚慰南子，就命人将宋朝请到了卫国，谁知却因此惹下了大麻烦。

这个时候正是晋国内战的第二年，齐国和宋国在洮地举行会见。卫太子蒯聩前往宋国向齐国赠送土地，在回国的路上，偶然听到宋国有人唱歌讥讽卫国的宫廷绯闻，蒯聩听后感觉十分羞耻，于是决定杀死南子。

当然了，任何风花雪月的故事背后，往往都蕴含着更大的秘密。蒯聩之所以要杀南子，或许是因其太子地位受到了动摇，抑或是被卷入了去年公叔戌的叛乱当中，这些我们都已不得而知。但总之，从宋国回来之后，他就开始秘密筹划刺杀行动了。

不过，太子虽有雄心，做事却不够机密。他找到一个名叫戏阳速的武士，让他跟自己一起进宫朝见南子，且约定好只要自己一回头，戏阳速就上前刺杀。戏阳速当面倒是满口答应了，可真到了刺杀的时候，太子频频回头示意，他却始终都不敢有所动作，反倒是让南子看出了蹊跷，因此急忙向卫灵公告状。眼见事情败露，蒯聩在国内无法立足，只得逃往宋国，不久之后又到晋国投奔了赵氏。

蒯聩出奔三年后，也即晋国内战的第五年（前493年），卫灵公突发重疾，临终前有心传位给公子郢（子南），但对方坚辞不受，两个人你推我让，最后也没有议出个结果。卫灵公去世后，南子旧事重提，公子郢仍然不肯接受，还提出太子的儿子公孙辄尚在，坚持让南子改立了新君这才了事。

消息传到晋国，正在赵鞅门下效力的蒯聩顿时就崩溃了：父亲尚在人世，你们偏立儿子来做国君，天底下哪有这样的事情！而赵鞅也从中看到了机会，心想：如果能扶持蒯聩取得卫国君位，必能在齐国围堵晋国的联盟中撕开一个口子，从而改善赵氏的外部环境，何乐而不为呢？

既然志趣相投，那就放手去做。当年六月，赵鞅即整点兵马，带着蒯聩直奔卫国而去，打算以武力助其登上卫君宝座。

想象总是很美好，可真要到执行的时候，却未必会那么顺利。当时双方激战的朝歌、邯郸大都位于卫国周边，从绛都去往帝丘需要经过各方势力往来穿梭的"交战区"，大军浩浩荡荡开拔而过很难不被人发现。为了尽量避免暴露行踪，他们起先选择了趁夜行军，毫无意外的是，晋定公十九年（前493年）六月十七日夜间，大军果然就在黄河北岸迷了路。还好有鲁国叛臣阳虎在军中，指点大军就地渡河向南进军，这才顺利进入卫国境内。

抵达戚邑城外，赵鞅利用卫国内政未定的契机，让太子换上丧服，向守城的人通报说是前来迎接太子回国的，借此占领了戚邑。按照《史记》的表述，在此期间，赵鞅还曾带兵护送蒯聩入卫，但遭到了卫人的激烈抵抗，只好又返回戚邑停驻。也正是因为这一个多月的耽搁，使得赵鞅不但没能完成使命，反而又遇到了新的危机。

晋国内战期间，以齐国为首的反晋同盟除了提供军事上的直接支持外，还在经济上向范氏、中行氏提供了大量援助，而这些援助的运输任务则是由郑国军队承担。这年八月，郑国的子姚（罕达）、子般（驷弘）带领的运粮部队自东向西抵达戚邑郊外。而为了保证粮道安全，范氏宗主士吉射也亲自带兵前来迎接。正当赵鞅带着军队在戚邑徘徊的时候，突然间就同时与这两支军队不期而遇。

情况万分紧急，来自鲁国的叛臣阳虎此时再次发挥了巨大的作用。他向赵鞅提议说："我们的车辆少，肯定不能与他们硬碰硬。不如把将旗插在车上，与郑国的战车先行对阵。对方突然看到我们的阵容，必定会心生恐惧，到时候合兵围之，必能令其不战而溃。"

当然了，关于阳虎的这段话还有另一种解释。此处原文为"彼见吾貌，必有惧心"，有注解认为是郑国人见到阳虎的容貌之后，会因为害怕他而军心涣散。其中的原因倒也不难理解，当年郑国公然叛晋之时，鲁国曾出兵伐郑占取匡邑，当时出征的"总指挥"便是阳虎。

或许是由于阳虎为人太过残暴，此战让他在郑国一战成名，人人皆对其恨惧交加。在晋国内战爆发的第一年，孔子去卫赴陈途中行经匡邑，当地人不由分说将其扣留数日，据说也是由于二人的容貌太过相像而产生的误会，可见阳虎其人在郑国人心目中是一个什么形象。因此，当两军在戚邑相遇的时候，阳虎认为只要打出自己的招牌就能让郑人胆寒，倒也不算是自矜功伐。

赵鞅此行的目的本来只是为了送蒯聩回国即位，并不想有太大的动作，因此所带兵力有限。而他们所面临的对手，无论是郑国的运粮部队还是范氏的接应部队，都要比赵军阵容更加强大。因此在阳虎看来，既然赵军没有足够的兵力与其中的任何一支展开大规模战斗，最优的解决办法就是挑一个软柿子，把他们吓跑就完事了。

## 铁丘之战

赵鞅很认可阳虎的建议，于是就在戚邑南部的铁丘进行了一次战前动员演讲。演讲中，他一再声明自己的正当性，并痛斥敌人的无道："范氏和中行氏违背天命、斩杀百姓，想要在晋国专权而欺压君主。以前我们的国君曾依仗郑国的保护，可如今他们却抛弃了国君反过来帮助逆臣，是为大逆不道！"与他们的无道不同，"我们上承天命，下服君命，推行德义，是得到上天庇护的。匡扶正义，消除国耻，就在今天这一战了"！

大道理好讲，可面对强大的敌人，想让士卒克服恐惧、摒弃侥幸，终究要付出重赏才行。为此，赵鞅宣布了一项大胆的决定，凡是英勇迎战、痛击敌人的，不论身份贵贱，都会有不同等次的赏格："克敌者，上大夫受县，下大夫受郡，士田十万。"

对作战勇猛的有功之臣赏赐土地田产是春秋时期的惯例，晋国的大小贵族都是依靠军功赏赐发展起来的。因此，赵鞅的赏格虽高，却并未突破制度限制，若仅仅如此的话，尚不能解决根本问题。此时赵军面临的最大问题是随军兵员数量不足，为了能够在局促的环境下最大限度地扩充兵员、激发现有人员的战斗力，赵鞅又祭出了两个大招："庶人工商遂，人臣隶圉免。"

春秋时期参军作战的主要力量都是拥有土地的贵族阶级，工商业者及庶人等并没有参军的义务和权利，更没有进仕为官的渠道。因而无论是从规模上还是惨烈程度上，春秋时期的战争都很有节制，所谓的战争礼仪也只有在这种情况下才能出现。战时征召工商业者及庶人随军的主要形式是服劳役，为军中士兵搬运物资，并从事一些战时设施修建等体力工作。而比工商业者和庶人地位更低的奴隶，更是连人身自由都被剥夺了。

到春秋末期，伴随着族群冲突的日趋恶化，各家族为了求得胜利，在用人时大都不拘一格。比如在固宫之役时，有一名叫斐豹的奴隶，就是以杀死栾氏猛将督戎为条件换取了自己的自由。这些个例的出现表明原本牢不可破的阶层壁垒出现了松动，但大规模免除奴籍的事件还是鲜见的。

赵鞅在此战中的宣示，则是进一步破除了阶级秩序的藩篱，只要能够破敌立功，庶人和工商业者也都可以晋爵为官，官家和私人的奴隶都可以凭借军功获得自由身。此举大大激发了随军劳役和奴隶的战斗积极性，使得他们为了获取更大限度的自由，愿意积极投入到战斗中去。

赵鞅的这些措施后来对各国都产生了深远的影响。当阶层藩篱被冲破，无产者和手工业者被允许进入军队，战争的形态也就发生了转变。春秋时期贵族之间的有限战争，也会被全民皆兵的大规模战争所取代，由此也就带来了一个变革更为剧烈的时代。

这些都是后话了。在这场战争中，除了对各阶层人员进行动员之外，赵鞅还为自己定了规矩："如果我能够侥幸脱罪，会将列位的功劳上报给国君，请国君对诸位加以赏赐。若是战败得罪，就对我处以绞刑，死后以三寸桐棺下葬，不得设置衬板和外椁，不得用装饰过的车马运送，也不得葬于本族的兆域，依照下卿的地位操办丧事，以示惩罚。"

战争动员已经完成，按照影视剧的套路，也就到了该决战的时候，不过现实总有其固有的逻辑可循。赵鞅的战前动员固然鼓舞人心，可当人们面对数倍于己的敌人时，总难免心存恐惧。比如卫国太子蒯聩，八月初七日两军对阵的时候，他担任赵鞅的车右。大军行至铁丘，蒯聩远远看到郑军人多势众，便不自觉地从车上跳了下来，不敢再往前进。这时担任御戎的邮无恤（王良，王子於期）便讥讽他说："你怎么就跟个女人一样？"

这种讥讽对于已经失去心智的蒯聩来说，已经丝毫都起不到激励作用了，他依旧不住地祷告说："皇天上帝，皇祖文王，烈祖康叔，文祖襄公，请保佑你们的曾孙蒯聩！郑胜（郑声公）兴起祸乱，晋午（晋定公）处于危难之中，不能平定祸乱，故派赵鞅前来讨伐。蒯聩不敢贪图安逸，登车执戟列于行伍。死生不敢请求，佩玉也不敢爱惜，只希望祖宗保佑我：不要伤筋动骨！更不要毁掉我英俊的面容！保佑我成就大事，不要给先祖带来羞辱！"

临阵畏缩的不只是蒯聩一人，更让人感到啼笑皆非的还有温大夫赵罗。在见到黑压压的郑国大军的那一刻，他就不由得开始双腿发抖、无法站立，御戎繁羽和车右宋勇只好把他绑到车上勉强出战。有军吏上前询问，繁羽就说他是因疟疾发作站不起来了。

赵鞅巡视全军，看到此番情景不免担忧。为了消除将士们的恐惧心理，他又登高振臂为众人打气说："当年毕万（魏氏祖先）也只是个普通人，可他每次参加战斗都能俘获敌人，后来凭借军功获得赏赐，家里有马四百匹，自己在家里无疾善终。大家都想想吧，我们每个人都跟毕万一样，只要能够克服内心的恐惧，谁死谁生尚未可知！"

赵鞅的战前动员不可谓不精彩，可兵力悬殊的现实摆在那里，赵军的士气再旺盛，也总免不了要吃一些亏。战争初期，在郑军的猛烈攻势下，赵军损伤惨重，不仅绑在车上动弹不得的赵罗被人掳走，就连主帅赵鞅也身负重伤，帅旗也被郑军缴获了去。

眼见赵鞅疼痛难忍而无法指挥战斗，原本畏缩不前的蒯聩突发神勇，这才击退了郑军。郑军败退之时，蒯聩又组织兵力突入敌阵，将他们为齐国押送的一千车粮食全部缴获。

此外，还有一个名叫公孙龙的人，他原本是范氏的属吏，内战期间奉范氏之命到周王室接受赠田并收取赋税，结果被晋人抓获。有司准备将其处以极刑，但赵鞅爱怜其忠，就赦免了他。这一战中，他趁夜带着五百人偷袭郑军，在郑军主帅罕达的账下夺回了蠭旗，以报答赵鞅的知遇之恩。

赵军获得胜利后本想趁势追击，但郑军统帅子姚、子般、公孙林临危不乱亲自殿后，使得赵军前锋损失惨重。赵鞅本来带兵不多，如今战事既已取得胜利，便也不做纠缠，只带着缴获的千车粮草返回了国内。

这次战斗因发生在铁丘附近，因而被称为"铁之战"。赵鞅久攻朝歌、邯郸不下，却不料在护送蒯聩入卫时，凭借着铁之战的以少胜多，在外围取得了意想不到的突破。

此战赵军不但一举截获了齐国输送给范氏的一千车粮草，同时还得到了一个意外的启发：一旦外围的交通补给线被切断，范氏势必因粮草不继难以支撑，赵氏取胜也便指日可待了。也正是从这一刻起，赵氏对范氏、中行氏的战争终于突破僵局，进入了全面反攻阶段。

## 物伤其类

《史记·孔子世家》上曾有这么一段记述，说是在晋国内战时期，赵氏攻打中牟，范氏驻守中牟的县宰佛肸无法抵御，故而据邑反叛。古来叛主归降者都会向新主人献上投名状，以便将来能有一个好的前程。由于赵氏喜欢举贤之人，佛肸便准备投其所好，献出一个别出心裁的投名状：召请孔子入仕。

彼时孔子在卫国混得很不如意，如今得到出仕的机会，自然是欣然前往。不过他的弟子子路却不怎么理解，于是就问道："老师经常教导我们说，如果一个人亲自做了不善之事，君子就不会去他所在的地方。如今佛肸亲自以中牟叛变，您却要应邀前往，这是为什么呢？"

孔子的回答很有意思："我的确说过这样的话。但我也说过，坚硬的东西是磨不薄的，洁白的东西是染不黑的。我又不是中看不中用的匏瓜，总要有一个地方来施展抱负才行啊！"

说完这些，他就准备前往晋国去见赵鞅。但刚走到黄河边上，就听到窦鸣犊、舜华被杀的消息，于是又慨然长叹说："美哉水，洋洋乎！丘之不济此，命也夫！"孔子决定不再去找赵鞅谋职了。

子贡不解，就问道："老师您这又是什么意思？"您不是说要找一个地方施展抱负吗？连佛肸的过错您都能容忍，怎么就独独不能容忍赵鞅犯错呢？

孔子回答说："窦鸣犊、舜华都是晋国有才德的大夫，当年赵鞅还未得志的时候，是依靠这两人的帮助才得以从政的，如今他得志了却要卸磨杀驴以执掌政权。我听闻，若是有人剖腹取胎杀害幼兽，麒麟就不会再来到他的郊野；涸泽而渔使鱼虫无处匿藏，那么蛟龙就不会来调和阴阳了；倾覆巢穴毁坏鸟卵，凤凰就不愿意在这里飞翔——君子讳伤其类也。鸟兽见到不义的行为也知道避开，更何况我孔丘呢！"

孔子的确该为此感叹，因为事实上窦鸣犊、舜华的死并不是孤例，被冤杀的贤能之士还大有人在，其中最为知名的便是王室大夫苌弘。

苌弘是一名很有学识且德行高尚的贤人，也是孔夫子赞叹不已的君子，在这个礼崩乐坏的世道中，他与叔向、晏婴等人一样，都是激浊乱世中难得的清流。然而，由于他长期服务于执掌王室大政的刘氏，而刘氏又与范氏有姻亲，在内战期间长期向反叛势力提供经济援助，令赵鞅极为恼火。晋定公二十年（前492年），赵鞅派人到成周问罪，周人不堪其怒，遂于六月十一日杀掉了苌弘向晋国解释。苌弘本为蜀人，据说时有蜀人为纪念苌弘，将其血藏于家中，三年后皆化为碧玉，故有"苌弘化碧"之说千古流传。

在国内，为了防止范氏死灰复燃，赵鞅还杀掉了曾帮助自己驱逐同宗的士皋夷。

士皋夷原本打算借助赵氏之力驱逐士吉射，自己取而代之成为范氏新的宗主，因此便积极地为赵鞅摇旗呐喊。然而这些都只是他的一厢情愿，赵鞅通过艰苦战斗打败了士吉射，就必然要将其完全剿灭，保留范氏的宗族传承显然不符合其自身利益，这也是晋国政治的内在逻辑。在苌弘被杀五个月后，赵鞅终于攻破了朝歌城，士皋夷也就完成了他的历史使命。

赵鞅的这些做法符合政治家的逻辑，但却与孔子的仁政理念背道而驰，他们不是同一类人，也就注定不会走到一起。这就好比当年的铸刑书之争，参与论辩的叔向和子产都是当世的贤人，但所处位置不同，得出的结论自然也大相径庭。面对世间的一切纷乱，叔向只是一个旁观者，故能坐而论道、大谈季世将临、人心得失；可子产却不同，他是一国执政，承担着救世济民的重任，就要摸着石头过河、斩断荆棘寻路，哪怕是遇到了刀山火海也总得闯一闯、试一试。

同样，在面临两难抉择的时候，赵鞅和孔子立场不同，最后的选择也会大为迥异。赵鞅是一个务实主义者，当他与东阳势力处于胶着之中时，一城一池的拉锯往复也是常有的事，佛肸能够以中牟背叛范氏，窦鸣犊、舜华或许背叛了赵氏也未可知。在关乎生死存亡的大局面前，一切可能会对战局造成不良影响的因素都应该被清除掉，至于被清除的人是不是贤人，这并不是他所要关心的事。

而相比于战事的进展，孔子更关心的是自己的政治理想能不能得到赵氏的认可，赵氏能够容忍公孙龙、佛肸叛范，却不能容忍窦鸣犊、舜华，似乎说明他并不看重窦、舜的贤能。

结合孔子对荀寅的评价——"尊贤而不能用，贱不肖而不能去"——可知，如今晋国的这些政客们虽在外有尊贤礼贤尚贤之名，可内心里却都是不折不扣的实用主义者。在旁人眼中你或许是饱读诗书以救世的圣贤，可在他们眼中就是"中看不中用的苦匏"，是用来装点门面的"吉祥物"。他们对天道缺乏敬畏，对圣哲缺乏尊重，只要你的行事方式不符合他们的利益，哪怕是麒麟在世、凤凰落凡也一样逃不过他们的魔爪。面对如此徒有虚名的"贤君"，又何必自讨没趣呢？

### 战略反攻

中牟原本是隶属邯郸氏的城池，邯郸氏叛离赵氏，中牟自然也落入了叛军之手。这座城池在东阳地区的战略地位极其重要，《韩非子·外储说左下》曾引用晋平公的话说，中牟是晋国的股肱、邯郸之肩髀。齐卫伐晋的夷仪之战时，卫军奔袭五氏，中牟便是必经之地，当时赵氏在中牟驻有一千乘兵车，这已经是一个中等诸侯国的军队规模了。

佛肸叛范发生的时间节点，按照一般的推测应该就在战争的第五年（晋定公十九年，前493年）卫灵公去世前的那段时间里。中牟重镇的回归，意味着赵氏对邯郸的进攻取得了实质性的突破，而同一年的铁之战又切断了国外支援邯郸的交通线，这就对东阳方面造成了沉重的打击。

与此同时，大约在铁之战后不久，一直与赵鞅有龃龉的荀跞也去世了，赵鞅得以升任中军将，在国内事务上掌握了更大的话语权。权势的稳固使得他可以从容调配各种资源，不必再受智氏的牵制，后方也有了坚实的保证。

铁之战的次年，也即晋定公二十年（前492年）十月，赵鞅再次包围朝歌。

面对赵军的凌厉攻势，荀寅无法坚守，于是便集中兵力佯攻城南，以调动赵军各部增援大本营。待到赵军主力集结完毕，中行氏预先安置在城北的部队则趁势涌入朝歌，带着荀寅从北门突围而去。

中牟、朝歌两城的陷落，戚邑外部交通线的截断，意味着邯郸已成孤城一座，范氏、中行氏也就失去了对抗赵氏的根本。然而支持他们作乱的诸侯却并不甘心失败，为将这场内战拖延下去又掀起了新一轮的军事行动。

首先是在晋定公二十年春季，齐景公在联合卫国出兵包围戚地的同时，向中山请求援兵，意图分散赵军注意力以打通支援邯郸的交通线。朝歌陷落后的第二年七月，齐国又派出陈乞、弦施联合卫国的宁跪出兵，包围五鹿（今河北大名东）以声援邯郸的赵稷。

赵鞅对此并不忌惮，当年九月，赵氏大军包围邯郸，经过两个月的战斗终于将其攻破，从而拔除了东阳的又一个根据地。荀寅再次出逃，投奔鲜虞，赵稷则逃奔到临地（今河北临城西南）等待齐军接应。

齐将弦施接到赵稷后，就拆毁了临地的城墙，以防止晋军占据把守。随后又安排国夏出兵，先后占取了邢（今河北邢台）、任（今河北邢台任泽区东南）、栾（今河北石家庄栾城区一带）、鄗（今河北高邑一带）、逆畤（今河北保定一带）、阴人（不详）、盂（今山西黎城县东北之吾儿峪）、壶口（今山西长治东南壶关）等地，并会合鲜虞把荀寅送到柏人邑（今河北隆尧县西南）固守。

齐国这次的军事行动一路攻取了晋国东部边境的一系列关口，可以说是有史以来对晋国所取得的最佳战绩。但这些不过是虚张声势罢了，赵鞅并没有理睬齐军的入侵，反而是在稍做调整之后，又迅速集中重兵包围了柏人邑。

到战争进行的第八年（晋定公二十二年，前 490 年）春，经过不长时间的猛攻，柏人终于被攻克。柏人守将张柳朔殉节，荀寅、士吉射无处躲藏，只能逃奔到齐国。这场持续七年有余的晋国内乱，终于以赵军完胜而告终。

### 战略收官

晋国爆发内战的这几年间，以齐国为首的东方联盟为东阳势力提供了大量的人财物支持，场面可谓轰轰烈烈。然则细观其行状，他们的举动似乎又未必是要帮助范氏、中行氏取得胜利，而是想借此尽量拖延战争进度，以达到削弱晋国的目的。

与此同时，东方联盟看似声势浩大，然则内部利益纷扰，与盟的各国往往各有各的盘算。战争期间，齐景公与卫、鲁、宋、郑等国分别举行了几次双边或者三边的会盟，但是将五国统一起来举行的大型会盟活动是完全没有的。可见以齐景公当时的力量，并不能彻底消除诸侯国之间的矛盾，以此为基础建立起来的联盟自然也就不那么牢靠了。

其中最为突出的矛盾是郑宋之间的世代恩怨。比如战争早期，宋国爆发了持续四年的内乱，郑国作为齐国的盟友，在帮助范氏、中行氏之余，还忙里偷闲地派罕达出兵伐宋。而宋国也不是什么省油的灯，在齐、卫、郑纷纷出兵干预晋国内乱时反而趁机讨伐曹国和小邾国去了。对于宋国的姿态，齐景公其实是很不满意的，因此等到范氏败亡，他所做的第一件事就是对不合作的宋国进行征讨。

至于鲁国，在晋国内战爆发时孔子所主持的堕三都计划刚刚破产，国内出现了一系列变乱。再加上他们对齐国长期不信任，不愿意为了齐国而与晋人为敌，因而在干预晋乱的过程中显得十分消极。尤其是在鲁定公去世后，主政的三桓一边与齐国虚与委蛇，一边把大部分精力投到侵夺邾国土地上，对齐国实际上没有给予太大的帮助。

范氏、中行氏败逃后，齐国在晋国国内失去了强援，原本松散的反晋联盟也宣告解体。看着面前这两个曾被自己寄予了厚望的亡臣，齐景公内心充满了无法言说的愤懑，不久后便溘然辞世了。

齐景公死后，世卿国夏（惠子）、高张（昭子）立晏孺子荼为君并把持朝政，景公诸公子出奔鲁卫。齐国政局风云突变，给潜伏在朝堂上的阴谋家陈乞创造了时机，一场针对齐国公室的"收网行动"即将展开，"田氏代齐"很快就将成为无法逆转的现实。

当一切尘埃落定，赵鞅也迅疾对过去趁火打劫的各方势力如周、郑、卫、鲜虞等国展开了持续的报复和清算。在晋国的持续打击下，卫国很快就陷入了长期动乱；而鲜虞则开始以中山的面貌登场，在此后的岁月中不断承受着晋人的怒火。

荀寅在失败流亡后，似乎对自己过去的种种行径幡然悔悟。流亡途中，他经过了一处县邑，这个县的长官原来是中行氏的属臣，故而有随从劝他："这个人是您的故人，咱们何不到他那里休息一下？还能等等落在后面的人。"

荀寅哀叹说："以前我喜欢音乐，他就送我一张古琴；我喜欢玉，他就送我一只上好的玉环。这些不过是为了让我接纳而故意投其所好，来纵容我的过失罢了！如果我现在去他那儿，恐怕我就会变成他讨好新主子的投名状了。"据说荀寅离开后，那个长官果然就把他后面的两辆车截获，献给了赵鞅。

二十多年后，晋卿智瑶（智襄子）出兵攻打郑国，齐国实际控制人陈恒出兵救援。荀寅随陈恒出征，他探听到晋军可能偷袭的消息，便告知了陈恒。不料陈恒胸有成竹，早已制定好了各种预案，根本不担心晋军来犯。

这个时候，荀寅猛然想到自己早年起兵的仓促，不由得喟叹说："如今总算知道我自己为什么会失败了！君子谋划一件事要三思而后行，开始、发展和结果都要考虑清楚，才会做出决策。当年我做事不够周全，失败不也是必然的吗？"

荀寅的觉悟终究还是太迟了，他不可能带着这份觉悟重新来过，故而也只能默默地接受最终的结果。

士吉射和荀寅的流亡以及士皋夷之死难，宣告了从晋献公时期开始兴起、在晋国政治舞台上活跃了近二百年的祁姓范氏家族彻底退出了历史舞台，而几乎在同一时期兴起的姬姓荀氏家族如今也只剩下智氏这一脉。范氏、中行氏的最终覆灭，也宣示了自晋平公八年（前550年）栾氏灭族后形成的六卿割据体制，在维持了五十多年后终于走向了解体，一个以智、赵、韩、魏四卿主导的政治格局自此成型。

只是，一场战争的结束，往往也是另一场战争的开端。正如赵氏家臣傅傁在铁之战后所说的那段话：

> 虽克郑，犹有知在，忧未艾也。

在战争状态下形成的"泛新贵联盟"，伴随着战争的结束也出现了难以弥合的嫌隙，新一轮的政治斗争又开始酝酿。旧的敌人被打败了，就总还会有新的敌人冒出头来，赵氏并不能就此过上安稳的日子。因为，过去曾与他并肩作战的智氏，将成为他新的敌人。

## 第四节　霸业终章

### 吴王争霸

公元前482年七月初六日，在位已到第三十个年头的晋定公，在赵鞅的保护之下前往黄池（今河南封丘南）参加了一次重要的会盟。这是自召陵之会以来，时隔二十年后晋国第一次参与诸侯会盟，或许也是晋国以一个统一的整体所参加的最后一次会盟。然而多少让人感到有些不习惯的是，这次会议的召集者并不是素来颐指气使的晋国，而是二十年前凭借破郢之战而声名大噪的南方新秀——吴国。

此时此刻，身为晋国君主的晋定公不知是否有过一番感慨。

一百年前，吴国还只是一个籍籍无名的小国，若不是来自楚国的申公巫臣提起，晋人恐怕还不知道世界上有这样一个国家。在巫臣的坚持下，晋景公同意委派其为全权大使，以兵车三十乘远赴吴国，去行使一项前途未知的使命。

八十年前，巫臣在吴国的使命终于收到了应有的回报。一直以来对中原诸侯若即若离的吴国，终于放下疑虑加入夏盟，让彼时兵锋正盛的晋国如虎添翼，也让疲态尽显的楚国不堪其扰，终于成就了晋悼公复霸的伟业。

随着晋国复霸大业的完成，吴国又渐渐淡出了中原诸侯的视野。直到二十年前，在那场虎头蛇尾的召陵之会后不久，吴国大军攻入郢都，泱泱大楚被搞得鸡飞狗跳，天下皆为之震动。尽管后来在秦、越等国的帮助下，楚人收复了故土，国力也渐渐恢复，可郢都被攻破的故事终究还是成了他们挥之不去的噩梦。

凭借着对楚国的压制，吴国的国势达到了顶峰，便开始染指中原霸权。彼时晋国因内战而疲弱，齐国因复霸企图破产而衰败，中原大地正处于极端混乱之中。在吴王夫差看来，这或许是上天赐予的良机，让他能够建立足以令万世景仰的功业。为此，他首先将目光瞄准了与自己接壤的鲁国。

晋定公二十四年（前488年），也即晋国内战结束两年后，夫差亲率大军北上中原，鲁哀公惊恐不已急忙赶往鄫地会见，却不料对方无礼至极，竟然要求鲁国以百牢之礼来招待他们。随同鲁哀公前往的子服何（子服景伯）本打算一口回绝，谁知对方更加强横，竟然质问说："当初我王前往宋国时，宋人曾以百牢之礼相馈，鲁国跟吴国好歹还是同姓，怎么能落到宋国人后头呢？"此外，他们还提到了四十年前的一桩旧事，说："你们也别跟我说什么'先王未之有也'，我听说过去你们也曾以超过十牢的规格宴请晋国的大夫，那么以百牢规格来宴享我王也不算过分吧？"

见吴人蛮横无理，子服何也不愿再多争辩："当年士鞅贪婪而不知礼，动辄以武力威胁逼迫，我们只能按其要求以十一牢宴请。现在范氏最终落了个什么样的结局，您也看到了。您如果还想用礼仪来命令诸侯，那么就应该按照规定的数字来，否则的话那也太过分了！倘若您执意不听劝告，我鲁国虽说不怎么富裕，可也不会吝啬这区区百牢的牲畜，也只能听命于执事了。"

当鲁哀公前往鄫地参与会盟之时，吴人还曾召请鲁国执政季孙肥（季康子）前来，可季孙肥不仅拒不参会，还在吴人的眼皮子底下出兵攻灭了邾国。邾国被灭后，一些故土难离的忠臣带着财礼到吴国去请求救援，夫差当下便调集兵马征伐鲁国，迫使对方再次与之结盟。

盟约既已达成，两国之间的纠纷也算是告一段落了，可偏偏与鲁国为邻的齐国又掀起了事端。原来，齐悼公即位之前曾在鲁国流亡，季孙肥为了笼络对方，将自己的妹妹季姬嫁给了他。后来齐悼公被人迎立回国，留在鲁国的季姬便与季孙肥的叔父季鲂侯有了私情，等到齐国派人来接的时候，她担心事情败露因而哭着闹着就是不肯去。齐悼公不知内情，总以为是季孙肥有意扣留自己的妻儿，于是便借此机会向吴国提出请求，希望共同出兵攻打鲁国。

鲁国一看这架势，也是好汉不吃眼前亏，当下就派人把季姬送到了齐国，齐悼公因此心满意足，就又派人到吴国去辞谢原来的请求。在吴国急欲进取中原的当口上，齐国的做法无异于是给自己挖了一个坑。夫差认为齐国朝令夕改，是对自己的不尊重，因此就会合鲁、邾、郯等国军队，与晋军一起夹击齐国。

面对来势汹汹的诸侯大军，执掌国政的陈恒自知无力抵抗，于是就杀掉了齐悼公以请求和解。但当吴军退去，齐国马上出兵鲁国以为报复。鲁国一方面出兵抵御齐军，一方面派出使者前往吴国请求援助。

晋定公二十八年（前484年）春季，齐国大军侵入鲁国，鲁人被迫在都城曲阜郊外应战，一战获得齐军首级八十，就让齐人军容涣散了。而与之形成鲜明对比的是，五月二十七日，吴军会合鲁军入侵齐国，双方在艾陵（今山东济南莱芜区东南）交战，这一战吴、鲁联军俘获齐国的国书、公孙夏、闾丘明、陈书、东郭书五员战将，缴获战车八百辆，斩首三千人，由此对齐人造成的震慑可想而知。

取得如此辉煌的战绩，在夫差看来也算是威震天下了，于是就合计着要让中原诸侯尊自己为霸主。晋定公二十九年（前483年）夏季，吴国征卫鲁、卫、宋等国在鄢地（今江苏如皋东）会见。但让吴国感到费解的是，与会的三国在吴国的地盘上分别举行了盟会，却独独把自己撇在了一边。夫差为此勃然大怒，派兵包围了卫出公的馆舍，若不是有孔子的弟子子贡居中调解，卫出公的流亡岁月恐怕要提早许多年了。

鄢地会盟不得志让夫差十分苦恼。想来这些年自己所建立的功业，已经达到甚至超过了齐桓公、晋文公的水准，齐、楚两大强国都已经败在吴国手上，为什么诸侯还是不认同自己呢？苦苦思索之后，他将目光转向了晋国，心想：要是能让称霸中原上百年的老牌霸主低头，自己的霸业或许也就水到渠成了。想到这里，他迅疾点了三万大军，越过鲁、宋直逼晋国而来。

彼时的晋国因为刚刚经历了内战的创伤，早已千疮百孔，国力大不如前，以至于连元气大伤的楚国都敢于前来威逼。而如今吴国举兵北上威逼中原，使得早已放弃了争霸事业的晋国不得不放下国内繁杂的事务前来参加这次盟会，此中辛酸又有几人知晓？而此时，距离巫臣使吴的公元前584年，刚刚过去了一百年的时间。

## 黄池会盟

与二十年前召陵之会的盛况相比，黄池会盟的境况多少显得有些冷清。此番前来参会的只有晋定公、吴王夫差、鲁哀公和单平公四位国君，会议似乎也没有什么正经的议题，唯一值得一提的似乎就是晋、吴两国争当盟主的事情了。

对于这次的会盟，夫差可以说是志在必得，因此一开始就笃定了要亲自担任主盟人。吴国代表给出的理由是："在周王室中，吴国的先祖太伯资历最老，理应由我们先歃血！"

晋国代表据理力争，说："姬姓诸侯一直以我晋国为首，应该我们先歃血！"

眼看着吴国人态度决绝，不肯相让，晋国正卿赵鞅就有些耐不住性子，对身旁的司马寅说："天色已晚，如果事情还是没有个结果，你我二人恐怕要遭人耻笑了。倒不如整顿队伍与吴国决一雌雄，次序自然就定了。"

司马寅为人谨慎，担心吴国有所防备，便决定先去吴军营中探查一番。结果这不去不知道，一去还真就发现了大问题：司马寅敏锐地察觉到吴国大夫们个个都面如土色、双眼无神，连吴王也面色晦暗、神情呆滞，显然是遭遇了什么变故。回去之后，他就向赵鞅陈述道："吴人神情反常，估计是后方打了败仗吧？又或者是太子、宠妾死了？夷人轻佻沉不住气，必然不能长久忍耐，不如等等看他们有何反应再说！"

赵鞅按照司马寅的办法一直耗着，果然吴国人真就耗不下去了。他们主动找到赵鞅，提出要让晋国先歃血，吴国也愿意尊奉晋国为盟主。赵鞅就这样不动声色地为晋国取得了先歃血的特权，再次成为诸侯盟主，果然是皆大欢喜的结局。

不过，对于这次会盟晋吴双方究竟是谁做了盟主，人们已经争吵了差不多两千年了，尤其是《国语》和《史记》对此有着截然相反的记录。一般来说，后世还是比较认同《国语》中的表述。

黄池会盟举行之时，吴国的后方的确出现了很大的问题。晋定公三十年（前482年）六月，越王勾践趁吴国内部空虚，亲率大军分两路进入吴国。先头部队被吴国王子地、王孙弥庸打败，领军大夫畴无余、讴阳也被俘虏。但到第二天，越王勾践率军抵达，与吴军交战仅一日便攻破了姑苏城，太子友、王孙弥庸、寿於姚皆被越军俘获。

战败的消息传到黄池之时，吴军帐中的情景也的确如司马寅所言，君臣上下皆面如土色、神情恍惚。但在《国语》的记载中，吴王夫差做出的决策却与《左传》所言完全相反。他强忍着丧子兵败的悲痛，亲自在大帐中处死了陆续前来报信的人，随后又召集近臣商议计策，让他们就当前的困境做出选择："我们是干脆放弃盟会回国好呢，还是把盟主之位让给晋国更好？"

此言一出，众人皆不知如何应对，帐中顿时鸦雀无声。当此之时，有一位名叫王孙雒的大夫厉声说道："我认为两种情况都不利！"在场的所有人都屏住了呼吸，等待着他给出令人信服的解释。王孙雒在众人期望的眼神中，有意压低了声音，仔细分析道：

第一种方案，不参加盟会就回国，会助长越国的声望，显然是不可行的。"人们会认为吴国害怕越国，百姓也会因此感到恐惧而逃亡，这样我们就没有立足之地了。诸侯也会认为吴国已经败了，若是他们在邗沟两岸趁势袭击，恐怕我们就只能葬身鱼腹了。"

而第二种方案，参加盟会但让晋国当盟主，更是有着诸多的弊端。"晋国若是重掌霸权，必然踌躇满志，居高临下地控制我们。届时倘若他们要带我们去朝见周天子，我们去也不是，不去也不是。如果不去，诸侯就会从中看出端倪；如果去了，反而会延误了救援的时间，这对我们都是不利的。"

鉴于此，王孙雒提出了第三种解决方案："不仅要参加盟会，而且一定要做盟主，掌握主动权。"

吴王认为此话有理，就走过去问："那依你看来，我们如何才能取得盟主之位呢？"

王孙雒回答说："无论是吴国人还是晋国人，人人都希望长寿富贵，都有贪生怕死的本能。但不同的是，晋国距离本土近，有退却的余地，而我们路途遥远，是完全没有后路的。狭路相逢勇者胜，只要我们拿出拼命的决心来，晋人就一定会害怕的！奉侍君主要有勇有谋，要有转危为安、起死回生的智慧，如今是我们吴国生死存亡的紧要关头，谁也不能再有半点犹豫。就在今晚，吾王要拿出财宝和爵位，拿出江淮的封地来激励士卒、振奋士气，用必死的信念来向晋国挑战。晋国人看到我们的勇气，定然不敢与我们决战，他们会乖乖地把盟主之位让出来。只要我们得到了诸侯之长的权柄，好生抚慰诸侯，让他们高高兴兴地回家，他们也就不会在背地里袭击我们了。到时候我们再从容地回国，安安稳稳地实现我们的计划，一定能让国家转危为安！"

夫差对这个办法极为赞许，当即命令士卒饱餐一顿并喂饱战马、披坚执锐，集结待命。吴王夫差亲自执钺，在夜半时分带兵悄然压向晋军营地，在距离晋军只有一里地的地方，三支万人的方阵迅速列好了阵势、敲起了战鼓、喊起了口号，响声震彻天地。

听到外面喧闹的声音，赵鞅急忙起身戒备，却发现吴军已经近在眼前了，仓促之下只得派董褐去向吴王问话。

吴王夫差回答说："眼下王室衰微，诸侯都不来纳贡，连告祭鬼神的用品都无法凑齐，天子痛心于姬姓宗族的冷漠，因此特别派人向孤求助。孤接到王室命令之后，日夜兼程赶到此地，就是想问一下晋君：为何贵国兵强马壮，却不拥护王室，不去征讨藐视天王的蛮夷和秦楚等国，反而不讲长幼礼节，攻打同姓的兄弟国家？盟会日期已经临近，孤担心无法完成使命会被诸侯耻笑，因此希望今天就能得到一个明确的答案。你先回去禀告，孤将亲自在军营外听取你们的回复。"说罢，他就命人将少司马和五个不肯用命的王士带上前来，让他们在使者面前自杀以谢客。

据说到了这个时候，董褐才对赵鞅提到之前司马寅说的那番话。同时他又强调说："被逼到困境的人通常会非常残暴，与他们作战对我们极为不利。不如就答应他们做盟主算了，无非是多提一些条件以挽回颜面。"

赵鞅整了整衣冠，从容地回应道："既然你已经有了主意，这件事就交给你了。"

董褐出了营帐，恭敬地向夫差回禀："寡君不敢显示军威，也不能亲自露面，因此特派微臣前来复命。寡君说：'正如您所言，眼下王室已经衰微，诸侯大都失礼于天子，贵国有心恢复周文王、周武王时天子的尊贵，晋国接近天子自然也是责无旁贷。'以前天子也经常跟寡君提起，说：'从前吴国先君不失礼，总是能定时率领诸侯朝见，只是近来有蛮荆的威胁，不能履行职责，所以才让晋国代劳辅助王室。'如今贵国扫除威胁，权威覆盖东海，天子自然是欣喜的，可贵国僭越的名声却也传到了天子的耳朵里。天子早有主命，称贵国国君为吴伯，可您却偏偏要僭越规制、自称为王，这也是诸侯与您疏远的原因所在。所谓天无二日，周室也不能容忍有两个王，只要贵国能够放弃王号，以'吴公'自称的话，晋国又有什么理由阻止您做诸侯盟主呢？"

夫差等的就是这句话，心说：不就是让我自称"吴公"吗？只要你能把盟主之位让给我，让我赶快回去收拾家里的烂摊子，就依着你们中原人的秉性，叫我"吴子"都可以啊！不过，在外交场合，夫差又不能失了分寸，他十分耐心地听完董褐的长篇大论，随即不慌不忙地表示，吴国同意晋国的要求。

事不宜迟，在王室大夫单平公的见证下，刚刚降尊号为"吴公"的夫差强忍着内心的焦虑，与晋、鲁两国举行歃血仪式，获得了他梦寐以求的霸主称号。盟会结束后，夫差一刻也不敢耽误，即刻动身回国。而为了防止齐、宋等国趁机抄自己的后路，他还事先派王孙雒和勇获带了些步兵，以借道为名去往宋国，在其境内烧杀抢掠以恫吓人心，这才安心地率大军从宋国境内取道回国。

## 越王争霸

夫差回国后不久便与越国达成和解，但这或许只是吴越之间新一轮争锋的开始。此后的几年间，越国、楚国不断深入吴国境内进行袭扰，使得吴人终于也尝到了疲于奔命的苦头，国势急转直下。

到黄池会盟七年后，也即晋定公三十七年（前475年），越国大军包围姑苏，发动了对吴的最后决战。经过两年的围城，至晋出公二年（前473年）十一月二十七日，越国攻破姑苏，吴王夫差自尽，强盛一时的吴国就此灭亡。

吴国灭亡后，越王勾践顺利地从夫差手中接过了全部遗产，同时也萌生了求霸中原的念头。从有限的史料中可见，勾践干预中原事务的行动主要有这么几件：

第一件事是处理邾国政权的遗留问题。早年吴国与鲁国在鄫地举行会盟时，季孙肥曾出兵灭邾，引发了吴国的不满。后因齐国联结吴国意欲伐鲁，鲁人遂将邾隐公送还，以获取吴国谅解。不料邾隐公却是个记吃不记打的角色，回国后依旧荒淫无度，引发国人不满，吴国只好再次将其驱逐，改立太子革执政。

越灭吴的同一年，邾隐公从齐国逃奔到越，依靠越国的力量再次返国。但据说他回国后还是死不悔改，让越国人也感到不满意，不久后便再次将其拘捕，改立了公子何为君。而这个公子何据说也是一个无道之君，至于其是如何无道的，其结局又如何则不得而知了。

第二件事是处理鲁国内争事务。鲁哀公晚年，鲁国君卿关系达到了一个临界点，鲁哀公一心想要清除三桓威胁，于是便于晋出公四年（前471年）亲自前往越国，试图以与太子适郢结亲的方式获得外援。有人将消息传回国内，季孙肥闻听大骇，急忙派人带上财礼贿赂太宰嚭，终于把一桩好事给搅黄了。

这件事让鲁哀公如鲠在喉，其与三桓的冲突也变得更加不可调和。三年后，也即晋出公七年（前468年），季孙氏宗主季孙肥去世，鲁哀公打算借此机会引越人剿灭三桓，却不料计划还未实施就被人抢了先。鲁哀公不敌三桓，只好出亡国外，并于当年去世，国人立其子宁为鲁悼公，鲁国的公室自此彻底走向了衰败。

第三件事是干预卫国内乱。这场内乱的根源还要追溯到晋国内战时期。晋定公十六年（前496年），卫太子蒯聩因刺杀夫人南子不成出逃晋国。后来卫灵公去世，其子公孙辄即位为卫出公，而蒯聩则在赵鞅护送下准备回国跟儿子抢夺君位，但却没有取得成功。无奈之下蒯聩只好退守戚邑，并在此居住了十几年。

到黄池会盟后，蒯聩利用自己的姐姐和外甥发动政变，从自己的儿子手中夺取了君权，即位为卫庄公。但他即位后，国内矛盾激化，卫国君臣之间经常爆发冲突，国外的晋、齐两国也都跑来干预卫国内政，使得卫国君位如跑马灯一般来回更替，政局变得极不稳定。

经过几轮激烈的角逐，到晋定公三十五年（前477年），卫出公终于回国复位，但仅仅七年后，就再次被人赶出了国门。为了能够继续坐稳国君的位置，卫出公派人到越国请求协助，但由于国人的激烈反对，此事最终不了了之。无奈之下，卫出公只好跟随大军返回越国，并最终死在了异乡。

勾践对于中原政局的几次干预都没有什么成效，再加上中原诸侯对于越国的"蛮夷"身份缺乏认同，其妄图称霸的愿望也始终无法实现。彼时越王勾践已经年迈，自知将不久于世，为能在有生之年赢得霸主的虚名，便打起了仁义牌。他将原先吴国在中原侵占的土地全都归还给了鲁、宋、楚等国，这才勉强与宋、鲁、郑、卫、陈、蔡等国在徐州举行了一次会盟活动，获得了一个有名无实的盟主称号。勾践于徐州会盟后不久便去世了，其一生所追求的霸业也如昙花一现，很快就消失在了历史的波涛之中。不久，越国也步吴国后尘，逐渐走上了下坡路，不断被边缘化，直至最终为楚国所灭。

第五章
# 晋国历史的终结

# 第一节　晋阳之战

**索地风波**

公元前458年,是晋出公在位的第十七年。在智氏宗主智瑶(智襄子)的主导下,智、赵、韩、魏四卿瓜分了中行氏和范氏的土地。这一变故让晋出公怒不可遏,于是便在满腔怒火的指引下,派人致信齐、鲁等国,要求列国能念着往日的情分,为自己这个孤家寡人讨回哪怕一点点的公道。

但正如鲁定公试图援引越国打击三桓而身死异乡一样,晋出公如此做派,其结果自然也好不到哪里去。听说国君突然要搞事情,原本你争我抢、互掐得不亦乐乎的四卿很快就达成了共识,决定要以实际行动帮他增长些见识。于是不久后,晋国便出现了一条大新闻,说是国君一时有些想不开,打包了行李要来一场"说走就走的旅行",谁知一个不小心就死在了路上。

这真是一个悲伤的故事。

俗话说:"国不可一日无君。"这句话放在如今的晋国,多少有些黑色幽默的味道。但不管怎么说,没有了国君的领导,四卿到底还是有些发慌,于是便急忙张罗着要立一个新的国君来为大家做主。作为晋国的执政,智瑶提出了一个他十分中意的人选,这个人的名字叫作骄。

按照史料中的记载，晋骄是晋昭公的曾孙、公子雍（戴子雍）的孙子、公孙忌之子，其与昭公的关系有点类似于悼公与襄公的关系，虽说已出三代血亲，却也算是正宗的公室枝叶。在实在找不出符合继承规则人选的情况下，让他来做国君似乎也不算违反原则，其余三卿自然也没有反对的理由。于是在经过一番合理的讨论后，这个原本没什么正经工作的晋骄便被推上了国君的宝座。

公元前 456 年，晋骄在一片惨淡中宣布即位改元，历史上一般称其为晋哀公。由于早已没有什么可供支配的财产，晋哀公的即位仪式办得略微有些寒碜。

看到公室如今的凄凉图景，身为哀公父亲公孙忌故交的智瑶不禁扼腕叹息，于是便在朝堂上声泪俱下地立下誓言，要在有生之年重振公室。

晋哀公为智瑶的大义感动涕零，他激动地从台几前起身，走到智瑶面前下拜说："伯父若真有此意，寡人也就心安了。"

初听到这个故事时，赵、韩、魏三家的主君都为执政的出色演技而拍手叫好，可当有一天智氏的使者真的登门拜访时，他们却怎么也笑不出声了。

大约是在这一年的秋冬时节，三卿之中实力最为弱小的韩氏家中首先迎来了一位不速之客。来者自称是智氏的使者，并向韩氏的家臣禀明来意，说是因为公室疲敝，国君家里已经揭不开锅了。智氏主君感叹公室颓败而四卿豪阔，总觉不成体统，故而献出了一个万户之县以给养公室。考虑到国君毕竟是四家共同的主君，若只有智氏献邑，难免会有人说三道四，因此希望各家都能跟进，以切实缓解公室的"财政危机"。

此时韩氏的宗主名叫韩虎，史料中通常都以谥号称其为韩康子。他的父亲据说名叫韩庚，谥号为庄子。东阳内乱爆发时的韩氏领袖韩不信（简子）则是他的祖父。韩不信、韩庚生平事迹有限，世人亦不知其生卒年岁，在整个家族发展史上大体上都是起到了一个承前启后的作用。到晋出公后期时，掌管家族事务的便是韩虎了。

韩虎与智瑶素来不睦。据《国语》记载，早年智瑶伐卫归国时，曾在一个叫作蓝台的地方设宴款待前来接风的韩、魏宗主，席间他对韩虎及其智囊极尽羞辱之能事。

这次智瑶前来索地，韩虎动动脚指头都知道这是来者不善。使者美其名曰让各家献邑奉养公室，可明眼人都能看出，这不过是在"挟哀公以令诸卿"，以奉养公室之名行瘠韩肥己之实。

近百年来，晋国诸卿为了争夺土地而无所不用其极，对此韩虎倒也见惯不怪。让他感到愤慨的是，过去人们为了争夺土地明争暗斗者有之，巧取豪夺者亦有之，却唯独没有见过以公室之名前来行骗的！想到这里，韩虎便准备着人把使者打出门去，可就在此时，有一个浑厚的声音突然在他的背后响起："主君万万不可啊！"

韩虎回头一望，说话的不是别人，正是与他一同受辱于智瑶的谋臣段规。段规看到韩虎气得浑身发抖，便上前解劝说："智瑶为人贪财好利且刚愎不仁。如今派人前来索取土地，若是不给，他必定会向我们用兵，主君又何必因小失大呢？还是给他吧！"

"可是……"

韩虎心中满是疑虑，正待要发问，只见段规不慌不忙地解释道："你想啊！既然他已经动了这个心思，就决计不会只从韩氏这里索求土地。主君若是能忍一忍，姑且满足了他的愿望，必定会激发他的骄狂情绪，从而更加肆无忌惮地向别人索取。一旦有人忤逆了他的想法，他必定会出兵报复，到时候我们静观其变、从中取利即可，何必要把自己推到前台去呢？"

韩虎听罢，惊出了一身冷汗："多亏有你及时提醒啊！若是依着我的性子，铁定会得罪了智氏，且为整个家族引来不测之祸。你就是传说中那个能让死者复生、白骨长肉的人吧！"说罢，他当即按照段规之言，给智瑶划出了一座万户的城池。

智氏在韩氏这里得了便宜，很快地又把手伸向了魏氏。不久后，魏氏家中也迎来了同样的一位客人，且提出了同样的请求，身为魏氏宗主的魏驹（魏桓子，又称魏宣子）第一反应也同样是拒绝。同样地，在魏驹的身后也有一个智囊，在《资治通鉴》里，这个人名叫任章，看到主君气急败坏的反应，冷不丁地就问了一句："为什么不给？"

魏驹被问得有些莫名其妙，于是便反问道："无缘无故就找我要地，我欠他的？"

任章的解说与段规大同小异："他既然无缘无故地找你要土地，肯定也会找其他人要啊！《周书》上说：'将欲败之，必姑辅之；将欲取之，必姑与之。'您给他土地，他必然会因此而骄横，一骄横就会轻敌，您不就有机可乘了吗？况且说了，他不断索取土地扩大地盘，其他人一定会产生恐惧心理。人们害怕智氏就会团结一致、共同应对，智氏就会成为天下公敌。用相互团结的军队来抵御轻敌傲慢的智氏，您觉得智氏还能长久吗？反过来讲，如果您不给他，他的野心得不到满足，天下人的恐惧也没有被激发起来，而您却成了强大智氏唯一的攻击对象，您真的有把握取胜吗？"

劝说魏驹的或许不止任章一人，在《战国策》里还有一个叫赵葭的谋士也说了同样的话。众口一词地同意割地，让魏桓子幡然醒悟，于是也派人把一个万户的城邑给了智氏。这样一来，智瑶的胆子也就更肥了，便又开始向赵氏讨要土地。

不过这次，智瑶就没那么好运了。赵氏宗主赵无恤（赵襄子）是个愣头青，听说智氏先后从韩、魏手中骗取了两个大县，如今又上门向自己讨要，心中的无名火便说什么也控制不住了。此时也不管旁人怎么解劝，他嘴里都只有简单干脆的两个字："玩去！"

这两个字让智瑶感到很不开心。

以他过往的经验来看，从来都只有自己找别人碴的份儿，怎么可能会有人反过来倒找碴儿呢？既然有人这么不识相，就必须用实际行动来给他补补课。否则的话，若人人都以此效尤，这个执政还有没有点尊严了？也正是从这一刻开始，智瑶的政治角色也就由"挟哀公以令诸卿"转向了"奉公室以讨不臣"。

## 明谋定策

智氏使者破门而出的那一刻，赵无恤就知道自己闯下了泼天大祸，断定智瑶定然不会善罢甘休。面对这突如其来的战争威胁，赵无恤急忙把重要的谋臣谏士都聚集起来商议对策。朝堂之上各色人等纷纷发言，但始终都见解殊异、莫衷一是，让赵无恤的心绪更加烦乱。

其间，赵无恤最倚重的谋臣张孟谈曾提议说："先主在世之时，曾备制了大量贵重礼器，为的就是当国家有难时能够有备无患。如今大难将至，何不以这些宝物作为财礼向诸侯求援呢？"

张孟谈的话还没说完，赵无恤便简单干脆地回答道："我没有可派的使者。"

张孟谈略一思忖，又劝说道："或许地可以完成使命。"

赵无恤白了他一眼，辩解说："很不幸，我这个人德行有失，跟先主没法比，所以先主能做的事情，到了我这里未必就能行得通。况且据我所知，地这个人办事能力一流，这是不能否认的，但他有个缺点，就是会用尽各种办法来满足我的欲望。说得难听一点，他这是在助长我的过失，以此来从我这里窃取俸禄。在关乎赵氏存亡的大事面前，我若是用他，岂不是在自取灭亡？"

当然了，赵无恤之所以拒绝这个建议，是因为他知道，求助于诸侯根本无助于解决内部问题，反而有着诸多危害。他犹记得四十年前的那场内乱，范氏和中行氏有齐、鲁、郑、卫、周、鲜虞等一大波盟友，可最终还是败给了赵氏。在面临生死存亡的关头时，指望没有切肤之痛的外人，终究难以保全自己。那些身处局外的所谓盟友，说白了只是想趁火打劫以削弱晋国，并不会真心诚意地投入全部力量帮你打内战。

更何况，引外敌入晋是犯了大忌的。当年他的父亲赵鞅在绛都与大夫盟誓时曾一再强调，不要引外敌祸乱晋国。如今赵氏不尊奉公室已经是大逆不道了，如果再引入外部势力，势必让那些原本同情赵氏的人寒心，会因抗拒外敌入侵而转投智氏的。引入了一些无足轻重的所谓盟友，换来的却是民心尽失的结果，这是不明智的。

既然不能向外求助，那就要做好以赵氏自家力量与三家对峙的准备。如此一来，如何选择一个足以固守的根据地，就成了当务之急。赵无恤于是就向众人提问："我们该去哪里固守呢？"

有人回答说："长子距离近，而且那里城墙厚实完整，有利于保守。"

赵无恤红着脸说道："为了修筑长子城，几乎耗尽了当地所有的民力，那里的百姓恨我都来不及，哪里肯与我同心协力、共同守卫呢？"

又有人提出："那不如去邯郸，邯郸仓库殷实，可以固守。"

赵无恤的脸更红了，他说："那些都是榨取民脂民膏才囤积起来的，往日里我们要了人家的粮食，如今还要让人家为我们拼命，你觉得可能吗？"

听到这里，众人也都颇感无奈。这时赵无恤转念一想，说："还是去晋阳吧！那是先主简子属意的地方，尹铎在任时也足够宽厚，那里的百姓一定会与我们同心协力的！"

不过，在不同的史料中，关于这件事的细节有很多相异之处。比如《战国策》里，提出走保晋阳之计的依旧是赵氏的谋臣张孟谈，他指出："先主简子在世时，曾安排董安于治理晋阳，后来尹铎因袭安于的治理办法，至今其政治教化遗风犹在。"

这里所提到的尹铎是赵鞅时期的一名贤臣。董安于死后，尹铎受赵鞅委派治理晋阳，临行前他曾问过一个问题："您是打算让我去抽丝剥茧搜刮财富呢，还是想将晋阳作为保障之地？"

赵鞅没料到他会这么问，因此愣了一下，随后说道："当然是要作为保障了！"与此同时，赵鞅还告诫尹铎说："晋阳城沟深垒高，我每次见到这些，总会想到荀寅和士吉射，你到任之后一定要把那些壁垒全都拆除了！"

得到主君的嘱托，尹铎二话不说就走马上任了。到了晋阳，他故意少算居民户数，减少征税的基数，以减轻当地百姓的负担。这些事情让赵鞅感到十分满意，因此就对赵无恤说："假如有一天你遇到了危难，不要嫌尹铎的地位不高，也不要怕晋阳路途遥远，一定要以晋阳作为你的归宿。"

不过，尹铎并不是事事都言听计从的顺臣，他在为赵氏广施恩德的同时，却并没有遵从主君的意愿将城墙壁垒拆毁，反而还命人把城防工事加高加固，这未免又让赵鞅感到十分恼火。有一次赵鞅到了晋阳，看到坚固的城防顿时怒不可遏，说什么也要把尹铎给杀了才肯进城。若不是一个叫邮无正的人好言相劝，尹铎说不定还真就让他给碎尸万段了。

在董安于和尹铎的用心经营下，晋阳城既有坚固的城防，又有可同生共死的百姓，自然也就成了赵无恤的最佳避难场所。事不宜迟，赵无恤当即派延陵生带兵到晋阳先行部署，而他自己则抓紧时间，从各个封地里调集粮草军械，征召赵氏的军队向晋阳聚拢。

不过，由于时间太过仓促，赵无恤没办法将所有力量都集中到晋阳城中，而其中最为紧迫的问题便是箭矢的短缺。赵无恤于是就向张孟谈询问对策："我仔细察看了城中的防御设施和府库钱粮，发现这些都没有问题。可唯一不足的是，围城之战必定会打不少时日，若是箭不够了该怎么办？"

这些难题的确很难破解，不过张孟谈却并无忧虑之色，而是略带神秘地说道："我听说董安于修筑晋阳的时候，凡是公室的墙壁都会用荻、蒿、苫、楚填充。我看公室墙壁高度足有一丈有余，里面一定能存放不少东西，您何不破开墙壁试试？"

狄、蒿、苦、楚都是可以用来制作箭杆的材料，倘若张孟谈所言不虚，这必将是一个巨大的惊喜。赵无恤听罢急忙让人动手破壁，果然就发现了不少存货，而且据说这些箭杆质地精良，经过多年的存储不仅没有朽坏，反而比竹子还要坚硬。

赵无恤如获至宝，高兴地捧着这些带着泥土的箭杆合不拢嘴。但很快，他的笑容便又凝滞了："制作箭杆的材料是足够了，可如果没有铜镞，箭杆再多也都派不上用场啊！"

看到赵无恤这大喜大悲之色，张孟谈倒是愈发举重若轻了。只见他不慌不忙地走上前去，毕恭毕敬地回应道："主君且勿忧愁。我还听说，董安于治理晋阳的时候，凡是公室的柱子都会以上好的炼铜填充。主君不妨将这些柱子都放倒，定然会大有收获。"

听他这么一说，赵无恤也心中释然："原来先大夫竟有如此远虑！"当宫殿的立柱被全部刨开，红彤彤的炼铜露了出来，他更是兴奋得难以自制。

在完成了战前一系列的布局与动员工作后，智、赵双方都为即将到来的战争做好了准备。公元前455年，智瑶打着国君的旗号，带着韩、魏两家的军队向晋阳逼近，晋国历史上一场最具决定性意义的战争，终于，打响了。

## 晋阳围城

智瑶、韩虎、魏驹带着三家兵马进逼晋阳，旋即展开了大规模的攻城作战。晋阳为赵氏根本，本来就城池坚固、战备充裕，再加上民众同仇敌忾，联军猛攻三月未能攻克，只好停止强攻，转为围困。

战争一时陷入僵局，让智瑶感到十分焦急。为了找到新的突破口，他信马由缰地带人四处巡查，不知不觉间便走到了一处山顶之上。站在山巅眺望晋阳城，便见远处连绵不断的群山如巨龙一般三面环绕，三山之间又有一条汾水，如玉带一般从城外飘过，一直延伸到看不见的远方。

旁人看到如此景象，或许会心旷神怡，从而产生诸多感怀，然而在智瑶的眼中，此番景致却让他产生了一个大胆的想法。翌日，他便开始命人沿汾水修筑堤坝，将蜿蜒流淌的河水径直引向了晋阳城的方向。

智瑶这一招，可以说是极其阴损毒辣。

晋阳城三面环山，本身地势低洼，一旦遇到暴雨天气，雨水聚集很容易引发洪涝灾害。如今智瑶故意将河水引入，更是将晋阳城变成了"晋阳湖"，城内军民的住所特别是炉灶完全被浸泡在水中，原本错落有致的庭院街巷也都变成了蛙鱼虾蟹的天下。城中居民虽感念赵氏的恩泽，与赵无恤同心同德，宁愿依靠高地和树木"巢居而处，悬釜而炊"，也不肯背叛投降，可这终究不是什么长久之计。

古代的城墙以及房屋大都以夯土筑成，长期在水中浸泡冲刷后易崩解坍塌。如果再经历冻融作用，墙体更是会发生冻胀和变形，防御功能也会被彻底瓦解。

这还不算是最坏的情况。军队作战、百姓生活都需要大量粮草物资，这些物资也都需要有良好的存储环境。一旦经过水浸，粮草就会腐化变质，兵器也更容易朽坏，这些都会直接影响到城内军民的战斗意志。除此之外，长期的河水浸泡还会滋生出传染病甚至瘟疫，由此引发的风险更让人不寒而栗。

面对智瑶兵围水困的布局，赵无恤似乎也毫无应对之策，因此直到两年后，晋阳城依然处于"水深火热"之中。到了如此这般境地，不仅城中军民心有怨气，就连他自己的信心都受到了动摇。

有一次，赵无恤巡视全城，看到城内食物将尽，守城将士和城内居民都饿得皮包骨头、身体羸弱，不禁悲从中来："赵氏是躲不过这场劫难了吗？"甚至在与张孟谈谈话时，他还隐隐地透露出了想要出城投降的念头。张孟谈当即正色道："若是国家危难，不能想办法求存求安，那还要我们这些谋臣智囊干什么？主君还是尽早打消这个念头吧，臣这就去向韩、魏两家求救去！"

见到韩虎和魏驹后，张孟谈劈头盖脸便指责道："现下智瑶带着你们攻打晋阳，赵氏恐怕很快就要灭亡了。但臣也听说'唇亡而齿寒'，赵氏若是灭亡了，恐怕二君也很快就会成为砧板上的肉，你们难道就不感到担忧吗？"

韩、魏二人受到质问并未辩驳，而是反问道："这些情况我们如何不知？可智伯为人严厉而刻薄，这你也是知道的。要是我们与你合谋的事情被他知道了，会产生什么后果想必你也清楚，我们又能怎么办呢？"

张孟谈心直口快，回答道："计谋出自二君之口，入于臣下之耳，不会有第四个人知道的。"

韩虎、魏驹渐次提出了他们心中的种种担忧，而张孟谈则见招拆招，将他们的疑虑一一化解。经过几个回合的唇枪舌剑，终于说服两家同意帮助赵氏。随后他们又就战场的局势进行了分析推演，商定了一整套的行动方案以及危机预案，并就行动的时间和细节进行了一再确定，一个三家灭智的详尽计划便出炉了。

计划已定，张孟谈准备趁夜返回晋阳。可让他感到后怕的是，就在他经过辕门的时候，却遇到了智氏的大夫智果。两人四目相对的瞬间，张孟谈被吓得心惊肉跳，可又不敢表现出惊慌的样子，只能假装镇静，缓步走过这人生中最漫长的一段路。等到智果远去了，这才强摇桨橹奔回晋阳。

而智果则完全没有料到张孟谈会出现在这里，因此虽有疑虑却并未放在心上。等到张孟谈走远了，他才突然缓过神来：这一定是赵氏派过来搞离间计的！想到这里，智果急忙回到大营去拜见智瑶，一进门便气喘吁吁地喊道："韩、魏两家的主君恐怕会生变！"

## 二主必叛

猛听到这句话，正在筹划军务的智瑶不由得心头一惊，腾的一下就站了起来，嘴里有两个字也脱口而出："为何？"

智果步伐急促走上前来，忙不迭地回答道："臣在辕门之外遇到了张孟谈，看见他神情很是傲慢，走路时脚抬得很高……"

"你多虑了。"智瑶本来神情紧张，可当他抬头看到智果，反而就不那么在意了。还没等智果说完，智瑶就打断了他的话，漫不经心地说道："我和韩、魏主君已经订立了盟约，破赵之后三家平分赵氏的土地。这些都是我亲口告诉他们的，也绝对不会食言，他们又怎么会欺骗我？你就别再胡思乱想了，这些话实在不该从你的口中说出来。"

智果想继续劝说，可看到智瑶笃定的表情，又有些怀疑自己可能真的是太过于神经质了。古来摇唇鼓舌的游说之士，向来都带着几分傲慢，以此抬高自己的价值，提升游说的本钱，这些并不足以证明韩、魏二君已经被策反。在事情还未完全确定之前便下定论，也的确是太过于草率。

为了搞清楚韩、魏两家的真实态度，智果决定亲自探访韩、魏的主君，在与二人天南海北的闲聊中用心观察他们的表现。经过一番观察和试探，智果更加笃信自己的判断，于是又回去向智瑶汇报说："两家主君神色游移不定，臣笃定他们意志有变，用不了多久一定会背叛您！不如趁现在把他们杀了，以防患于未然！"

智果的一番良苦用心并未引起智瑶的重视，对方反而轻蔑地说道："我们包围晋阳已有三年，眼看着就要攻取晋阳、三分赵氏了，这个时候他们会改变心意？你就是说破天我也不能信啊！这个事情你就不要再提了！"

智果一听更着急了，便退而求其次："若是不杀他们，最起码也要好生抚慰一下啊！"

"哦？"智瑶正待要离开，猛听到智果如此说，不由得又转过身来，"怎么抚慰？"

智果说："魏驹的谋臣赵葭、韩虎的谋臣段规，这两人足智多谋、能言善辩，是可以左右二君决策的人。如果您能额外跟这两位谋臣约定，事成之后给他们各自分封一个万户之县，看到如此利好，二人自然会心动，韩、魏两家也就稳住了。"

智瑶听了忙摆摆手："没那个必要！我们约定的是平分赵氏土地，若是再额外给他们两县之地，那我得到的土地就更少了，这样做实在不妥。"

除了智果，智氏内部怀疑韩、魏两家有可能会叛变的还大有人在。比如《战国策》提到一个叫郗疵的人，也曾有过类似的警告。至于做出如此判断的缘由，郗疵给出的解释是："臣不过是以人之常情来猜度罢了。主公与二君约定破赵之日三分其地，如今晋阳城水位高涨，未被水淹的城墙只剩下不到三丈了，晋阳攻破指日可待。然而我观韩、魏二君的颜色却不喜反忧，故而猜想他们一定是担心自己会步赵氏后尘，这便是反叛的迹象，主君不可不察啊！"

当然了，对于郗疵的这番推测，不少史料中还有一段前情提要。说是有一次，智瑶在韩虎和魏驹的陪同下视察军情，远看到晋阳城的衰败景象，智瑶不由得志得意满，便不假思索地说道："我今天才知道，原来水也可以亡人之国。"

言者无心，闻者足戒。韩虎和魏驹闻听此言突然感到莫名惊悚，因为韩氏建都平阳、魏氏建都安邑，两都分别位于汾水、绛水之畔。若是有一天智瑶故技重演，用绛、汾之水来攻，两家难免会重蹈赵氏的覆辙。想到这里，二君不免都有兔死狐悲的凄凉之感，于是便不约而同地提醒对方——魏驹用手肘碰了一下韩虎，韩虎则用脚踩了一下魏驹。这个细节被郗疵看在眼里，因此才有了他劝谏智瑶的那番话。

不过，智瑶果然是自负过了头，这次他不但没有听劝，反而还把郗疵的谏言全都说给了韩、魏的主君听。韩、魏之君听后慌忙自辩道："我们虽然没有主公您这样的雄才伟略，可还是懂得利弊的。赵氏马上就要战败，我们为什么要在这个时候放弃唾手可得的利益背弃盟约，去铤而走险追求无望的事情呢？"

紧接着，他们还使劲往郄疵头上泼脏水："郄疵的做法恐怕是在为赵氏做谋划吧！您想啊！在如今的关键时刻让您怀疑我们、破坏三家攻赵的联盟，最后会对谁最有利呢？如果您偏听偏信这些谄臣小人之言而断绝三家友好之关系，臣实在是为此感到痛心！"

两家主君说完之后，故意表现出愤怒的神色，纷纷摔门而去。郄疵将这一切看在眼里，急忙入帐拜见并关切地问道："主君为什么要把臣的话告诉他们呢？"

"你怎么知道我告诉他们了呢？"智瑶立刻反问道。

"韩、魏主君出去的时候，使劲地瞪了我一眼才快步走开的，显然是知道我已经看穿了他们的心思！"

这句话刚说出口，郄疵便意识到这番辩解有些多余了。因为在正常情况下，当自己提出质问之时，主君要么是解释原因，要么就顾左右而言他，绝对不会抛出"子安知之"这样的问题。如今既然问出来了，就表明他已不再信任自己，无论如何解释都是徒劳的。为了自证清白，郄疵只好说："若是主君不弃，臣请求到齐国出使。"郄疵去后，便再也没有人愿意再提这桩事，智氏的最终命运似乎在这个时刻就隐然注定了。

## 三分智氏

再说赵氏这头。

张孟谈将与韩、魏两家商议好的具体方略带回晋阳，赵无恤听后激动万分，急忙安排人员前去部署。然而，张孟谈却怎么也高兴不起来，他还在为辕门突遇智果的事情忐忑不安。直到有一天，事先安排的密探送来一个消息，说智果因与主君不和，愤而请族内太史将自己开除出智氏，自立为辅氏家族。这个消息对于旁人来说或许无足轻重，可张孟谈听到后却像是受到了电击一般，整个人都精神起来了。他欢天喜地地找到赵无恤，满怀激情地说了四个字："是时候了！"

赵无恤让他这一惊一乍给吓得够呛，忙问这是咋了？张孟谈上气不接下气地说道："我去拜见二君回来的时候，在辕门外遇到了智果，我担心他会坏我们的大事，因此一直惴惴不安。如今听闻智果已经自立门户，可见智瑶并不信任他。但我们还是不可掉以轻心，万一智伯醒悟过来就万事俱休了。事不宜迟，我们应该马上联系韩、魏两家，提前在今夜采取行动，以免夜长梦多！"

无论是赵无恤还是韩、魏两家的主君，惊闻智瑶已经得知他们会面的消息，恐怕都被吓得不轻。尤其是韩虎、魏驹，当智果前来试探的时候，他们都还被蒙在鼓里，如今想来真是脊背发凉。甭管之前是如何约定的，也甭管准备是否充分，到了这种时候，时间就是生命，提前行动已是必然。

当天夜里，韩、魏两家以巡查河堤为名，派人出其不意地杀掉了智氏派驻的守卫大堤的官员，随后又掘开大堤，将河水引到智氏军营。滔天洪水无约而至，使智氏军队顿时乱作一团。不少人尚在睡梦中便被卷入激流，只能在洪水的裹挟下苦苦挣扎；未遭洪水冲击的士兵纷纷依地势向高处突围，又被预先分两翼围拢的韩、魏联军掩杀。一片混乱之中，赵无恤则带着赵氏军队坐着小船冲进敌阵，与智氏军队正面厮杀。

这突如其来的变故，让智瑶也惊慌失措。惊悚之中，他想聚拢残兵，想组织反击，想突围出逃，却都未能如愿。在汹涌的洪水之中，人人都在争相逃命，山间奔走的呼号，水中绝望的呐喊，夹杂着河水澎湃的激荡，将他的声音完全淹没了。

他绝望地看着自己的军队被洪水冲散、被敌军阻截，目之所及能看到的只有狼藉破败的营地、横陈遍野的尸骨，耳之所闻能听到的只有将士被砍杀时痛苦的哀号。他恍惚见到"恶而无勇"的赵无恤正划着小船向自己逼近，却毫无抵抗的能力。

心中充斥着的悲痛让他甚至都忘了要在屈辱到来前，拿起手中的剑结束自己的生命。直到敌人越来越近，直到包围圈越来越紧，直到他看到满身鲜血的赵无恤，提着他那把已经砍钝了的剑，在自己面前高高扬起……

公元前453年三月，轰轰烈烈的晋阳之战落下了帷幕。

不久后，智瑶被人带到一个叫作凿台（今山西晋中榆次区西）的地方杀死，其头颅也被赵无恤制成了酒器。

智瑶的嫡长子智颜不知所终，另外两个儿子智宽、智开又负隅顽抗了大约六年的时间。到前448年，随着智宽投奔秦国，持续约八年时间的晋国内乱宣告终结，自原黯（荀息）入仕晋国后，在晋国政治舞台上激荡二百余年的荀氏家族，作为一个整体退出了历史舞台。

智氏灭亡后，赵、韩、魏三家将其所有遗产全部瓜分，从此以后，三家愈富、公室愈卑，公室在晋国政治生活中的地位也愈发无足轻重了。

## 第二节　历史迷雾

**心狠败国**

在论及晋阳之战智瑶以胜取败的原因时，人们大都依照儒家的传统，将其与吴王夫差等人相提并论，认为他们"不行仁义而务广地"，是"极武而亡"的典型。到司马光编纂《资治通鉴》时，更是将其上升到了德行的高度，并做出一番精彩的论断：

> 智伯之亡也，才胜德也。夫才与德异，而世俗莫之能辨，通谓之贤，此其所以失人也。夫聪察强毅之谓才，正直中和之谓德。才者，德之资也；德者，才之帅也。云梦之竹，天下之劲也，然而不矫揉，不羽括，则不能以入坚；棠溪之金，天下之利也，然而不熔范，不砥砺，则不能以击强。是故才德全尽谓之圣人，才德兼亡谓之愚人，德胜才谓之君子，才胜德谓之小人。

如果说荀寅的失败是因为"无才"的话，那么智瑶的失败，归根结底便是所谓的"才胜德也"。司马光并不否认智瑶的才干，但正是因为他有才而无德，这才导致强大的智氏最终走向了败亡。

司马光的观点并不缺乏论据，在传统的儒家史料中，有关智瑶有才无德的例证不胜枚举，其中最为人所熟知的，便是智果劝谏智瑶的父亲智申慎择继承人的故事。

智申谥宣子，是范氏、中行氏之乱爆发时的执政荀跞（智文子）之子，大约在铁之战后不久成为智氏宗主。智申有两个富有才华的儿子，分别是智宵和智瑶，而在这二人之中他似乎又更喜欢智瑶。因为这个儿子兼具了诸多优点：仪态不凡、身材高大、箭术高超、精力充沛、技艺出众、聪慧过人、巧于文辞、辩才绝伦、坚毅果决、能谋善断……可以说集当时人们所认为的所有美好素养于一身，是一个典型的长相俊美且文武双全、才华爆表的"高富帅"。

这样一个完美的形象在任何时代都会受到人们的青睐，即便是按照现代管理学的标准来看，也不失为一名优秀的领导者。看到自己能有这样一个儿子，智申当然喜欢得不得了，于是就想把他确立为继承人。

但智氏的一个旁支亲戚智果，对智申的想法却很不买账，曾多次劝说让他改立智宵。在智果看来，智瑶的确是个"高富帅"，也具备诸多优秀的特质，但却有一个致命的缺陷，会将智氏推向万劫不复的深渊，那就是"不仁"。如果让他来掌权，智氏必定会走向灭亡。

智申对此颇有些不以为然。因为按照他对两个儿子的了解，智宵其人庸碌无能，才华远不及智瑶；可要论起"不仁"来，却又远甚于智瑶。既然两个孩子在德行上都有欠缺，那为何要舍弃满腹才华的智瑶，反而要立平庸无能的智宵呢？

智果对此自然心中有数，他说道："智宵虽然凶残，但那都是流露在表面上的，而智瑶的凶狠却埋藏在心里。"一个人表面凶狠，人们顶多是避而远之，这并不打紧；可若是一个人表面仁慈、内心凶狠，那就必定会亡室亡家。再加上智瑶又有那么多优点，他就会用这些优点去欺凌他人，从而干出更多不仁的事情。您要在的时候，别人看着您的面子，也不敢把他怎么样；可真要到他执掌家业了，还会有谁会宽让他呢？

智果的这番说辞的确没有什么说服力。你拿智瑶的残暴来对比，并不足以推翻智宵为人残暴的缺点，而智瑶所具有的那些优点，智宵却一样也不行。如果换作是旁人，恐怕也难以认同他的观点，智申自然更听不进去，因此最终还是选择了智瑶为下任宗主。

## 斩岸堙溪

正如智果一再强调的，若是不论品行的话，智瑶的确是一个才智超群的人物。当历史进入了智瑶执政的时代，在他强有力的政治手腕控制下，晋国很快就掀起了又一轮对外扩张的热潮。

晋国对外扩张的历史从来都是对"戎狄"用兵相伴的，这次也毫不例外。自荀吴将晋国势力北扩至太原到石家庄一线后，北方"白狄"建立的中山等国就成了晋国对外扩张最难啃的骨头。

在将近一个世纪的历史长河里，晋国与"白狄"国家之间的战争此起彼伏。其间不仅晋国会时不时向北用兵，"白狄"也经常主动出击，对晋国的国家安全构成威胁。比如公元前506年的召陵之会之所以虎头蛇尾，据说就与中山对晋国的压迫有很大关系；而范氏、中行氏之乱爆发之际，中山更是与东方诸侯协同配合，给深陷内战旋涡的晋国制造了不少麻烦。

智瑶执政期间，一度曾将主要精力集中在北方，比如在《韩非子》的记述中，便有一个智瑶伐仇由（又作厹繇）的故事[①]。与当年荀吴伐灭的无终国类似，仇由位于今天山西盂县东北一带，当地多崇山峻岭，且有原始植被覆盖，没有现成的道路可供晋国的战车通过。即便是延续荀吴时"毁车为行"的战斗组织，想要通过莽莽大山吞并仇由，其难度显然不会比征服无终国更小。

但这些困难都难不倒智瑶，他想了一个很讨巧的办法，就是差人铸造了一口大钟，声称要送给仇由国君，以显示两国两家之间的睦邻友好关系。

"白狄"的君主大抵上都有这样一个烦恼，那便是由于疏于礼乐，使得他们无论发展到什么程度，都始终不能为中原国家接受。如今有大国上卿赠送如此贵重的礼器，这不就表示要接纳自己了吗？仇由国君自然大喜过望，说什么也得把那口钟拉回来。

当然了，仇由国还是有明白人的。有一个名叫赤章曼枝的大夫知道智瑶来者不善，于是就劝谏说："只有当小国侍奉大国时，才会赠送钟鼓礼乐的器具，如今却完全反过来了。我担心他们会派大军尾随，图谋灭我仇由，所以还是放弃吧！"

---

① 事见《韩非子·说林下》。

跟之前所有故事的套路一样，不听劝的一定会吃亏，仇由国君便是这样的典型。任由旁人怎么劝说，他就是吃了秤砣铁了心，愣是让人"斩岸堙溪"在崇山峻岭之中开出一条路来，其结果可想而知。不久后，智瑶便很尽责地沿着新修好的道路前去给他们送了"钟"，仇由国君也算是亲自挖了一个坑把自己给埋了。

晋国与中山之间散布着许多类似于仇由这样由"白狄"建立的定居国家，均在智瑶执政期间被一一扫除，中山也就完全暴露在晋国人的铁蹄之下。从《竹书纪年》和《国语》等史料的零散记载可知，智瑶和赵无恤都参与了对中山的讨伐，但并没有确切地说明中山国是否被晋国所灭。不过从后来的史料中可见，赵、魏双方发生矛盾时，赵国为避免冲突有复立中山的举动，似乎表明彼时中山已经是赵国属地，而这极有可能是智瑶时期对外征伐的成果。

## 谋卫伐郑

讨伐北方"戎狄"可以极大地扩展晋国的版图，能够带来马匹、铜铁矿石等重要战略物资，但从经济效益的角度来讲，这并不是什么划算的买卖。在当时的封建领主眼中，可耕种的土地显然要比险要的地形更重要，熟悉农业生产方式的劳动者数量也比单纯的人口数字更加令人激动，这些优质资源显然是开发程度较低的北方高寒地区无法提供的。

为了进一步扩充财力，晋人很快又掉头向南，将魔爪伸向了那些中原友好邻邦。而与韩起执政时扭扭捏捏、欲盖弥彰的做法不同，自从中原霸业秩序不可挽回地走向崩塌之后，晋国就完全放弃了追求霸业的努力，更放弃了对诸侯提供保护的义务。这也使得晋国可以从容地抛掉思想和道德的包袱轻装上阵，在侵吞他国土地时也完全没有了负罪感。

在这一波扩张浪潮之中，首当其冲的仍然是与晋国接壤的郑、卫两国。在汉代的一些史料中，散见几个以智瑶为反派角色的故事。在这些离奇的故事中，智瑶就像是青青草原上的灰太狼，屡次三番使用诡计进犯卫国，结果都被勇敢无畏的卫人识破，最后碰得灰头土脸。

其中有一个故事是这么说的：有一次，吴国使者赤市出访晋国，在途经卫国时，卫国大夫宁文子对其以礼相待，临走时还送了不少礼物。后来赤市顺利完成使命准备回国，智瑶也盛情相送，命人以一艘巨轮载赤市渡过黄河①。

一般来说，大夫渡河只需以一方舟济之即可，晋国如此大费周章，显然已经超出了一个使臣应当享受的规格。事出反常，必有妖孽。赤市不敢掉以轻心，急忙命人四处查探，果然就发现雾色之中有大量运兵船尾随在后，准备以其为掩护偷袭卫国。赤市有感于宁文子对自己的种种好处，干脆就装病不去卫国，智瑶的偷袭之计自然也就落空了。

还有一次，智瑶送给卫君四百匹野马（后文为四匹）和一块白璧。卫君得到这些馈赠心中欢悦，于是就让群臣前来庆贺，但就有那么一个叫南文子的人不喜反忧。卫君感到十分扫兴②，于是就派人前去质问，南文子回答说：“我们对晋国既无功劳也无苦劳，晋人为什么要送给我们这么好的东西呢？更何况，四匹马外加一块玉璧，这是小国赠送大国的礼物，如今却偏偏反了过来，这如何解释呢？”

事出反常必有妖。卫君也是个明白人，赶紧让边邑加强戒备，后来果然就发现智瑶带着一队人马朝卫国摸过来了。智瑶本来打算趁着卫国君臣麻痹大意的时候发动偷袭，却不料偷袭不成，还白白搭上了几匹良马，心里那叫一个气啊！

不久之后，智氏嫡长子智颜突然致信卫君，说自己被父亲驱逐，希望能到卫国避难。这本是很稀松平常的事情，卫君不假思索爽快地回复说：既然你在晋国待不下去了，那就过来吧！

但这个时候，那个叫南文子的大夫又来了，他对卫君说：“智颜很受智瑶宠爱，而今也没有犯过什么大错，怎么就突然要投奔卫国了呢？"

卫君跟这个南文子简直就是一对"黄金搭档"，南文子的话一出口，卫君马上就知道怎么回事了。于是很快，被派往边境迎接的人便收到了一条命令，要求必须清点智颜随行的车辆数目，如果超过五辆就拒绝入境。

这个消息自然也传到了晋国，智瑶本来是打算让大部队混在太子车队里突袭卫国的，可当他听说卫国边境"安检"工作突然升级了，便知道这次的计谋又被识破了，只好再次放弃了伐卫的打算。

我们大可不必在意这些故事的真假。从这些故事中可以体现出的信号是，在智瑶执政时期，晋国与卫国的关系十分紧张，两国之间的明争暗斗已不是什么秘密

---

① 事见《说苑·复恩》。
② 事见《战国策·宋卫》之《智伯欲伐卫》《智伯欲袭卫》两篇。

了。同样的，与晋国只有一水之隔的郑国，也免不了要频繁应对来自晋国的压力。

在《左传》最后几年的零散记录中，智瑶伐郑的记录总共有两次，一次是在晋出公七年（前 468 年），另一次是在出公十一年（前 464 年）。只是与"青青草原"的叙事方式不同，晋国对郑国的侵扰之所以未获大功，更多还是受到了来自齐国的制约。

自打召陵之会后郑、卫两国相继叛晋以来，这两个国家便一头倒向了齐国。一开始齐人还以为是又迎来了复霸大业的曙光，可折腾了几年才发现，这一切不过是梦幻泡影。齐景公连续多年向晋国发力，最后不仅没能实现人生理想，反而彻底将国家政权推到了田氏的手中。而田氏在完成了篡夺权力的一系列运作后，为争取民心，同时出于遏制晋国扩张的需求，也乐于参与中原的战争。因此当郑、卫两国同时面临晋国的侵扰时便频繁出兵相助，从而将郑、卫两国的千里沃土变成了晋、齐两大列强角力的舞台。

## 多陵人者

智瑶执政之后，晋国与齐国还有过几次直接接触。比如在晋出公三年（前 472 年）六月，刚刚执政的智瑶亲自带兵伐齐。战斗爆发之前，他原本想靠近齐军营垒探查虚实，谁知一个不小心战马受惊、战车失控，其行踪一下子就暴露了。

在这个关键时刻，智瑶当机立断，决定亲自向齐军致师。他对自己的随从喊道："齐军已经看到了我的旗帜，如果我们当着他们的面退回去的话，会助长敌人的志气。"说罢便策马驱车直奔齐军营垒。

作为中军主将，只带了几个随从就亲自前往敌营致师，这可是亘古未闻之事，但智瑶还真就做到了，可见其勇武绝非虚言。不久之后，两军在犁丘（今山东齐河东北，齐邑）展开激战，智瑶一举击溃齐军，并夺回了英丘，其指挥作战的能力也得到了实战的检验。

晋出公七年夏天，智瑶带兵讨伐郑国。执掌齐政的陈恒（陈成子、田常）为了援救郑国，不顾大雨倾盆、道路泥泞，千里行军奔赴郑国而来。眼看齐国决心很大，智瑶不愿跟对方死磕，于是便对周围人说道："出门的时候我只为伐郑是否吉利占卜过，跟齐军作战还没占卜。"说罢便带着大军回去了。

故事的前半段，智瑶还算是一个思路清晰、头脑正常的人物。可就在他宣布撤军之后，却突然做了一件多余的事，使得他的人设开始急速崩塌。

为了对陈恒表示羞辱，他派人到齐营传话说："你们田氏是陈国的后裔，有些话不妨跟你说清楚。我听说陈国的灭亡，郑国在其中发挥了很大的作用，寡君为此感到十分忧心，因此才派瑶来调查实情。既然您也来了，那就顺便问一句，您可曾对陈国的灭亡感到过忧虑呢？若是您自个儿都本末倒置，对陈国的灭亡毫不在乎的话，那我就更没意见了，这就回去向寡君复命！"

智瑶对陈恒的为人充满了不屑，话里话外满是羞臊之意，惹得陈恒大怒，说："经常欺压别人的都没有好结果，难道你智伯就能够长久吗？"

人设的崩塌通常都是不可逆的，尤其是在陈恒这里吃到甜头后，智瑶突然发现羞辱人也是一件很美好的事，从此以后便一发而不可收了。比如在上文提到的蓝台之宴上，他便公然羞辱了韩氏君臣。彼时有智氏宗室大夫智国曾劝智瑶早做防备，否则会有大难临头，谁料智瑶却漫不经心地回答说："有没有大难那得看我的心情，现在晋国就属我最为强势，我不发难，谁敢率先对我发难呢？"

智国十分忧心，仍旧苦口婆心地劝说道："可不能这么想啊！郤氏的车辕之役，赵氏的下宫之役，栾氏的固宫之变，中行氏和范氏的叛乱失败，这些旧事您都是知道的。一个人屡犯过失，造成的怨恨往往不会表现在明处，因此要防微杜渐，在事情出现苗头之前就要有所防备。况且，怨恨也不在于大小，君子能够谨言慎行，在细微处注意自己的言行，才不会招致祸难。蚊子、蚂蚁、黄蜂、蝎子看起来微不足道，可他们一样也能害人；一个人即便能量再小，也有让人感到恐惧的时候，更何况是主君和辅臣呢！如今您在一次宴会上就羞辱了一家的主君和辅臣，还说他们'不敢向我发难'，这难道不是自欺欺人吗？"

智瑶为人狂傲，不仅对相对弱势的韩氏君臣不屑一顾，对与其实力不相上下的赵氏也同样不会心慈手软。比如晋出公十二年（前463年），智瑶带着他的下属赵无恤讨伐郑国时，就发生了一件很不愉快的事情。

当时面对大国的征讨，郑国执政驷弘一点也不感到着急。因为自打人设崩塌以后，智瑶刚愎自用、争胜心强的缺点便广为人知，驷弘也算是多有耳闻。他认为，面对这样的对手，郑人只需要频频示弱，对方得了便宜自然会退兵。因此在作战的时候，郑人的抵抗都十分消极，晋军很快就攻破了外城。

郑国的表现让智瑶感到十分骄傲，这个时候他突然想到身边还有个赵无恤，于是就转过头来指着内城的城门说："你给我打进去！"

听到这个命令，赵无恤也是一脸蒙，但很快就镇定下来，同时恭敬地回应说："主在此，无恤不敢先行入城。"

智瑶横竖都看他不顺眼，就趁机挖苦说："恶而无勇，何以为子？"长得丑还没勇气，也不知道你父亲究竟抽的什么风，竟然会选你继任！

"长得丑还没勇气"，这种话也亏他能想得出来。要是一般人，听到这话早就忍不住要动粗了，可赵无恤是何等样人？他有着超出常人的忍耐力，面对智瑶的羞辱不动声色，只是平淡地回了一句："因为我能忍受耻辱——就算有百般不是，至少不会危害赵氏宗族吧？"

除了为人处世上放荡不羁外，智瑶也兼具了历史上所有昏君暴君都具备的一大特质，那就是贪图享乐。据说在晋阳之战爆发前夕，他曾建造了一座华美的宫室，众人对此都称羡不已，但有一个叫士茁的大夫却当着众人的面给他泼了一盆冷水："宫室美则美矣，可我却总感到有些担忧啊！"

听到士茁如此说辞，智瑶照样不以为然："你是担心过度了吧？"

士茁回答道："臣秉笔事君，因此熟读古代典籍。我记得有一本书上说过这么一句话：'高山峻原，不生草木。松柏之地，其土不肥。'如今您将房子造得如此华丽，怕是榨取了不少民脂民膏，也寒了不少士人的心吧？我担心它一旦建成，人心会有不安啊！"

从这些描述中可见，智瑶的人设与之前的吴王夫差，以及后来史家笔下的隋炀帝颇有几分类似。他们都是生得一表人才，且颇具文韬武略，再加上善于伪装，具有很强的亲和感，总给人一种十全十美的印象。然而即位之后，失去了管束的他们都开始好大喜功、贪图享乐，以至于闹到最后亡室亡家，为天下笑，看来"才胜于德"的确不是什么好现象。

## 常山宝符

与智氏怎么看都不对味的家风恰好相反，赵氏的家教可以说是出了名的严苛，其前任宗主赵鞅（赵简子）在选择继承人时也是慎之又慎，跟智申的轻率形成了强烈的反差。

根据《史记》记载，赵鞅的嫡长子名叫伯鲁，按照儒家立嫡立长的原则，早先已被确立为太子人选。但有一天，赵家来了一位不速之客，名叫姑布子卿。此人在江湖上很有盛名，据说曾给孔子相过面，说孔子从正面看有王者之风，从背面看则像丧家之犬。如此名望之士亲自登门拜访，赵鞅自是大喜过望，急忙把儿子们都叫过来，好让他给看看相。

不看不要紧，这一看就出了大问题。姑布子卿对这些儿子一个都看不上，只是不停地摇头说："没有能做将军的人！"

赵鞅这下可就慌了："莫非这是天要亡我赵氏？"

姑布子卿并不答话，而是若有所思地四处张望，同时有些漫不经心地问道："你确定所有人都到场了？我刚才在外面见到一个孩子，很有将军风范，是不是你儿子啊？"

赵鞅一想，或许还真有遗漏的，赶紧命人把庶子们都叫上来。等赵无恤进门，姑布子卿突然惊叹起来："就是他了，此真将军也！"

姑布子卿一时情绪激动，反倒让赵鞅有点摸不着头脑。他在一旁扯了扯子卿的袖子，很是难为情地说道："他的母亲是从"狄国"来的婢女，地位低贱，您会不会看错了？"

姑布子卿显然对自己的相面功夫充满了自信，他确证无疑地说道："不会看错！如果这是上天的意志，即便是卑贱的人也可以显贵。"

在赵鞅长期的观念中，从来都是贵贱有分的，高尚的事情就应该让高贵的人去做，出身低贱的人如何能够担当大任呢？如今姑布子卿这么一说，倒让他有些怀疑人生了。但不管怎么说，既然姑布子卿认为无恤贤能，那就暂且把他列为考察人选吧！出身卑贱的赵无恤据说也正是以此为契机，进入了父亲赵鞅的视野之中。

赵鞅对诸子都有着严格的标准，从小就对他们进行了长期的有针对性的训练，而且还时不时要脑洞大开地对他们开展各种考核。有那么一次，他出了一道题目，说是自己闲来无事，在常山藏了一个宝符，让儿子们去找，谁先找到这块宝符就归谁。

拿到考试题目后，一班人马不停蹄地跑到常山，开始漫山遍野地寻找宝藏。结果找了个把月，谁也没能找到宝符，只好垂头丧气地回来了。赵鞅对儿子们感到特别失望，但就在这时，那个不起眼的儿子赵无恤却不慌不忙地走进来说："您藏的宝符，无恤找到了。"

在场的人全都惊呆了，赵鞅也很惊讶，就问："那你拿出来吧！"

赵无恤不紧不慢地说道："无恤在常山巡查多日，发现常山山势险要，且俯临代地，以此地为根据攻取代国有如探囊取物。君父所说的宝符，可是此物？"

赵鞅听罢拍案叫绝：姑布子卿所言不虚啊！然后马上就决定废掉伯鲁而立无恤为太子。

除此之外，《韩诗外传》中也讲过这么一个故事，说是有一天，赵鞅将日常训诫的言辞凝练成了十二个字"节用听聪，敬贤勿慢，使能勿贱"，刻在竹简上交给伯鲁和无恤，并嘱咐他们说，一定要时刻铭记这些话。

三年之后，赵鞅把两个儿子叫到跟前问话，询问他们是否还记得竹简上的内容。事情过去已经太久，伯鲁早就把竹简这件事忘得一干二净了，更遑论还要记起上面的话了，最后支支吾吾了半天一个字都没蹦出来。赵鞅很生气，就问他竹简去哪儿了，结果伯鲁说丢了，赵鞅这下就更生气了。

轮到赵无恤的时候，他不仅非常熟练地将那十二个字完整地背了出来，还当场从袖子里掏出几乎已经磨平的竹简，显然是时时刻刻带在身上、随时随地背诵领会。赵鞅一看，孺子可教啊！他对无恤的表现简直不要太满意，当即就立无恤为太子，并将赵氏的家业都传给了他。

以上这些故事不论确实与否，我们都能从中得出一些确切的信息。由于母亲是"狄国"的奴婢，赵无恤从小便因出身低微饱受冷落，甚至受到歧视，这也让他养成了善于隐忍、心机深重的个性特点。这种个性使他往往给人一种怯懦、畏缩的观感，与出身高贵且个性张扬的智瑶形成了巨大的反差，也无怪乎智瑶会从心底里瞧不上他。

赵鞅去世之后，尽管智瑶以执政之尊几乎将对外征伐的丰功伟业都包揽了，但赵无恤还是见缝插针地找到了不少建功立业的机会。

公元前 475 年，在接替父亲赵鞅成为赵氏的宗主之后，赵无恤所做的第一件事，就是以"常山宝符"攻取代国。

代国与中山毗邻，早年与赵氏有姻亲关系，算起来其国君还是赵无恤的姐夫。赵鞅死后不久，赵无恤尚在守孝期内，就身披丧服北登夏屋山，提出要设宴款待自己的姐夫。

夏屋山位于山西代县东北，从夏屋山向东北方向延伸，就到了今天的北岳恒山，也就是当时的常山。与此同时，夏屋山与句注山紧紧相连，地势险要的军事要地雁门关就在这一区域。在漫长的帝制时代，这一片山区一直都是中原王朝防范北方游牧民族入侵的重要防线。代国凭借着山川形势有恃无恐，从来都没有想过晋人还会打自己的主意；再加上他们与赵氏之间的姻亲关系，使得代君对赵无恤全无防范之心，因而满心欢喜地就前去赴宴了。

然而让代君万没想到，正当他酒意正浓的时候，原本和蔼恭敬地为自己盛饭的厨子却露出了狰狞的面目，他将手中的铜勺一挥，直接砸在代君的后脑，使其当场毙命。紧接着，预先埋伏的甲士以及随身带着武器的舞者也都一拥而上，对着代国的士兵一顿乱砍，最后无一人侥幸逃生。杀死代王后，赵无恤迅疾点兵伐代，将其正式纳入了赵氏的管辖范围。

这里值得一提的是，赵无恤设计侵灭代国的举动对赵氏自然是有利的，但也苦了他那可怜的姐姐代嬴。得知代君已死，代嬴独自走出城去，登上了一座高山，远望着自己生活多年的土地，哭天抢地悲恸不已。

过去所有的美好生活，终究随着代国的灭亡而烟消云散，任她再如何哭泣也没有办法改变这一切。她将头上的簪子磨尖刺入了胸口，以此追随自己的丈夫而去。人们为了纪念这位多情的女子，便将她殉情的那座山改名叫作摩笄山。

跟妄自尊大、独断专行的智瑶相比，赵无恤虽说也不是什么完人，可毕竟称得上是一个很听劝且能礼贤下士的典型。他终其一生都将父亲教诲的"节用听聪，敬贤勿慢，使能勿贱"牢记心间，即便是创造了诸多功业，也总能保持戒惧的态度，并身体力行地践行这十二字箴言。

比如《国语》中就提到，有一次新稚狗（新稚穆子）讨伐中山，攻取了左人、中人（河北唐县）等地，取得大捷。战胜的消息传来，赵无恤不喜反忧，脸上甚至还露出了恐惧的神色。

有侍者见其面色不豫，于是便询问其故，赵无恤回答说："没有淳厚的德行却福禄并至，这不是福气而是侥幸，我实在担当不起如此快乐，因此才感到恐惧。"

当然了，在史料残存的诸多事迹当中，最能体现赵无恤优良品质的，当要数他在处理有关中牟事务时所表现出的开明态度。

## 举贤纳谏

中牟是晋国东阳地区的一座军事重镇，东阳内战期间也曾是范氏、中行氏对抗公室军队的一个重要据点。大约在战争进行到第五年的时候，中牟宰佛肸据邑反叛，投入赵氏阵营，这对赵鞅打破僵局取得战争主动权起到了至关重要的作用。

但到战争结束后，也不知道是什么原因，赵鞅在出兵报复卫国回国途中，竟又派兵将中牟给围了。据有关方面推测，很有可能是佛肸再次叛变了，而且这次的叛变似乎也很彻底，一直到赵鞅去世还没有平定，这个重要任务自然就交到了赵无恤的手中。

赵无恤在安葬了父亲后，旋即调兵遣将包围中牟[1]。或许是天公作美，赵家的军队还没有集结完毕，中牟的城墙就突然崩出个宽约十丈的大窟窿。军人们高兴坏了，都说这是有上天襄助赵氏，若不趁机攻入，岂不是让老天爷也没面子？可赵无恤就是一个倔人，任凭左右好说歹说，就是不想乘人之危，还下令说在对方修好城墙之前，谁也不许靠近。

军人们听了自然不乐意了，赵无恤便解释说："我记得叔向曾经说过，君子'不乘人于利，不厄人于险'。趁着对方城墙损坏而攻取，这不是大丈夫所为，咱们还是等着吧！"

这样的戏码并不新鲜。比如晋文公伐原克阳樊、荀吴伐鼓围昔阳时都用过这招，而且后来的结果也大差不差，城里的人一看："这不就是明君吗？遇到这样的仁义之师我们为什么还要抵抗呢？麻利地开城投降吧！"于是乎，父亲赵鞅十五年都没办成的事，赵无恤用了短短几天就解决了。

这样的叙事是不是符合实际，我们不敢乱猜，反正书上是这么写的，就姑妄听之、姑妄信之。总而言之呢，中牟城又重回赵氏的怀抱，毕竟是喜事一桩。不过，赵无恤并没有掉以轻心，因为如何处置战后事务也同样是一个巨大的难题，一旦处理不慎后果会很严重。

就比如说，早年佛肸背叛赵氏的时候，城里有很多人都是极不情愿的[2]。但佛肸用了一个办法，他把全城的贵族都聚集在一起，院子里还煮着一口滚烫的鼎镬，

---

[1] 事见《淮南子·道应训》《新序·杂事第四》。
[2] 事见《说苑·立节》《新序·义勇第八》。

威逼到场的人说：你们要是跟着我干，事成之后吃香的喝辣的绝对少不了你们；可如果有谁不乐意，那就是我的敌人，今天我就当众把你给煮了！

看到鼎镬里滚烫的油水，院里的人大都被吓得哆哆嗦嗦，只有乖乖投诚的份儿，哪里敢说半个不字？可偏偏人群里就有个硬骨头，这个人的名字叫田基（又称田卑），他不仅不肯听从佛肸，还对在场的人说道："我听说，内心坚守正义的君子，不会因为贪图高官厚禄而动摇信念，也不会因为害怕斧钺加身而向恶魔低头。与其无义而生、不仁而富，倒不如死了好！"说完就准备往鼎里跳。

佛肸这个人在历史上名声不好，可也是一个惜才爱才之人，听了这番话，觉得挺有一股"富贵不能淫，贫贱不能移，威武不能屈"的风度，就急忙上前拉住了田基。

这件事后来传到了赵无恤的耳朵里，他也觉得这样的君子实在难得，因此等到攻下了中牟，所做的第一件事就是封赏田基。可没想到田基这个人太有风格了，他就连赵无恤的面子也不给，还说什么"廉士不耻人"，"一人举而万夫俯首，智者不为也；赏一人以惭万夫，义者不取也"。

意思是说，中牟的这些百姓都是心地善良的人，他们并不愿意跟着佛肸造反，只是面对佛肸的威逼不得不从罢了。如果我接受了你的赏赐，那么中牟的万千百姓就会因此而感到羞耻、惭愧、自责、无地自容，这不是智者、义士该有的作为。

田基因不愿受赏，最后背井离乡去了楚国，据说在楚国受到了重用，这件事也就算过去了。紧接着，赵无恤还有一件棘手的事要处理，那就是对佛肸母亲的处置[①]。

按照晋国的法令，"以城叛者，身死家收"，实际上就是满门抄斩。不过佛肸的母亲却并不是任人宰割的愚人，她不想就这么白白地送死，于是就跟审理她的士长说道："你们不应该杀我！"

士长就喜欢治这不服气的人，于是就拿着法律条文一条一条地念给她听，一边念还一边得意地问道："我念的可都是国家颁布的法令，你帮我找找，这里面哪条说你不该死了？"

谁知这老母亲脾性高傲，不愿意跟这些低级官吏分辩，她喝道："我犯不上跟

---

① 事见《列女传·辩通传》。

你讲这些道理,把你们主君叫来,我亲自跟他说!你要是请不动他,也没什么大不了,老妇我最多不过一死而已,但你们主君的损失可就大了!"

士长一听这话也挺生气,可又总感觉此事非同小可,只好乖乖地把赵无恤给请了来。老妇人不认得赵无恤,见了面之后依旧是那句话:"主君不来我不说!"

赵无恤感到很好奇,于是就问道:"我就是赵氏的主君。说吧,你为什么认为自己不该死呢?"

"哦,你就是主君啊?那我倒想问问你,我为什么就必须死呢?"

赵无恤一听颇有些摸不着头脑,心里琢磨了半天总觉得这话问得好像也没什么道理,于是就回答说:"因为你儿子造反了啊!"

"啊!照你这么说,儿子造反,母亲就必须死啊?这算什么理由呢?"

"这很容易理解啊!"赵无恤挠着头回答道:"母亲对儿子负有教养的义务,您的儿子走上了造反的道路,说明您没把他教育好啊!这样的母亲难道不该死吗?"

"咦⋯⋯我还以为你能讲出什么大道理呢?没承想全是歪理邪说,真是欲加之罪何患无辞!倒怪老妇我没教育好儿子,你怎么不说是你主君自己的责任呢?"老妇人摇了摇头辩解道,"我听说,儿子小的时候不听话,那是母亲的责任;长大以后不堪用,那是父亲的罪过。而且你们也常说,女人要三从四德,在家从父、出嫁从夫、夫死从子,我丈夫死得早,家里什么事情都是我儿子做主,我哪里还有教育他的义务呢?再说了,我儿子从小就是个乖孩子,老妇辛辛苦苦把孩子养大,把他交到你的手里,他就不再是我的儿子,而是你的臣子了,这个时候你就应该肩负起教育他的责任。如今你没有把他教育好,却反过头来要怪罪老妇,有你这么甩锅的吗?"

佛肸母亲这番话吧,也不能说没毛病,可赵无恤就是想不出反驳的理由,他只好向老妇人认错,说:"您说得对,都是寡人的错啊!"最后也只能把她给放了。

中牟的事情到这里还不算完,因为韩非子还有话说[①]。他还讲了一个故事,说是中牟收复后,赵无恤任命王登为县令。王登走马上任没多久就打报告说:"我在中牟发现了两个人才,一个叫中章,一个叫胥已。这两个人都是德行高尚、博学多才的士子,您为何不重用他们呢?"

---

① 见《韩非子·外储说左上》。

赵无恤对王登十分信任，既然是他推荐的人才，那绝对没问题，于是胳膊肘一挥："那就任命他们为中大夫吧！"

有家臣不理解，于是就问道："中大夫那可是大官啊！您连见都没见他们一面，就让他们无功受禄，我担心其他人会有意见。"

赵无恤对此毫不担心，他说："我选拔王登的时候是亲自面试过的，他这个人绝对可靠。所谓用人不疑，他的耳目就是我的耳目，他考察过的人就等于是我考察过了。否则若是每个受到举荐的人都要我亲自相看，岂不是没完没了了？"

这个故事很有儒家风范，但作为法家代表人物，韩非子的脑回路显然不会这么简单。所谓"利之所在民归之，名之所彰士死之"，国君有什么偏好，老百姓就会朝着什么方向努力，王登一日举荐了两个中大夫，中牟的百姓就会心向往之，他们也会纷纷抛弃土地、卖掉田宅去追求私学。由此造成的结果就是，国家太平的时候他们不能贡献粮食，有战事发生的时候他们又扛不起武器，长此以往国家必定走向灭亡。

法家与儒家向来水火不容，凡是儒家倡导的东西，法家多半都会反对，反之亦然。在举贤这件事上也是如此，法家崇尚军功爵制，对于带有感情色彩的推举机制向来是看不惯的，可儒家却偏偏奉为圭臬。甚至在儒家看来，一个人是否能够推荐贤人，是他自身贤能与否的重要标志。

比如有一次子贡问孔子："当今之世，谁能够称得上是贤人呢？"

孔子抖了个机灵，说："我没见过。要说以前的话，齐国有鲍叔，郑国有子皮，他们算得上是贤人。"

这下子贡就不理解了："难道管仲、子产还比不上他们吗？"

"你这就叫只知其一，不知其二啊！"孔子得意地说，"我问你，只知道埋头苦干的人和能推荐贤士的人相比，哪种人更当得起贤能二字呢？"

"当然是能举荐贤士的人了！"

"我只听说过鲍叔举荐了管仲，子皮发现了子产，却没有听说后两者举荐过比自己更优秀的人才啊！"

这个逻辑当然是经不起推敲的，因为若是我们认定了管仲、子产不是贤人，那么在链条的另一端，鲍叔、子皮的举贤就不再成立，他们所谓的贤能便也无从谈起。不过，儒家是最不讲逻辑的，我们还是姑且按照儒家的标准来看，赵无恤重用王登，而王登又能举贤，可见他在辨才、识才、用才方面的确有慧眼。

## 才德之论

史料中用以褒奖赵无恤贤德的故事有很多，用以讽刺智瑶失德的故事也有很多，我们没有必要一一列举。总的来说，将智瑶和赵无恤放在一起，这画风简直不要太美：他们一个生得英俊潇洒、智勇双全，同时还有各种"女频男主角"的光环加持；另一个则不仅长得丑，而且还没才情、没勇气。若是一般的编剧或者小说作者，绝对不会让自己的主角变成后者的模样。

可现实就是这么残酷，长得帅的被人砍了头，有才情的头骨被人做了酒器，倒是那个连亲爹都看不起的"猥琐男"成了最后的赢家，你说气人不气人？

当然了，两个人外在形象的强烈反差，更多的恐怕还是史家有意为之，最终的目的是为儒家所推崇的德性论做铺陈。智瑶万般皆好，唯一的缺点便是不仁，他的所作所为显然称不上是正直中和，而从他身上所散发出来的贪婪、骄横和刻薄寡恩，则严重地拉低了全社会的道德水准。赵无恤万般不是，可人家就是德行高尚，且有着礼贤下士、居安思危的优良品质，使得即便是他这样一个毫无亮点的人，也能取得战争的胜利。正是因为有着如此强烈的反差，才更能够印证儒家"仁者无敌"的重要作用。

司马光也正是以此为据，得出了他引以为傲的结论，认为自古以来，凡是导致家国败亡的，都是"才有余而德不足"之人。推而广之，他还将这个结论引申到现实政治中，指出"才德全尽谓之圣人，才德兼亡谓之愚人，德胜才谓之君子，才胜德谓之小人"。

人主在选拔人才的过程中，要将候选人的德行作为考察的首要标准，而不能仅仅看这个人才能的大小。如果你运气不好，实在找不出一个能达到圣人、君子水平的人可以任用，那么与其选择有才无德的小人，倒还不如找一个无才无德的愚人。因为"君子挟才以为善，小人挟才以为恶"，小人一旦受到重用，就会无恶不作。这种人因为有智谋、有能量、有勇力，一旦作起恶来，没有人能够控制得住他，造成的危害也难以预估。相反，愚人虽也无德，可由于他能力不逮，就算是想要作恶，也掀不起什么风浪。

司马光的这段话在我们如今也很有市场，不少人至今都将其奉为金科玉律，视为择人选人的黄金标准。但问题是，道德或者所谓的"德行"是一个虚无缥缈的东西，古往今来从来都没有一个统一的标尺。在现实条件下，界定一个人的"德行"是否高尚，显然要比判断一个人是不是庸才要难得多，这无异于是给《资治通鉴》最初的读者——也即当世的帝王们——出了一个巨大的难题。

既然这项技术太难掌握，弟子们学不会，那么做出这些论断的老先生是否又做到位了呢？答案显然是否定的。司马光编著《资治通鉴》时正处于人生的低谷，他眼睁睁地看着自己的政敌王安石在东京城里与神宗皇帝一唱一和，搞变法、改古制，混得风生水起，而自己却只能在洛阳城中看着夕阳著书立说，心中的苦闷自是无处发泄。他将所有的怒气都倾注在这部鸿篇巨制当中，同时也将对王安石的批判全都渗透在这字里行间，这里所提到的"小人挟才以为恶"很大程度上便是对变法者无情的影射。

如果一切都止步于此的话，司马光必定会以其伟大的著述流芳千古，不会留下丝毫的污点。然而，他对王安石的恨意实在太深了，恨到即便是让自己身败名裂，也决不允许对方的新法继续为害人间。王安石退隐后，尤其是随着宋神宗的去世，司马光不顾年事已高，毅然决然离开洛阳回到了汴京，用了不到一年便将王安石多年的心血毁弃殆尽，完全不顾自己的做法是否符合君子的本义。

司马光的极端做法给当世的人们树立了一个恶劣的典型，使得此后的政治斗争完全脱离了现实社会的需求，陷入到了有关"君子""小人"无休止的争辩中去。士大夫们但凡遇到政见不一的情况，往往不会就事论事去争辩其中曲直，反而如街头掐架一般互相讥讽对方为小人。被攻击者为了免于陷入道德困境，也不再关心国计民生，整个北宋王朝的政治风气变得乌烟瘴气。这种让人哭笑不得的政治斗争在此后几十年中愈演愈烈，直到最后蔡京搞出了所谓的"元祐党人碑"才算画上了休止符，而大宋王朝令人回味的浩然之气也由此被完全斩断了。

司马光毁弃王安石新法的影响还不止于此。靖康之变后，宋高宗赵构在应天府仓皇登基，建立南宋。为了给天下人一个交代，同时也为自己的父亲徽宗开脱，赵构将造成北宋衰落的根源都归结于王安石"自任己见""尽变神宗法度"，从而为这次变法彻底定了性。此后一直到明清两代，人们一提到王安石，大都会认定其为北宋灭亡的罪魁祸首，这也无形中给那些试图变法革新的人们制造了一道难以逾越的屏障。尤其是在张居正的改革失败后，古代帝制王朝自我革新的基因更是荡然无存，这些恐怕都与《资治通鉴》以及司马光的道德理论有着脱不开的干系。

我们并不打算跟会砸缸的司马光抬杠，因为这已经超出了本书所要讨论的范畴。这里需要指出的是，司马光的德性论在具体的政治实践中已经被证明是失败的理论，其既不能指导北宋的政治生活，帮助颓败的大宋王朝恢复汉唐气象，对于上千年前人物是非得失的品评自然也难说是完全公道的。至少在有关晋阳之战的论述中，无论是前代的儒家学者还是后来的司马光，对智瑶和赵无恤的评价都缺乏了最起码的客观公正。

## 智瑶其人

世人皆以为赵无恤礼贤下士，而智瑶则刻薄寡恩、缺乏仁心，故而人人离心，其败也可耻。可事实上，在晋阳之战的通篇叙事当中，有关智瑶人设的描述是十分混乱的，甚至在不同的场景下还会出现自相矛盾的地方。

比如在智申选择继承人时，智果提出的反对意见中给智瑶画了一个色彩鲜明的人物画像，也即认为智瑶有五大优点，"美鬓长大则贤，射御足力则贤，伎艺毕给则贤，巧文辩惠则贤，强毅果敢则贤"，唯一的缺点便是"甚不仁"。然而当进入实战的时候，原本满是优点的智瑶不见了，取而代之的是一个"全程智商不在线"，总体表现贪婪自大且愚蠢昏昧的角色。

在汾河大堤上，他可以当着韩、魏两家主君的面说出"吾乃今知水可以亡人国也"这样的话；当身旁的智囊一再提醒韩、魏两家已有反意的时候，他不仅未能及时警觉，反而还大大咧咧地把这些话都转述给对方；当韩、魏两家使出最原始的离间计为自己开脱的时候，他又照单全收，毫不怀疑对方的用心……这种种迹象让人不禁要产生疑惑，就这么一个如蠢猪式的人物，是如何力压三家那么多年的？他的失败分明是败在了"蠢"字上，跟所谓的"不仁"又有什么关系呢？

此外，在主要角色的台词中，我们经常可以看见这么一些评价，说"知伯之为人，阳亲而阴疏""粗中而少亲"。意思是说，智瑶这个人的残暴是深植于内心的，从表面上看他是一个慈祥善良、和蔼可亲的长者，可实际上却是睚眦必报、锱铢必较，眼里容不下一点沙子的小人。这样的人属于是典型的笑面虎，你若是事事依从他还倒罢了，若有一事不遂其意，就保准会在背地里暗算你。智果在劝谏智申的时候也提到过，"宵之伢在面，瑶之伢在心"。智瑶虽然不仁，但却不会把这些坏显露在表面，可见是一个极有城府的人。

然而现实情况却并非如此，在有限的史料中可见，智瑶是一个相当高调的坏人。在国外，他敢指着鼻子把齐国的主政陈恒骂个狗血淋头；在国内，对待同僚如赵无恤、韩虎等人也是极尽羞辱之能事，完全没有一点城府深沉的样子，他所谓的"阳亲而阴疏"又表现在哪里了呢？

至于说智瑶的不仁，我们同样能够在儒家系统琐碎的史料中找到一些反例。比如有一个名叫长儿子鱼的人①，此人早年是智氏臣属，大概是在晋阳之战爆发当年，因与智瑶意见相左愤而与其断绝了关系。到三年后，他本打算去鲁国（又说是越国）谋职，可当在半路上听闻智瑶被杀的消息时，却当机立断要回去为其死难。

同行的御者大感不解，问道："你跟他断绝关系都已经三年了，如今却要回去送死，是不是没搞清楚自己现在的身份啊？"

长儿子鱼的回答很是清爽："这你就错了。我听说'仁者无余爱，忠臣无余禄'。在听到知伯死讯的时候我心中一动，说明他的余禄依旧在发挥作用，这个时候我怎么能抛弃他而独活呢？"

这个故事虽然简短，但从中我们还是可以看到智瑶并非全无可取之处，或者说他的为人并没有江湖上风传的那么差。能够让一个已经断绝关系三年的人回去送死，这份情谊恐怕连他赵无恤都会自愧不如。

当然了，如果说这个无头无尾的故事还不足以让你放下成见的话，那么接下来这个故事你一定听说过，也或许能对你有所触动，这便是侠士豫让的故事。

## 侠士豫让

据史料记载，豫让的祖父名叫毕阳，与魏氏的始君毕万同氏。毕阳主要活跃于晋景公、厉公时期，其主要事迹是当伯宗受到郤氏迫害之时，受伯宗之妻委托，保护伯宗之子伯州犁逃往楚国。

与国内众多的普通贵族一样，毕阳的后人为了在乱世之中求得生存，不得不

---

① 见《新序·义勇第八》。

依靠大族的庇护，豫让年轻的时候就选择了范氏作为自己的主君。东阳内战结束之后，范氏、中行氏一朝破败，原本依靠其保护的小贵族也顿时失去了依凭，豫让也只能在取得胜利的其他家族之中另觅主君。

当时最有尚贤之名的赵氏，其家长赵鞅在灭掉范氏和中行氏后，也有要收拢其余众为己用的愿望。但赵鞅的近臣史黯却反对这样做，因为在他看来："这些人并不能算是良臣。如果是真正的良臣，就应该在主君得意的时候，想尽一切办法规劝过失，帮助主君实行正道，哪怕是为之而死也不足惜；主君失意的时候就应该追随他们流亡，为其出谋划策，让他们在国外重新获得封地和爵位，至死方休。可如今这些人，君主得意时未见他们匡正错误，失势的时候又不能追随其流亡，你收了他们又有什么用呢？"

或许是对史黯的看法深以为然，又或者是担心范氏和中行氏的死士会乘机混入对自己进行打击报复，赵鞅终究还是打消了这个念头。

不管是出于什么目的，最终又是做出了何种选择，这些都是赵鞅自己的事，本也无可厚非，但这却苦了那些如豫让一般急于寻找新主的末路之人。在这些士人最为落魄、最需要帮助的时候，那个家业鼎盛的赵氏却向他们关上了大门，迫使他们只能在另外三家中寻找依靠。

豫让最终选择了智氏。

多少次坐在门前屋檐下，恬然看着落日余晖洒满天际，豫让都会为这个选择感到骄傲。因为正是在智氏家中，他第一次有了被重视的感觉，第一次找到了人生的意义。他为智氏勤勤恳恳、兢兢业业地服务了三十多年，看着智氏家族一天天壮大起来，心中更是充满了无限的喜悦。

或许有的时候回想起这一生，他会有些懊悔，因为自己的才能不够出众，为智氏做出的贡献也不够突出，有许多事情还不够圆满……可毕竟岁月不饶人。走过了几十年的风雨历程，他已经不再年轻，即便内心有再多的激情，也终究抵不过似水年华。终于有一天，他决定放下包袱，回到家中含饴弄孙、安享晚年，去品味岁月静好的真谛。

然而好景不长，正当他以为这一切的美好都会如日出日落一般永驰不息的时候，意外发生了。

"主君失败了？"

晋阳之战失败的消息就像是晴空里的一个炸雷，将他的人生完全拖入了黑暗之中。他不敢相信，才华卓著的智瑶怎么会在一夜之间败亡？自己为之奋斗一生的智氏怎么就突然崩塌了？

他张皇失措地四处打探消息，希望有人能告诉他是自己听错了。然而所有人都给出了同样的答案：主君智瑶的确死了，而且他的头颅还被赵无恤刷了漆当作酒器用了！

豫让始终无法接受这样的现实。他怔怔地站在山岗上，绝望地凝视着这片苍凉的土地，无助的悲鸣足以令呼啸的北风失色。可这又能怎么样呢？即便是他的悲歌唤醒了霍太山的生机，澄清了奔腾的河水，却终究无法令死者复生，让时间倒流。

士为知己者死，女为悦己者容。

既然一切都已经无法挽回，那就只能改变未来。豫让决定要用自己衰老的躯体去对抗天命，以精卫填海的气概去完成一件不可能的任务。他要为自己的主君复仇，要让赵无恤血债血偿——这不仅是为了主君遭受的杀身之祸，更为了主君死后蒙受的屈辱。

豫让将自己完全变成了另外的一个人。他离开了原本打算安享晚年的家庭，独自栖身于深山之中，为自己伪造了一个新的身份，并秘密筹备一个宏大的复仇计划。一切准备就绪，他便打扮成了一个受过刑的奴隶，混入赵氏宫中打扫厕所，耐心地等待动手的时机。

皇天不负有心人，机会终于让他等来了。

这一天，赵无恤还像往常一样，穿戴整齐准备出门去。或许是因为临时内急，赵无恤突然离开了随从，朝着这个很少光顾的厕所走了过来。豫让躲在厕外，凌厉的凶光透过垂下的茅草，穿透了那个让他恨之入骨的人。仇恨，让他忘记了自己的处境，让他的身体剧烈地抖动，时间也近乎凝滞了。

他看到赵无恤神情倨傲、高昂着头颅走了过来，孤傲的眼神漫不经心地朝这边瞥了一眼。有那么一刹那，他们曾四目相对，赵无恤起初并没有感觉到有什么异样，依然踏着坚毅的步伐向前走了几步。然而就在快要靠近的时候，赵无恤却突然停了下来，怔怔地站在原地，一动不动。

或许就是刚刚那漠然的一瞥，那转瞬即逝的四目相对，让赵无恤感受到了茅草丛中一束仇恨的光芒。那束掩藏在黑色的皮肤和浓密发际之下的光芒，充满了让人战栗的愤怒，让他顿时心跳加速、呼吸急促、精神紧张，一股前所未有的窒息感扑面而来。

随身的卫士们很快就察觉到了异样，他们急忙奔上前来扶住主君，却不意听到主君有气无力地从牙缝中挤出了三个字：有——刺——客！

卫士们很快就将豫让抓了出来，并从他身上搜出了一把锋利的匕首。年迈的豫让在这些壮士的推搡之下，单膝跪在赵无恤的面前。

"你就是豫让？"赵无恤刚刚缓过劲来。他跽坐在内堂的榻上，细微的声音中透着严厉："为何至此？"

"欲为智伯报仇雪恨而已！"

赵无恤端起几案上的酒樽放在嘴边，既没有饮酒，也没有说话。过了许久，有卫士主动请缨要将豫让处死，赵无恤这才摆了摆手说道："智瑶死而无后，臣子能为其尽忠至此，便是天下之贤士。寡人以后避开他就是了！"说罢就差人将豫让送出了宫门。

### 豫让之死

赵无恤的宽宏大量并没有换来原谅，反而是他脸上无意中流露出的优越感，让豫让更感愤恨，复仇的欲望也更加强烈。可问题是，赵无恤已经见过自己的面貌，想要再依靠身份伪装接近对方显然是行不通了。

万般绝望之时，豫让又生出了一个更为大胆的想法。离开赵家后，豫让找到了一个过去共同侍奉智瑶的好友，让他为自己置办了许多器物，随后带回山中的居所，开始了一段常人所无法忍受的痛苦历程。他剃掉了眉毛和胡须，毁掉了容貌，将热漆浇在身上烧坏了皮肤，用烙铁在头上烫出一大片瘢痕，从而将自己改造成了一个人人避而远之的流浪汉。

为了验证易容的效果，他故意装作乞丐到自家门前乞讨。他的妻子每次出门时，猛然听到了熟悉的声音，都会回过头来四处张望，可看到的却只是一个脏兮兮的乞丐。几次三番下来，连她自己都感到恍惚，于是便喃喃自语道："他的声音为什么这么像我的丈夫呢？"

听到妻子的话，豫让忍不住流下了两行热泪，心中似刀割一般难受。可既然已经发誓要为智伯报仇，便不能半途而废，就只能将这份苦楚埋在心里。一番痛哭之后，他又迈着蹒跚的步伐回到山中，吞下了许多炭末把自己的嗓音变哑，终于连他的妻子也辨认不出来了。

"你这样是很难取得成功的！"得知了豫让所做的一切，他的好友顿足痛哭，后悔没有早些劝他回头，以至于让他变成了如今这副人不人、鬼不鬼的模样。好友不无痛惜地叹道："你的做法可以称得上是一名志士，但却很难说是明智的。我早就听闻，赵无恤很欣赏你的才华，你大可以借此跟随在他身边。等到有一天他彻底放下了猜忌，你再去杀他岂不是易如反掌，何必非要糟践自己呢？"

豫让苦笑一声，紧接着用嘶哑的声音回答道："我之所以要这么做，就是为了告诉全天下人什么是君臣之义！就是要让全天下怀有二心的人感到羞愧！因此，即便前方的路如登天之难，也绝对不能贪图捷径。更何况，倘若我委身赵氏做了赵无恤的臣子，却每天想着如何杀掉他，那我岂不就是在为先知杀后知，为故君杀新君？这样的做法和那些违背君臣之义的人又有什么区别？我的所作所为，还有什么意义呢？"

好友听罢，深为豫让的理想而折服，也便只能由他去了。在此后很长一段时间里，豫让都以乞丐的身份混迹在晋阳街头，苦苦寻找着机会。

终于有一天，豫让得到了一个确切的消息，赵无恤将带着少量的随从外出巡视，而此行必然要经过城外的一座石桥，这将是一个下手刺杀的绝好时机。为此，他早早地藏匿到这座石桥下，准备一举搏杀赵无恤。然而遗憾的是，这一次他还是失败了。

说来也是事不凑巧。正当赵无恤的车驾接近石桥时，有一匹马突然受惊失控，差点把赵无恤掀到车下。随从急忙上前控制住车辆，可那匹马依然嘶鸣不止，众人费了好大的劲才算给稳住了。等到慌乱过去，赵无恤或许是想解嘲缓和气氛，于是便悻悻然言道："不会又是豫让吧？"说罢便笑了起来。

他这一笑不要紧，身旁的人个个都错愕不已，顿时神情紧张地四处仔细搜查，果真就在桥下找到了一名身带利器的乞丐。这名乞丐神情凌厉，让几名卫士感到不寒而栗，纷纷退回到桥上。

赵无恤很快就从那令人惊悚的目光中辨认出了豫让的身份，于是愤怒地质问道："我听说以前你也曾侍奉过范氏、中行氏，而范氏、中行氏正是为智氏所灭，说起来智伯也算是你的仇人吧？可你从来没有想过为他们复仇，反而屈节忍辱去侍奉你本该怨恨的敌人，甚至智伯都已经死了这么久了，还要心心念念地要为他复仇，这又是为什么呢？"

既然身份已被拆穿，便也无须掩饰。豫让以他嘶哑的声音铿锵有力地回答道："范氏将我当普通人一样看待，我就以普通人的态度回报他们；智伯以国士待我，我便以国士的态度报答他——这难道不够吗？"

这番话让赵无恤听了很不是滋味。当年父亲想要收拢范氏、中行氏的良臣，但史黯却以他们内不能匡相其君、外不能效死以定为由，认定了范氏、中行氏之臣属皆非良臣，从而对他们关上了大门。可如今却有一个鲜活的案例站在面前，用他的生命诠释着良臣的真义，而这个人却不能为己所用，这该是多大的讽刺啊！

想到这里，赵无恤不禁长叹一声："唉，豫让啊！你为——"他眼中饱含着泪水哽咽道："你为智伯报仇能做到如此程度，可以称得上是忠义之士了。而寡人待你也算是仁至义尽，可你为什么就非要与寡人斗争到底呢？既然你不愿意回头，寡人也不能再宽恕了，你自求多福吧！"

或许是因为这滴眼泪让豫让感觉到了赵无恤的爱贤之心，他突然提出了一个请求："臣听说，'明主不掩人之义，忠臣不爱死以成名'。您之前已经宽恕过臣一次，天下莫不为君之德义而感动；今臣既然决定了要再次行刺，便是抱定了必死之决心。臣死不足惜，只是不能完成心愿，便是死也不会安心。若是您宽厚为怀，能让臣在您的衣服上刺几下，也算是死而无憾了，只是不知君可愿为臣了此心愿？"

赵无恤没有回头，只是缓缓地张开双臂，示意卫士将自己的衣服取下递给豫让。豫让将赵无恤的衣服挂在灌木之上，然后跳跃呼号着将其砍成了碎片，呼号声中充满了悲凉之色，令在场之人都为之动容。这时只见豫让重重地跪倒在地，使尽了全身力气长啸道："臣无能，只能以此报主知遇之恩了！"说罢便伏剑自尽了。

## 成王败寇

豫让的故事每次读来都会令人感慨，不过如此感人肺腑的故事，显然是经过了诸多艺术加工后才最终形成的。比如有关豫让的人物设定，史料中都认为他曾服侍过范氏、中行氏，后因两氏败落而无奈委身于智氏。然而这些叙述往往都忽视了一个现实问题，范氏、中行氏的败亡是在公元前490年，而智氏的败亡则要到前453年，前后相距近四十年，这也是几乎所有关于晋阳之战叙事的通病。

这种现象之所以频频出现，一个很重要的原因便是书写历史的人有意要抹黑智瑶的形象，将范氏、中行氏的见灭，两家土地的私分，以及晋出公客死他乡等众多有损声名的黑锅扣在一个失败者的头上，从而为赵、韩、魏三家瓜分晋国土地提供合法性依据。

与此同时，古人有意将豫让塑造成了一个油盐不进的愚忠之人，大约也是为了展现赵无恤求贤若渴、宽谅包容的人格魅力。但或许是由于细节刻画太过有力，一不小心让豫让反客为主成为千古传颂的人物，顺带着还为我们进一步认识智瑶打开了一扇窗，让他的形象变得更加立体。

与之相对应的是，素来为人们所称颂的赵鞅、赵无恤父子，其道德品质也未必就如传说中的那般高尚，智瑶身上存在的缺点，在他们的身上多少也有所展现。

比如赵鞅在执政期间以一己之力打败了诸侯支持的范氏、中行氏，真可谓军功卓著，故而骄狂情绪难以掩饰，以至于连太史公都说他"赵名晋卿，实专晋权，奉邑侔于诸侯"，这股狂傲的架势恐怕连智瑶都得甘拜下风。

至于赵无恤，《新序》中有一则故事，说是有一次，他连续饮酒五天五夜依然不止。对此他不仅不感到自责，反而还扬扬自得地跟一旁伺候的人夸耀说："如今我连续喝了五天五夜，照样是身体倍棒、吃饭倍香，你说我这算不算是国士无双？"

看到他这副恬不知耻的样子，侍者优莫毫不客气地指出："您也就是跟纣王的七天七夜差了两天而已，没什么了不起的。"

除此之外，智瑶经常为人所诟病的"不仁"，赵无恤同样不遑多让。晋阳之战爆发之初，在讨论赵氏究竟该选择何处固守时，史料中便提到，赵无恤在长子城耗尽民力修筑城墙，在邯郸又搜刮民脂民膏以充实仓廪，两地百姓皆对其恨之入骨。这也就意味着，赵无恤所谓的仁义，无非也仅限于作为宗保之地的晋阳，其余各地的百姓未必就比智氏家族统治下的民众更加幸福。

更让人感到不寒而栗的是，赵无恤在灭掉智氏之后，竟然将智瑶的头颅割下，在他的头骨上涂漆用来制作酒器——若是智瑶取得胜利，恐怕也未必能做出这么丧心病狂的事情来。从这些事例来看，赵无恤无论如何也称不上是什么仁君。

另外我们再从"贪婪"的角度做个对比。智瑶对于韩、魏两家的态度虽然极其恶劣，但当智果等人提醒他韩、魏将反的时候，他一再强调自己早已与对方协商，事成之后要三家平分赵氏之邑。且在言谈之间，智瑶对这两个盟友也有着充分的信任，他自己更是坦诚相见，很难看到他有准备赖账的想法。反观两家与赵氏合谋攻灭智氏后，得到的结果却是"知氏之地，赵氏分则多十城"，两家实际所得显然缩水了，可见赵无恤的器量未必会比智瑶更宽广。

赵无恤的为人与智瑶并没有太大的差异，只是出于"成王败寇"的思维定式，以及为亲者隐、为尊者讳的传统，史家更倾向于为胜利者唱赞歌，使得他的这些缺点并未太多展现。所谓"五十步笑百步"，既然两个人半斤八两，那么当人们在赞美赵无恤这个"英主"的时候，大可不必拿智瑶的"不仁"来开涮，以显示道德上的优越感。

之所以说这些，并不是要为智瑶翻案，仅仅是想说明，儒家写史在塑造人物形象时往往有选择性的，并不能作为战争胜负的决定性因素来做考量。智瑶或许真的是一个骄横不仁之人，但横向来进行对比，作为战胜者的赵无恤也未必就是什么谦谦君子。

若要真正弄明白晋阳之战的成败原因，我们有必要抛开儒家的视角，对整场战争的进程进行重新梳理。而在此之前，我们还有必要搞清楚一个至关重要的问题：晋出公的死究竟跟智瑶有没有关系呢？

# 第三节　战争复盘

## 待解之谜

当历史进入春秋战国分野的关键阶段，晋国公室地位的衰落就已经不再是一个值得讨论的话题了。正因为所受到的关注越来越少，史料的记载难免就会错漏百出，以至于当我们回看这段历史的时候，竟然发现就连晋出公的在位时间都成了不解之谜。

史料中关于此事有很多种不同的记载，其中最常提到的说法出自《史记·晋世家》以及《六国年表》，认为晋出公于其在位的第十七年（前458年）出奔，到第二年就去世了，在位时间一共十八年。而其出奔的原因，则是不满于智瑶主导瓜分了范氏、中行氏的土地。出公去世后，智瑶以职务便利，拥立了与自己关系亲近的晋骄为君，是为哀公。

不过，同样是在《史记》里，《赵世家》却提出了不同的看法。据文中的叙述，赵无恤于出公十七年继任赵氏宗主，按照逾年改元的习惯，赵襄子元年便是出公十八年，也即公元前457年。襄子四年，晋出公以同样的缘由出奔齐国，结果死在了半路，晋骄即位为懿公。

以这种方式计算，晋出公在位的时间至少有二十一年，晋阳之战的整个进程也都要推后四年，这与我们通常的认知显然是不符的。当然了，赵家人素来善于篡改历史，有关赵无恤即位时间的推断后文会提及，这里我们只需要记住出公在位的年数即可。

与上述记载不同的还有《古本竹书纪年》，其与《史记》有两个重大差异：其一是出公出奔是在晋阳之战结束、三晋瓜分智氏邑之后，其目的地是楚国而非齐国，在位时间一共二十三年；其二是继出公之后即位的是昭公之孙敬公（原为懿公，因晋朝避司马懿之名讳而改为敬公），而非之前所提到的哀公。

在三种不同的版本中，《史记》中的两种说法尽管有不小的差异，但都认为出公之死是在晋阳之战爆发之前，而《竹书纪年》则采用了战后出奔的说法。历史上有关晋阳之战的叙述，大都建立在前者基础上，倘若这个时间线索被颠覆了，那么整个晋阳之战的过程都必须改写。因此厘清出公出奔的真实时间，对于理解晋阳之战的前因后果至关重要。

好在前人已经为我们做了不少工作，如钱穆、杨宽等学者均认可古本《竹书纪年》，而对《史记》中的记载存疑，在这里我们无须再重复验证[①]。不过需要一提的是，无论支持哪种观点，学者们对发生在晋出公十七年的事件，也即四卿瓜分范氏、中行氏土地的叙述大都深信不疑。然而如果我们结合晋国历次政治斗争的规律来进行比对，会发现恐怕连这个细节都是伪造的。

这里最大的疑点在于，晋国历史上发生过数次剧烈冲突，每次冲突过后，失败者留下的封邑很快就会落入他人之手。比如先縠灭族之后，其封邑原县很快就归到了赵同名下；下宫之役后，赵氏的封邑当年就被封给了祁奚，后来还是因为韩厥的劝谏，晋景公才收回成命。

同样，栾氏灭族之后，对栾氏土地的瓜分也很快就展开了，就连其中争议最大的州县，也都是在固宫之役爆发的两年内就被提上了议事日程。与此同时，赵武为了宣示自己领有州县的合法性，还提到了温县是赵氏的属邑，而这块封邑在二十多年前，还是属于郤氏的土地。晋顷公十二年（前514年），祁氏、羊舌氏受荀跞陷害被先后灭族，仅仅一两个月后，其封邑就被魏舒划分为十个县，被六卿瓜分殆尽。

---

① 详见钱穆《先秦诸子系年》之"晋出公以下世系年数考"。高长宇、陶道强《晋出公出奔事件研究新证——论〈史记〉相关记载的可信性》[《海南师范大学学报》（社会科学版）2017年第1期]中也列举了详细例证，但其结论与本书不同，后文就是对这一问题的探讨。

从以上的事例可以看到，这些掌握了实权的政客们在瓜分土地一事上向来都雷厉风行。一个家族一旦退出了历史舞台，其他家族便会像饿狼扑食一般，在极短的时间内将他们庞大的资产撕裂分割、瓜分殆尽。

然而奇怪的是，东阳内乱结束后，情形却有些不同。战争结束的时间是在晋定公二十二年（前490年），而私分土地的时间却要等到晋出公十七年（前458年），前后时间相差三十余年。在这三十多年间，四卿放着大片的土地不要，全都唱起了温良恭俭让，演起了君明臣贤，将范氏、中行氏的遗产全都上缴给了公室——这也太不符合他们的一贯风格了。

古代学者似乎早就意识到了这个疑点，但他们并不打算改变传统的叙事，而是在著书之时采取变通手法以规避其中的不合理之处。比如豫让的故事，史料便全然不顾两场内乱前后相距四十年的事实，将豫让的角色设定为一个先侍奉范、中行氏，后侍奉智氏，智氏灭族后又为旧主报仇的形象，这恐怕就是人们刻意缩短两者时间差所造成的结果。如此一来，人们就可以将伐灭范氏、中行氏的"功劳"，以及瓜分其地的责任都一股脑地推给"知伯"，从而把赵、韩、魏三家塑造成被迫参与的角色。

然而事实上，当我们推翻了晋出公十七年而亡的结论，相应地所谓"知伯与赵、韩、魏共分范、中行地以为邑"的逻辑就已经站不住脚了。史料中与之相关的叙事，不过是"赵、韩、魏共分智氏邑"的变体，其目的无非是撇清三晋逼压公室的道德责任。而智瑶也就因此成了在政治上、肉体上、道德上被全面毁灭的又一个牺牲品。

## 先发制人

透过以上疑点，我们大体上可以得出这样一个推论：智瑶挟晋哀公以令诸卿的事件，或许本来就是子虚乌有，是胜利者为了抹黑失败者而编纂的谎言。当负有原罪的三卿成了各据一方的诸侯，他们有动力也有能力去篡改历史，以使得自身的权力更具合法性。这种现象在春秋的史料中并不罕见，在此后的历史中更是会不断上演。

砸碎一个旧世界，是为了创造一个新世界。既然过去的史料不可全信，传统的解释不可照搬，那么对于这样一个重大历史事件，究竟采取什么样的姿势才更为合理呢？接下来，我们的任务便是通过有限的史料，对晋阳之战的全过程进行一个复盘，对导致战争胜败的因素进行重新分析，以尽可能地贴近历史的原貌。

让我们将时针拨回到公元前490年。伴随着士吉射和荀寅的出奔，持续了整整六十年的六卿专政局面宣告结束，取而代之的是由智、赵、韩、魏四卿共存的新格局。在此后将近四十年的岁月中，四卿有对抗也有合作，有对话也有摩擦，但总归是保持了一个大致和平相处的局面。

但正所谓"以利相交，利尽则散""以势相交，势败则倾"，四卿结构是一个极不稳定的政治模式，伴随着权势和财富的此消彼长，相互之间强弱形势的不断转化，这种结构迟早会走向崩塌。作为晋国数百年来大浪淘沙后的幸存者，四卿都有着足够的警觉意识到危险的存在，同时也有足够的智慧来应对随时可能会掀起的腥风血雨。

这是一场高手之间的较量。

谁能够在这场巅峰对决中赢得最后的胜利，谁就能拥有辉煌的未来，而失败者便只能在众人的嘲笑中黯然离场。为了避免在决战中遭遇淘汰，四卿都铆足了劲储备力量。在这其中表现最为显眼的，还是智氏和赵氏之间的竞争。

追溯这两大家族之间的恩怨，实际上早在东阳内乱爆发之初就已经显露出来了。当时在韩不信和魏曼多的斡旋下，被放逐达半年之久赵鞅重新返回新田，并恢复了中军佐的职务。然而，正当他意气风发地准备向范氏、中行氏宣战的时候，自己的顶头上司、时任中军将荀跞却派人前来问罪，要求赵氏将"始祸者"董安于处死。

对于这样一个无理要求，赵鞅自然是不同意的。然而一心为赵氏服务的董安于却看破了荀跞的心思，为了给赵氏赢得生机，他选择了慨然赴死，这也就成了赵氏和智氏关系走向恶化的一个重要转折点。

几年后，当赵鞅在铁之战中击败了为邯郸提供援助的郑国运粮军队，彻底扭转了战局的时候，家臣傅傁就不失时机地提醒他切勿掉以轻心："虽克郑，犹有知在，忧未艾也。"

当范氏、中行氏之乱落下了帷幕，智氏和赵氏之间的战争就已经开始了，只是这场战争起初是以一种静默的形式展开的。在长达三十五年的时间里，智、赵双方展开了激烈的军事竞赛：赵无恤灭掉了代国，智瑶便设计将仇由划为自己的领地；智瑶攻取穷鱼之丘（今河北易县），赵无恤便攻取左人、中人"秀肌肉"；赵氏以卫国为主攻方向，智氏便将郑国作为他们攻城略地的首选。这些针锋相对的动作，构成了四卿时代晋国政治的奇特图景，也预示着这两个中原大地上的最强家族必将会走向战争的泥潭。

所谓"一山不容二虎"，作为晋国政治舞台上两个强大家族，智氏和赵氏之间迟早会有一战，这是不以人的意志为转移的。不仅仅智氏有消灭赵氏的冲动，赵氏也同样有清除智氏的强烈意愿，这种日益临近的战争威胁，让所有人都感到焦虑不安。但问题是，既然智氏和赵氏都有打破僵局的冲动，可为什么最后却是智氏最先挑起了战争？难道真的是因为智瑶的强横吗？

答案显然是否定的。

纵观晋国两百多年来的斗争史，历数包括赵盾驱逐狐射姑、荀林父除灭先縠、赵氏的下宫之役、三郤的车辕之役、栾氏的固宫之役在内的历次冲突，我们不难发现这么两个规律：其一，依靠国君的一方更容易取得胜利；其二，冲突双方地位较高者会有更高的胜算。

这两条规律在范氏、中行氏的东阳内乱中体现得淋漓尽致。当时晋定公的国君权威荡然无存，六卿排位也早已形同虚设，但当范氏、中行氏与赵氏爆发冲突的时候，有名无实的晋定公以及居于上位的荀跞却依然能够发挥扭转乾坤的作用。

一切的过往都历历在目。这样的规律对于智瑶来说既是难得的机遇，但同时也像是一个无声的诅咒，让他时刻都无法安眠。

其中很重要的一个原因就在于，晋国的选卿规则是一个自主运行分权机制，列卿地位的高低并不以家族的强盛与否作为标准，而是由在任时间长短、资历高低等因素综合作用的结果。智瑶之所以能够坐上执政的宝座，并通过执政的地位取得巨大优势，是因为当赵鞅去世的时候，他在四卿中的位置恰好居于首位。

不过风水轮流转，一时的权倾朝野并不必然带来世代的安枕无忧，一旦如今顺畅的局面一去不返，他所掌握的有利地位也会随风而逝。智瑶无法预测自己去世之后，儿子智颜需要多长时间才能顺利爬到执政的位置上。而在此期间，假如晋国再次陷入内乱，假如赵无恤以执政地位挟制国君来谋取智氏，智颜又是否有足够的能力来从容应对这被动的局面呢？

或许在智瑶看来，与其在无限的恐惧中为儿孙的前程担忧，倒不如趁自己大权在握、优势在手的时候，一劳永逸地将最大的对手消灭掉，从而为子孙后代创造一个相对宽松的政治环境——这恐怕才是他急于发动战争的心理动机所在。

在这种强烈焦虑情绪的驱使下，已经英雄暮年的智瑶为了毕其功于一役，只能选择在自己权势最为强盛的时候，集合一切有利条件发动对赵氏的战争。反过来也是一样，如果当时担任执政的不是智瑶而是赵无恤，当他知道自己的生命即将走到终点的时候，也未必就能够放弃当前的优势地位，任由这种足以颠覆宗族的威胁持续下去。

因此，只要你处在智瑶的位置上，只要你有着和他一样的焦虑，发动战争解除赵氏的威胁就是必然选项。那么，智瑶又是如何挑起这场冲突的呢？

在《资治通鉴》的记载中，智瑶在向韩虎和魏驹索地的时候，并没有提及其索取的是哪座城邑，更没有言之凿凿地说我就是要一个"万家之邑"。所谓"万家之邑"的提法，大概是韩、魏两家共同商定的数字，但却被人们有意栽到了智瑶头上。而在向赵氏索地时，智瑶则一反常态，明确地提出要"求蔡、皋狼之地"，结果就引发了赵无恤的强烈不满。

问题来了，智瑶为什么非要索取蔡和皋狼这两个地方？赵无恤为什么一听到这个就会出火？这两个地方究竟有何特异之处呢？

在有关赵氏族源的章节中①我们曾提到，赵氏家族的先祖蜚廉、恶来父子曾长期为商纣王服务，在周朝建立之初也曾有过反叛之举，因此嬴姓家族在周朝初年很长一段时间内都不受重用。一直到周成王后期，因孟增有宠于王室，他们才又受封于皋狼，从而获得了立足之地。

皋狼之邑的获得，代表着嬴姓氏族终于结束了流浪的生活，拥有了第一块属于自己的封地，同时也意味着他们的努力终于得到了周王室的认可。自此以后，嬴姓氏族很快就迎来了一个发展的高峰期，特别是到孟增的孙子造父时，又因辅佐周穆王平定徐偃王有功获封赵城，是为赵人得氏的最初起源。

但好景不长，或许是受到游牧民族的冲击，嬴姓族人不久后便离开皋狼、赵城这些为他们带来财富和荣誉的土地。尽管后来有奄父之子赵叔带在晋国落脚，并

---

① 详见《晋国 600 年 3》第一章第二节有关"赵氏族源"的介绍。

借由晋国的政策红利发展壮大，可过去的光荣与梦想终究成了他们永远无法抹去的记忆。

鉴于此，皋狼对于赵氏意义非凡，是赵氏家族几百年来生生不息的精神图腾。如今智瑶二话不说，上来就要索要皋狼之地，显然不是贪图那区区两个县邑，而是在以一种极端的方式挑起赵人的仇恨。赵无恤哪怕再能隐忍，恐怕也无法接受如此明目张胆的羞辱。

从这些细节可见，智瑶的目标从始至终都锁定在赵无恤身上。与此同时，智瑶也并不是一个莽夫，为了筹划这场战争，他做了很多准备工作，也充分吸取了过去历次战争的经验教训。

首先是在挑起战端时，他以充实公室为由向三卿索取土地，这就为自己取得了尊奉公室的道德优势，从而避免犯下过去范氏、中行氏因失去道义而招致失败的错误。倘若三卿都奉献了土地，公室生活更为优渥，只有对智氏感激涕零的份儿；可只要有人不肯贡献，那么他就可以打着"奉公室以讨不臣"的旗号名正言顺地征讨叛逆，从而为智氏赢得良好的舆论环境和广泛的群众基础。

而当赵无恤公然拒绝献出土地时，智瑶也并没有急于用兵，反而是多次派韩、魏主君前去说和，得到的结果是"三使韩魏"而赵无恤"弗与"。这个做法无形中在赵氏和韩、魏之间制造了一道隔阂，使得两家不得不站到赵氏的对立面——这一招又恰好是借用了先轸在城濮之战中离间楚国与齐、秦关系时用到的计谋。

从这些动作来看，智瑶的确是一个有着强烈战略意识的统帅。在挑起这场战争之前，他充分吸取了过去历次内外冲突的经验教训，利用自身的执政地位，紧紧地抓住了能够为自己赢得胜利的诸多有利因素，同时也将竞争对手置于舆论的风口浪尖之上，胜利可以说是指日可待了。

然而，事实的发展却总是与理想背道而驰。智瑶或许至死都无法理解：有了如此周密的部署，占据了如此有利的战略地位，同时又采用了几乎无可挑剔的战术，为什么最终还是走向了失败？其中有什么玄机吗？

## 以小博大

古人在叙述晋阳之战的故事时，大都将叙述重点放到战争的两个主角身上，对韩、魏两个家族却着墨不多。这就给人造成一个印象，似乎他们所做的一切，都只是无足轻重的花絮和陪衬，他们在这场战争中所持有的态度自然也鲜有人关心了。甚至有的时候，与智瑶前后矛盾的人设一样，史料对于他们的描写还充满了让人费解的矛盾。

比如在智瑶前去索邑时，韩、魏两家的智囊段规、任章早就提出了"将欲败之，必姑辅之；将欲取之，必姑与之""我得免于患而待事之变""释以天下图知氏"的既定方略，表明他们从一开始就已经将智瑶视为敌人。

可当晋阳之战真的爆发以后，他们的做法便和智瑶一样，突然间"智商全部掉线"。眼看着晋阳城已经无力支撑，他们却从来都没有想过要背叛，非要等到智瑶说出不靠谱的话，等张孟谈上门来言说利害，才下定决心转投赵氏。这诸多的反常举动，如果不是著史之人有意为之的话，那我们也就只能说他们是真的蠢了。

与风头正劲的老牌世家比起来，韩、魏两个家族虽出道晚、资历浅、资本积累也不够丰厚，但作为经历了上百年流血冲突存活下来的强卿家族，作为对这场战争胜负起到决定性作用的两方势力，他们不可能就像"小白"一样完全没有自己的立场，其所持有的态度也显然不应该被轻易忽略。

而以当代的公司治理理论来解释，当两个大股东的权益都没有达到绝对多数的时候，往往小股东才是制胜的关键。晋国政治从来都是分权制衡的体制，这就使得晋国内部很难出现如齐国田氏那样一家独大的局面。故而当智氏和赵氏这两个"大股东"为了争夺控制权而酿成冲突时，韩、魏这两个看似无关紧要的角色反而会成为决定战争胜负的关键因素。

因此，要想搞清楚晋阳之战智瑶先胜后败的内在逻辑，就必须要明白一个问题：在这场至关重要的世纪大战中，韩、魏两家究竟扮演了什么样的角色？他们为什么会在关键时刻背叛智瑶？

站在我们今天的视角回看历史，晋国被三分似乎是一件顺理成章的事情，我们可以有无数的理由去为历史发展的合理性做出解释。然而，正如身处当今世界的我们总会对未来感到迷茫一样，身处历史现场的当事人也未必能够看得清楚他们所处时代的发展脉络。而当历史的脚步跨入春秋与战国交替的时代，最让晋人乃至各国政要感到困惑的，莫过于谁都看不清晋国政局的最终走向。

史料中有关晋国历史发展最早的预测，出现在晋阳之战爆发的九十年前，也即晋平公十四年（前544年）。彼时正是第二次弭兵会盟的两年后，有吴国公子季札（延陵季子）周游上国，分别到访了鲁、齐、郑、卫、晋等国。在晋国时，他对诸卿家族进行了一轮友好访谈，其间与赵文子、韩宣子、魏献子相谈甚欢，还留下谶语说："晋国其萃于三族乎！"

对于季札的预言，当代学者大多持怀疑态度，认为这些都是《左传》著者根据战国时的现实政治局面做出的修正。相对来说，银雀山竹简《吴问》中所载孙武的预言，似乎更能反映当时各诸侯国的普遍认识。在这场发生于召陵之会前后的对话中，孙武从来都没有产生过所谓"萃于三族"的概念，反而是认为"赵毋失其故法，晋国归焉"。也就是说，只要赵氏能够坚持让利于民的政策，那么他们就一定会成为晋国的主人。

同样的判断在晋国诸卿的对话中也能找到踪迹。比如东阳内战爆发时，梁婴父在劝谏荀跞时曾说过这么一句话："不杀安于，使终为政于赵氏，赵氏必得晋国。"

又如晋阳之战中，张孟谈密见韩、魏主君时也说："今知伯帅二国之君伐赵，赵将亡矣，亡则二君为之次矣。"智氏的谋臣郄疵也同样认为："夫从韩、魏之兵以攻赵，赵亡，难必及韩、魏矣。"也就是说，即便是到了晋阳之战进展到末期的时候，身处棋局中的人们依旧将"晋国归一"作为预测未来政治走向的唯一选项。

在诸多论述之中，无论是身处局中的晋国卿士，还是隔岸观火的各国政要，几乎所有人都在以齐国田氏独大为样板预测晋国政局的演变逻辑，笃定最终的结果必然是走向一家独大的局面。这样的预见，不仅会让智、赵两家感到惶惑，对处于弱势地位的韩、魏两家来说更无异于是一个冗长而残酷的噩梦。

在当时四卿共存、两强相争的格局下，无论以何种口径来判断，最后的胜利者都只能在智氏和赵氏之中二选一，以韩、魏两家微薄的实力，成为最后赢家的概率实在太过于渺茫。这就意味着，晋阳之战一旦结束，无论哪一方取得胜利，韩、魏两家都难逃"二君为之次"的命运，这种前景实在是太令人悲观了。这个时候，假如你是韩、魏的主君，而你也对这种判断深信不疑，你会怎么做呢？

从务实的角度来看，他们最先想到的应该是"鸵鸟战术"，也即尽可能地让两个强家保持均势，维持割据共存的总体态势。只不过"树欲静而风不止"，处于风口浪尖的智、赵两家内心恐怕比他们还要焦虑，这就使得战争的爆发终究无法避免。

在已知战争不可避免的情况下，韩、魏两家也只能退而求其次，尽量选择隔岸观火以求自保。然而可惜的是，智瑶连这样的机会也不给他们。因为智瑶深知，韩、魏两家尽管弱小，可智氏也没有强大到可以忽略他们的地步。尤其是回想到四十年前的那场战乱，赵氏之所以能够在重重围困下迅速翻盘，靠的就是局外势力的干预。要想避免重蹈范氏、中行氏的覆辙，就必须在开战之前将韩、魏这两股势力控制在自己的手中。

在这场复杂的博弈当中，韩、魏两家原本就对智氏心存顾虑，智氏对韩、魏也并非全然放心，这就使得三家的联盟从根本上就缺乏牢靠的基础。在众人各怀鬼胎的情形之下，我们大可以设想一下，当智瑶提出让韩虎、魏驹带兵讨伐赵氏时，双方的心理状态究竟是什么样子。

对韩、魏来讲，家族主君亲身犯险，就必然要对战场上可能遭遇的种种后果有充分的预估。他们不仅要保障主君在战场上的人身安全，更要为整个家族的持续发展准备好应急预案。因此，在跟随智瑶前往讨伐赵氏的时候，韩、魏两家都不会倾尽全力，相反还要"设守而后行"，也就是将大部分的武装力量都留在都城。只有当他们在外围保持了足够的军事存在，才会使智瑶投鼠忌器，不敢对他们的主君轻举妄动。

与此同时，他们也不得不将最坏的情形纳入考虑范围。也即万一主君在战场上遭遇不测，嫡长子也要在家臣的拥护下尽快即位，并迅速动员所有力量展开反击，以确保其家族基业不会因战场上的异动而出现致命危机。

对于智瑶来说也是一样，他有充分的理由对韩、魏主君的忠诚感到怀疑。只要两家存在被赵氏策反的可能，那么他们带来的人员在联军中占比越大，将来可能诱发的风险便越不可控。因此站在智瑶的立场上，他也并不希望两家投入太多的兵力。最理想的情况，是让韩虎、魏驹孤身前来，像人质一样留在军中，保证他们不会在后方搞破坏就足够了，这恐怕才是他强拉韩、魏两家参与围城的真实目的。

### 战略之选

"我们在读历史的时候，总觉得人可以选择战略。但在真实的历史场景中，往往是反过来的,是战略在选择合适的执行人。"在浩浩荡荡的历史大势面前,个人的智谋通常显得无足轻重,这大概也是古人崇信天命的根本原因所在。

在这场长达三年的晋阳围城战中,智瑶的诸多布局已经极尽当时人力之所能,即便是换作旁人也很难做得更加周全。然而即便如此,他最终还是走向了失败,其最底层的原因就在于,他的战略决策在根本上就是与韩、魏两家的利益背道而驰的。

正如前文所述,在人们过去的认知当中,晋国的政治似乎只有沿着四进三、三进二、二进一的路径按部就班地向前推进,并最终走向"田氏代齐"的"大一统"结局。在这样的预期下,无论是谁最先挑起战争,都会触发韩、魏两家的自我保护机制,从而促使他们通过战争的方式重新塑造一个理想的政治模型,以使得这场战争的胜利者不得不接受"三家分晋"的新选项。

这个时候,谁的道德情操更为高尚,谁的智谋更加高明,谁在道义上更加站得住脚,谁给出的条件最为丰厚,这些都已经无足轻重了。真正重要的问题是,如何才能让战争的胜利者放低身段,接受一个他们起初没有想过的方案呢?或者我们可以换一个问法,对于韩、魏两家来说,他们究竟需要一个什么样的胜利者?是一个凯歌高奏的全胜者,还是一个满目疮痍的惨胜者呢?

毫无疑问,他们会选择后者。

战争最好的结局是一败一伤,任何一方笑着赢得战争,都不会是一个令人满意的结果。

也就是说,作为这场博弈游戏的参与者,先帮助智瑶围困晋阳,随后再等待时机渔翁得利,是韩、魏两家主动选择的结果。当赵无恤因看到"城中巢居而处,悬釜而炊,财食将尽,士卒病羸"而感到绝望的时候,也正是韩、魏两家实施计划的最佳时机。这与智瑶是不是贪婪不仁、骄横跋扈,张孟谈有没有动之以情、晓之以理并没有必然的联系。

这样一个基础上,我们再回过头来审视智瑶那些让人感到匪夷所思的举动,尤其是他对待韩、魏主君的态度,就很容易理解了。比如在智囊一再提醒下,为什么智瑶偏偏对韩虎、魏驹深信不疑,甚至还要将谋臣的建议和盘托出呢?

问题的答案实际上很明确:智瑶对两家主君可能存在的反叛情绪心知肚明,这些并不需要智果、郄疵的提醒。但问题是,倘若自己果真一时冲动杀掉了两家主君，那么不出意外的话，已经摩拳擦掌备战三年的韩、魏大军，定然会在新主的带领下倾巢出动。智瑶哪怕再张狂，也不敢说自己以一敌三就一定能取得胜利。

这也就意味着，在韩、魏两家的积极谋划下，原本作为优势的"人质策略"，此时反而成为掣肘智瑶的力量，使得他无论如何也不敢对两家主君大开杀戒。不仅如此，为了缓解对方的紧张情绪，让他们死心塌地跟随自己围困晋阳，他还必须对韩、魏两家开出足够丰厚的条件，并一再表示自己会信守承诺，这也是他故意将智果、郄疵的话透露出来的原因所在。

如果单纯地站在战争的角度，智瑶的部署不可谓不周密。在向赵氏宣战之前，他率先发动了舆论战，以不尊奉公室、不礼让同僚的罪证，将赵氏彻底孤立起来。战争开始后不久，他又放弃了围城作战，选择水灌晋阳的方式，试图以最小的代价取得战争的胜利。

作为一名军事统帅，一名家族抑或是国家的治理者，尽可能减少己方在战争中的损耗，减少战争对百姓生产生活造成的影响，这些都是负责任的做法，也是明智的选择，并无可指摘之处。

但是，个人扮演的角色不同，所处的位置不同，看待问题的方式就会大相径庭。政治博弈显然要比单纯的军事、经济问题更为复杂，也最让人感到难以捉摸。那些在军事上让智瑶引以为傲的战术布局，在政治上恰恰是让韩、魏两家感到危险的信号。

当智瑶站在汾河的大堤上，满心欢喜地欣赏着自己的杰作，并为将来的美好图景展开想象的时候，他或许并没有意识到，在战术上取得的胜利，恰恰也是战略上失当的重要标志。智瑶在战场上取得的一时优势，反而将自己锁死在一个进退两难的局面之中，如此作茧自缚，恐怕已经完全超出了他的想象范围。

因此，晋阳之战表面上看是两个强者之间的战争，然而细察其根本，整场战争的进度和节奏却掌握在两个弱者手中。这场战争与其说是一场力量的搏杀，倒不如说是智氏、赵氏的"独存战略"，与韩、魏两家"共存战略"之间的高维对决。处于强势地位的两家，谁能够放弃原有战略，主动向"共存战略"靠拢，谁就能取得最后的胜利。而两个看起来对政局最缺乏影响力的家族，却成了决定战争胜负真正的主宰——这样的战略智慧和操作手法，恐怕才是韩、魏这两个经历了血与火洗礼的政治世家在乱局中应有的表现。

塞翁失马，焉知非福。赵无恤没有坐在执政的位置上，不必像智瑶那样承担对未来不确定性的恐惧。同时他那种近乎自残式的示弱，恰恰就误打误撞地成了韩、魏两家的"天命之选"，成为赢得战争胜利的终极法宝，这或许也是一种运气吧！

## 第四节　桐叶凋零

### 晋君传承

公元前453年，也即晋出公在位的第二十二年，赵无恤联合韩虎、魏驹在晋阳城外合灭智氏，并将智氏封邑瓜分一空，纵横捭阖的战国时代徐徐拉开了大幕。然而，正当赵、魏、韩三国在历史舞台上各显身手的时候，曾经在中原大地上谱写了壮丽诗篇的晋国宗室却渐渐被人遗忘了，乃至于他们后来的谱系都开始变得扑朔迷离。

其中首先发生混乱的就是晋出公本人。赵、韩、魏三家私分智氏邑，使得公室处境更加逼仄，晋出公对此大为不满，于是便求助于齐、楚等国准备武力攻打三家。未料事情败露，最后在三家的逼迫下离开晋国并身死异乡。

为了掩盖分地逐君的恶行，三家建国之后不约而同地改写了历史，从而将导致晋出公身死的罪行扣在了失败者智瑶的头上，这就给后来的历史研究带来了不少混乱。

按照现在的通行看法，晋出公在位共二十三年，去世于公元前452年，接替其成为晋君的是晋昭公的曾孙骄。晋骄的谥号在不同的资料中分别被记作哀公、敬公和懿公；在位时间同样也是一笔糊涂账，在不同的史料中分别有十八年、十九年、二十二年等多种说法。通常情况下我们都采信《古本竹书纪年》的看法，以公元前434年为其卒年，也即在位十八年[①]。

晋骄在位期间没有任何可供记述的事迹，就这么波澜不惊地把国君的位置传给了自己的儿子柳，也即晋幽公。据司马迁在《晋世家》中的记载："幽公之时，晋畏，反朝韩、赵、魏之君。独有绛、曲沃，余皆入三晋。"

晋幽公在位的时候，三家已经大成气候，公室所拥有的土地就剩下绛和曲沃两地了。三家对公室的事情也完全不操心，幽公想要做什么事情，不敢召请三卿来朝，反而还得到三家的朝堂上去朝见。三家也基本上只是把他当作一块招牌，有什么事情总要拉上他出去，而幽公也只能任劳任怨，铆足力气为其扩张摇旗呐喊。

晋幽公在位一共十八年，有关其即位和去世时间的混乱，我们就不再做罗列了，也按照《古本竹书纪年》将其确定为公元前416年。

史料中关于他去世的原因也有两种说法，一种来自《晋世家》，说晋幽公荒淫昏聩，私生活很不检点，常在国中奸淫妇女，闹得民怨沸腾。有一次，他在夜间私自出城，结果被盗贼杀害，从此再也没有回来。按照当时的记事传统，只要没有大夫参与就算是盗乱，因此可以认定是一场民变所致。事后魏文侯曾出兵平定晋乱，至于具体经过，也就不得而知了。

第二种说法出自《竹书纪年》，其中载明是"晋夫人秦嬴贼幽公于高寝之上"，这个说法与《晋世家》"幽公淫妇人"相呼应，似乎也证明幽公的私生活的确不怎么检点。而今本纪年则记作"大夫秦嬴"，应该是传抄中出现的笔误。

魏文侯定晋后，立晋幽公之子（又认为是其弟）止为晋烈公。烈公在位期间，发生了三家伐齐及三家列为诸侯的重大事件，晋公室彻底丧失了法理上的宗主权威。在叙述这件影响深远的大事件之前，我们有必要对三家这半个世纪以来的发展做一个简单的回顾。

---

[①] 有关战国时期历代晋君即位时间的详细论证过程，可参考钱穆：《先秦诸子系年》以及夏含夷：《晋出公奔卒考——兼论〈竹书纪年〉的两个纂本》〔《竹书纪年研究（2001—2013）》，广西师范大学出版社2014年版〕一文中有关"晋敬公、幽公、烈公在位年代"的相关讨论。

## 魏国霸业

晋阳之战结束后，赵、韩、魏三家大约是对晋国未来走向达成了一致，也即所有人都放弃了一家独占晋国的主张，转而寻求分晋独立建国的道路。

分晋后的三国以赵国的土地最为广袤，其领土主要有两个中心城市，分别是位于山西中部的晋阳城和位于河北南部的邯郸城。以这两座城市为核心，赵国的领地又可以分为晋北和东阳两大块。其中晋北的土地因处于高寒地带，且在当时开发程度也不高，与东阳地区的经济效益不可同日而语。因此赵人主要还是将东阳地区作为政治、经济中心，其都城也主要设在中牟、邯郸两地。

魏国占据的区域比较分散，其领土与赵、韩两国领土交错，被分割成许多块互不相连的飞地。其中面积最大的一部分属于晋国早期的核心区域，包括河东（今晋南临汾、运城盆地）、西河（今陕西东部）等地。这片区域横跨黄河两岸且扼守崤函通道，是晋国抵御秦国的东进的前哨阵地，战略地位自不待言。自毕万获封魏县以来，魏氏家族长期在此经营，有着深厚的根基，因而在三分晋国后长期将都城设在安邑（今山西夏县）。

此外，魏国在今晋、冀、鲁、豫交界地区还有一块飞地，按照晋人的视角，通常被称为河内，其地东抵齐、鲁、宋、卫，西临赵、韩、郑、周，向南又与楚国遥遥相望，是当时各国争夺最为激烈的地区。到战国中期，魏国战略重心东移后所建立的都城大梁，便是以此为根据开拓的疆土。

韩氏素来弱势，即便是三分智氏领地，所占据的土地也是最少的。而且与魏国的情形类似，韩国的土地也是由若干块互不相连的飞地构成，且其主要区域又与魏国的两块土地呈十字交叉的形状。其中位于北部的一块包含了平阳、上党等地，南部则是以陆浑、南阳地区为主，这些大都是晋景公以后新征服的土地。两块领地通过野王（今河南沁阳）相连，勉强连缀成了一个整体，构成了韩国领土的原始形态。

分晋初期，为了避免再度发生内部冲突，赵、韩、魏三家都心照不宣地根据各自领土的重心，对未来扩张的方向进行了分工。比如赵国的核心在邯郸、中牟一带，故而其扩张的方向便是向东，主要是与齐国争夺卫国、宋国的领土。魏国的核心区域在晋南，则其扩张方向便是向西，主要是与秦国争夺西河地区。韩国的核心区在南阳和陆浑，那么其发展方向便是向南，并将吞并郑国作为其主要目标。

在这样一个战略原则的指导下，三晋对内开放领土、互为支援，对外则密切配合、同步扩张，在此后半个多世纪里爆发出了惊人的能量。

彼时经过近百年的兼并，中原大地上存留的诸侯国已所剩无几，而即便是屈指可数的几个国家，也大都深受三晋侵伐之苦，其中最为人所熟知的是魏国对秦国的压迫。

大约在公元前446年前后，参与晋阳之战的魏驹去世，其孙魏斯（又名都）即位，这便是大名鼎鼎的战国首霸魏文侯。魏文侯当政时的用人态度十分开放，他既重用李悝、西门豹这样的法家人物，推行法治改革、奖励耕战；也以高姿态礼遇卜子夏、田子方、段干木这样的儒家名士，以收取民心。既任用翟璜、魏成这样为人称道的君子，对乐羊、吴起这些有污点的能人也都来者不拒。

魏文侯任人唯贤、不拘一格，既带动了魏国的文化繁荣，同时也为其军事、政治、经济的强盛打下了坚实的制度基础。尤其值得一提的是，在李悝（李克）的主持下，魏国针对国家政治生活中所存在的弊病推行了大量的改革措施，从而开启了战国时期变法图强的先河。

在经济上，针对魏国多山的实际，李悝推广精耕细作的方法，提高土地使用效率。为应对农业发展的不均衡和时常降临的天灾，推行平籴法以平衡粮价。魏国的国土分散，其领土与当时的主要大国都有接壤，这也为魏国开展商业贸易提供了便利。另外，魏国还在军制上实行了改革，放弃对战车的依赖，训练出一支强悍的步兵队伍，也就是时人闻风丧胆的"魏武卒"。

经过这一系列改革，魏国综合实力很快就达到了顶峰。作为其主要进攻对象的秦国，更是在魏国一系列打击之下，被压迫在泾洛以西多年不敢东进，成为战国时代变法图强的第一个受害者。到晋烈公十年（前406年）左右，魏国又越过赵国，灭掉了盘踞在河北中北部的中山国。

不仅如此，魏文侯还带领赵、韩两国在中原大杀四方，让齐、楚等国闻风丧胆，这就使得魏国很快就取代了过去的晋国，成为当时首屈一指的超级强国。可以说，三晋在战国初期之所以能在中原横行无忌，魏文侯在其中起到了中流砥柱的作用。

比如据《系年》记载，公元前425年前后，为了打压强卿对公室的压迫，即位不久的宋悼公前往楚国朝见，请求楚国协助攻打侵削公室的执政司城氏。楚简王也是个爽快人，得到消息后立刻命莫敖阳为点兵北上平定宋乱，并修筑黄池、雍丘二城驻扎，这就引发了三晋的强烈不满。不久，魏文侯便与赵献侯（浣）、韩武子（启章）合兵一处包围黄池，以逼迫楚国撤军。

楚国并不甘心失去宋国，又派阳为带兵侵晋，先后包围宜阳、赤岸等地，以报复三晋干涉黄池之事。可三晋也不是什么能吃亏的角色，不仅集体行动抵御楚军，迫使对方解开了赤岸的包围，还与楚国在长城一带进行了一场激战，打得楚军丢盔弃甲，溃不成军。

后来楚声（桓）王即位，大约是不满于宋、郑两国参与为三晋正名的活动，于是出兵包围宋国达十个月之久。在楚国的压迫之下，宋休公不得不低头认错，并于公元前401年与郑繻公一同朝楚。

郑、宋的来朝，让楚声王颇有些志得意满，于是便再次经略中原。他们一方面在郑国的榆关（武阳，今河南中牟南）筑城，并趁着韩国国丧的机会，指使郑国出兵包围阳翟；另一方面则与秦国联络，从侧面奇袭魏国，以抵御三晋向外扩张的势头。

可事不凑巧，偏偏这个时候，楚国内部爆发了"盗杀声王"事件，雄心勃勃的楚声王一朝命丧，使得楚国又陷入了一场内乱之中。不久后，有王子定出逃到晋国，希望借由三晋的力量与刚即位的楚悼（哲）王争夺王位。

三晋对此大喜过望，于是便与郑人联合起来伐楚桑丘（今河南新蔡）、攻取榆关、再败楚师于桂陵，将楚国在中原的据点一一拔除。第二年，三晋再接再厉，大军长驱直入，准备将王子定送回楚国。这次事件因为鲁阳公（鲁阳文子）抵御未能成功，但却将三晋与楚国之间的冲突推向了高潮。

公元前398年，楚国大夫郎庄平君率师侵郑，郑军一战而溃，从而引发了郑国内部的长期混乱。次年，三晋出兵包围并攻克了楚国的津、长陵等地。作为报复，楚国大夫平夜悼武君带兵入侵晋地，占领了郏邑。

至公元前391年，韩取、魏击带兵再次攻取了楚国在中原建立的据点大梁（今河南开封）和榆关，打得楚军精锐尽丧，其主要将领鲁阳公、平夜悼武君、阳城桓定君、三执珪之君、右尹昭之竢全部战死，残军弃甲曳兵、犬逸而还[①]。

---

① 以上事件见于《清华简〈系年〉》第二十一、二十三章。

战争的失利在楚国内部引发了剧烈分化，陈县人擅自接纳王子定，似乎预示着国内有人想与楚悼王分庭抗礼，这就直接威胁到了楚悼王的地位。若不是齐、秦两国对三晋的牵制，楚国很可能会再次迎来政权颠覆、乱局纷扰的时代。

## 郑国覆亡

与风头无两的魏国相比，赵、韩两家发展的势头显然要缓慢得多。但即便如此，在战国初期的中原政治舞台上，脱胎于晋国的赵、韩两国也依然称得上是诸侯中的翘楚。赵国、韩国在魏文侯的鼓舞下也都施行了积极的扩张政策，让周边大小诸侯无不胆战心惊，而其中最感到忧虑的，自然就要数与三晋为邻的郑、卫两国了。

晋国对郑、卫土地的觊觎，实际上从晋平公时期便已经开始了。晋平公即位初期，卫国发生了一次逐君事件，卫献公被权臣孙林父、宁殖驱逐出国，在经历了十二年的流亡之后，才又在宁殖之子宁喜的支持下返回国内。

在这场政治事件中，晋国扮演了很不光彩的角色，他们不仅慨然接受了孙林父叛逃带来的土地，还堂而皇之地出兵攻取卫国西部六十邑赠予孙氏，从而开启了晋国侵夺邻国土地的序幕。

与此同时，当齐国叛臣乌余带着从齐、鲁、宋、卫等国劫掠而来的土地叛逃的时候，晋人对这些土地也都一概笑纳。尽管这些非分的举动在赵武、韩起执政时期得到了纠正，但晋国罔顾盟主身份的做法还是在诸侯的心里埋下了怀疑的种子，尤其是让卫国感受到了强烈的恐惧。

与对待卫国时强横的做法不同，晋人虽对郑国的土地也常怀觊觎之心，可在手法上毕竟温和了许多。彼时先后担任晋国执政的赵武、韩起，都曾利用外交场合命郑国六卿赋诗以观其志，表现出了对郑国内政走向的极大关注。

这种过分的关心足以引起郑人的警觉，因此当子产开始担任郑国执政的时候，便时刻对晋国保持着高度警惕。尤其是在楚太子建被杀之后，晋国意欲侵吞郑国的野心便不再是什么秘密，两国之间的隔阂也越来越深，直到最后走向了彻底决裂。

不过多少能让郑、卫两国执政者感到宽慰的是，当晋国表现出咄咄逼人的扩张姿态时，齐国却自告奋勇地站在了"护花使者"的位置上，一再阻挠晋国在郑、卫的军事行动。

而在晋国内部，不同的家族有着不同的利益取向，因而当执政者出现更替时，他们对外扩张的用力点也经常转移。比如东阳内战之前，士匄、士鞅父子更关心在卫国的利益，赵武和韩起则对郑国投入了更多的精力。范氏、中行氏败亡之后，担任执政的赵鞅为了巩固东阳利益，便将扩张的方向转向了卫国；与之相反的是，在智瑶执政的二十年间，晋国对郑国的军事投入则明显增多。

执政者的轮番交替、战略重心左右偏移，总能给郑、卫两国带来喘息的机会，然而这一切都在晋阳之战后发生了变化。从晋国分离出来的韩、赵两国为了迅速扩张，分别将火力锁定在了两个不同的方向，这对他们来说显然不是什么好消息。

我们先来看郑国。

承担对郑国主攻任务的是分晋后的韩国。早在晋平公在位后期，担任执政的家族领袖韩起就隐约间确定了其未来发展基本的战略。晋阳之战结束后，形式上已经独立的韩国更是将郑国视为禁脔，并为之做出了长远的布局。当时，韩氏谋臣段规曾一再劝谏宗主韩虎，让他一定要将成皋（后世称虎牢关，今河南荥阳汜水镇）争取过来①。韩虎起初很不理解，于是就问道："成皋不过是一块流水不存的石洼地，寡人要它有什么用处？"

段规回答说："臣闻一里之厚，而动千里之权者，地利也。万人之众，而破三军者，不意也。"一块微不足道的土地之所以能牵动千里之外的局势，是因为它占据着地利之便；一支万人的军队之所以能打败数倍于己的敌人，靠的是出其不意的奇谋巧计。成皋的土地看似贫瘠没什么出产，但却有着险固的地势，占据了它，我们就能以此为跳板撬动整个郑国，这还有什么好犹豫的？

韩康子尽管取得了成皋，但似乎并未立即对郑国下手，更多的还是将精力投入到巩固新分得的土地上。直到二十多年后，其子韩启章（韩武子）即位，韩国才发起了对郑国的大规模攻势。

韩武子二年（前423年），韩国趁郑国君位更替的时机首次用兵，使得在位不到一年的郑幽公死于战祸，郑人立其弟骀为郑繻公，继续组织抵抗。公元前408年，刚刚继位的韩虔（韩景子）又亲自带兵伐郑，攻取了雍丘（今河南杞县）。

---

① 事见《战国策·韩一·三晋已破智氏》。

为了进一步压迫郑国，韩国在短短十几年内迁都两次。第一次是韩启章在位时期，将都城从平阳迁到了宜阳；韩虔在位时期，又将都城迁到了阳翟（今河南禹州）。

　　阳翟位于新郑西部，两者相距不过三四十公里；而且从考古发掘的情况来看，阳翟的城市规模小得实在不像话，与他们之前用心经营的宜阳不可同日而语。因此，与其说韩国是将都城迁到了阳翟，倒不如说是韩景子将自己的宫殿搬到了军营里。

　　然而，郑国虽然弱小，却也不是可以随意拿捏的。郑繻公在位期间，任用驷子阳为相，在郑国内部开展了一系列变法改革，使得郑国一度出现了强盛局面。他们不仅积极修筑防御工事，甚至还大举反攻韩国，一度在负黍（河南登封西南）打败了韩军，并包围了韩国临时首都阳翟。

　　在此期间，郑国似乎也有意缓和与三晋之间的关系。比如当三晋试图获得天子册封的时候，郑人鞍前马后为之奔走；当三晋与楚国在榆关展开对抗的时候，郑国积极出兵，配合三晋击溃了楚国阳城桓定君所率的军队。然而遗憾的是，这一系列举动不仅未能换取韩国的谅解，反而又激怒了楚国，从而为自己带来了一场致命的灾难。

　　公元前398年，为报复郑国为虎作伥的行径，楚军大将郎庄平君带兵大举伐郑。面对楚国大军的讨伐，原本就没什么战斗力的郑军接连"翻车"，到最后包括领军四将皇子、子马、子池、子封子在内的整支军队都成了楚人的俘虏。

　　战争的失败在郑国内部引起了系列内乱[①]。首先是以太宰欣为首的一派势力推翻了驷子阳取得了政权，但对于如何解决郑国所面临的问题却毫无头绪。按照韩非子的评价，太宰欣属于是"朋党比周以事其君"的典型[②]，对上威逼主君，对下扰乱法治，对外勾连卖国，对内专意行事，是个不折不扣的奸佞小人。在他的治下，郑国政局乌烟瘴气，最后的灭亡也就不再是什么悬念了。

　　驷子阳被杀的两年后，在位二十七年的郑繻公被人杀害，郑幽公的另外一个

---

① 事见《清华简〈系年〉》第二十三章，具体分析可参考马卫东：《清华简〈系年〉郑子阳之难新解》（《古代文明》2014年第8卷第2期），代生、张少筠：《清华简〈系年〉所见郑国史事初探》（《中南大学学报》2015年第3期）。

② 语见《韩非子·说疑》。

弟弟康公乙被拥立为君。这次的事件将郑国内部冲突又推向了一个高潮，使得原本就已衰弱的郑国被一分为三，互相敌对的势力分别占据负黍、阳城（今河南登封东南）、新郑各自为政。为了抵御韩国的蚕食，他们也只得依附魏国来寻求自保，但最终还是没能逃脱灭亡的命运。

此时的韩国已经从一个有实无名的国家变成了正宗的诸侯国，韩虔摇身一变升级成了韩景侯，从此也加紧了对郑国的攻势。

公元前 400 年，在位九年的韩景侯去世，其子韩列侯韩取即位。韩列侯在位六年（前 394 年），负黍势力在内斗中失败，宣布归顺韩国。

韩文侯在位二年（前 385 年），韩国又打败了盘踞在阳城的另一派势力。与此同时，他们还顺势进攻宋国的都城彭城（今江苏徐州），虏杀了宋国国君。

公元前 375 年，刚刚即位的韩哀侯趁楚、魏交兵的时机出兵包围新郑，郑国由此彻底灭亡，其大部分领土都被韩国吞并。

### 赵国内乱

卫国方面受到的压力主要来自赵国。由于其在范氏、中行氏之乱爆发期间充当了齐国的马前卒，因此内战结束之后遭到了晋国的猛烈报复。光是赵鞅执政的最后十几年，史料中晋国对卫国的讨伐就至少有七次。

赵氏对卫国的侵蚀会严重损害齐国的利益，因此齐国也频繁插手卫国事务，为赵氏的东扩增添了不少阻力。为了减轻自身的压力，赵氏很讨巧地选择了"远交近攻"之策，也即与北上争霸的吴国结盟以钳制齐国。

晋定公三十七年（前 475 年）十一月，赵无恤在为其父服丧期间，听闻越国大军包围姑苏，发动了对吴国的最后决战，因此决定在丧食的基础上再度降低饮食规格。其臣属楚隆怕他身体吃不消，于是就关切地问道："三年之丧已经是表达亲情最极端的方式了，如今您再次降低饮食规格，如此戕害自己的身体，又是何苦呢？"

赵无恤回答说："黄池盟会时，先主与吴王歃血盟誓，约定自此之后要'好恶同之'。如今吴国陷入危难，我这个继承人本想遵守先主的约定为吴国排忧解难，怎奈晋国的力量有限，因此也只能以此来表达心意了。"

楚隆听罢深受感动，于是便主动请缨，跋山涉水赶到姑苏城外，在得到越王勾践的许可后，入城将赵无恤的一片温情传达给了夫差："寡君的管事无恤派陪臣隆前来，是为了向您表达歉意的。黄池之会时，先臣志父（赵鞅）有幸参加盟会，并与贵国约定'同好共恶'，为您纾解患难。可如今您陷入危难，晋国却无能为力，因此特派陪臣来向您报告。"

晋国与吴国相距千里，在当时的交通条件下，带领军队穿越列国前去营救显然不现实，夫差自然也不会有所埋怨。他对楚隆说道："寡人无才无德，不能与越国友好相处，如今又惊动了贵国令大夫烦忧，谨劳贵使代为转达寡人的谢意。"

赵氏与吴国交好，而越国又灭掉了吴国，那么赵氏与越国之间是不是就应该不共戴天了呢？答案显然是否定的。吴国被灭后，赵无恤很快就与越国达成了盟约，用"系年"的说法就是"越人因袭吴之与晋为好"。

晋阳之战后，赵国先后两次与越国联合对齐国进行夹击。第一次是在晋敬公十一年（前441年），赵桓子统帅诸侯大夫与越国令尹宋在巩地举行会盟，随后又大举伐齐。大约是在这一战中吃了大亏，战后不久齐国就开始沿着南山（泰山）至北海（渤海）一线修筑长城，是为齐长城修筑的起始年。第二次战争发生在晋幽公四年（前430年），新稚狗又与越王朱句、宋昭公合兵攻破齐长城，败齐军于襄平[①]。

赵国对齐国的战争节节胜利，局面也是一片大好，然而就在这个时候，赵国东扩的步伐却突然陷入了停滞。究其原因，大概是由于赵国内部出现了一场变乱，而这场内乱又与赵无恤的身后事有很大关联。

按照《赵世家》的说法，赵无恤与妻子空同氏原本有五个儿子，但是由于感念长兄伯鲁让贤之举，决定死后将宗主之位让给哥哥的儿子代成君。可遗憾的是，代成君身体似乎不太好，还没等到那一天就离世了，赵无恤只好把代成君的儿子赵浣立为继承人，以确保其在自己死后能继承家业。

想法虽好，可真要实施的时候总会出现些麻烦。等到赵无恤去世，他的弟弟赵嘉（赵桓子）却跳了出来，把赵浣赶走自立为君。好在赵嘉命比纸薄，篡位的时候年纪也老大不小了，过了不到一年的宗主瘾就也跟着赵无恤去了。

---

① 事见《清华简〈系年〉》篇第二十章。

赵嘉这一死，赵氏内部就出现了冲突：赵嘉一派希望父死子继；可还有不少人认为，赵嘉本来就不是赵无恤确立的继承人，他自己的合法性都成问题，他的儿子又凭什么继位？两派人谁也说不动谁，最后实在着急了就动起了手，结果是赵嘉一方失败，赵嘉的儿子被杀，赵浣被迎回重新继位，是为赵献子（分晋后追认为赵献侯）。

这段记载虽然简略，可存在的问题却不少。首先是关于赵无恤的在位时间，《赵世家》与《左传》就有很大的出入。按照《左传》的记载，赵鞅（赵简子）最晚到晋定公三十七年（前475年）的时候就已经去世了，因此人们一般将这一年定为赵无恤在位元年。然而在《赵世家》的记载中，赵鞅去世的时间却被挪到了晋出公十七年（前458年），相应地，赵无恤即位元年也就改为了公元前457年。

之所以会出现这个偏差，或许与传文表述事实的模糊性有关。《左传》的记载中并没有直称"赵无恤"又或者"赵襄子"，而是含糊地以一个"赵孟"称之。"赵孟"是一个很笼统的概念，可以指代任意一个赵氏大宗领袖，在赵氏二百年的发展历程中，被称为"赵孟"的至少有四个人，分别是赵盾、赵武、赵鞅、赵无恤。

或许在司马迁看来，上文所提到的"赵孟"并非赵无恤，主要依据大概有这么两个：首先是"赵孟降于丧食"未必就是指父丧，因为这一年恰好是晋定公去世的年份，"赵孟"为晋定公"降于丧食"也未可知。第二个依据在晋出公十一年（前464年），智瑶和赵无恤在伐郑时发生了争执，智瑶很是不屑地嘲讽对方："恶而无勇，何以为子？"这里的"子"指的是嫡子，意思是你长得丑又没勇气，有什么资格被立为嗣君呢？既然是嗣君，那么赵无恤就还不是赵氏的主人，这个家族还得归他的父亲赵鞅来管。

如果以上推论确实的话，整个故事似乎也能圆得过去。但问题就在于，偏偏这个时候，《赵世家》又画蛇添足地写了一句："赵襄子元年，越围吴，襄子降丧食，使楚隆问吴王。"前文晋定公三十七年已经写了"是岁，越王勾践灭吴"，如今赵襄子元年又发生了"越围吴"，这岂不是咄咄怪事？一个已经灭亡了的吴国，怎么就又被围了呢？

## 赵氏谜团

想要厘清这个问题并不难，我们只需要回到《左传》的文本，一切都可以迎刃而解。

在晋定公三十七年的传文中，故事的主人公"赵孟"曾有这么一段表述："黄池之役，先主与吴王有质，曰：'好恶同之。'今越围吴，嗣子不废旧业而敌之，非晋之所能及也，吾是以为降。"楚隆在慰问吴王的时候，也明确地指出："黄池之役，君之先臣志父得承齐盟，曰：'好恶同之。'今君在难，无恤不敢惮劳。"

以上表述已经明白无误地指出，这里的"赵孟"就是赵无恤，而赵鞅则已经是赵氏的"先主"、晋君的"先臣志父"了。而越围吴的时间，在《吴太伯世家》《鲁周公世家》《楚世家》等记载中均可以提供佐证，可以确信是在前公元 475 年。因此，赵无恤即位的时间基本可以确定是在公元前 475 年前后[①]，《赵世家》的记载显然出现了巨大的疏漏。

至于为什么会出现如此明显的错误，这里我们姑且不论，接下来还需要明确的是赵无恤去世的时间。按照《赵世家》的记载，赵无恤在前 457 年即位，在位"三十三年卒"，那么去世的时间就应该是公元前 425 年。到他去世之后，赵氏爆发了内乱，也就是赵嘉自立为君的闹剧。对这件事的记载倒是没有出现前述的低级错误，但其他史料却依然对以上表述提出了质疑。

首先是关于赵无恤、赵嘉、代成君、赵浣这几个人物之间的关系。《赵世家》以赵嘉为无恤之弟，代成君为赵无恤之侄；但在《世本》中，却认为赵嘉、代成君都是赵无恤之子；而到了《史记索隐》中又认为赵浣也是赵无恤之子。

其次是关于赵嘉在位的时间。《赵世家》认为赵嘉于公元前 425 年即位，在位仅一年就去世了；然而根据《系年》的说法，早在晋敬公在位的第十一年，赵嘉就已大会诸侯且与越、宋等国联合伐齐。依照现在的普遍看法，晋敬公元年为公元前 451 年，其在位十一年便是前 441 年，可见早在这个年份之前，赵嘉就已经继任了。

以上的史料相互抵牾，却又不能带来任何实质性的结论，如何判断信息的真

---

[①] 晁福林：《试论赵简子卒年与相关历史问题》(《河北学刊》2001 年第 1 期) 推定赵鞅去世于公元前 477 年，也即赵无恤元年为公元前 476 年。后文有关赵无恤卒年的推定即采用本说。

伪，就成了我们当下所面临的一个巨大难题。在这有限的信息之中，我们究竟该如何甄别才能解开其中的谜团呢？

作为一名忠实的历史记录者，司马迁总会有这样的烦恼，他所掌握的古代史料，对于同一件事经常会出现相互矛盾的记载。比如晋定公三十年的黄池之会，对于晋、吴双方究竟是谁抢到了歃血的主动权，古往今来众说纷纭、莫衷一是，这让他感到十分困惑。由于年代久远，司马迁无法回到历史现场去亲自验证，也无法凭借一己之力做出取舍，于是便只能将这些互相矛盾的说法全都保留下来，留待后人考证。

同样的，《赵世家》中的很多记载也经常会出现与其他史料有出入的现象。比如赵氏孤儿这个催人泪下的故事，很大程度上就是援引了赵国残存的史料和民间传说。这些传说今天看来显然不足取信，多半是后世的赵国君主为掩盖赵庄姬的丑闻而捏造出来的。赵氏的后人的确很善于做宣传工作，他们总有一种要篡改历史的冲动，以粉饰自己的过往、修饰其传承的合法性。

在有关赵嘉的记载中我们可以确信的是，赵氏的宗主之位从赵无恤传到赵嘉、再从赵嘉传到赵浣的过程并非一帆风顺，其间充斥着血雨腥风的黑暗，写满了手足相残的故事。鉴于赵国后来的国君都是这场政治斗争胜利者赵浣的后人，不难想象在赵嘉"篡位"的这个情节上，他们会做些什么文章。

考虑到古人对宗法传承的无上信仰，赵浣的后人在篡改历史的过程中，应该不存在歪曲本宗族世系的可能，因此我们基本上可以推测，赵浣的确出自赵伯鲁、代成君一系。唯一难以确定的，是赵无恤与赵嘉之间究竟是兄弟关系还是父子关系呢。

在这里，我们需要注意《赵世家》中的一个细节，其中提到"襄子立三十三年卒"。作为领导三家分晋的重要角色，赵无恤可谓是一战成名天下知，身处当世的人们对于这样一位人物自然会格外关注，因此其在位三十三年这样的一个基本事实恐怕也是天下人尽皆知的。这就好比是人们对于晋文公年龄的争论，有的认为他是十七岁流亡，也有人认为是四十三岁流亡，但对于他前后流亡共历十九年这个事实，却没有人敢否定或篡改。

以此为基础，我们似乎也可以做这样推定，赵无恤在位年限的确是三十三年。倘若其继位的元年是公元前476年，那么去世的时间就是公元前444年，而非《赵世家》所认为的前425年。这也就意味着，作为赵无恤的后继者，赵嘉继任的时间要大大提前，这样一来就能与《系年》中赵嘉伐齐的记录相吻合了①。

在这样一个假设的前提下，我们还可以进一步做出推论，也即赵嘉就是赵无恤的儿子，由他来继承赵无恤的宗主地位，既符合继承规则，也符合人之常情。

## 三晋伐齐

结合以上推论我们可以想见，在战国时代开始的几十年间，赵氏或许是经历了这样的一场变乱：

强大的赵氏在经历了晋阳之围后，原本精锐的武力受到了重挫，以致中央控制力减弱，但在赵无恤的控制下仍旧保持了多年的安定局面。

及至公元前444年赵无恤去世后，其子赵嘉继位，被封到北方的强大公族代成君因为记恨赵无恤当年鸠占鹊巢而兴风作浪，试图通过战争的形式实现小宗对大宗的革命。只可惜，由于大宗力量太过强大，代成君"创业未半而中道崩殂"，其子赵浣继承乃父衣钵，继续与赵嘉周旋。

经过近二十年的内战，到公元前424年，以代地为大本营的赵浣终于打败了赵国大宗，再次上演了一出曲沃代翼式的以小宗灭大宗的历史大剧，成功夺取了赵氏的大位。

取得成功之后，已经成为赵献子的赵浣乃至于后来的赵国君主，为了给自己的合法性做背书，着意掩盖这桩政治丑闻。他们一方面制造了赵无恤改立嫡子的故事，抹杀了赵无恤与赵嘉的父子关系，另一方面则有意缩短赵嘉的在位年限，以此为这段丑恶的历史背书。在做完这一切之后，他们或许还会会心一笑，但却没有意识到，正是因为这次的胡乱篡改，才闹出了一个吴国被灭两次的笑话，而这个锅却被甩到了太史公身上。

在此期间，赵氏的内政改革也不容乐观。为人称道的张孟谈、公仲连等人也

---

① 本书结论见于王政冬《赵桓子年代考》（《中国史研究》2014年第4期）一文。冯小红《由清华简〈系年〉所见赵襄子至赵献侯世系新说》（《邯郸学院学报》2014年第4期）一文以赵襄子在位时间在前475－前442年，与本书结论相类，但文中采用了《赵世家》中赵桓子一年而卒的提法，并在赵桓子、赵献侯之间插入了赵狗一代，亦是一说。

只是继续推行举贤任能的传统政策，并没有什么大的突破，原本积极进取的赵氏此时反而有些故步自封的味道。这种种的纷扰和积弊，使得本就在晋阳之战中遭到削弱的赵氏，在分立之初的几十年间一直不能振作，其东扩的努力也渐趋停滞。

赵浣继任后，赵氏内政渐趋稳定，于是便将都城迁至中牟，准备与齐国展开新一轮抗衡。齐国大约是嗅到了其中不安分的气息，因而于前413年率先向赵氏发起了挑战，大军侵入赵地，毁黄城（今山东冠县）、围阳狐（今河北大名），使得赵国在这一轮争夺中颓势尽显[1]。然而，正当赵人感到手足无措的时候，齐国却突然爆发了一场内乱，这就又给他们带来了新的希望。

这场爆发于齐宣公五十一年（前405年）的内乱，在不同的史料中被分别冠以"和子之乱""项子牛之祸"等名称[2]。据推测，可能是田白（田庄子）的次子田和联合子牛、田布等人谋杀了其兄长田利（田悼子），成为田氏的新任宗主。党于旧主田利的公孙孙、公孙会举旗造反，结果被田布镇压，公孙孙死于非命，公孙会只得据守廪丘（今山东郓城）投靠了赵国。

赵氏依靠齐国的叛乱获取廪丘，但由于其总体上仍处于颓势，单单依靠自身的力量很难保证廪丘不被齐军攻陷。因此当田布带大军前来讨伐时，也就只能求救于韩、魏，这就引发了历史上著名的三晋伐齐事件。

接到赵国的求援后，韩、魏两氏也不遑多让，立刻派出翟角（翟员）、鬲羌两员大将，配合赵将孔屑（孔青）救援廪丘。双方在龙泽展开激战，晋人以新式步兵采用全新战法对峙齐国旧式的车阵，结果一战斩杀齐军三万，缴获战车两千乘[3]。尽管这个数字有虚报的可能，但从斩首的数量级上看，显然与八十年前晋吴夹击齐国的艾陵之战已经完全不在一个层次上了。

取得如此辉煌的战绩，赵国主将孔青难掩心中喜悦，于是便打算用敌军尸体造两座京观，以宣扬此战的功绩，但他手下一个名叫宁越的大夫却不以为然。在宁越看来，与其建造这么两座与己无益、徒招人恨的京观，倒不如全军后退三十里，把战场留给敌军好让他们为战死者收尸。

之所以这么做，可不是为了发扬儒家仁爱之心，其真正的目的是以此来诱使

---

[1] 事见《史记·田敬仲完世家》及《古本竹书纪年》。
[2] 详见马卫东：《清华简〈系年〉项子牛之祸考》，《华夏文化论坛》2013年第1期。
[3] 事见《吕氏春秋·慎大览》之《不广》《下贤》及《孔丛子·论势》等篇。

齐国调配大量的兵士、战车、粮草、绢布等资源，来安葬阵亡将士并抚慰其家属。

如果说通过战争直接消耗对方的战车铠甲可以称为"外攻"的话，那么腾出时间让对方安葬丧者、抚恤生者，达到消耗对方府库钱粮的目的，便是所谓的"内攻"。这个计策既能为赵军带来仁义的名声，同时还能从内部削弱齐国，的确是一个两全其美的办法。但孔青还是不免有些疑虑："万一对方不中招，那该怎么办？"

对于这个问题，宁越认为根本无须考虑。因为假如他们真敢这么做的话，那么领军的将领至少要承担三桩罪名："作战而不能取胜，其罪一；带领士兵出征而不能让他们平安回国，其罪二；士兵抛尸荒野却不管不顾，其罪三。这三条罪行，足以让百姓怨恨上位者，从而使其无法役使百姓，百姓又无从侍奉上位者。如此一来，齐国岂不就是受到了双重攻击吗？"

## 长城之战

不过饶是如此，三晋并没有打算就此放过对方，而是本着穷追不舍的气势，决定对齐国展开更加猛烈的攻击。

龙泽之战的第二年，也即公元前404年，赵、韩、魏三家向偏安一隅的周威烈王请了王命，拥着日薄西山的晋烈公前往任地，在那里召集诸侯举行了一次盛大的会盟，商讨再伐齐国大计。

经过一百多年的兼并战争，此时中原大地上尚存的诸侯国屈指可数，已经很难出现有十几个国家参与会盟的盛况了。而宋悼公在赴会途中突然去世，使得宋国也不得不中途退出。因此任地会盟实际参与的国家可能只有越、鲁、郑几国，而最终派兵配合三晋伐齐的则只有越国了。

这次的讨伐，三晋主君赵烈侯籍、魏文侯斯、韩景侯虔都亲自出马，与越国密切配合，从西、南两个方向对齐国展开攻击。三晋大军声势浩大地进军齐国，一路踏取平阴、攻破长城、追逐齐国残军直达汧水之滨[①]。

已经损兵三万且国库空虚的齐国，哪能经得起这种高强度的打击？他们首先将建阳、丘陵割让给越国，默许了越国灭亡缯国，并进献大量人口给越王；而有名

---

[①] 事见《清华简〈系年〉》第二十二章。详细论证可参考马卫东《清华简〈系年〉三晋伐齐考》。

无实的齐康公则被甩到鲁国，让他亲自担任越王骖乘，与驾车的鲁穆公一左一右服侍着越王在鲁国都城大出风头，终于换取了越国的退兵。

与三晋的和谈就没那么顺利了。对方趾高气扬地提出了两个非常过分的要求："毋修长城，毋伐廪丘。"其中，"毋伐廪丘"要求齐国承认廪丘归属三晋的事实，这个条件虽说有些蛮横，但在互有攻伐的古代社会，一城一池的得失终究是能够接受的。可"毋修长城"就不一样了，这与当年郤克"使齐之封内尽东其亩"有得一拼，都是让齐国不得设置针对三晋的战略防御工事，以便对方随时讨伐，任何一个正常的国家都不可能接受如此丧权辱国的不平等条约。

条件如此苛刻，齐国实在没办法答应，可不答应又无法让三晋退军，进退两难。这个时候有一个叫括子的人看出了其中玄机，他认为三晋的土地并不与齐国直接接壤，之所以逾邻国而包围平陆（平阴），显然不是因为贪利，而是为了求名于齐国[①]。

单从字句上看，括子所提供的论据显然不够严谨。毕竟晋齐两国的边境早在春秋中期就已经相连，而诸侯之间的攻伐也并不以互相接壤为必要条件。但从最终的结论来看，括子的确是抓住了问题的核心。

这件事真正的疑点实际上有这么两处。第一处是《系年》和《竹书纪年》中有关"晋公止会诸侯于任""王命韩景子、赵烈子、翟员伐齐"的字句。以三晋打遍天下无敌手的军事实力，只要能够联合起来，基本上没有哪个国家能扛得住。再加上这次齐长城之战爆发的前一年，三晋通过廪丘之战以及后来的"内攻"手法，已经基本解除了齐国的抵抗力。在这种情况下，中原那几个小国参与与否，对于战局的影响可以说是微乎其微，但三晋却偏要将已经毫无实权的周威烈王和晋烈公全都给搬了出来，显然是小题大做了。

第二个疑点源于战后的会盟。古代举行会盟素来讲究对等原则，也即以君会君、以臣会臣。而在这次会盟活动中，作为齐国名义上君主的齐康公却被迫与赵、韩、魏三家的主君在军中会盟；齐国实际上的控制人，此时名义上臣子右相田和、左相田淏却只能与"三子之大夫"结盟。三晋主君特意将自己放在与齐康公对等的位置上，而田氏则只能与三晋的大夫平齐，其中的用意再明显不过了。

---

① 出自《淮南子·人间训》，与《韩非子·说林上》记载大致相同，但人物角色有差异。

或许正是因为察觉到了这其中违和的信号，括子才突然茅塞顿开，从而得出"利不足贪也，然则求名于我"的结论，并提出让齐康公去往成周为三晋正名。

括子的想法让不少人都感到匪夷所思，也在齐国国内引起了很大的争论。但摆在他们面前的问题是，如果不能提出更好的解决方案，就只能答应晋人的要求，否则就无法让其撤军。

到底能不能退敌，也只有试一试才知道。反正要抛头露面的是那个早已失去权威的齐康公，就算是被撞得灰头土脸，对于田氏来说也没有什么损失，那为什么就不能试试呢？

最后试探的结果也的确让他们感到惊讶：三晋在得到齐国的允诺后，竟然真的就撤军了！这下轮到齐国人傻眼了，他们看着晋军退却时扬起的漫天尘土，不禁陷入了深深的思索之中：竟然还有这种操作？

## 三晋封侯

三晋从齐国退兵之后，煞有介事地奉了晋烈公到成周去朝见天子，而齐国人也很识趣地通知鲁穆公显、宋休公田、卫慎公虔、郑繻公骀，让他们陪着齐康公一同朝见王室。

自打春秋开始礼崩乐坏，周王室的日子过得是一日不如一日。特别是王子朝之乱后，天子合法性严重受损，诸侯各行其是，王室事务更是无人问津，最少有一百年没见过这么热闹的场面了。猛然间有这么一群地广千里、膀大腰圆的诸侯同时出现在天子的朝堂上，一个个还都表现出温文尔雅、彬彬有礼的模样，还真是太阳从西边出来了。

这次诸侯汇聚成周，主要的议程是晋侯向天子"献齐俘"。按照几百年传下来的祖宗家法，兄弟舅甥之间打架斗殴这种鸡毛蒜皮的事情，是不可以向天子献俘的，因为这会坏了规矩。如果实在是打得太狠了，互相之间有些过意不去，也顶多是向天子通报一下战况，天子若是觉得问题严重，出面抚慰一下即可。

比如当年晋齐鞌之战爆发后，晋国曾派巩朔到成周献捷。那个时候的天子是周定王，这家伙虽然也没什么威严，可总还是明事理的，因此很傲娇地把巩朔献捷的请求回绝了去。

当然了，傲娇归傲娇，并不代表他就可以对晋国的使臣为所欲为。周定王很识时务，事后还很殷勤地私下设宴招待巩朔，并馈之以厚礼，同时不忘叮嘱他："这件事不符合礼制，回去以后千万不要在史册上乱写！"

可如今时势异也，周威烈王虽然谥号听起来很虎气，可比起他的先祖周定王来，终究还是少了些许胆气。如今同样的场景再现，威烈王是大气也不敢喘，更别说提意见了！他战战兢兢地顺着三晋的意愿走完了献捷的流程，刚想要为自己擦把汗，却不料东方大国齐国的君主突然间扑通一声跪倒在他面前。

这一跪不要紧，差点把威烈王的魂儿给吓丢了。他惊恐地扫视着朝堂上的众人，本以为自己的举动会引起一片嘲笑，可当他扫视一周之后却发现，所有人都表情肃穆，似乎什么都没有看到。

朝堂之上一片静谧，只听到齐康公伏在地上正声泪俱下地数落自己的罪过。两人相距只有十几步远，但那呜咽的声音，好似是从群山阻隔的千里之外传来，缥缥缈缈，让人生出恍如隔世的错觉。齐侯的倾诉情切而冗长，在这漫长的诉说中，周威烈王似乎正漫步在时光的回流中，慢慢地回到了祖先荣光的时刻。

还是在同样的朝堂之上，被征服的"蛮夷"被捆缚了手脚，正伏在堂前悔罪请求宽恕。意气风发的天子端坐高台，将这些部族的首领或是诛杀或是迁徙，而新征服的土地则都分封给功勋贵胄，让他们定国安邦、藩屏王室。坐在朝堂两侧的，或是自己的叔伯兄弟，或是舅甥子侄，正聚精会神地凝视着朝堂，脸上全是普天同庆的喜悦和踌躇满志的神色。

说完了自己的过错，阶下的"蛮夷"突然话锋一转，转而开始赞扬三晋主君是如何本着"治病救人"的精神，让自己悬崖勒马、悔过自新的。他盛赞这三位英雄大公无私、高风亮节，不辞辛劳、排除万难，只为将自己从错误的道路上拉回来，可见其德行与贤能足堪为万世楷模。

周威烈王猛地一怔，才意识到自己已经"出戏"了。壮怀激烈的情绪顿时消散，死寂和落寞再次涌上心头。他已经意识到接下来会发生什么了，齐康公会继续颂扬僭越晋卿的德行功业，劝自己册命那三个早已自号为诸侯的逆臣以正式的封号。

他从心底里不愿这样做。可就算他拒绝了，又能如何呢？大周朝天下的礼崩乐坏又不是一天两天了，就是在这些诸侯的欺辱下，周王室才一天天地江河日下，直到沦落到今天的地步。如今也算是因果轮回、报应不爽，那个往日里不可一世的霸主之国，今天也算是步周王室的后尘，终于尝到了以下犯上的苦果。

他或许该为此而高兴，也或者该同病相怜，但这些都已经不重要了，自己的情绪和意见在这些骄横的侈卿面前根本不值一提。如果说还有什么足以安慰的事情，他只希望，在不久的将来，这些僭越为诸侯的大夫们，也能尝到同样的恶果。只是那一天，自己或许永远都看不到了。

接下来的一切都是那么的井然有序，齐康公果然把册命三晋的话说了出来。尔后，一直跪坐两侧的宋公田、郑伯骀、卫侯虔、鲁侯显，甚至包括晋国国君晋烈公，全都齐刷刷地跪在阶下，表示他们也有同样的愿望。

既然这是大家一致的想法，作为天子又能做什么呢？诸侯们早就把策命所需的一切礼器都置备周全了，自己只需要像木偶一样，在襄礼的引导下，分别为魏斯、韩虔和赵籍举行册命典礼，履行授土授民的仪式。自己唯一需要付出的，是耐着性子由着他们假惺惺地推辞，耐心地等着他们换完一件又一件的华服，耐心忍受他们完成蹩脚的演出。

在这一系列的表演完成后，魏斯、韩虔、赵籍终于有了天子册封的名号，正式位列诸侯。这场册封典礼似乎也耗尽了天子所有的心力，到第二年，周威烈王就驾鹤西去了，只留下了一幅疏影横斜的画卷供后人评说。

这一年是公元前403年，也是《资治通鉴》叙事的起始之年。

## 兄弟离心

晋阳之战以来，赵、韩、魏三家战略明晰、配合密切，在长达半个世纪的岁月里，都是以一个整体出现在中原的战场上，爆发出了惊人的能量。

他们打马向东，雄霸东方的强齐被打得落花流水；一战而丧师三万，折损战车两千；再战则平阴失陷，巍峨的长城也成了三晋纵马的乐园。他们驱车向西，赵赶老秦只得仓皇西窜；秦晋交锋的前线被推进到洛水之滨，情势比春秋时期更加局促。他们剑指荆南，不可一世楚国精锐一夜间折戟沉沙，其北上所倚仗的主要将领全部战死，国家也陷入了持续的混乱之中。他们纵横中原，曾经辉煌一时的郑国从此灰飞烟灭，硕果仅存的宋、鲁、卫等国也只剩下了苟延残喘的份儿。

可以说在这个时期，三晋就是整个中原的主宰，俨然是从晋国脱胎出来的"混世魔王"，兵锋所指尽望风披靡，车马过处皆人心战栗。即便是在取得诸侯地位后，也仍然维持了几年和平友好的关系，继续保持着昂扬向上、积极扩张的势头，让齐、楚、秦这样的强国感受到了深深的绝望。

然而物极必反似乎是这个世界运行的不二法则，当三晋的威势达到顶峰，由盛而衰也就成了必然。首先试图打破这个局面的，是以遏制三晋扩张为目的而形成的一个全新的诸侯反晋同盟。

与百年前齐景公草创的东方反晋联盟不同，形成于公元前4世纪初的反晋同盟，是一个由楚、齐、秦三大强国构成的松散联盟。然而遗憾的是，在整个战国历史上，诸侯联盟在应对单一强权的过程中总是力不从心，这种现象在后来六国对抗强秦的过程中屡见不鲜。同样的，与三晋同出一门而自然形成的同盟关系相比，反晋联盟的联结程度显然不够紧密，在应对三晋扩张上起到的作用也着实有限，这就使得他们不得不认真思考这样一个问题：在过去的几百年间，究竟是什么原因造成了晋国独霸中原的政治格局？又是什么原因让脱胎于晋国的三晋如此强悍？面对这几尊见神杀神、横行霸道的混世魔王，周边诸侯的出路究竟在哪里？

为了解决这些难题，齐、楚、秦等国不约而同地选择了以三晋为师，开始任用法家人物进行改革。楚国的吴起改革，秦国的商鞅变法，都是在这样的一个背景下酝酿出来的。这一系列的历史事件，将列国彻底从春秋时期的政治格局中拉了出来，最终创造了一个剧烈激荡又充满了理想主义的新时代。而就在这个新时代来临的前夜，三晋内部却突然出现了分化。

冰冻三尺，非一日之寒；兄弟阋墙，也非一夜之功。

以利益联结而形成政治联盟，终将难以逃脱"分久必合、合久必分"的诅咒，这是晋国内部政治逻辑所导致的必然结果，也是被历史一再验证的普遍规律。尽管到战国初期，三晋已经独立建国，然而由母体所生发出来的政治惯性却一直在发挥作用。这就注定了过去的故事总会频繁上演，三晋也终将会从亲密无间的盟友，变成互不相容的仇敌。

事实上，就是在他们精诚合作，关系最为紧密的五十年中，这种若即若离的关系便已经受到了不少的挑战。

《战国策·赵策》中讲过这么一个例子，说是在晋阳之战结束多年后，韩、魏两家因为赵氏多分了十个邑的土地而心怀不满，于是就准备联合齐、楚等国攻取赵地。赵无恤听到后很是忧心，于是就把早已罢官归耕的张孟谈找回来，让他消除这场危机。据说张孟谈回国后，将他的妻、子分派各国进行游说，终于瓦解了四国同盟，保证了赵氏的安定。

另据《魏策》记载，说是魏文侯在位时期，韩、赵两家又闹别扭，分别派人去联络魏国想找对方的麻烦，魏文侯都以与另一方为兄弟之邦为由，拒绝了出兵的请求。两国起初都对魏国的态度感到十分气恼，但事后听说了魏文侯的初心后又心悦诚服，于是携手朝见魏文侯，并尊其为三晋之长。

与此同时，在有关中山归属的问题上，赵、魏两国之间的分歧更是显而易见。

史料中关于中山国的记载非常模糊，如今我们已经很难理清其详细的发展脉络。根据现有的史料分析，中山国应该是由原来白狄所建立的鲜虞发展而来的。其领土位于燕赵之间，也就是如今河北省中北部一带。

从弭兵会盟到晋阳之战长达百年的时间里，中山与晋国一直处于敌对状态。而据《中山策》的说法，中山国似乎早在战国初年就已经成为晋国的领土抑或附庸，且一度被赵国托管。

后来魏文侯打算将中山并入魏国管辖，这就让赵襄子感到十分不安。这时，有一位名叫常庄谈的人提议说："中山一旦并入魏国，那么赵国必将危殆。您何不向魏国提出求娶魏文侯之女公子倾为夫人，并将其分封到中山去，让中山复立呢？"

以当时魏强而赵弱的形势判，魏国越赵而并中山，就会对赵国形成夹击之势，赵人自然不能坐视不管。但常庄谈的提议却又实在令人匪夷所思，完全无法给出合理的解读。

到公元前408年，魏文侯再次决议要攻取中山。讨伐中山必假道于赵，赵人围绕该不该借道给魏国争执不休，后来有一位名叫赵利的大夫占了上风。在他看来，魏与中山之间隔着赵国，即便是攻取了也不可能长期占有，最后占便宜的一定是赵国，因此建议赵国纯粹以看热闹的心态来对待这件事[①]。

同样的强弱形势，同样的地理位置，同样的一场争论，最后竟然得出了截然

---

① 事见《战国策·赵策一·魏文侯借道于赵攻中山》。

相反的判断，而人们对此皆深信不疑，我们果真得夸赞古人摇唇鼓舌能力的不同凡响了。但不管怎么说，赵国最后还是答应了借道的要求，只是为了迷惑魏人，在借道的时候表现出一副极不情愿的样子。

## 联盟瓦解

在外部局势不明晰的时候，三晋之间的矛盾顶多算小打小闹，到底还是没有引发直接冲突。然而当他们击败了周边的强国，尤其是被周天子册命为诸侯后，彼此的利益冲突便开始凸显，这其中最显著的一个因素，来自各家实力发展和利益分配的不均衡。

战国初期，魏文侯依靠李悝变法迅速强盛起来，逐渐取代了过去晋国在诸侯中的位置，成为当之无愧的头号强国。在强大实力的加持下，魏国在很短的时间内就完成了在西河的扩张，将秦国进一步锁死在洛水以西。

而与魏国狂飙突进的发展形成对照的是，同样继承了晋国传统的赵、韩两国却由于国力疲弱，与齐、楚等国的竞争不仅进展缓慢，有时还常被对方"反推"，这就让国力强盛的魏国人操碎了心。三晋伐齐的廪丘之战和齐长城之战、全歼楚国精锐的榆关之战，这些辉煌战绩的取得都离不开魏国的鼎力支持。

从生产力角度分析，魏国所针对的秦国当时土地开发程度不高，劳动人口密度严重不足，属于绝对的落后地区。这就使得魏国长期向秦国腹地深入变成了一桩高投入、低产出的赔本买卖，微薄的收益无法为其提供长久的动力。而赵、韩两家所争夺的中原地区却是一块"流淌着奶与蜜"的肥沃之地，土地开发程度高、劳动人口稠密，是列强垂涎已久的天下粮仓。与此同时，殷商故地在不少文学作品中还被冠以"中原十字路口"抑或"巴尔干半岛"的称谓，是春秋列国获取中原霸权的必争之地。

魏国在三晋之中承担了领导角色，然其所得却与付出不成正比，时间久了难免会产生一种为人作嫁的感觉，从而不再满足于早先的分工，同时开始在殷商故地启动大规模的拓殖活动。如此一来，三晋纷纷齐聚"巴尔干半岛"，开始同步争夺天下粮仓，原本分工明确、互相协作的联盟关系，就变成了有直接利益冲突的敌对关系，最终的分道扬镳也就无法避免了。

除此之外，还有一个值得关注的问题，那就是晋阳之战为三晋关系埋下的"炸药桶"。

与齐、楚、秦这些依靠自然扩张而形成的国家不同，三晋的财富积累主要有两个来源，一是晋国公室的封赐，二是其他中小贵族的依附。当财富积累到一定程度，他们逐渐产生了抗衡甚至取代公室的能力，也有了与其他诸侯分庭抗礼的资本，然其土地分散的属性却很难转变。

正因为三晋的国土疆域都是在过去封地的基础上，由若干个互不相连的飞地拼凑而成，因此难免会你中有我，我中有你，很难形成一个整体。这种犬牙交错的领土形态也就成了引发争端、制造对立最大的隐患。

此外，领土的分散还为国家安全带来了挑战。春秋时期施行都邑制，大家都没有领土意识，只要占据了一个个的都邑，就算领土被分割成若干块，也并不是什么严重的问题。但战国时代恰恰是一个领土意识形成的时期，这就使得三晋天然有一种想要把土地合成一个整体的冲动。而若要达成这个目的，要么是和平交换，要么是武力掠夺，没有第三条路径可选。

在最初五十年的蜜月期中，三晋的确围绕土地的和平交换开展了不少工作，从而将各自领土最大限度地连缀在一起。然而，任何违背人性的善举都是不可持续的，在损失厌恶心理的驱使下，每个人都倾向于高估自己已有财富的价值，而对他人用来交换的财富给出不客观的评价。尤其是对于土地这种特殊的资产，人们通常很难以单纯的数字来估量其价值。就比如韩国的成皋，若从经济角度考量或许一文不值，但若从战略价值出发，得到了成皋就等于拥有了整个郑国。因此衡量一块土地的真实价值，往往要包含由此可能会衍生的附加价值，这就使得自愿平等的交易很难达成。

在此情形之下，普遍的焦虑情绪便取代了睦邻友好的美好愿望，成为主宰三晋关系的主要逻辑。当这种焦虑值突破了临界点，撕毁和平协议走上武力相向的道路便只是时间问题了。

在此后绵延日久的角逐之中，一场激烈的战争结束后，总会有人以胜利者的姿态逼迫失败者割让土地，或者强行进行土地置换，这成了三晋之间经久不衰的主题。而围绕三晋土地置换衍生出来的各类冲突，也构成了战国中期诸侯局势的主旋律。

三晋之间这剪不断理还乱的利益纠葛，要比其他诸侯之间的矛盾复杂得多。从这个角度上看，晋阳之战实际上是一场没有完成的战争，其遗留问题几乎贯穿了整个战国时期，直到三晋灭亡都没能彻底梳理清楚。三晋就这样在互相的消耗中折损了元气，而一直被晋国欺压后来又被魏国放弃的秦国，却在西部边陲悄悄地捡起了被丢弃的珍宝，开始了富国强兵的道路，直到最后吞并六国、一统天下。

大约是在公元前396年前后，在位时间长达五十年的魏文侯溘然辞世，继位的魏武侯不想再充当为人作嫁的角色，于是便开始积极地为自身谋取利益。一方面，他开始向郑、卫两国提供援助，以遏制韩、赵两国侵夺中原的势头；另一方面，则是逐步发展与齐、楚等国的关系，加强了自身对中原核心地带的利益的争夺。

晋烈公二十七年（前389年），大约是受齐国实际掌权人田和的邀请，魏武侯参加了包括有魏、齐、楚、卫等国参与的浊泽会盟，并亲派使者到王城去请求周安王册封田和为诸侯。在魏武侯的运作下，到前386年，妫姓田氏正式取代姜姓吕氏成为齐国的君主，标志着"田氏代齐"的历史大剧终于落下了帷幕。

而在处理与三晋同盟的关系方面，田氏封侯的同一年，魏武侯趁赵国君位更替的时机，武力护送夺权失败的公子朝（朔）回国夺位，这一事件标志着赵、魏两国虚与委蛇的同盟关系已然破裂。而让两国关系最终走向决裂的，又当属不久后所爆发的一场大战了。

这场大规模的混战爆发于公元前380年前后。当时赵国在卫国的北部边境修筑了一座刚平城，大约是用来屯兵的要塞。修筑完毕，赵国旋即挥师南下直逼濮阳，准备灭掉卫国以扩张领土。

眼看着赵国大军来势汹汹，卫慎侯内心慌乱，于是急忙向魏国求援。魏武侯对此高度重视，不但同意了卫国的请求，还附带着联络了齐侯田剡一道出兵，与卫国齐心协力对抗赵国。

联军浩浩荡荡开入卫国境内，赵国军队自知不敌，只好退守刚平以避锋芒。可谁料魏武侯却不肯罢休，又追逐着赵国败军一路北上，联军相继占领刚平、摧毁中牟、围攻邯郸，一套组合拳打下来直接把赵敬侯给打蒙了，最后思来想去只得向楚国求援。

接到赵国的求救信号，楚肃王也是当仁不让，当即点兵北上来了一场"围魏救赵"。楚国大军并没有直接救援邯郸，而是转头冲入魏国境内四处劫掠，并借机切断了魏国东西两块飞地之间的联系。魏武侯一看情势不妙，急忙调转枪口回去保卫国土，而赵敬侯则壮着胆子追出城来，在棘沟、黄城等地烧杀抢掠，总算是报了这一战之仇。

这场战争持续了四五年，由此还引发了一系列的额外的效应：原本于公元前406年被魏国攻取的中山国，在其旧君桓公的带领下趁机复国，并定都灵寿（今河北平山）。由于此时赵、魏两国已然决裂，魏国无法再通过赵国的领土对中山实施管辖，对此也就只能听之任之了。而韩哀侯更是趁着魏国焦头烂额，无力对郑国施加保护的机会出兵攻入新郑，终于实现了兼并郑国的夙愿。

## 晋宗覆灭

但不管怎么说，这一切对于晋国公室来说都已经无足轻重了。

公元前389年，在位二十七年的晋烈公去世，其子公子颀（顾）继位为新的国君，是为晋孝公。不过按照《晋世家》的说法，晋孝公早于公元前394年就即位了，在位十七年[1]，于公元前378年去世，其子晋静公俱酒接位。静公纪元的第二年，魏武侯、韩哀侯、赵敬侯废静公为庶人，并将公室土地一分为三，晋国公室也紧步齐国吕氏后尘走向了覆灭。其时间点在公元前376年，也即韩国灭郑的前一年。

如果严格采用《晋世家》的记载，那么本书也就应该告一段落了，可不巧的是，古本的《竹书纪年》又给我们添了一些乱。到公元前374年，也就是《晋世家》中晋宗覆灭的两年后，书中又出现了"晋桓公邑哀侯于郑"的记载。其中的哀侯是韩国君主韩哀侯，去年刚刚攻取新郑灭掉了郑国，可这晋桓公又是何许人也？他怎会有资格将郑国的土地封赏给韩哀侯呢？

历来的学人早就已经为我们找到了答案，所谓的晋桓公，与《晋世家》中所说的晋孝公本就是同一个人。从《赵世家》《韩世家》等同出于《史记》的字里行

---

[1] 由于之前几代国君即位时间推算有误，《晋世家》所载晋孝公即位时间在公元前394年，故而推定其在位时间为17年。然据《竹书纪年》及《史记》中的相关记录综合判断，晋孝公（也即桓公）应即位于公元前389年，在位时间在三十年以上。

间也可见，晋国宗室还远没到覆灭的时候。为什么会出现这样的错误呢？

翻查《晋世家》中关于晋孝公去世的记录会发现，书中载明这一年是齐威王继位的元年。在《史记》的其他记录中，太史公很是笃定地认为，齐威王是在公元前378年继位的。然而不少史家却很不客气地指出，太史公是误把齐威王出生的时间当成了他即位改元的时间了，齐威王实际继位的时间是在公元前357年。因此，如果《晋世家》中那句表述准确的话，就意味着晋桓公（晋孝公）一直坚强地活到了公元前4世纪中叶。接下来，我们便可以继续愉快地讲述有关他的故事了。

公元前374年，威逼晋桓公册封土地的韩哀侯，当年就被韩山坚（严遂）派来刺杀国相韩傀（侠累）的刺客聂政所杀，其子若山即位为韩共侯（懿侯）。

韩共侯在位期间，主导了几场政治事变，使得中原政治版图出现了重大变化。首先是公元前370年，因魏武侯去世，魏公子罃（后来的魏惠王）与公子缓（公仲缓）为争夺君位而大打出手。韩共侯趁机与赵成侯联合介入魏国内政，在浊泽打败了魏罃所带领的军队，魏都安邑也陷入了重重包围之中。

当军事行动取得了重大突破，韩共侯便开始策划将魏国一分为二，以降低其对自身的威胁。然而赵成侯却不同意，更倾向于割占魏国的土地来壮大自身的实力。双方因无法取得一致而不欢而散，这才给了魏罃以喘息的时机，最终保全了魏国的国祚。

不过，韩共侯在魏国没有实现的愿望，最终在王室却得到了满足。公元前367年，受封于王城的西周国国君周威公去世，他的两个儿子公子朝和公子根为了权势争斗不休，使得同样的戏码又开始在王畿内上演。韩共侯于就故技重施，联合赵成侯将公子根封到了巩邑，从而建立了东周国。而在这个过程中，周显王所居住的成周也被并入了东周国的势力范围，周王室从此彻底失去了收入来源。这个事件也标志着周王朝作为一个独立的政治实体实际上已经走向了灭亡。

在处理王室问题时尚且如此颟顸，对待原先的宗主国，韩共侯自然也没有什么好遮掩的。王室内乱爆发的两年前，也即晋桓公二十年（前369年），韩共侯还联合赵成侯瓜分了晋国公室最后的土地，并将晋桓公迁到屯留（今陕西长子县北）居住。

不过，晋桓公并不是一个肯认命的君主。他大约是有着和《天龙八部》中的慕容复一样的志向，总想着要复兴晋国。到公元前361年，因韩、赵两国接连受到秦、魏等国的军事打击，晋桓公借机在屯留周边攻城略地，夺取了泫氏（今山西高平）城。

新即位的韩昭侯内外交困，无暇分身，因而未能及时报复。一直到三年后，他与魏国交换了大量土地，终于获得了喘息的时机，这才回过头来夺取了屯留、长子等城邑，并将自不量力的晋桓公赶出韩国的地界，重新封到赵国的端氏（今山西沁水）。经过这么一闹，晋桓公总算是识趣了，在端氏战战兢兢地度过了自己的晚年生活。

晋桓公死后，他的儿子晋（悼）静公又故技重演，于公元前351年出兵夺取了临近端氏的玄武、濩泽两邑（今山西阳城附近）。当时三晋之间内争不断，赵国受到魏国的攻击，连都城邯郸都陷落了，还是在齐国的帮助下才在桂陵打败魏军，自是无暇应对晋国公室的挑衅。一直到两年后，赵成侯去世，刚继位不久的赵肃侯才夺取了端氏，将无家可归的晋国公室像踢皮球一样踢给了韩国。

见到晋静公后，韩昭侯真有些哭笑不得，但又不能说什么，只好又把屯留封给了晋君，将其好生供养着。晋静公以为自己还可以平平安安地了此残生，然而令他怎么都想不到的是，韩昭侯对晋公室这个累赘早已失去了耐心。就在晋静公徙居屯留后不久，《韩世家》中就出现了一条令人恍惚的记载：韩姬弑其君悼公。

关于这个悼公是何人，历来众说纷纭，据猜测可能就是晋静公。至于弑君者韩姬，有称其为悼公夫人的，也有人认为是晋国的大夫韩玘，孰是孰非已无从考证。

只是从此以后，江湖上再也没有了晋国公室的传说。一个曾号令江湖数百年的辉煌霸主，一个自西周初年建国，国祚绵延传承近七百年的古国，就这样悄无声息地被湮没在历史的洪流中。那一片混沌时期由少年天子剪裁的梧桐树叶，在孕育了一大片森林之后，终于凋零在冬日的寒风里，消失在苍茫的夜色中，成为历史迷雾深处永久的回响。

这一年是公元前349年。晋国的历史就在这一刻，画上了一个让人无限感慨的——句号……

第六章
# 霸业秩序的兴与灭

# 第一节　先秦的天下观

## 霸业缘起

每当谈起东周历史，人们总会第一时间想到"春秋五霸、战国七雄"这八个字，可见这个观念早已根深蒂固。但与"战国七雄"有秦、楚、齐、燕、韩、赵、魏的明确指向不同，关于"春秋五霸"的具体所指，自古以来却都是一笔糊涂账。

有关"春秋五霸"的概念，早在战国时期诸子百家的论述中就已经出现。比如《商君书》有言曰"五霸不同法而霸"；《孟子》章句也提到"五霸者，三王之罪人也；今之诸侯，五霸之罪人也"。但对于"五霸"究竟是谁商君并未明言，孟老夫子也只是提到"五霸，桓公为盛"，其余人选便未可知了。特别是依据孟子所谓"五霸者，三王之罪人也"的说法，我们很难揣测老夫子所指的"五霸"究竟是"春秋五霸"，还是包括昆吾、大彭、豕韦在内的"先秦五霸"。

最早对"春秋五霸"做出明确限定的大约是墨子，在传世的《墨子》一书中有这么一段话："齐桓染于管仲、鲍叔，晋文染于舅犯、高偃，楚庄染于孙叔、沈尹，吴阖闾染于伍员、文义，越勾践染于范蠡、大夫种。此五君者，所染当，故霸诸侯，功名传于后世。"此说大体上确定了墨家心目中的五霸人选。

后来的荀子对这个说法也大加赞同，曾说："齐桓、晋文、楚庄、吴阖闾、越勾践，是皆僻陋之国也，威动天下，强殆中国，无它故焉，略信也。是所谓信立而霸也。"这五位君主也就构成了关于"春秋五霸"的第一个版本。

除了以上说法，最具影响力的一个队列出自儒家。在这个新的版本中，吴王阖闾、越王勾践被扫地出门，取而代之的是之前并不怎么出彩的秦穆公和宋襄公。这个版本并非尽善尽美，但由于所选择的对象更加符合儒家所倡导的仁义规范，在大一统的时代里受到了广泛推崇，也因此很快就超越了墨子和荀子的观点，成为受学界认同的主流版本。

不过以上两种观点还只是整个论战的冰山一角，由于"春秋五霸"的概念自诞生以来就缺乏明确的定义，随着时间的流转其内涵也不断扩展，在不同人眼中就会有不同的标准，以至于有关"春秋五霸"的各种版本在此后千年里如雨后春笋一般层出不穷。

在这些观点各异的排序中，除了上述提到的几位君主外，能够有幸入选霸主行列的还有郑庄公、晋襄公、晋景公、晋悼公、齐景公、楚成王、楚灵王、楚昭王、吴王夫差，等等，使得这区区五个席位的竞争变得异常激烈，场面蔚为壮观。

这场论战一直打了两千年，到现在还是"公说公有理、婆说婆有理"，让局外人总是看得一头雾水。为了厘清历史的真实脉络，赵鼎新在《霸权迭兴的神话：东周时期战争和政治发展》（《学术月刊》2006 年 02 期）一文中提出了一种新的观点。

文章将春秋时期的中国大地划分为四个主要战区：以齐国为中心的中原区又或东方区、以楚国为中心的南方区、以曲沃晋为中心的北方区和以秦国为中心的西方区。这四个区域内的战争就像是体育赛事中的小组赛，齐、楚、晋、秦四国就是小组赛中涌现出来的佼佼者，也就是各自战区的霸主。在取得区域性优势之后，各个国家都会向中原发展，从而促进四大区域性战区的合并，中原争霸的赛事也就进入了所谓的半决赛阶段。

到春秋中叶，随着齐桓公去世后齐国政局的混乱衰弱，以及秦穆公轻率冒进而丧失三军，齐、秦两国在半决赛中被淘汰，最后就只剩下晋、楚两国联手进入决赛。在此后的一百多年间，晋级决赛的晋楚两国围绕霸主宝座打得昏天黑地，最后的结果却是各有胜负、未分伯仲。到公元前 546 年，互耗了近百年的晋楚两国在宋国举行弭兵会盟，宣告两国共享霸业，轰轰烈烈的争霸战争戛然而止，一场激烈的总决赛就这么烂尾了。

文章最后得出结论，认为从严格意义上讲，整个春秋时代都没有产生过具有全局影响力的霸主，我们通常所认为当之无愧的所谓霸主如齐桓公、晋文公，也不过是区域性强国中的代表人物而已。

另外，赵鼎新在文章中还进一步提出，霸主政治作为整个春秋战国时代的一种特殊政治形态，在公元前546年的弭兵会盟后就进入了尾声，取而代之的是整个中原封建体制的全面危机与崩溃，并最终促成了中央集权官僚制国家的形成。

由此，文章对整个东周的历史进行了重新划分，提出了一个三段分期说：从前770年到前546年为霸主时代，前419年到前221年为全民战争时代，此间从前546年到前419年的一百多年为转型时代。

这篇文章立意新颖、观点独特，道出了春秋时期历史发展的真实图景，也为我们提供了一个观察问题的新视角。特别是其提出的三段分期说，跳出了过去仅仅从春秋、战国固有分期展开的争论，更加符合历史演变的实在规律，与本书行文初期所持的观点不谋而合。不同的是，文章对霸主概念的诠释倾向于理解为"全中国范围内的霸主"，由此得出了一个"春秋无霸主"的结论，则与本书所持观点大相径庭，这也是最值得商榷的地方。

众所周知，霸主政治这种极富"中国特色"的存在，是一种几乎贯穿于春秋历史始终的政治模式，春秋时期有一定实力的君主无不对霸主的权位倾心向往、殚精竭虑。在论述先秦历史的诸多典籍当中，时人对于霸主的讨论不绝于耳，可见以霸主为主导的政治秩序，在当时的情境下的确是深入人心的观念，并非全然出于后人的想象。在赵鼎新的文章中，也同样没有否认春秋前中叶霸主迭兴的事实，因而将其所属的时代定义为霸主时代。

由此一来，我们不禁要深入地反思一下，既然霸主政治是真实存在的历史现象，那么这样一种奇特的政治模式，其发展形成的推动力究竟是什么？处于政治旋涡中的各国君主为了争夺霸主权柄费尽心力，他们的最终目的又是什么？霸业秩序在春秋时期的昙花一现，究竟是要完成什么样的历史使命呢？想要回答这些问题，就需要我们回到时间的起点，到原始丛林的深处去探寻历史的奥秘了。

## 政治联盟

在我们通常的认知里，中国古代历史自传说中的夏朝开始，就已经有了朝代更迭的治乱循环；先秦时期存在的夏、商、周三代，也往往被认为是与后世王朝具有同一属性的历史实体。

然而，如果对这段历史进行深入了解的话就会发现，中国版图的真正统一要等到秦始皇时才成为现实。秦统一之前，中原大地上并不存在所谓的大一统王朝，更缺乏构建大一统王朝的技术条件。夏、商、周三代从具体的政治属性上看，是由一个具有相对权威的大国通过武力威慑的手段，对周边的城邦或者村镇国家进行控制，从而建立起来的一个松散的联合体。

之所以在文明发源初期就形成了这种超越了部落联盟的组织形式，出现了"天下共主"这样一个类似于中央政府的特殊形态，一般来说与黄河流域特殊的地理环境有关[①]。

中华文明发源于黄河流域，在黄土高原奔腾而过的河水进入中原地区后流速减缓，携带的泥沙不断沉积形成了一个广袤的冲积平原，为农耕文明的觉醒和发展提供了得天独厚的条件。但与此同时，在气候温暖湿润的远古时期，中华文明赖以生存的母亲河又总是喜怒无常，经常会以一副极其恐怖的面目出现，将中原大地的千里沃野变成自己奔流的河道，给生存繁衍在这片土地上的人们带来深重的灾难。

为了抵制水患灾害给人们生产生活乃至于种族繁衍构成的威胁，蒙昧时期的各个部族不得不联合起来，共同对黄河进行治理，于是就出现了如大禹治水这样的传说。

治理水患是一项艰巨而浩繁的工程，要动员流域内各个部族的人、财、物资源，设计完善的工作流程，组织大范围、大规模的协作，这些都需要一个具有高度权威和强大组织能力的团体或个人来进行统筹。这种在治水活动中长期居于主导地位的部族会逐渐扩充自己的权力，久而久之也就演变成了具有一定社会控制力的超级部族。我们认知中的第一个王朝——夏——就是在此基础上建立起来的。

---

[①] 有关治理水患和农业灌溉对中国社会政治的影响，可以参考刘修明：《"治水社会"和中国社会——兼评 K. A. 魏特夫的〈东方专制主义〉》（《上海社会科学学院学术季刊》1993 年），郝亚光：《治水社会：被东方专制主义遮蔽的社会治水——基于"深度中国调查"的案例总结》（《云南社会科学》2020 年第 6 期）等相关论文及文献，篇幅所限本书只取其大要。

此后的一千多年时间里，尽管黄河流域内不断发生"改朝换代"的革命，各个王朝内部也经常会出现权力更迭，但这种因治水而形成的政治秩序却大致确认了下来，并最终为周王朝所继承。

除此之外，一些从文本中无法看到的隐形逻辑，恐怕也在影响着中原政治秩序的走向，对"天下共主"秩序的形成起到了推动作用，比如我们感到既熟悉又陌生的先秦特产——青铜器。

青铜器作为一种古代常见的金属器具，几乎在所有人类社会早期都得到了广泛的应用，因此也常被作为衡量一个社会进入文明的标志。这种在长达千年的历史时期内发挥着重要作用的金属器具，也深深地影响着我们对于过去历史的观感，从而为这段漫长的历史时期赋予了"青铜时代"这样一个富有浪漫色彩的名称。

然而，正如所谓的"黄金时代"并非遍地黄金一样，自来让我们引以为傲的"青铜时代"也并非到处都是青铜，甚至多少让人感到有些尴尬的是，真正的历史现状要远远超乎我们的直观感受。

在那个礼乐文化盛行的时代里，青铜从来都没能成为主要的生产工具。它们就如同藏于秘府的法律一样，都是贵族专有的私器，底层的农业生产依旧停留在落后的石器时代[1]。这倒不是因为贵族太过自私，不肯把他们日用的青铜分赐给百姓，实在是青铜这种材料太不适合被当成农具使用了。

首先是从材料特性上讲，金属铜最大的优势是熔点较低，在高炉冶炼和鼓风技术出现之前，铜的提取和冶炼要比铁容易得多。但由于通过各种技术手段提取的纯铜（也即红铜）质地太过柔软，并不适合直接用来制造工具。在不断摸索的过程中人们逐渐发现，只要在纯铜中加入铅、锡等金属，达到一定比例，冶炼铜器的熔点就会显著降低，硬度也会有所提高，进而可以打造成人们所使用的器具。

但问题到这里仍然没有解决。根据如今我们出土文物来看，商周青铜器大都是铜锡合金，这种合金有一个致命的缺陷，那就是太脆了。即便是被用作兵器，也

---

[1] 关于商周时期青铜农具是否得到广泛使用目前仍没有定论，本文论据主要采用白云翔：《殷代西周是否大量使用青铜农具之考古学再观察》（《农业考古》1989年01期），赵世超：《殷周大量使用青铜农具说质疑——与陈振中同志等商榷》（《农业考古》1983年02期），许伟：《从近20年考古报告看商周时期青铜农具之使用》（《唐山师范学院学报》第33卷第1期），张帆：《浅谈商周时期青铜农具是否得到了普遍使用》（《经济研究导刊》2011年第30期），陈文华：《关于夏商西周春秋时期的青铜农具问题》（节选自陈文华：《中国农业通史·夏商西周春秋卷》，中国农业出版社2020年版）等论文。

只能制作像匕首一样的短剑和用来勾啄的戟，都是不能直接拿来砍人的，更不用说要当作农具使用了。

另一方面，稀缺性决定了价值属性。由于铜矿资源在地壳中的储量要远低于铁矿，这就使得青铜器在当时的价值不亚于如今黄金的价值。即便是在后来生产力已经得到极大发展的帝制时期，铜也一直都被当作货币原料使用，很少会用来制作工具。而更让事情雪上加霜的是，中国虽说地大物博、物产丰盈，但矿产资源的分布却极度不均匀。

我们先说铜矿资源的分布[1]。根据如今探明的情况，中国境内有一半的铜矿分布在江西、西藏、云南、新疆四个省区，剩余的产量又有一多半分布在甘肃、安徽、内蒙古、山西、湖北、黑龙江六个省区。其中楚国所在湖北，以及与之相邻的江西、云南等地，晋国所在的中条山地区储量较为丰富，而中原核心区所在的河南、山东、河北、陕西等地，分布则十分有限。

据一些史料分析，早前夏朝迁都至少八次，商代迁都更是不下十次，即便是到了周朝，在短短二百多年时间里，王室迁都的记载据说也有四次之多，而他们迁都的原因很大程度上都是为了追逐矿脉。这也从一个侧面上反映出，至少在先秦时期的生产力条件下，中原地区可供开采的铜矿资源并不多。

与铜矿的分布情况类似，中国虽说是世界上锡矿资源最为丰富的国家，但其分布也极其不均匀。如今探明的矿产地主要分布在 15 个省区，其中云南、广西两省区的储量就占到了一半以上，如果再加上矿产较为丰富的广东、湖南、内蒙古，以上五个省区总储量就达到了全国总量的 95%，中原地区锡矿产量几乎可以忽略不计[2]。

尽管有不少学者皓首穷经，在古代文献中寻找中原存在锡矿开采的证据，但至少从目前的考古发现来看，我们仍然有理由相信，春秋时期冶炼青铜器所需的锡矿，大都是从传统中原疆域以外输入的[3]。退一步讲，就算是中原地区的确有锡矿开采的

---

[1] 详见邓会娟、季根源、易锦俊、尚磊、姜爱玲：《中国铜矿资源现状及国家级铜矿床实物地质资料筛选》，《中国矿业》第 25 卷第 2 期。

[2] 数据来源于曹华文、张寿庭、裴秋明：《中国锡矿资源概况》，《地质评论》2015 年第 4 期。

[3] 具体内容可参考魏国锋：《古代青铜器矿料来源与产地研究的新进展》（《中国科学技术大学》2007 年博士论文），李晓岑：《从铅同位素比值试析商周时期青铜器的矿料来源》（《考古与文明》2002 年第 2 期），《商周中原青铜器矿料来源的再研究》（《自然科学史研究》1993 年第 12 卷第 3 期），田建花、马江波：《先秦青铜生产的锡料来源探讨》（《有色金属》2017 年第 12 期）等论文。

痕迹，也很难保证每个国家都能获得充足的供给，从外部尤其是南方地区输入仍然是多数国家获取原料的主要途径。

作为先秦时期的主要金属材料，青铜器被广泛地运用到社会、政治、经济、文化、宗教、军事等方方面面。对于发轫于中原地区的中华文明来说，在当时贵族阶层的日常生活中，青铜器既是维持他们身份和地位的支撑，是自我保护的利器，是举行祭祀、开展宗教活动的载体，同时也是生活须臾不可或缺的锅碗瓢盆、笔墨纸砚，关乎着他们衣食住行的一切所需。

辉煌卓越的青铜文明和原料资源的稀缺形成了巨大的反差，如何消解由此造成的冲突，就成了中原各国不得不着力解决的难题。尤其对于那些远离产地的国家来说，货物运输需要辗转经历多国，一旦青铜原料的供给受到了制约，造成的后果将会难以想象。为了保证铜锡原料的充分供给和在国家间的自由调度，建立一个统一的中原市场就成了当时人们的共同呼声。

因此，不论是从治理水患灾害的角度来看，还是从构建统一市场的需求方面进行分析，形成一个超越国家规模的部落或者国家联盟，都是文明初期各个邦国的共同需求。这样的一个联盟与早期希腊半岛所形成的城邦同盟有异曲同工之处，只是与希腊半岛相对封闭的环境不同，中原大地幅员辽阔、地形复杂，人群构成各有不同、外部影响因素众多，催生并维系这样一个庞大的联盟显然不能仅靠各国君主的自觉自愿，必须要有强有力的外部机制进行约束，成立一个超越主权的"列国权威机构"也就是题中之义了。

## 礼崩乐坏

与后世大一统的帝制国家不同，这种松散的联合体有一个先天的缺陷，那就是处于联盟之中的所有部族或者城邦国家，在本质上都是相互独立的政治实体，它们在政治、经济、军事等各个方面都有着近乎完全的自主权。在这种特殊的政治架构之下，居于中心地位的王朝为了稳固统治，就必须运用各种手段对其余邦国进行控制，以确保他们不至于太过强大而颠覆自己的地位。而在这所有的控制体系中，又以周公改制的影响最为深刻。

有关周公改制的背景在本书的开头有过一段介绍。周武王夺取商王朝的天命之后，将自己的兄弟和宗亲分封各地进行殖民活动，并对商王朝及周边残余势力进行监视。周武王本以为用兄弟宗亲拱卫王室，便可以让周天子的地位得到绝对巩固，可后来的历史却证明，这似乎只是他的一厢情愿。在他死后不久，那些被派去监视敌人的兄弟之国，反而与旧朝残余势力勾结起来对王室统治构成威胁。周公旦在历经艰险平定东方叛乱之余，难免也会痛定思痛，对这一切发生的原因进行深入分析，从而产生了营建东都和制礼作乐等一系列的政治革新。

周公通过制礼作乐建立了一整套严密的等级秩序，将天子以下掌握有土地资源的国人或者说贵族阶级，划分为公、侯、伯、子、男、士六个等级，并对每个等级在衣、食、住、行各个方面的用度规格做出了近乎苛刻的规定。各个阶层的贵族都必须严格按照其中的规定来配置日常的一切用度，不能因为你有钱任性就逾矩，或者因为对客人重视而擅自提高接待的规格，也不能因为节省或者谦卑而私自降低规格。周公就是要用这些条条框框的规定，限制地方诸侯的能力，更限制他们的思维，从而达到稳固王室地位的目的。

此外，由于技术手段的欠缺，周王朝对各国的控制力会随着交通距离的增加而不断递减，其等级秩序的作用到了长江、太湖流域就基本上无法显现了。为了防范在整个秩序的末端出现足以颠覆王朝根基的新生势力，周公还另外创制了一套新的规范，也即所谓的"华夷秩序"。

他将处于中原核心区的诸侯用周礼文化统一起来，建立了一个具有共同信仰和文化记忆的共同体，也即所谓的"华夏"，处于共同体之外的远方诸国则被贬斥为"夷狄"。在这种共同体的作用下，中原诸侯很容易就能被煽动起来，不远万里去抗击那些他们从来没有听说过的敌人。

也就是说，周公的制礼作乐，不仅用森严的等级秩序限制了共同体内部的国家规模，也对外部势力的崛起起到了抑制作用，从而在更广阔的范围内保证了王朝统治的稳固。

可现实就是如此吊诡，你越是害怕什么，这件事情就越是容易发生。礼乐秩序支撑之下的天下体系，仅仅维持了二百多年就崩塌了，这显然是周公制礼作乐时所未能预料的。

西周末年，一场突如其来的气候变化使得中原地区的降水线南移，随之而来的是游牧部族的纷纷南迁。南迁的部族与国内的野心家勾结，直接冲击了王室所在的镐京,以至于被"戎狄"追逼而流离失所的周平王,不得不依赖诸侯的支持迁都到洛邑以维持国祚。

这场巨变使得周王室统治的根基瞬间瓦解,也完全消解了王室的权威,由此带来局面的完全失控。由于中央权威的缺位,春秋初年的中原大地变成了一个丛林社会。原本饱受压制难以发展的诸侯纷纷脱离王室的控制,一时间兼并灭国战争蔚然成风,进而在几个地理上相对封闭的文化地域内,形成了一批远超西周时期国家规模的超级诸侯国。

在西方,结束了曲沃代翼七十年内战的晋国,刚刚掀起了第二轮扩张热潮,一度居于王室卿士地位的虢国从此万劫不复,为晋献公"并国十七,服国三十八"的成就功业添砖加瓦。为了获得进取中原的门票,取得对晋国的战略优势,秦国对周边国家的侵夺占领也方兴未艾。晚至晋惠公时期,灭国战争仍在持续,秦穆公也凭借"兼国十二,开地千里"的不俗成绩,在灭国榜上占据了一席之地。在东方,齐桓公也在大力扩张领土,以"并国三十五"的不俗成绩力压群雄,成为当时首屈一指的"灭国狂魔"。

然而这一切都还只是刚刚开始,那些业已成为超级诸侯的国家,也并不能安然坐享大国的红利,反而要时刻警醒,以免被其他的列强吞并,更加重了诸侯间的信任危机。比如在齐桓公执政中期,戎狄之祸横行中原,已经成就霸业的齐桓公仍然在为吞并鲁国这样的强邻而日夜筹谋。紧随其后的晋文公,也同样对中原大国郑国心存觊觎。这种时常被人觊觎的感觉和对于亡国绝祀的恐惧一直延续了一个多世纪,是植根于每一位国家统治者内心的隐痛。

除了政治格局的混乱,超级国家也改变了原本小国寡民的社会结构,由此带来了一系列严重后果。在分析晋国内部冲突形成的动因时曾提到,由于国家规模的快速扩张,以公卿矛盾、君位争斗、阶层固化、族群分裂、观念冲突等为主要形式的内部矛盾也开始不断积累,彻底撕裂了原本和谐有序的小共同体,而大国则在不断的碰撞和摩擦之中还步履蹒跚、迟迟未至[1]。

当整个社会丧失了共识,恐慌情绪和不安全感开始蔓延,接踵而来的便是一幅让孔子痛心疾首的画面,以子弑父、以臣弑君、公子夺嫡、大夫弄权的事件频

---

[1] 详见《晋国600年1》第六章第二节"寻问根由"。

发，构成了一幕"礼崩乐坏"的长篇交响曲。为了应对频发的内乱，各国都采取了不少制约办法，但始终没能从根本上解决封建制的系统性危机。

伴随着诸侯兼并之风的兴起和内乱狂潮的不断涌现，中原文明抵御自然灾害的能力也急速降低。诸侯间由于缺乏统一权威各自为政，在治理灾害的过程中经常按照自己的需求随意修筑水利设施，"以邻为壑"、祸水他引的情形开始不断出现。

当他国因水旱灾害频发酿成饥荒时，周边各国袖手旁观者有之、落井下石者亦有之，让本已混乱的国际政治秩序变得愈发不可收拾。比如发生在晋惠公时期的韩原之战，其起因就是源于秦晋之间围绕自然灾害展开的一场博弈。

这种互不信任的局面也进一步打破了由天子所维系的共同市场秩序，各个大国在中原舞台上纵横捭阖、折冲樽俎，为了获取军事征服的胜利，贸易战也常常会成为摆在各国君主案头上的选项。比如在有关管仲相齐的各种施政纲领中，为他国人为地制造危机从而借机吞并的案例常常被当成功绩广为流传。这对于那些经济实力不够丰厚的国家来说，绝对不会是什么福音，尤其是那些过度依赖外部输入的国家，青铜原料的运输难免会受制于沿途各国，从而对自身的国家安全构成威胁。

## 文化危机

天灾叠加人祸，无疑给当时黄河流域内尤其是下游周边各国带来了深重灾难，也让以中原礼乐文化团结起来的文化共同体内部裂痕不断、危机重重，进一步加剧了中原各国之间的信任危机。这种一盘散沙的局面，又带来了一个更加严峻的后果，那就是使得中原各国对抗外来文化入侵的免疫力显著降低，为外部势力的兴盛提供了机遇。

自西周末年兴起的"戎狄危机"，趁着中原内乱又持续发展了一百多年，到齐桓公称霸时期又出现了一次小高峰。在那场蔓延到整个中原的危机中，北方的"戎狄"横冲直撞、无人能挡，一度导致了黎、卫两国的灭亡，郑、邢两国在"戎狄"兵力强压之下节节败退，就连周王室也无法幸免于难。中原各国合力抵御"北狄"的侵扰，却似乎总是疲于应对，最后只能以空间换时间，让他们又折腾了许久。

此外，中原国家还面临着另外一个更加不容忽视的威胁，那就是南方江汉流域的楚国对中原的入侵。

西周时期，远离中原核心区且以"蛮夷"自居的楚国尽管桀骜不驯，但在周王室的强力弹压之下，总算还是不敢太过霸蛮。然而，随着周王室权威的突然崩塌，江汉流域出现了长达百年的权力真空，这就给楚国的发展提供了绝佳时机。在这一百年间，楚国几代君主励精图治、大力扩张疆土，逐渐将分布在江汉流域的诸侯国一扫而空，并伺机北上征服了陈、蔡、郑、许等国，将触角延伸到了中原地区，展现出咄咄逼人的态势。

与单纯的武力征服不同，这种危机更激发了人们文化上的焦虑感和忧患意识。"北狄"的文化特性究竟是什么我们已无从得知，不过只要对比历史上曾盘踞在中国北方的游牧文化进行脑补，便可大体窥知其与中原讲究的礼乐文化的差异。春秋早期，王室大夫辛有路过伊川，看到有人"被发而祭于野"的时候，便深深地叹息道："不及百年，此其戎乎！其礼先亡矣。"这就反映了当时人们对于礼乐文化流失的普遍焦虑。

而与相对弱势的游牧文化比起来，南方楚文化与中原文化的差异，可以说自传说中的炎黄时代就已经显现了出来，在独立发展了上千年之后，更是形成了相对完善的文化体系①。在我们如今所知的一些资料中，大体可以看到楚文化中尊凤尚赤、崇火拜日、喜巫近鬼、重死轻生的一些特性，与周礼指导下的宗法观念有着天壤之别。

楚国与中原之间巨大的文化差异，使得他们在周王朝的天下体系当中显得格格不入。而楚人似乎对所谓的"蛮夷"身份也毫不在意，常常把"我蛮夷也"这句话挂在嘴边。比如《史记》有载，周夷王时周朝国力衰弱，楚君熊渠就毫不避讳地说道："我蛮夷也，不与中国之号谥。"与此同时，他还把自己的三个儿子都封了王号，让他们与周天子平起平坐，其对所谓"华夷秩序"的不屑与鄙夷从中可见一斑。

---

① 孙君恒、王新《荆楚文化与河洛文化差异论》（《黄河科技大学学报》2011年第5期）一文从地理、性格、学派、信仰、成熟五个方面对双方的差异，以及南北文化的融合进行了详细分析，本书不再具体展开。文章同时指出，"霸主的社会功能和历史意义首先体现在群体目标的实现上"。其所要实现的群体目标主要包括：一是协调联盟内各诸侯的关系，有效地抑制了诸侯之间的攻伐，减少了强凌弱、大欺小的战争。二是抵御戎狄蛮夷的侵伐。

到了春秋时期，尽管礼乐秩序崩坏、列国之间兼并战争不断，战争的发起国还是会打着礼乐征伐的旗号，找一堆应景的借口，可楚国却不管这些。公元前706年征讨随国，随人满腹委屈地辩解说："我无罪！"楚君熊通很是不屑地回答道："我蛮夷也""我有敝甲"，想打谁就打谁，是不需要借口的。

与此同时，他们还要求随国向王室传话，说"欲以观中国之政，请王室尊吾号"。王室不答应，他就自上王号，与周天子平起平坐，这在中原诸侯看来是完全不可想象的。王室对此虽有不忿，却也无可奈何。到楚成王即位的时候，还得低眉顺眼地派人"赐胙"，并告诫说："镇尔南方夷越之乱，无侵中国。"算是默认了楚国自上王号的行为。

从地缘政治的角度来看，楚国发源于长江流域，尽管也时常会面临各种天灾人祸的威胁，但这种威胁与中原文明所面临的黄河泛滥属于不同体系，因此天然缺乏中原诸侯所共有的亲和感。

此外，从前文有关青铜原料的分布情况来看，楚国所在的湖北省蕴含了大量的铜矿资源，与之毗邻的湖南、云南等地又是重要的锡矿产区。丰富的矿产资源使得楚国从青铜原料的勘探、开采、运输到青铜器制作等各个流程，基本上都能做到自给自足，从而在国内构建了一个自成体系的市场区域。

相较之下，中原各国无论是储量还是矿产资源的丰富程度，都无法与楚国相媲美，甚至还因此受到了很大的制约。这也是为什么在春秋早期，楚国可以在当时的边缘地区迅速崛起，进而以一己之力威胁周王室的生存，挑战包括晋、齐等国在内的整个中原政治秩序，其内在逻辑就在于此。

正是因为有着如此雄厚的家底，楚国可以毫无顾忌地侵吞他国，不必考虑旁人的感受。在中原各国看来，它就像是一个饕餮，永远都不知道满足。楚国大军所过之处，几乎所有的国家都会被吞进去，然后被搅碎、被消化，最后变成楚国治下的一个县。

这种时刻惊扰着人们的噩梦，让那些即便是已经臣服的国家，也总是心存亡国绝嗣的恐惧。楚国的战车永不停歇，诸侯内心的恐惧也永不消止，整个中原文化圈都弥漫着一股悲观消沉的情绪。

楚国与中原有着巨大的文化差异，一直以来又自外于中原政治秩序，因此在当时的历史背景下，很难将其纳入"华夏"的行列。有鉴于此，我们大可以将春秋早期的中国大地划分为两个不相统属的独立板块，位于北方的是以周文化为核心的中原板块，而在南方则是以楚文化为中心的荆楚板块。

正因如此，中原诸侯对楚国的排斥可以说是根深蒂固。按照当时的习惯，"凡诸侯有四夷之功则献于王，王以警于夷，中国则否"——中原诸侯互相征伐所获战俘和战利品，一般都不会去天子面前招摇，就算是去了，天子也一定会义正词严地拒绝接受。但晋楚之间发生战争，晋国但有所获就一定会献俘于天子，天子也从来甘之如饴，从中也可以看到时人对楚人的真实观感。

晋文公去世将近半个世纪后，鲁国大夫季孙行父（季文子）还将楚国视为异类，并为我们创造了"非我族类，其心必异"这句名言。即便是到了春秋末年，晋楚两国已经举行弭兵会盟商定共享霸业，各国仍然对楚国心存芥蒂，迟迟不愿履行盟约中确定的义务，这恐怕也是与楚国的"夷狄"身份是分不开的。

人们常说"欲灭其国，先灭其史"，楚国对中原的入侵完全可以与波斯入侵希腊相类比，由此所造成的冲击显然也更加激烈，带给人们的恐惧感也更加真切、更加深入骨髓。但在当时的情境之下，中原诸侯摆脱王室控制的时间尚短且积累不足，单打独斗还很难与独立发展数百年的楚国相抗衡。而由于统一权威的缺失，各国之间又无法建立互信机制，合力抗击楚国对中原文化侵蚀的厚望显然也无法达成。所谓"南夷与北狄交、中国不绝若线"，局势的窘迫引发了中原诸侯的集体危机，让各国有识之士无不痛心疾首，恢复核心权威以抵御外敌也就是题中之义了。

## 第二节　霸业形成机制

**上下求索**

基于以上的分析，我们基本上可以理出有关春秋初年各种危机得以发展的逻辑链条。

这一系列乱局发生的根本原因在于周王室核心权威的丧失，原本用以维系诸侯之间及其国内秩序的宗法制度、礼乐秩序迅速瓦解，由之带来了一系列严重的后果。

首先是诸侯间兼并战争持续不断，井然有序的自然灾害治理体系无以为继，和谐稳定的诸侯间统一市场遭到重创，维系各国和平共处的互信机制遭到破坏。

其次是随着国家规模的扩大，小国寡民的熟人社会结构被陌生人组成的大社会所取代，诸侯国内部以公卿矛盾、君位争斗、阶层固化、族群分裂、观念冲突等为推动力，以子弑父、臣弑君、公子夺嫡、大夫弄权为表现形式的封建危机频发，进一步撕裂了社会共识。

最后，中原内部的混乱使得制约远邦崛起的"华夷秩序"解体，华夏共同体抵御外部文化入侵的能力显著降低，为外部势力的兴盛提供了机遇。

诸侯间的弱肉强食，诸侯内部的钩心斗角，外部力量的不断侵蚀，这三者几乎构成了春秋早期历史发展的主线。这种种因素互为因果、互相促进，又演变成了整个中原文明的生存危机。这种由秩序崩坏和权威丧失带来的混乱，将所有人都裹挟其中，没有哪个国家或者哪个家族可以置身事外。

人类天然就有追求秩序的本能，旧的秩序崩塌了，就需要建立新的秩序，但新秩序的出现并不是天然就能成型，而是需要人们根据过往的经验和现实的反馈进行探索和试错，也就是要"摸着石头过河"。

对于当时的不少人来说，最先想到的路子自然是重塑天子的权威。常言道，"人们总是在失去之后才会懂得珍惜"，中原诸侯对天子的态度亦是如此。当他们在天子的盘剥之下艰难度日时，总希望有一天能够独立自主，可如今天子的权威真的不复存在了，却发现日子过得比以前更糟糕了。特别是那些没有野心的国家，在天子羽翼的保护下至少还能延续国祚，如今却要日日为身边的强邻欺压甚至吞并而担惊受怕，恢复天子的权威自然就成了他们的首选。

这股思潮一直到春秋末期还在发挥着作用，我们所熟知的孔夫子就是这一方案的坚定支持者。孔夫子希望以忠恕之道改造人们的内心，让人们克己复礼、恢复周制。然而在他所处的时代，不仅仅天子的权威积重难返，就连国君和卿大夫的地位也都受到了威胁，这种理想的政治模型终究还是如镜花水月，无法得以实现。

事实上，早在礼崩乐坏开始的那一刻，天子权威的江河日下就已经走上了不归路，其中首要的原因还是来自天子自身。大乱兴起之时，周平王即位的合法性受到了广泛质疑，诸侯不尊王、不朝王早已是司空见惯，甚至就连以周礼守护者自居的鲁国也都多年不朝天子，其他诸侯对待天子的态度如何可想而知。

等到周平王谢世，天子合法性已不再是舆论焦点，但如齐、鲁、郑、宋这样的大国早已成并列之势，以周王室的弹丸之地和区区武力，根本无法钳制他们的发展。到了这个时候，即便那些岌岌可危的小国有再强烈的愿望，也无法逆转大势让王室走向复兴之路。

第二个原因，也是人们试图探索的第二条解决之道：既然天子的权威恢复无望，而人们又都急切地希望重塑权威，那么何不改朝换代、另起炉灶呢？

关于这一点，不少人都拿秦统一天下的大业来类比，认为当时的诸侯都不具备绝对的实力，很难将反对势力尽数消灭从而登顶天子的地位。这种类比有一定的道理，但由于春秋时期的观念与后来的帝制时代有很大的差别，因而并不能完全类同。

此前的中原王朝大都实行以等级秩序为表征的封建制，无论是夏商周三代的天子还是春秋时期的五霸，从来都没有想过更不可能实现我们如今观念中的天下一统。在当时的人们看来，所谓的"大一统"向来都只是一个虚妄的概念，只要能求得"天下共主"的身份，便已经算是修成正果了。

比如春秋中晚期的晋卿士匄在回忆家族历程时提到："昔匄之祖，自虞以上，为陶唐氏，在夏为御龙氏，在商为豕韦氏，在周为唐杜氏，晋主夏盟为范氏。"在士匄看来，当时的晋国虽然没有天子的名分，事实上却掌握着天下的权柄，"晋主夏盟"几乎已经可以算作是与虞、夏、商、周并列的历史时期了。

因此，对于当时有实力的君主来说，想要取代天子改朝换代，完全不必把中原版图推倒重来，也不需要真的将所有国家都灭一遍，只要能打败天子并获得对诸侯的绝对威慑，事情也不是完全没有可能。

事实上，春秋早期持有这种想法并付诸实施的人不在少数。且不说占据"南蛮之地"的楚国几百年来一直都想成为中原政治秩序的主导者，就单说中原内部，这样的例子也比比皆是。我们所熟悉的郑庄公便是"第一个吃螃蟹"的人。

郑庄公在位时间大约在公元前743年至前701年之间。其初即位时，周平王东迁的事宜刚刚尘埃落定，中原各国都在憋着劲扩张疆土，郑庄公更是借着王室卿士的地位大发"国难财"，开创了一个春秋初年首屈一指的大国。与郑国毗邻的东部邦国——如宋、卫、曹、陈、蔡、燕等诸侯——看不惯郑庄公的做派，便借着共叔段内乱的余波，组成联盟对其进行封堵，周王室也趁机在其背后搞起了小动作，让郑国的处境变得异常艰难。

郑庄公是一个胆大心细的主儿，他不畏艰难、背水一战，硬是通过"远交近攻"的策略，在逼仄的环境中打出了一片天地，最后将中原各国皆收入麾下。此外，他在繻葛之战中不仅敢于迎战王师，打败前来征讨的多国部队，还以"射王中肩"的战绩让堂堂天子威风扫地。这一系列的功业让郑庄公骄傲不已，再加上他本身就是王室近亲，自然就会产生要取而代之的想法，也就是在中原上演一出"曲沃代翼"式的好戏。

这件事在史料中很难寻到踪迹，但也并非完全无章可循。童书业在《春秋史》中就提到一个细节，说是民国时期出土了一件写有"王子婴次炉"的铜器，这位

"王子婴次"据说就是郑庄公的儿子子仪。当时只有天子的儿子方可称为"王子",诸侯君主的儿子大都以"公子"相称。即便是到了战国时期各国君主都僭称王号,"公子"的称谓也依然没有改变。

在礼乐秩序尚且发挥余热的春秋早期,将诸侯之子称为"王子"显然是不可想象的,这也就使得"王子婴次炉"有了非同一般的意义。因为这意味着,郑庄公在打败天子之后很可能是称过王的,只是出于"为尊者讳"的史家传统,这件事对于天子来说太不光彩,因而才未能流传后世。

## 秩序重建

郑庄公是如何去除王号的我们还很难推断,不过透过齐桓公的事例,或许可以窥知一二。《左传·僖公四年》在介绍齐桓公伐楚的召陵会盟时,曾提到他邀请楚国大夫屈完参观阅兵仪式,其间兴致盎然地说道:

> 岂不谷是为?先君之好是继。与不谷同好,如何?

这里的"不谷"与后世的"朕"一样都是天子的专称,但通常只有在遭遇凶祸之时才会使用,因此被称为"降名",平日里天子会以"予一人"自称。春秋时楚国僭越称王,不敢以天子专用的"予一人"自谓,故而采其"降名"之例而自称"不谷"。此处齐桓公以"不谷"自称,显然也有效仿楚国自上王号的动机。

此外,在《史记》的记载中,齐桓公晚年时自夸功业,曾不无感慨地说道:

> 寡人南伐至召陵,望熊山;北伐山戎、离枝、孤竹;西伐大夏,涉流沙;束马悬车登太行,至卑耳山而还。诸侯莫违寡人。寡人兵车之会三,乘车之会六,九合诸侯,一匡天下。昔三代受命,有何以异于此乎?

齐桓公自以为"打遍天下无敌手",所建立的功业已经足以与"三代受命"的圣王媲美,一时有些飘飘然,于是便想"封泰山,禅梁父",以此象征性的意义试探诸侯的反应。管仲听闻这个想法后急忙劝阻，说封禅之礼需要备齐远方各种奇珍异物才能举行，以齐国的人财物力恐怕难以企及，这才让桓公知难而退。

太史公的史料来源于何处，齐桓公是否真的有过封禅泰山的想法，我们已经不得而知了，不过说起齐桓公晚年的骄纵之心来，的确是有史料支撑的。《公羊传》论及齐桓公的一生，曾提到：

> 贯泽之会，桓公有忧中国之心，不召而至者江人、黄人也。葵丘之会，桓公震而矜之，叛者九国。

齐桓公刚刚扛起振兴中原的使命时，远方各国都趋之若鹜；可当他的功业到达了顶峰，心中骄矜之心无法抑制的时候，诸侯对其威势也就产生了恐惧，他们担心其会效仿三王让诸侯以君臣之礼事之，于是便相继叛离。

从以上事例可以看出，春秋时的局面与商朝末年的情形已大不相同，无论是郑庄公、齐桓公还是秦楚之君，都不可能像当年周武王克商一样，仅仅依靠打败天子就取得天下共主的地位。

对于这一点，坐镇王城的天子可以说是看得一清二楚，因此当晋文公提出请隧的无理要求时，原本已经落魄到靠人救济的周襄王也敢顶撞救命恩人，说什么"未有代德而有二王，亦叔父之所恶也"。挑明了就是要告诉晋文公，你没有称王的"德行"，就不要起什么非分之想了。

周襄王所谓的"代德"并不是说晋文公的品德不够高尚，而是指代社会运行的一种规律，是任何人都无法凭借一己之力突破的底层规则。影响这种底层规则的既有当时的社会、文化和观念因素，也受现实技术条件的制约。

三代统治时期之所以能够形成天子统御诸侯的政治架构，很大程度上要得益于此前中原大地并不存在真正意义上的大国。处于中心地位的王朝为了保持绝对优势，会想方设法地遏制诸侯的崛起。一旦哪个国家或者部族出现了叛逆情绪，动辄就会施加以灭国绝祀的严厉惩罚。诸侯在这种绝对威慑之下战战兢兢，只能一再表达忠心，为王朝的永续继续添砖加瓦。

在这种政治架构之下，处于统治半径之内的国家很难发展到威胁王朝生存的地步，改朝换代革命也只会发生在统治秩序的末端。但到了西周时期，随着礼乐秩序的建立，周王朝的统治半径得到了扩展，其控制能力也显著增强，就算是远在江汉流域的楚国有了不臣的举动，周王室也同样会"虽远必诛"。

西周王室强大的控制力造成了一个显著的后果，那就是当历史进入了春秋时期，周王室的权威一落千丈时，新的权威无法在短期内出现，这就使得中原政治版图出现了青黄不接的景象。

东方诸侯趁势纷纷摆脱控制大力扩张疆土，将原本碎片化的政治格局进行了重新整合，中原大地上同时出现了若干可以互相抗衡的大国。这个时候，一些有权势的君主大都想通过进一步扩张疆土取得绝对威慑的能力，以便为自己的"革命"理想创造条件，可诸侯间相互制衡的关系却进一步锁定了他们的梦想，使得过去的革命模式无法复制。

比如齐桓公在位中期，鲁国发生了一场牵连甚广、绵延日久的内乱，也即所谓的"庆父之难"。齐桓公本想借机吞并鲁国，但权衡再三还是放弃了这个打算，其中很大一部分原因就是受到了其他诸侯的制约。晋文公成就霸业之后，也产生过侵吞郑国土地的念头，未曾想却激发了秦穆公的忧患意识，使其选择了与晋国决裂。晋文公去世后，秦穆公打算故技重演，却不料功败垂成，全然葬送了自己的上升之路。即便是如饕餮一般的楚国，当其兵锋指向中原时，其兵势也便如强弩之末无法施展，最后不得不按照中原的规矩通过结盟的方式扩展势力范围。

此外，在这场持续百年的政治浪潮中，中原大地展开了一场激烈的军备竞赛，无论是进攻性武器还是城防技术都取得了飞速的发展。可当历史演进到春秋中叶，一个尴尬的局面出现了：一方面，随着各国实力的不断提升，财富积累和可动用劳动力数量急速增长，随之而来的是城防技术的日渐精进；而与之相对的是，由于基础材料物理特性的限制，青铜器的效能被发挥到了极致无法继续演进，进攻性武器的发展遭遇了瓶颈。

这两种因素结合起来，造成的结果就是围攻城池所需的时间越来越长，攻坚作战造成的伤亡越来越严重，灭国战争所需要投入的成本也越来越高。在以贵族作为主要征兵对象的春秋时代，不惜血本攻城略地的代价显然是谁也无法承受的。

在这种新的格局当中，国家实力的强盛固然可以对周边各国构成威慑，但已经无法像过去天子对诸侯那般形成致命威胁。这也就意味着，单一强权主导世界的局面一去不返，取而代之的是一个日趋扁平化的世界。这种种因素都使得那些有野望的君主不得不放弃对天子荣耀的追逐，只能退而求其次，接受一种有别于中央王朝的替代机制，也就是人们所探索的第三种方案——霸业秩序。

也就是说，面对春秋初年纷繁复杂的局势，中原各国都急切地盼望着能够找到一种新的政治秩序，以从混乱失序中走出，重新焕发中原文明的勃勃生机。只是在当时的条件下，人们并不知道这种政治秩序会以一种什么样的形式出现，于是便不断地探索、不断地试错、不断地修正，霸业秩序就是人们经过长达百年的摸索后最终找到的一条最佳路径。

可问题是，没有人天生就愿意屈服于他人之下，也没有人心甘情愿地接受旁人的摆布。由于地理位置和历史发展路径不同，诸侯之间强弱大小的差异客观存在，可国与国之间的政治地位总是平等的，没有哪个国家天然就具有对他国指手画脚、颐指气使的权力。特别是在西周二百多年的历史时期内，东方诸侯饱受周天子的压迫之苦，如今好不容易趁着天下无主的机会翻身做了主人，又怎么甘心再无端地制造出一个霸主来约束自己呢？那些愿意参与到霸业秩序中的其他玩家，究竟有哪些强烈的需求，使得他们甘愿放弃独立自主的地位而屈身于霸主的羽翼之下呢？

## 尊王攘夷

任何权力的行使都必须有充足的合法性来源作为保证，在崇信天地神灵"君权神授"的早期社会，人们大都相信天子的权力来自上天的授予，国君的权力来自天子的册命，这些都是有着天然合法性的权力来源。霸主作为介于天子与诸侯之间的一种具有中介性质的符号，其地位既不同于普通的诸侯又不同于天子，其领袖诸侯的权力究竟又来自何处呢？

这个问题的答案，在我们如今看来是显而易见的，那就是以"尊王攘夷"的行动获取天子授权，从而取得霸主地位。不过当我们回到历史现场，事情却未必就那么顺理成章了，至少在霸业模式形成的早期，人们似乎并没有把天子当回事。

比如前文提到的郑庄公，他能够以盟主身份带领诸侯东征西讨，却没能荣登霸主榜单，便是吃了这个亏。尤其是他在繻葛之战中"射王中肩"的举动太过惊世骇俗，在礼法上难以为当时的人们所理解，更难为后世的儒家学者相容，因而其霸业也通常不受人认可。

在这方面，齐桓公可以说是个幸运儿。齐桓公即位初年一心忙于扩张疆土的事业，不过在此期间，他无意中却做了一件不寻常的事，给他带来了极大的启发。

这件事发生在公元前 682 年。当时的晋国还正处于统一前夜，位于中原腹地的宋国发生了一场内乱，大夫南宫长万因受羞辱弑杀宋君宋闵公，后因难以抵挡公族讨伐而出逃。到这年冬天，宋国通过外交手段，将伙同南宫万作乱的党羽陆续遣返，齐桓公也邀合诸侯在北杏会盟商议平定宋国内乱。但不知是何原因，不久后宋国就背叛了盟约，齐桓公于是又邀集陈、曹两国伐宋，迫使宋国再次与其结盟。

伐宋期间，齐桓公突发奇想，向早已衰弱的周王室请求支援，周僖王闻讯大喜过望，当即派出单伯带兵出征助齐国一臂之力。天子对诸侯事务的介入产生了立竿见影的效果，宋国投鼠忌器，不敢承担抵抗天子征讨的罪责，这就使得齐国伐宋得盟变得轻而易举。

人们常说"拉大旗作虎皮"，尽管齐桓公这次的举动与之前诸侯之间的互相攻伐并无本质的不同，可一旦有了王室这杆大旗，效果就会异常悬殊。这次行动的出奇顺利让齐桓公倍受鼓舞，于是在此后的政治生涯中便屡屡祭出"尊王"的大招。

比如其即位的第二十三年，"山戎"侵略燕国，齐桓公应邀前往救援，燕庄公为感其恩义，一路相送到齐国境内。这时齐桓公便扯出了王室的旗帜，说："非天子，诸侯相送不出境，吾不可以无礼于燕。"于是就把燕君所至的土地赠送对方，还"命燕君复修召公之政，纳贡于周，如成康之时"，得到了诸侯的赞许。

即位三十年，齐桓公携诸侯讨伐楚国，管仲也搬出了陈年旧事说："昔召康公命我先君太公曰：'五侯九伯，若实征之，以夹辅周室。'赐我先君履，东至海，西至河，南至穆陵，北至无棣。楚贡包茅不入，王祭不具，是以来责。昭王南征不复，是以来问。"大有替天子讨回公道的意思。

到齐桓公三十五年（晋献公二十六年，公元前 651 年），诸侯在葵丘会盟，周襄王遣使褒奖，特命其不必跪拜。但在管仲的劝说下，齐桓公仍然执意要拜，可以说是将"尊王"的戏码演到了极致。

也正是在这次的盟会上，齐桓公对天子的虚与委蛇终于得到了回报——"王使宰孔赐齐侯胙，曰：'天子有事于文武，使孔赐伯舅胙。'"《史记》中更是言之凿凿地称："周襄王使宰孔赐桓公文武胙、彤弓矢、大路。"无论是祭祀周文王、周武王的胙肉，还是精美的弓箭、天子的座驾，都象征着天子授予了齐桓公以王命讨不臣的权力，等于是正式确立了其霸主的身份，给了他代替天子行礼乐征伐的责任。

至于晋文公，尽管其对待天子的态度着实让人不敢恭维，但其获取霸权的途径却依然与齐桓公如出一辙。早在即位的第二年（前635年），他就以平定王子带之乱而获得了天子的褒奖；城濮之战后，他也同样把"尊王"摆在前头，用"平礼"献楚俘于王，依照周礼"三辞""三觐"才接受策命；在践土会盟上，晋文公更是与到场诸侯约定要"皆奖王室"，在诸侯面前做足了姿态。

有了齐桓公的前事，周襄王也算是轻车熟路，向晋文公赏赐了"大辂之服，戎辂之服，彤弓一，彤矢百，玈弓矢千，秬鬯一卣，虎贲三百人"，策命其为"侯伯"，还千叮咛万嘱咐让他要"敬服王命，以绥四国，纠逖王慝"。这也成为晋文公成就霸业的标志。

从这两个事例可以看出，天子的处境尽管早已不同往日，可终究还是占据着礼制传统的制高点，享有着宗教意义上的最高权威。无论王室权威衰弱到什么程度，王室的授权仍然是霸主权力的首要来源。

正如晋国大夫狐偃所说的："求诸侯，莫如勤王。"一个君主想要获得霸主的殊荣，就一定会将"尊王"视为第一要务，无论是用武力威逼还是施加恩惠，获得天子的首肯都将是他们通往权力高峰的必由之路。甚至当历史发展到春秋中后期，在以晋国为首的历次盟会上，有关"奖王室"的条款也常常被拿出来说事，"尊王"的原则依然是"政治正确"的不二之选。而诸侯就算是在内心中对天子有再多鄙夷，却也不敢公然与天子对抗，否则就会给其他诸侯留下口诛笔伐的借口，最后总难免吃不了兜着走。

不过话说回来了，天子的授权固然重要，可说到底也只是起到了一个风向标的作用，风向标会指向何方，终究还是大风说了算[①]。霸主受天子策命获得无上荣耀，如果只是整日里把这些勋章拿出来炫耀而不为他人谋取福利，难免会有狐假虎威的嫌疑，也就无法获得诸侯的真正拥护。这就要求谋求霸业的人必须要拿出看家本领，满足诸侯的内在需求，让他们产生真正的获得感。

反观彼时各国贵族内心中最大的痛点，莫过于对文化灭绝和亡国绝祀的恐惧，

---

[①] 陈筱芳：《论春秋霸主与诸侯的关系》（《西南民族学院学报》1996年第2期）一文详细讨论了霸主与诸侯之间的权利义务关系，指霸主对诸侯负有"分灾""救患"的义务，诸侯对霸主则是要承担朝献贡赋和奉命参战的义务，而"讨罪"则包含了权利和义务两方面的内涵。

而在能激发他们恐惧感的诸多因素中，来自"异族"的入侵又表现得最为剧烈。因此，对于那些想要获得霸主殊荣的人来说，"尊王"之后的"攘夷"无疑将成为快速获得诸侯认可的重要戏码。

在齐桓公的霸业历程中，虽说其"挟天子以令诸侯"，在"尊王"时颇有些虚情假意，可在"攘夷"这件事情上却是认真的。他不仅带领诸侯抵御"戎狄"，远征孤竹以救援燕国，帮助卫、邢异地重建，还数次带领诸侯击退楚国对郑国的觊觎，甚至一度亲领大军侵蔡伐楚，迫使对方在召陵与各国签下盟约，这些都是很值得称道的事迹。晋文公在位时间只有九年，但其所建立的功业却毫不逊色，他先是以勤王之功获得诸侯的青睐，随后又在楚国北侵中原的时候发动三军，凭借城濮之战一举击溃楚国而登顶霸主的宝座。

人们谈及齐桓公、晋文公的功业之时，也无不把视线都聚焦于此。比如孔子在提到管仲时，曾从侧面指出自己对齐桓公霸业的看法："管仲相桓公霸诸侯、一匡天下，民到于今受其赐。微管仲，吾其被发左衽矣！"

在"南夷与北狄交，中国不绝若线"的危亡关头，若不是齐桓、晋文站出来振臂一呼、力挽狂澜，或许以周礼为核心的中原文明，就会和迈锡尼文明抑或过去的殷商文明一样，成为永久的历史遗迹，我们今天所看到的历史，也将会是另外的一个面貌。

因此，凭借王室的宗教权威获得合法性，并借此统合诸侯合力抵御以楚国和"北狄"为代表的"异族文化"的入侵，挽救华夏文明于倒悬，就构成了霸主政治产生的最大动因，也代表了霸主必须要履行的重要职责。

## 分灾救患

"工欲善其事，必先利其器。""尊王攘夷"既是获取霸权的手段，同时也是霸业秩序得以维系的重要支柱。但是，身为周文化圈这个大家族的"掌门人"，如果仅仅是做到了这一点，却对诸侯所承受的苦难视而不见，就仍不足以让他们箪食壶浆、赢粮而景从。

正如《左传》中所强调的："凡侯伯，救患、分灾、讨罪，礼也。"要想让那些互相缺乏信任的诸侯再次回到"相亲相爱"的温馨时刻，恢复大家族"兄友弟恭"的优良传统，让大家携起手来共赴时艰，还有许多事情要做。在这里，我们还是以齐桓公作为参照对象来进行分析。

传统史料一般将公元前679年作为齐桓公称霸元年，但实际上，其在位的前二十年，各国的主要任务都还聚焦于开疆拓土，齐桓公也概莫能外。他在管仲的辅佐下与周边国家大打金融战、贸易战、经济战，灭掉了不少共历患难的邻邦。这些做法尽管有利于齐国的发展壮大，可对于霸业成就的取得实际上利害参半，因此我们很难将这二十年计入其霸业时期内，充其量也只能算是一个准备期。

齐桓公成就霸业的转折点始于其在位的第二十三年，当时位于中原腹地的燕国、卫国、邢国先后受到"北戎"的侵扰，齐桓公帮助各国抵御"戎狄"、重建家园，其"兴灭继绝"的善举受到了广泛认可，而这也反过来推动齐国的政治重心逐渐转向中原，其政治逻辑也开始出现了转变。

《穀梁传》总结齐桓公的一生，说其共举行"衣裳之会"十一次，"兵车之会"四次，足见其气势之盛。但齐桓公在进行自我总结的时候却很谦虚，并没有将即位初期的几次会盟算进来，只提到了"兵车之会三，乘车之会六"。这个说法尽管保守，但却更能描摹其霸业政治的全貌。

在这诸次会盟当中，公元前651年举行的葵丘会盟代表了其霸业的巅峰。有关这次会盟的主要成果，《左传》只是简单地提到与会各方盟誓说：

> 凡我同盟之人，既盟之后，言归于好。

《穀梁传》更加详细些，列举了盟约中的几项重要内容，分别是：

> 毋雍泉，毋讫籴，毋易树子，毋以妾为妻，毋使妇人与国事。

《孟子》之说更为具体，对其中的约定进行了细化解读：

> 初命曰："诛不孝，无易树子，无以妾为妻。"
> 再命曰："尊贤育才，以彰有德。"
> 三命曰："敬老慈幼，无忘宾旅。"

四命曰:"士无世官,官事无摄,取士必得,无专杀大夫。"

五命曰:"无曲防,无遏籴,无有封而不告。"

统括以上的盟约内容,大体可以看到三个方面的内容:

第一个方面是关于灾害治理的,也就是所谓的"分灾"。比如其中有"毋雍泉,毋讫籴"或"无曲防,无遏籴"的条款,都申明各国不得随意修筑堤坝,不得将祸水引入他国,当灾荒发生的时候,必须履行互相救助的义务,不得禁止邻国采购粮食。这些都体现了齐桓公试图整合各国力量共同治理水旱灾害的担当和雄心。

这个原则后来也被晋国继承,到晋文公去世半个多世纪后,晋悼公召集诸侯在亳地举行会盟,载书中提到:"凡我同盟,毋蕴年,毋壅利,毋保奸,毋留慝,救灾患,恤祸乱,同好恶,奖王室。"一再重申"救灾"方面的义务,这也是中国传统政治的题中之义。

此外,在葵丘会盟的誓词当中,还提到了"凡我同盟之人,既盟之后,言归于好"这种大的原则,其用意便是要制止国际社会以大侵小、以强凌弱的现象,防止灭国战争再度发生。这些原则构成了盟约的第二部分内容,也就是所谓的"定患"。春秋后期的齐国大夫晏子回顾齐桓公功业时就有这样的断语:

昔先君桓公,方任贤而赞德之时,亡国恃以存,危国仰以安,是以民乐其政而世高其德,行远征暴,劳者不疾,驱海内使朝天子,诸侯不怨。

所谓"亡国恃以存,危国仰以安",就是在说正是因为有齐桓公这样的霸权存在,那些无法自保的弱势国家才得以延续国祚,那些已经灭亡了的国家才得以复兴,避免了被大国吞并或为"戎狄"所灭的命运。

历史的发展似乎也印证了这个结论。在霸业兴盛的一百多年间,尽管中原大地战火不断,可屡见于春秋早期和晚期的灭国战争却几乎销声匿迹,可见霸主的权威终究还是起到了很大作用。

正是因为有这种机制存在,那些无所依仗的小国尽管时常受到霸主的盘剥,可他们对霸主的依赖之心和感念之情却总是发自肺腑的,这与他们当初对待天子的态度几乎一致。因为一旦霸主权威丧失,这些国家会最先感受到来自周边国家的压力,那种无日无之"亡国绝嗣"的恐惧感便会油然而生。

正因如此,到了春秋晚期灭国苗头再次出现的时候,晋国仍在不断地重申"大毋侵小"的准则,并就"以大侵小"的问题不断"约谈"各国领导人,以体现其作为诸侯盟主的责任感。

但到晋昭公时期,随着历史发展和生产力的不断演进,霸主政治终究还是走向了末日黄昏。面对齐国与日俱增的军事压力,鲁国大夫叔孙婼就发出过这样的感慨:

> 诸侯之无伯,害哉!齐君之无道也,兴师而伐远方,会之,有成而还,莫之亢也,无伯也夫!《诗》曰:"宗周既灭,靡所止戾。正大夫离居,莫知我肄。"其是之谓乎!

当诸侯间以大侵小再次成为现实,人们不免会更加怀念过去那段被霸主支配的时光。叔孙婼将春秋末年的局势与王室权威刚刚丧失时的情形相类比,认为造成如今局面的原因皆在于霸主权威的去而不返,从中也可以看出各国对霸主政治的强烈呼声。

## 定纷止争

葵丘会盟约定了治理自然灾害的总体原则,也明确了各国互相扶助、和平友好的政治秩序,但这些还不是会议的全部议程。在孟子列举的五条盟约当中,几乎每一条都提到了有关各国内政的约定,概括下来大体上有以下几层意思:

第一是确定继承原则。诸侯只要确立了储君就不得随意更换,更不能将妾室"扶正"以动摇储君的地位;如果诸公子当中有人胆敢有所企图,要当机立断立行处置,切不可因储君地位的争夺引发内乱。在这方面,引发"五世昏乱"的晋献公以及亲手制定这条准则的齐桓公,都可以说是声名远扬的坏典型。

第二是确定用人原则。要尊重能人异士和德行高尚的贤人,要注重人才队伍的培养;但有封爵,一定要向霸主汇报,避免因为偏私而令佞人得利。换句话说,这一条强调的实际上就是后人所说的"亲贤臣、远小人",佞臣擅以私利动摇国本,贤臣全凭公心维护社稷，贤臣能人多了，国家自然就能远离祸端。

第三是确定分配原则。规定士官之职务不得世代相传，不能"一人分饰多角"，在录用的时候一定要仔细考察。这一原则实际上就是要杜绝世官制，防止卿大夫坐大侵蚀公室权益，进而危及国本。

第四是稳固统治基础。一方面对于大夫阶层要予以保护，不能独断专行随意杀戮，以维护大夫阶层的利益不受侵蚀；另一方面则是要"敬老慈幼，无忘宾旅"，保证弱势群体能够得到保护，构建坚实的群众基础。

春秋初年，层出不穷的内乱和丑闻在中原大地上肆虐近百年，各国也都采取了相应手段来制止争端，但试错的结果并不理想。在当时的人们看来，引发内乱的都是与公室有着密切关系的公族势力，能够参与到君位争夺的更是离不开与国君有着近亲血缘关系的公子公孙们，寻常人等根本无法插手权力争斗。人们于是便想当然地认为公族才是祸患，因而把处理内部危机的矛头都对准了公族。

殊不知，各国危机爆发的内在逻辑，实际上是在国家规模扩大的过程中，周公的制度设计无法适应新的国家形态而导致的系统性危机。一个人在政治生活中的影响力，主要取决于其所能调动资源的多寡，在无法解决政治权力分配的情况下仅仅限制公族的权力，显然是缘木求鱼。正因如此，这种蔓延了整个国际社会的封建危机，在整个春秋近三百年的历史中实际上都没有得到有效化解。

以上盟约规定了各国需要遵守的基本政治准则，其目的就是要保证诸侯内部政治清明，避免因为各种利益纠纷引发冲突。这些措施尽管并非十全十美，但只要能够得到彻底执行，春秋末期很多权臣威逼公室的悲剧即便不能避免，也能在很大程度上得到延缓。

其中很关键的一点在于，要想让这些准则得以持续贯彻，仅仅依靠各国君主大夫的自觉显然是不够的，必须有一个凌驾于各国之上的特殊权力机构进行监督。这种监督方式用今天的政治学术语来描述，就是要建立了一个"可信承诺机制"，利用霸主"讨罪"的武力威慑维护各国内部秩序的安定。

此外我们还应该注意到，当霸主取代天子成为诸侯领袖之后，过去诸侯对天子履行的朝贡义务也就转向了霸主。这种朝贡体系实际上也是维护共同市场、在各国间进行资源调配的一种变通手段。联盟内的诸侯向霸主缴纳贡赋，霸主则根据各国需求给予赏赐，从而为各国稀缺物资的供应提供保障。

在有关齐桓公霸业的各种记载中，我们常常能见到类似的情形，比如在《国语》中，"桓公知诸侯之归己也，故使轻其币而重其礼……诸侯之使垂橐而入，捆载而归"。

齐桓公为了博取诸侯的信任而大施恩惠，各国前来朝贺带来的都是劣质产品，齐桓公不仅不计较，反而还馈之以厚礼，让他们可以空手而来，满载而归。晋文公取得霸业之后，尽管出手不再那么大方，但大抵还是采用了齐桓公的朝贡体系，与中原各国互通有无，从而促进了各国的商贸沟通和物资交流，为构建统一中原经济体系提供助力。

当然了，国家间物资交换不能仅仅依靠朝贡体系，一定程度的市场开放也是必要的。这种关于统一市场的需求，既是维护各国政治秩序正常运转的需要，也是整合各国资源共同抵御外部侵蚀的必然选择。只是建立如此庞大的市场体系，其作用不仅仅是针对我们此前提到的那些青铜原料，其他的一些商品如食盐、牲畜、粮食、皮革、珠宝等物资的流通，也都是这个统一市场的应有之义。

如齐桓公"通齐国之鱼盐于东莱，使关市几而不征，以为诸侯利，诸侯称广焉"。齐桓公为了得到诸侯的拥护，特别降低或干脆取消过往商品的关税，以让利于诸侯，对于凝聚中原文化共同体也是大有裨益的。

统括起来，我们便可以看到，霸主虽然只是诸侯领袖，但却基本上承担了原先本应由天子履行的所有职责。只是与天子在名义上广有天下不同，霸主所能管辖的只有中原地区具有共同文化背景的诸侯，超然于中原秩序之外的"蛮夷"之邦并不在其管理范围之内。恰恰相反，在缺乏绝对威慑力的情况下，为了维持霸业秩序的可持续性，凝聚中原各国的合力为己所用，还必须塑造一个假想敌，明确"华夷"之间的基本界限，这也是后来百年间晋楚争霸的实质所在。而赵鼎新文中有关"全中国范围内的霸主"的标准，恰好就是天子与霸主的本质区别。

在霸业秩序自我发展和完善的过程中，"华夷之辨"、敌我意识这些原本模糊的概念开始不断增强，进一步重塑了人们的观念，从而重构了"华夏"的内涵。霸主正是依托于"华夏"而存在的政治实体，一旦其外延发生了转变，囊括的范围出现了扩展，霸主的概念也会因之而发生动摇，而这一点也是常常被人们所忽略的。

## 第三节　晋国霸业的基石

### 定义霸主

行文至此，有关霸业秩序的形成逻辑便一目了然了。霸业秩序的形成，是人们为了应对春秋初年自然灾害治理失序、诸侯国内外政治混乱，以及抵御"异族文化"入侵所需而形成的政治秩序；是人们在不断探索、试错、修正的过程中，排除了重塑天子权威、重建新王朝这两条路径之后所找到的替代模式；是大国君主寻求王权不得后妥协的产物，也是当时情境下诸侯相互妥协后所能选择的最佳方案。霸业秩序存在的根本目的或者最终使命，是在不危及诸侯自主权的前提下，最大限度地维系礼乐传承，避免其文化信仰被"异族文化"侵蚀和摧毁。

霸业秩序建立的基础，是一个具有共同文化基因、共同利益驱动、共同市场需求以及共同外部威胁的所谓的"华夏联盟"。处于这个联盟之外的国家，包括北方的"戎狄"、南方的楚国以及后来出现的吴、越，都是他们极力排斥和防范的对象。随着霸业秩序的兴起和不断发展，北方的"戎狄"要么被同化、要么被驱散，渐渐无法对中原各国构成威胁，及至春秋中后期，楚国就成了以一己之力与整个中原抗衡的特殊存在。楚国在中原政治秩序中的特殊地位，也造就了其中原诸侯巩固"华夏联盟"唯一假想敌的身份，其兴盛与否也往往成为霸业秩序能否存续的硬性指标。

与此同时，所谓的"霸主"或"伯主"也是一个有着鲜明文化烙印的概念。霸主地位的取得并不完全依赖于诸侯所取得的武功，而是要同时得到天子的授权和诸侯的认可，二者缺一不可。只是对于如何团结中原文化圈内的各诸侯国，早先人们普遍缺乏共识，霸业的形成也经历了一个漫长的摸索过程，"尊王攘夷"正是人们在不断探索过程中逐渐形成的一套行之有效的办法。

值得注意的是，尊王攘夷既是获得霸权的手段，也是霸业秩序赖以存在的支柱。因此，要想保证霸业秩序长盛不衰，已经取得霸主地位的国家还需要尽力调和混乱的诸侯秩序，承担兴灭继绝、分灾救患、定纷止争、重建互信机制等义务和职责。从中我们也可以看出，所谓"礼乐征伐自天子出"到"礼乐征伐自诸侯出"的过程，实际上就蕴含了中原霸主的形成逻辑。

诸侯对于霸主秩序有着强烈需求，同时也因为周王室的授权而团结到了霸主的周围，但这并不意味着他们真的希望出现一个至高无上的权威来对他们予取予夺。一旦有人背离了这个初衷，诸侯马上就会作鸟兽散，甚至受到威胁的国家为了保全社稷，还会迅速寻找新的靠山，使其在争夺霸业过程中获得的优势荡然无存。诸侯之间的相互制衡关系，也在一定程度上封堵了霸主的向上之路，反过来成为一种监督霸主履行职责的外部机制[①]。

在这个认识的基础上，我们不妨给春秋时期的霸主下一个严苛的定义：

> 所谓霸主，是华夏联盟这个想象共同体内部产生的，通过获得天子授权和诸侯权力让渡，代替天子统领诸侯行使礼乐征伐职责，维护中原政治经济秩序，抵制异族文化侵蚀的诸侯领袖。

有了这么一个明确的定义，再回过头来审视传统意义上我们所认为的"春秋五霸"，就能有一个鲜明的判断标准。也即在判定一个人是否是"霸主"时，需要看他是否同时符合这三个要件：一是同盟内部产生，二是充分授权，三是履行礼乐征伐的职责。

---

① 陈筱芳：《从社会文化心理看春秋霸主的兴衰》一文在谈到霸主形成的机制时指出，"人们所期待的是这么一个权威人物：他既能以领导者的身份协调各社会群体的关系，减少战争的祸害，使人具有相当程度的安全感，又不凌驾于诸侯之上为君为父，威胁到诸侯独立的统治地位。于是，春秋霸主便应运而生了"。

从这个标准出发，首先要排除的是处于中原体系之外的君主，如楚国的历代君主，吴国的阖闾、夫差，越国的勾践。这些国家在春秋初年所形成的诸侯关系中并不属于华夏同盟的一员，而是中原霸主抵制的对象。特别是楚国在整个春秋时期扮演的角色，更像是一个以吞并灭国和文化渗透为目的的搅局者，而不是争霸战争的参与者。

其次是中原文化圈内的有力竞争者，如秦穆公、宋襄公，他们虽有称霸之志且都曾为这个理想奋斗过，但其影响力仅仅限于其所在的局部区域，既没有得到天子的授权和诸侯的拥护，也不具备代替天子行礼乐征伐之实，显然也不符合成为霸主的条件。

如果非要将他们与齐桓公、晋文公并列的话，我们可以将其视为霸业草创初期的有力竞争者。在这场激烈的竞争中，晋文公以其得天独厚的地理条件和文化背景脱颖而出，从而奠定了晋国长期称霸中原的政治格局。此后在整个春秋中叶将近一百多年的时间里，唯有晋国真正做到了长期带领诸侯行礼乐征伐的重任，延续了霸主的权威。

因此，在现实的春秋政治实践中，除了齐桓公曾因开创了霸业模式而获此殊荣外，其余的时间里，霸主权威都掌握在晋国君主手中。这个时候我们再缩小范围，以是否履行霸主职责来进行遴选，晋国称霸期间的几任君主如晋灵公、晋成公、晋厉公、晋平公，因未能完全履职尽责，其在位期间或之后华夏同盟也遭到了一定的冲击，因此也无法列入霸主行列。

最终筛选下来，在整个春秋时期，能够有资格跻身霸主行列的人便屈指可数了。如果定要为春秋霸主人选凑一个整数来套用所谓"五霸"说法的话，那么这个序列恐怕也只能是：齐桓公、晋文公、晋襄公、晋景公、晋悼公。在这样一个队列中，晋国占到了四个席位，这既与晋国在春秋中期的表现相吻合，也能够契合南北对立与融合的主线，更有助于人们理解和梳理春秋时期的历史全貌[①]。

---

① 本书关于"霸主"的定义和筛选范围，可参考耿振东：《民国学者谈中国精神与春秋霸政——兼论有二霸无五霸》(《临沂大学学报》2020年第1期)一文。文章主要引述了王毓瑚编纂《管仲》一书中的结论，认为霸政的本质在于"假借周王的名号来团结诸夏各国，凭借各国联合的力量去对抗夷狄的侵略"。同时指出，"齐桓公之后真正能称得上霸主的只有晋文公，因为晋文公完全继承了齐桓公的霸政"。也就是说，从严格意义上讲，春秋时期只有两个霸主，即孔子论述中"正而不谲"的齐桓公和"谲而不正"的晋文公。不过，尽管王氏认为晋文公之后的历代晋君都不能称为"真正意义上的霸主"，但也认可他们"延续了文公的霸政"，从而使得"诸夏的文化到底仗了晋国的长期的霸权得以保持下来，而且是更扩展了"。因此，我们认为，在更加宽泛的定义之下，襄、景、悼三代国君也可以列入"五霸"之行列。

## 地缘优势

行文至此，或许很多人都会产生一个疑问：在竞争激烈的环境下，为什么晋国就能够成就霸业，且能将这种优势长期保持下去，而齐国的霸业却会一世而衰呢？关于这个问题的答案，我们首先要从地缘政治的角度去予以分析。

在之前的论述中我们曾一再强调，晋国所在的地理位置，东有太行、太岳群山阻隔，南有中条山与黄河天险并行不悖，构成了其与东方列国之间的天然阻隔。在当时的生产力条件下，东方诸侯很难越过天险且远距离跋涉对晋国政局造成影响。

正因为如此，当晋国陷入了七十年内战的旋涡而日渐衰落的时候，郑、虢等国势力尽管能够深入晋境，却不能扭转整个晋地的局势，更不可能对当地政权的生存构成威胁，使得以小宗克大宗的曲沃势力仍然能够统一晋国，取得与东方诸侯平等的地位。尽管晋国一再触碰底线，对内虐杀宗族、对外灭国夺邑，高举尊王攘夷、兴亡继绝大旗的齐桓公却也只能望洋兴叹，始终无法将触角延伸到西方，插手晋国的内外事务。即便是到了城濮战场上，当晋文公因为担心失败而寝食难安的时候，狐偃还能以"表里山河"来勉励他，这正是他们敢于以区区实力去挑战人人畏惧之超级强权的底气所在。

所谓万事万物都是对立统一的整体，与地理位置的封闭性相伴相生的，还有晋国占据交通要道所带来的开放性。晋国与关中有两条重要通道，一条是韩原附近的龙门渡口，一条是晋陕豫三省交界、黄河金三角地带的蒲城、风陵等渡口，后者也是西周时期东方诸侯朝觐天子的必经之路。在面对地处西方的宗周抑或后来的秦国时，相比于东方各国，晋国交通的便捷性又大为提高。

在当时的地缘政治条件下，承接夏商周三代文化核心的汇聚之地，联系宗周和中原交通要道的独特优势，与王畿距离适当、气候相近的自然禀赋，都为晋国的率先崛起提供了得天独厚的政治资源。所谓"春江水暖鸭先知"，西周末期气候变化所造成的影响，晋国最能感同身受，周王庭受到游牧部族的冲击，晋国也曾亲身体会。当西方世界二王并立的局面开始出现的时候，晋国也能第一时间得知内情、从中周旋并获取利益，从而在东方世界尚处于蒙昧中时就实现了第一轮的扩张。

周平王东迁之后，周王室的政治重心转向东方，位于中原腹地的成周也就成了王朝新的中心。这个在西周初年便已经被周公看中的古都，自来就有睥睨天下的地理优势，后世王朝也曾多次建都于此，可见其在整个中原版图上的重要性。而晋国所在的晋南盆地恰好就位于成周的背后，其直线距离也不过百里之遥，正可以镇抚天子而雄视天下。

与此同时，黄河水患在古代政治中一直扮演着重要的角色，也常常成为影响王朝兴衰的重要因素。春秋时期活跃的大国多数都位于黄河周边，这种影响也就尤其不容忽视。而晋国占据黄河上游的区位优势，使其在治理水患的过程中有了更高的发言权，并借此对下游各国构成威慑，这就为其霸业成就提供了无可替代的战略优势。

与之相对应的，还有晋国蕴含战略资源的丰富性。春秋时期各国对于铜锡矿产等资源有着高度的依赖，然而与高度发达的青铜文明不相适应的是，中原地区自来就是个战略资源稀缺的地区。尤其是铸造青铜器所需的铜、锡等矿产资源，更是高度依赖外部"进口"，这就使得整个中原在与资源完备、自给自足的楚国的竞争中落了下风。

所谓"矮子里面拔高个"，晋国的矿产资源虽说没有多丰富，可要跟其他邻邦比起来，总还是有不少优势。比如晋国南部的中条山地区，既是秦晋两国战略上的必争之地，也是盛产铜矿资源的"淘金圣地"。晋国掌握了这样一个富矿，在各国间铜矿贸易当中自然就占得了先机，从而避免了被列强所挟制的命运。另外，晋国虽然并不出产锡矿，其国土与当时的重要锡矿产区燕辽地区的距离也很远，但自从晋献公时期取得了卫国故地朝歌、河内、邯郸、百泉四邑的控制权后，晋国在锡矿运输通道上的战略地位也得到了提升。

除此之外，中条山以北的运城盆地，从古至今都是重要的食盐产地。在马匹方面，晋献公"假道伐虢"之时，曾以"屈产之乘，垂棘之璧"做饵诱使虞公同意借道，"屈产之乘"在当时也是极负盛名。拥有丰盛而优质的战略资源，为晋国逐鹿中原提供了强大的政治资本，这是其他诸侯所难以比拟的。

地缘政治带来的优势还不止于此。由于晋国"荐居狄土"，其所在的晋南盆地自古以来就是"夏后氏"以及各部"戎族"活跃频繁的区域，其中有祁姓、隗姓、允姓、姜姓、嬴姓、真姓等各类部族，难以胜数。正因如此，早在晋国立国之初，周王室就特许其"启以夏政、疆以戎索"治理当地的百姓，使晋国的文化因子中既有周礼文化的成分，也同时受到了来自夏朝和"戎狄"的律令风格影响。这种文化的多元性和包容性，使晋国能够不必拘泥于固有的制度框架，以更加开放的姿态迎接不可预知的机遇和挑战。

得天独厚的地理条件、多元包容的文化基因、与怀姓九宗合作共治的历史先例，以上的种种因素也都为晋国任用异姓卿族的行政风格创造了深厚的文化基因。随着西周末年气候剧变影响的不断深入以及宗周政治环境的日趋恶化，这种优势更加凸显。

早在骊山烽火爆发前，西周大夫东迁避难就已成为一股潮流，前文所提的郑桓公与虢公翰便是其中的典型。不过跟这两位比起来，多数的公卿或许并没有如此的权谋与幸运，他们或者是丧失了土地，或者是失去了官职，仓促之间无法获得新的根据地，就近选择"寄孥"之所也就成了他们的普遍做法。

在这个过程中，晋国以其地利之便收容了不少从宗周逃难而来的贵族。这些人大都受过良好的教育，有的还掌握有大量的王室典籍，这些智力资源对于提升国家的综合实力大有裨益，在此后的历史长河中也成了晋国赖以扩张的重要推动力。

## 人才优势

当然了，在周礼的约束下，异姓贵族从定居晋国到参政议政，从默默无闻到大放异彩，还需要经历一个漫长的过程，而促成这一转化的正是曲沃代翼战争。为能在战争中获胜，曲沃方面无法拘泥于周礼的约束，曾采取了大量的改革措施。

按照李孟存、常金仓在《晋国史纲要》中的说法，《诗经》中有大量描写翼侯势力残暴无道的篇章。比如一篇叫《扬之水》的诗歌，描写的就是公室奴役百姓，迫使他们投奔曲沃桓叔的情景，从中似乎就能窥见曲沃进行的经济制度改革的影子。在用人方面，曲沃势力自然也是开出了丰厚的条件大肆延揽人才，其中不乏异姓大夫的影子，比如智氏和中行氏的始祖荀息（原黯），就是在武公时期被封到荀地而成为大夫的。

异姓大夫发展的第二个黄金期始于晋献公时期。当时刚刚即位的晋献公深受"桓庄之族"压迫之苦，不可避免地也跟东方诸侯一样把问题简单化，从而在对待公族的态度上走向了极端。在他任内，先是制造"聚邑之围"消灭了"桓庄之族"，后又通过"骊姬之乱"驱杀诸子,并将"国无公族"制度确立为晋国的基本国策。这些政策使得近支公族非死即亡,本应优先重用的远支亲贵也弃置不用,反而是出自异姓贵族的士蔿、荀息、里克等人成了献公时期的红人。

晋国率先打破周礼的藩篱,施行"国无公族"政策,为异姓大夫提供了施展才华的舞台,发挥了巨大的人才优势。与此同时,异姓大夫的崛起固然压制了公族势力的发展,但也在一定程度上形成了一种激励机制。在这种竞争机制的驱使下,公族贵胄不仅无法躺在功劳簿上享受清平,还必须在各方势力的裹挟下建功立业,晋献公时期建言伐虢、在战场上被羽先登的郤叔虎便是其中的典型。强有力的竞争机制既激发了异姓贵族的活力,也为底层贵族提供了实现阶层跃迁的舞台,极大地促进了国内的人才流动。

总而言之,地理环境的封闭性、交通条件的便捷性、水患治理的优先性、战略资源的丰富性、文化系统的多元性、人才战略的开放性、政治环境的竞争性,以上的七个因素构成了晋国得以称霸的先决条件,为后来的霸业辉煌奠定了坚实的基础。

晋国依靠这些地缘政治等方面的优势,经历了一百多年的扩张后,终于成为睥睨天下的大国。但地缘政治带来的优势只是一个基础,如果仅依靠以上条件,还不足以将他们推上霸主的宝座,并且让他们在此后长达百年的时间里维持霸业长盛不衰。如何整合这些优势资源,将这些便利发挥到极致,往往才是决定霸业归属的最终因素,而这一切似乎又蕴含着某种偶然性。

有关这一点,本书中也有论述。晋国地理位置的封闭性决定了其内部危机一旦爆发就很容易走向极端,且很难通过外部势力的干预得到解决。其结果要么是酝酿成为如"曲沃代翼"一般的长期内乱,要么就是将问题自行消化。而幸运的是,晋文公长期流亡的经历和恰到好处的回国时机,为晋国内部冲突的化解提供了可能。

从个人经历上看,晋文公长期流亡的经历让他遍尝人间冷暖,遍历各国制度的优劣,从而能够以更加广阔的视角、更加超然的姿态去审视国家内部各种危机出现的根源,并以此为契机出台一系列相对公平的制度安排。而他回国之时,晋国恰好经历了矛盾冲突得以充分释放的阵痛期,"五世昏乱"后人心思定的局面为推行改革创造了良好的社会条件。另外,晋文公之所以能够得以顺利回国,是因为他代表着国内民众的一种强烈的诉求，这就使得他在回国即位之后，不论是否真心情愿，都必须对人们呼声加以重视，必须承担贤名背后所承载的政治理想。

从国家发展的角度看，晋国自"曲沃代翼"时期就已经开启的各项改革措施，为晋文公施行新政提供了政治基础。比如晋献公"国无公族"的"休克疗法"，吕甥"作爰田、作州兵"的应急举措，这些做法在晋文公主政时期都得到了采用。不同之处在于，过去的政策措施大都具有临时性特征，而晋文公则有意在制度层面上对其进行了规范，从而创制了"执秩之法"，使得这些政策举措能够发挥更大的效力。

晋文公在位时间虽短，却刚好处于一个历史的转折点上。在这个重要节点上，他顺应社会需求，先是通过恢复旧族地位迎合国人的愿望，稳定公族及居守大夫的情绪，随后又在晋惠公改革的基础上，逐步建立官僚系统，重构经济体制，融合各类族群，规范竞争机制，严明刑罚规则，终于将回国初期的混乱局面一扫而空，取而代之的是一个人人争先向上的新局面。从此以后，不同群体、不同派别之间的界限渐渐模糊，不论是居守派、流亡派也好，公族、异姓大夫也罢，都不再执着于眼前的龃龉，而是在一个自由竞技场上各显其能，从而将竞争所产生的效能发挥到极致。

这些制度设计可以说是功在当代、利在千秋。从当前来看，大大地提升了国内民众的凝聚力，提升了整个行政系统的运行效率，终于使得晋国这架老爷车爆发了前所未有的活力，进而一举定鼎中原，建立了不世之功业。而长远来看，则是在春秋时期创造了一个相对稳定的政治结构。尽管在此之后，晋国内部的纷乱并未完全消失，但晋文公所奠定的基本原则和框架则一直为后人所遵循。甚至直到百年以后，已然无法控制朝局的晋平公，依然将"齐、楚多难"作为晋国能够统领诸侯的资本而沾沾自喜，这也正是晋国得以雄霸天下的真正秘诀所在。

## 第四节　霸业衰亡路线图

以前述对霸主的定义为基础，我们不妨再向前一步，探究一下霸业模式在春秋末期走向衰亡的内在逻辑，实际上不难发现，诸侯叛离晋国的过程与霸业模式走向衰退的进程几乎是同步的。依照前文的分析，我们大体上可以将其划分为四个阶段：

### 诸侯懈怠

第一个阶段始于公元前 562 年，其标志是晋悼公十二年冬的萧鱼会盟。也就是说，晋悼公复霸成功的那一刻，也是晋国霸业和霸主政治由极盛转向衰亡的起点。这是因为，以晋国为核心的华夏联盟是建立在共同诉求之上的，其形成和维系有赖于共同的外部假想敌而存在。然而自晋悼公霸业复兴之后，维持整个霸业秩序存在的基础便开始受到了动摇。

首先是随着争霸战争的持续演进，原本横行中原的北方"戎狄"势力，在中原各国的合力抗击下渐渐淡出了人们的视野。而伴随着联吴制楚、疲楚服郑战略的综合运用，楚国因受内外各种因素的冲击，不得不将战略重心转向了吴越地区，其对中原各国的压力也顿时消散了。当过去那些让人们感到恐惧的力量，那些迫使他们不得不团结起来的假想敌一夜之间消失无影,人们对霸主的依赖感也就显著降低。

正如士燮在评论晋国内政时所说的那句"不有外患,必有内忧",这样的论断对于华夏联盟也同样适用。晋悼公复霸的努力,恰恰就是消解外部假想敌的过程,其造成的最终结果,不仅使得晋国内部出现了分化,也为霸业联盟的解体埋下了伏笔。

而在各国内部,由世卿世禄制带来的负面影响也集聚到了一个临界点。争霸战争是一场零和游戏,参与战争的各方只是在现有资源的基础上进行拉锯,双方影响力的此消彼长并不能给任何一方带来实际的收益,反而会因土地的不断分封而稀释并削弱公室的实力,增强国内豪强的政治资本。

晋悼公即位前后,各国的土地、人口已大部分落入世卿大族之手,公室的财富和地位都急转直下,中原大地再次进入了一个封建制危机集中爆发的时代。包括晋国在内的中原诸侯,或多或少都出现了族大逼君的强卿政治,强卿之间的兼并成了新的主流。

而在这个过程中,晋国不仅不能消弭诸侯内部的威胁,甚至连自身的危机都难以解决,作为霸主的权威性受到了严重挑战。更让事情变得雪上加霜的是,在晋悼公争霸的关键时期,中原大地普遍遭遇了一场持续多年的旱灾。在这青黄不接的年头,晋国对外的征伐却没有停止,诸侯皆因在晋楚之间疲于奔命而产生倦怠,也让晋国逐步丧失了公信力。正所谓"其兴也勃焉,其亡也忽焉",在楚国势力渐渐退出中原的这个节点上,两种因素叠加起来,晋国的霸业自然也就难以为继了。

不过,现实政治总有其惯性。在晋悼公复霸前的大半个世纪中,人们已经习惯了由晋国来统领中原的政治模式,在新的政治秩序诞生之前,这种社会、心理上的依赖感会持续发挥作用。尤其是在齐国复霸野心彰显的情形下,受到齐国侵扰的鲁、卫等国还有赖于晋国的支持,不敢公然表现出对晋国的不满。此后十几年中,尽管晋国做出了很多不友善的举动,人们大都还是消极地维护晋国作为中原盟主的地位。因此,如果用一个词语来概括这一时期的主要特点的话,那么这一阶段的关键词便是"懈怠"。

## 两相敷衍

霸业秩序衰亡的第二个阶段始于公元前546年,标志是晋平公十二年秋的第二次弭兵会盟。

弭兵会盟本是皆大欢喜的事情,但会盟过后,人们也难免会感到有些担忧。因为在弭兵的盟约之中,晋楚双方约定,各自麾下的盟友要到对方那里去朝见,也就是履行"交相见"的义务。彼时中原各国对楚国都有一种莫名的偏见,总认为"非我族类、其心必异",在履行"交相见"义务的时候都有些犹豫。

另一方面,晋国在弭兵会盟中表现出的软弱态度,大大地激发了楚人的野心。尤其是后来弑君篡位的楚灵王不仅有如齐桓公、晋文公一样的称霸中原之志,还有似商汤、周武王一般的并吞八荒之心,不仅要让诸侯时时朝见,甚至还要拉着大家到东吴练兵,在中原地区引发了普遍的不安情绪。

此时此刻,诸侯大都仰赖晋国能出头做主。可遗憾的是,此时的晋国内部早已混乱不堪,用子产的话来说,是"晋君少安,不在诸侯。其大夫多求,莫匡其君"。晋平公心灰意冷,早已经失去了向六卿争夺权柄的野心,每日所思所想全是如何横征暴敛、大兴土木、纵情酒色,在欺凌诸侯这件事上比之楚灵王有过之而无不及。而六卿则各自为政,以自己的诉求为最高指针,随意左右国家政策,以至于"晋政多门,贰偷之不暇",又哪里还有替难兄难弟撑腰的觉悟呢?

晋楚两国的强横做法让诸侯感到万分失望且如鲠在喉,大抵都已经产生了对晋国的厌弃情绪。但由于南方局势未定,诸侯又不敢公然撕破脸皮,只得尽可能顺着对方的脾气来,为的只是在遭遇楚人诘问的时候自我打气。

在晋楚两国的双重压榨之下,诸侯与昔日霸主之间的关系呈现出了一种刻意维护的特征。对于这种虚与委蛇、逢场作戏的滑稽场面,所有人都心知肚明,但没有谁愿意说破,只等着有一只黑天鹅会突然出现,将一切的伪装都撕掉。因此我们可以将这一阶段的关键词概括为两个字:敷衍。

## 众叛亲离

第三个阶段始于公元前529年,标志是晋昭公三年夏天举行的平丘会盟。正是从这次会盟开始，诸侯对晋国的态度从内心的反叛转向了实际的行动。在论及"诸侯皆叛"的原因时，《左传》将其归结于诸侯对虒祁宫落成的不满，并通过这样一个案例来说明德行在霸业中的重要地位。

晋国政策朝令夕改，对待诸侯朝聘不时、索求无度，令人进退失据、无所适从，这些因素的确是促使诸侯叛离的原因，虒祁宫的建立也的确可以看作是一个关键性的指标。但实事求是地讲，虒祁宫的建成最多算是人们发泄情绪的突破口，却并不是引爆情绪的导火索，真正的导火索恐怕还是当年楚国发生的那场动乱。

这场爆发于晋昭公三年四月的内乱，从楚国新设县的陈、蔡以及东部的吴、越边境引爆，在短短几个月内就蔓延全国，先后导致了楚灵王和他的两个弟弟子干、子皙死于非命，对楚国社会经济更是造成了无法估量的巨大影响。此后即位的楚平王尽管控制了局面，但却无法重振国力，只能一心保守家业。更有甚者，为了防止有人到自己家里来趁火打劫，他还紧紧地关闭了北大门，这样一个外交政策转趋保守的国家已经无法对诸侯构成直接威胁了。

笼罩在中原大地上的乌云一夜消散，人们突然发现，似乎没有了霸主，生活也依然会很美好。既然如此，又何必再看着晋国脸色行事呢？

也正是因为嗅到了这股异样的气氛，晋国感到无比紧张，这才决定举行平丘会盟，并试图通过阅兵的形式向诸侯炫耀武力，以此来迫使他们继续维护晋国的盟主地位。

然而，这次盛大的阅兵仪式不仅没能挽回诸侯的信心，反而将晋国的虚弱暴露无遗。郑国执政子产对这一切看得十分通透，因此当其他人还在担心这个花架子的时候，他却敢于为郑国的权益与晋国争辩。平丘会盟结束后，时任晋国执政韩起曾为挽回局面做出了一些努力，可在内外势力的制约下，终究还是无济于事。

一个直观的例子可以说明问题。当晋平公去世后，诸侯都派出了重要的卿士来参加吊唁和葬礼，场面可谓隆重。仅仅六年后，到晋昭公去世时，这样的气氛就一去不返，往日的盟友已经不怎么捧场了。再到十几年后晋顷公去世时，其葬礼更是冷冷清清，与平丘会盟前的场景形成了巨大反差。

诸侯对往日的霸主不理不睬，晋国多次争取都收效甚微，最后也只能放弃霸主的职责，中原大地再次陷入春秋初年那种类似于"无政府主义"的混乱状态之中，一个让孔子感到痛心疾首的乱世再次降临。面对这样一个纷乱的世道，晋国要么就是放任不管，对违背礼乐秩序的行为听之任之；要么就是浑水摸鱼，利用他国的灾难谋取利益。这些做法无异于是将那些原本就满心失望的诸侯推向对立面，进而形成一个负反馈相互叠加的恶性循环，霸业秩序的最终消亡便只是时间问题了。这一阶段的关键词便是：疏离。

### 联盟解体

霸业秩序的最终消亡始于公元前506年，标志是晋定公六年的召陵之会。

召陵之会举行前，华夏同盟早已是大厦将倾、岌岌可危了，只余几根残破的廊柱苦苦支撑。然而即便是这几根可怜的廊柱，在经过日积月累的虫蚀风化之后，也渐渐无法支撑这沉重的楼阁。推动整个秩序走向最终崩溃的，主要有两次重大事件，其中的一次是爆发于公元前520年的王子朝之乱。

在这场持续五年的动乱中，晋国依仗自身强大的军力，公然违背周景王的意愿和诸侯的期待，前后两次出兵支持权臣单、刘两家所扶持的周悼王、周敬王势力，最终将王子朝驱逐到了楚国。晋国在王室内乱中的所作所为，彻底激起了诸侯压抑多年的愤怒情绪，而王子朝在流亡后所发布的讨晋檄文，更是将晋国犯下的种种罪行都揭露了出来，为天下人提供了一个彻底释放怨气的窗口。

第二件事是公元前506年的吴军入郢事件。晋定公六年春，晋国正卿士鞅带领诸侯联军大举伐楚，横扫方城之外的大片土地，取得了前所未有的成就。但在其后举行的召陵之会上，由于晋国六卿颠顸、内忧纷扰，诸侯各怀心思、莫衷一是，轰轰烈烈的军事行动最终落了个半途而废。

而就在他们打道回府半年之后，吴国竟然出其不意地攻入了郢都，在令天下侧目、举世哗然的同时，更将晋国统御诸侯的无力感赤裸裸地暴露了出来。更重要的是，随着楚国都城被吴人攻破，往日震慑中原不可一世的超级强权顿时变得狼狈不堪，这个被中原诸侯想象出来的假想敌也失去了作用。

"尊王"和"攘夷"是维持霸主合法性最主要的两个支柱，是霸业秩序这种特殊的政治模式赖以生存的土壤。然而，经由对王子朝之乱的干预，晋国"成功"地动摇了天子地位的合法性，彻底消解了周王室的文化和宗教权威，由"尊王"获得天子授权的前提便不复存在。吴军入郢事件，则是以一种近乎荒诞的方式宣告了楚国在中原影响力的终结，使得能够最大程度唤起人们忧患意识、凝聚起华夏共同体的外部威胁一去不返，凭借"攘夷"建立起来的霸业根基顿时坍塌。

自此以后，原本就已经出现嫌隙的华夏同盟，更是一夜之间分崩离析，诸侯纷纷脱离了晋楚两国的控制，有的甚至走到了晋国的对立面。因此，这一阶段的关键词便是：对抗。

## 文化融合

霸业秩序消亡的过程是一个复杂的课题，其中不仅包含有政治因素，更包含了文化、社会、经济、技术等各个方面的推动力。

从文化视角出发，霸业秩序产生、发展和消亡的历史，实际上就是一部中原文化和荆楚文化碰撞、斗争和融合的过程。

楚人原先一直自立于华夏系统之外，其独特的文化体系相较于中原的礼乐文明起步较晚且相对落后。面对浪漫恣肆的楚文化，中原诸侯总有一种"高高在上的优越感"，并在文化交流中采取一种"文明对野蛮的俯视姿态"。但与此同时，楚国强悍的武力和崇尚兼并的国家性格，又经常让中原诸侯陷入一种"集体无意识的忧惧"[①]，这也是霸政秩序得以形成和维系的一个重要推动力。

正是在这种互相矛盾的心理机制作用下，中原诸侯对待楚国的态度总是伴随着其军事实力的消长而在疏远、好奇、求媚等情绪之间反复切换。当霸业秩序难以振作之时，中原诸侯无法独力抵挡楚国的入侵，恐惧情绪就会占据主导地位，从而迫使他们以虚假的臣服来换取安定。可一旦霸主兴盛起来，楚国北上的步伐受阻，中原诸侯就立刻会改换一副面貌，代之以轻鄙的态度。

在"文化霸权"的加持下，中原诸侯通常不会对自己的行为感到羞耻，反而将楚国描摹成了无信、不知礼且贪婪的形象，这也使得楚人对中原文化的态度总在抗拒与接纳中反复徘徊。他们一方面不断增强自己的政治军事实力，以获得诸侯间

---

① 参见李兰芳：《文明的"隐忧"——〈左传〉中诸夏对楚国的鄙惧心态论略》，《社会科学动态》2018年第4期。

的威望；另一方面则是不断吸收河洛文化的精髓，试图以主动融入的方式挣脱野蛮的形象，换取诸侯的好感。

在与各诸侯国广泛交流的过程中，当时广为流传的《故志》《训典》《诗经》等文化典籍开始大量出现在楚国的贵族教育当中。楚庄王时期的大夫申叔时就是一个融汇了中原文化和楚国传统的集大成者。这种潜移默化的文化交融无形中塑造着楚人自身的观念，使其逐渐对"华夏意识"产生了强烈的认同感，而楚庄王在位时期就是一个重要转折点[①]。

楚庄王即位初期仍将周文王、周武王作为自己的榜样，其内心里依然有一个取代周室、承接天命的梦想。正是在这个理想的推动下，楚庄王才创造了"并国三十六，开地三千里"的功业，做出了"问鼎中原"和"灭陈设县"等让中原诸侯皆感到骇然的重大动作。然而也正是从这一刻开始，在申叔时等人的影响下，楚庄王的思想观念发生了剧烈转化，其中最典型的例证就是同意恢复陈国的社稷。到邲之战后，当潘党建议收拢晋人的尸体以堆筑"京观"炫耀武功时，楚庄王又以"止戈为武"的解释否定了这个提议，同时对所谓的"武德"做了进一步诠释。他认为，"武"的功用在于禁暴、戢兵、保大、定功、安民、和众、丰财，这样一种"以民为本"的思想显然是与中原文化基因相契合的。

再到楚共王时期，楚人的自我意识逐渐与华夏趋同。这种逐渐趋同的文化认同甚至对郑国产生了强烈的吸引力，以至于尽管楚国在鄢陵战败了，郑人也不会因楚人的"蛮夷"身份而轻易背叛。楚共王去世前回顾一生得失，认为自己德薄才浅、有辱社稷，故而希望大夫在"灵"和"厉"之间选择谥号。但到他去世后，令尹子囊却不肯遵从其遗命，并评论说："赫赫楚国，而君临之，抚有蛮夷，奄征南海，以属诸夏，而知其过，可不谓共乎？"可见楚人已经将自己塑造成了维护诸夏利益的先行者。

弭兵会盟后，楚国与中原的交往日益频密，也更加速了楚人融入中原文化圈的步伐。然而由于长期的历史、民族、文化隔阂，楚人试图融入华夏的努力却遭到了中原诸侯的极力抵制。

如晋平公二十年（前538年）时，楚灵王召集诸侯在申地举行会盟，其间伍

---

[①] 有关内容详见李渊：《〈左传〉中的楚庄王事迹与楚人的华夏认同意识》(《史学史研究》2017年第1期)，叶晓庆：《宗周礼乐文明与楚国"以属诸夏"的民族认同》(《黑龙江民族丛刊》2017年第1期)。

举列举了夏商以来的几次重要会盟[1],问他准备采用哪一种礼仪,楚灵王毫不犹豫地回答说:"吾用齐桓。"与此同时,他还听从伍举的建议,特意向宋国左师向戌、郑国为政子产询问仪礼的细节,并让伍举随时提醒自己纠正错误。这些举动表明,楚灵王在潜意识里早已将自己当成了"华夏"的一员,也早已放弃了楚人千百年来取代周室的愿望。但由于长期以来所形成的偏见,以及互相之间的不信任,中原诸侯对楚灵王称霸的野心采取了集体抵制的态度,终于使其出现了无法遏制的认知失调,并酿成了一场影响深远的内乱。

然而,楚人并没有因此而止步,他们依旧或主动或被动地汲取着中原文化的滋养。如公元前516年,王子朝因争夺王位失败而逃奔楚国,临去之时还带走了大量的王室典籍,促进了中原文化在楚国的传播,更加速了楚国礼乐文明的进程。后来孔子周游列国,楚昭王甚至"兴师迎孔子",展现出对先进智识的强烈渴求。

到战国时代,伴随着文化交流的进一步发展,形成于中原地区的儒、墨、道、法等学说在楚国得到了广泛传播,并反过来对中原文化产生了深远的影响。我们如今研究春秋历史所依赖的重要史料《左传》最早就是在楚国成书的,众多考古发掘的文献典籍也是在楚国境内得到了妥善保存。尽管在此后相当长的一段历史时期内,楚文化仍保留着其独特的个性[2],但却已然与中原文化互相融合、互相影响,并共同融入华夏文明的基因中,成为中华古典文明不可分割的一部分。

"诸侯用夷礼则夷之,夷而进于中国则中国之。"中原各国区分华夏与"蛮夷"时,并不以共有血缘为主要标准,而是以文化和政治的认同作为判断依据,因此华夏和"蛮夷"的身份是可以互相转化的。当楚人在文化、心态上逐渐与华夏接近,甚至以华夏文化守护者自居时,人们也就不再将其视为"蛮夷",由此而产生的"惧鄙"心理自然也就不复存在。相反,伴随着南北文化交流的不断深入,楚国独特的文化特性也引起了中原诸侯的强烈好奇。

比如晋平公十四年(前544年),为履行"交相见"义务而到楚国朝见的鲁襄

---

[1] 见本书第二章。
[2] 黄莹:《略论南方荆楚文化与北方中原文化的人文特征》(《三峡大学学报》2013年第1期)一文指出:"春秋战国时期形成的中原文化和荆楚文化的特性,在几千年后,在中华民族大融合大迁徙后,依然在后来的继承人北方人和南方人身上有着鲜明的体现。"

公，被楚人精湛巧妙的建筑艺术所打动，于是回国后便仿照楚人的营建法式建造了一座"楚宫"。尽管这一做法遭到了强烈的批评，但他依旧乐此不疲，最终死在了这座宫殿里。

## 霸政余韵

当华夏与荆楚之间的隔阂逐渐消除的同时，中原诸侯间的差异却逐步扩大了。

从社会结构变迁的角度来看，伴随着礼崩乐坏的更加深入，在争霸战争中逐渐崛起的卿族势力粉墨登场，中原政治版图再次碎片化。世卿家族为了适应新的竞争环境采取了大规模的变革措施，使得晋、郑等国的政治生活逐渐抛弃了周礼的传统底色，显现出浓厚的法家色彩。

与此同时，大量世家大族在政治竞争中出局，其子弟纷纷"降在皂隶"。这些富有涵养的群体既为官僚体制提供了大量人力资源，为百家学说的产生、传播和发展提供了社会基础，也将具有神秘色彩的文字、青铜等"威信财"逐渐祛魅，对时人文化信仰、宗教观念的转变带来了显著影响。

从技术发展角度分析，随着铸造工艺的不断发展，铁器的制作成本越来越低，技艺也越来越精湛，给中原大国带来了底层技术突破。它打破了春秋时期进攻性武器发展缓慢的僵局，为更加激烈的灭国战争提供了可能。以此为基础，晋国对周边的"戎狄"部族展开了大规模的兼并，使得不少文化各异的"狄人"转化成晋国的百姓，同时也重塑了晋国自身的文化特质。

与此同时，铁制农具的大量推广以及牛耕方式的逐渐普及，使得农业生产摆脱了以木、石、骨、蚌为主要工具的落后方式，大量劳动力从土地上获得解放。这些"剩余劳动力"投入工商业活动中，极大地促进了社会生产的繁荣。而新兴的政治体也在不断发展中，或主动或被动地扩大了兵源范围，使得这些来自底层的民众被大量吸纳为职业军人，又进一步改变了过去的贵族传统，战争的规模和性质都发生了极大转变。

全方位的变革对共同体赖以维系的天命观念、宗法制度、土地封建、礼乐秩序构成了猛烈冲击，使得划分"华夏"和"蛮夷"的界限变得越来越模糊，原先具有天然影响力、能够最大程度凝聚人心的共识不复存在。从此以后，中原政治的主旋律就从"华夷之辨"过渡到了"礼法之争"①，从不同文化之间的碰撞演变成了文明内部的冲突，诸侯之间的战争也从"尊王攘夷"的"礼乐征伐"，转向了单纯以国家利益和实力权衡为前提的武力比拼，霸业秩序也就完成了它的历史使命。

在霸业秩序退出历史舞台的重要转折点上，有的人会向前看，在不断探索的过程中迎接未知；而有的人却沉迷于过往，仍在以一种近乎偏执的理念，孜孜不倦地去试图恢复他们所熟悉、却并不真正了解的政治模型。

然而毕竟时势异也，当旧的政治制度无法适应新的时代，当霸业模式失去了生存的土壤，一切试图恢复霸权的努力注定会徒劳无功。中原版图内的齐景公如是，中原版图之外的新兴势力如吴王夫差、越王勾践更是如此。他们争先恐后地捡起了恢复霸业的大旗，可拼尽全力的结果，只能是耗尽他们多年积累的财富。其所有的成就不过如流星划过夜空，在短暂的闪烁后便迅疾湮灭，从此消失在了历史长河中。

当霸业的辉煌不再，霸主所肩负的职责无人履行，诸侯间大兼小、强并弱的灭国战争便死灰复燃了。在此后短短的几十年里，与楚接壤的陈、顿、胡、蛮氏、唐等国皆被并入楚国版图；常见于诸侯会盟的许、曹两国分别被郑、宋吞并；晋阳之战后，中原地区仅存的蔡、杞、莒、薛、郯、邾等国也都不复存在。整个中原都在进行着新一轮的资源整合，为迎接气势磅礴的战国时代而精心筹划着。

各国内部以臣逐君的事件也卷土重来，包括晋、齐、鲁、郑在内的中原诸侯，国家政权完全落入了卿大夫之手，国君变成了可有可无的存在。而以卿大夫组成的利益集团，为了进一步争权夺利，又掀起了一股相互倾轧甚至兼并攻伐的狂风骤雨。这股恐慌的潮流如燎原的星火一般，在中原大地上不断蔓延，使得那些过去君权相对稳固的国家也无法幸免。

历史发展到这个阶段，人们早已忘记了霸主的本来面目，也忘记了霸业秩序的最初使命。游走列国的百家学者用当世的眼光审视过去的历史，并用自己认同的观点去套用古代的政治规则，使得"霸业""霸主""霸权"这些原本有着鲜明时代烙印的概念被逐渐异化，最终脱离了其原有的内涵和形成时的基本逻辑。

所谓"各花入各眼"，如今我们所看到的有关"春秋五霸"的不同解读，都是

---

① "礼法之争"的具体内容可参详李桂民：《论春秋战国时期的社会变局与礼法之争》[《聊城大学学报（社会科学版）2008 年第 4 期》]。

战国士子为了各自目的而有意遴选的结果。他们或者以权谋诈术为纲，或者以仁义道德为本，或者以崇信尚义为尊，或者以选贤任能为要，从过去人们所熟悉的春秋君主中选择出更符合自身学术理想的楷模，并为这些君主冠以"霸主"的名号。可无论这样的选择出于何种理由，一旦筛选的标准脱离了历史的本来情境，最终得出的结论也就经不起推敲。由此而产生的所谓"春秋五霸"，自然与春秋时期真实存在的霸业秩序毫无关联了。

春秋战国是一个大破大立的时代，十年韶华便是前尘一世，整个社会都在发生着深刻的变化。在这个板荡的时代里，在滚滚向前的历史潮流面前，无论是国君还是平民，是忠贞还是奸佞，是宽让还是偏执，是犹豫还是果决……所有人都如同蝼蚁一般，注定要被潮流裹挟而无法自主。

乱花渐欲迷人眼，沧桑巨变总会让人感到眼花缭乱，也很容易让身处其中的人们感到困惑。

孔子就是生活在这样一个霸业秩序崩塌后的时代，他为中原的乱象感到痛心疾首，希望能够通过"克己复礼"来恢复文王武王时"君君臣臣父父子子"各司其职的昌盛局面。他有着柏拉图一样的理想，希望建构一个理想国，希望统治这个国家或者天下的，是一个具备了诸多美好特质的人，一个如"哲学王"一样的圣人。

"君子之德风，小人之德草，草上之风必偃。"在他看来，只要上位者能够严格要求自己，认真磨炼自己的道德品质，并身体力行地通过"道之以德，齐之以礼"的方式教育和感化百姓，国家就能够走向大治。这对统治者提出了更高的道德要求，要求他们必须修炼自己的一颗"仁"心，用忠恕之道立身处世而不能随波逐流。

但"金无足赤，人无完人"，这样的政治理想毕竟太过于浪漫了，如三皇五帝那样的上古圣君只存在于传说之中，现实生活中只有如齐景公、卫灵公那样满是缺点的普通人。这就使得他的政治理想从一开始就缺乏植根的土壤，更遑论去改变现实世界了。

历史的车轮不会因为一个崇高的理想而停下脚步，时代的航船也不会因为谁的一厢情愿而改变航向。一个以兼并逻辑主导的新时代，终究还是伴随着战场上滚动的车轮，碾压着春秋霸主的尸骨粉墨登场。那些无法跟随历史脚步前进的，无论是国家还是个人，是贵族还是平民，都只能被无情地淘汰。只有那些逆流而上敢于革新求变的人，才能真正立于潮头之上，成为引领时代的坐标。

尽管在这数百年的激荡中，能够在史书中留下姓名的不是坐享了荣耀和财富的贵族，就是在重要历史事件中产生过重要影响的英雄人物或者奸佞小人，但我们依然可以从中看到一股神秘的力量。政治变革的成功与失败，霸业秩序的形成与衰亡，经济社会的发展与停滞，君主权威的衰落与强化，家国势力的兴盛与灭亡……无不受到这股力量的强烈推动，历史的车轮也正是在这股力量的推动下发出了隆隆的回响。

那些在史书上留下了姓名的人物，无论是取得了霸业的齐桓公、晋文公，还是篡夺君权的三晋和田氏，他们的存在固然可以让历史叙事变得多姿多彩，但只有当个人的选择顺应了这股力量演进的方向，其孜孜以求的功业才能够得以圆满，其不断探求的理想才能够得以实现。而这股力量真正的源泉，正来自那些行走在崎岖道路中的商旅，来自耕耘在苍茫土地上的农人，来自挥汗于炙热高炉前的匠人，来自无数个没有留下任何音信的百姓，更来自在这块土地上生生不息的每一个人……

因为，人民群众才是历史真正的创造者。

# 附 录

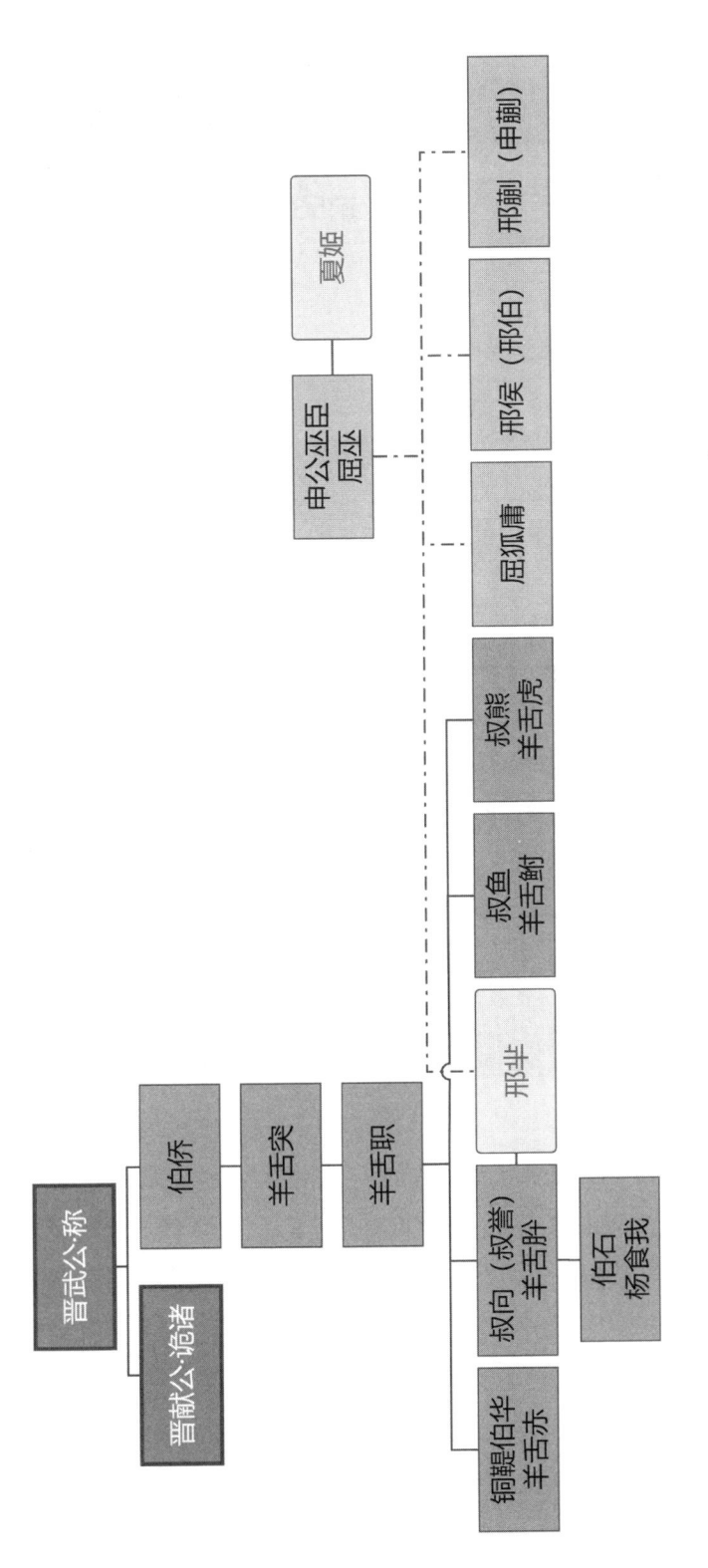

附图 3-1　晋国公族羊舌氏及芈姓邢侯家族人物关系示意

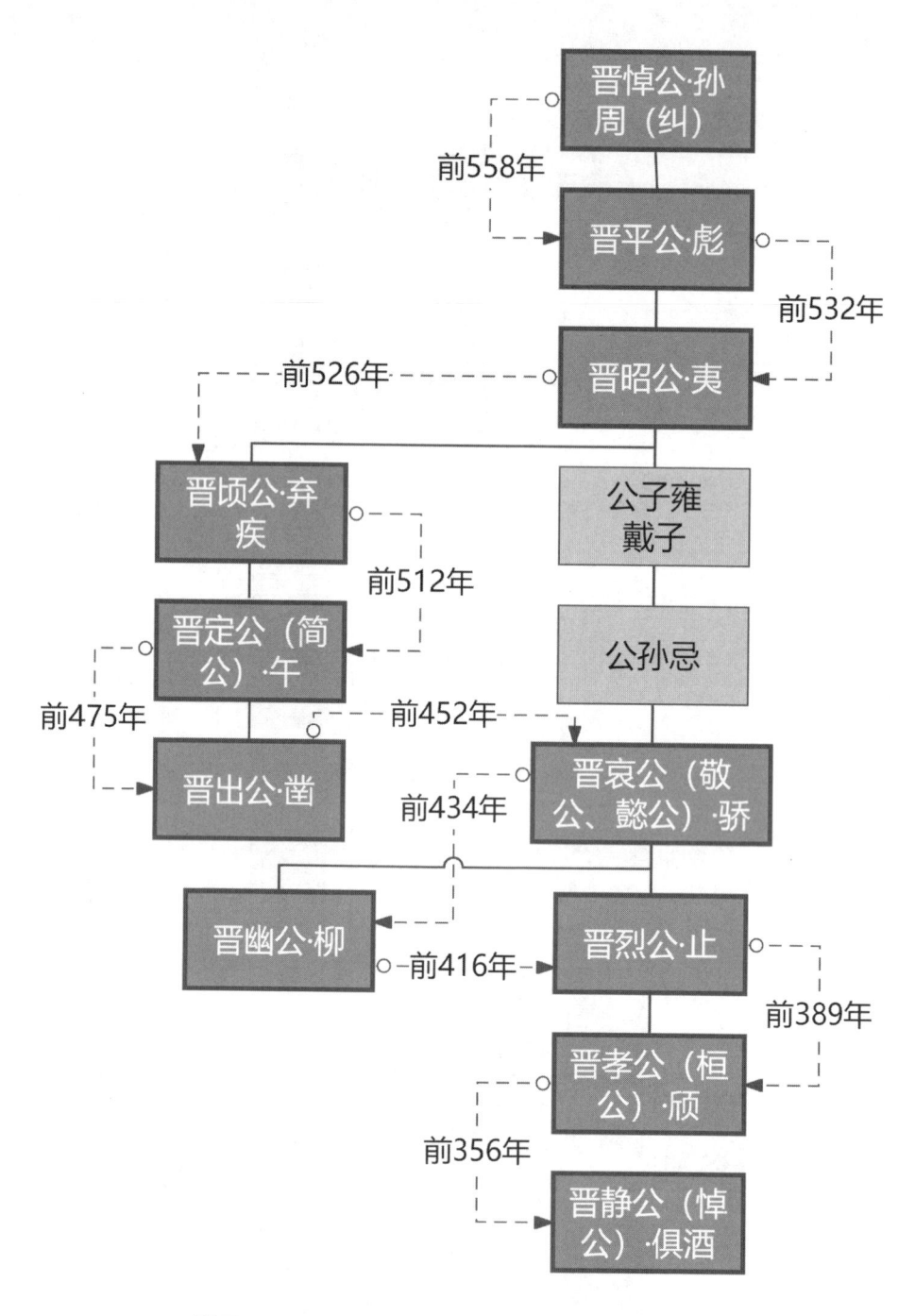

附图6-1　春秋晚期至战国中期晋国君主世系